国家出版基金项目
NATIONAL PUBLICATION FOUNDATION

"十三五"国家重点图书出版规划项目

"百部好书"扶持项目
GUANGDONG PUBLISHING

明清实录藏族史料类编丛书

名誉主编 ◎ 顾祖成　　主编 ◎ 孔繁秀

清实录藏族史料类编

第一集

孔繁秀　主编

中山大学出版社
SUN YAT-SEN UNIVERSITY PRESS

· 广州 ·

版权所有 翻印必究

图书在版编目（CIP）数据

清实录藏族史料类编. 第一集 / 孔繁秀主编. —广州：中山大学出版社，2019.10

（明清实录藏族史料类编丛书 / 孔繁秀主编）

ISBN 978-7-306-06695-4

Ⅰ. ①清… Ⅱ. ①孔… Ⅲ. ①藏族－民族历史－史料－中国－清代 Ⅳ. ①K281.4

中国版本图书馆 CIP 数据核字（2019）第 196190 号

QINGSHILU ZANGZU SHILIAO LEIBIAN DIYIJI

| 出 版 人：王天琪
| 策划编辑：嵇春霞　徐诗荣
| 责任编辑：徐诗荣
| 责任校对：廖丽玲
| 封面设计：林绵华
| 装帧设计：林绵华
| 责任技编：何雅涛
| 出版发行：中山大学出版社
| 电　　话：编辑部 020-84110779，84111996，84113349，84111997
| 发行部 020-84111998，84111981，84111160
| 地　　址：广州市新港西路135号
| 邮　　编：510275　　传　真：020-84036565
| 网　　址：http://www.zsup.com.cn　E-mail: zdcbs@mail.sysu.edu.cn
| 印 刷 者：常州市金坛古籍印刷厂有限公司
| 开　　本：787mm×1092mm　　1/16
| 总 印 张：176.375印张
| 总 字 数：2800千字
| 版次印次：2019年10月第1版　　2019年10月第1次印刷
| 总 定 价：1350.00元（全九集）

如发现本书因印装质量影响阅读，请与出版社发行部联系调换

○《清实录藏族史料类编》编辑委员会

顾　　问：杜建功　扎西次仁
主　　任：欧　珠　刘　凯
委　　员：邹亚军　扎西卓玛　史本林　袁东亚　王沛华　张树庭
　　　　　顾祖成　索南才让　张宏伟　王斌礼　陈敦山　袁书会
　　　　　丹　曲　徐　明　孔繁秀

○《清实录藏族史料类编》由西藏民族大学承编

名誉主编：顾祖成
主　　编：孔繁秀
编辑人员：赵艳萍　张若蓉　崔　荩　陈鹏辉　顾浙秦　李　子
　　　　　马新杰　冯　云　马凌云

凡　例

　　一、本类编系在《清实录藏族史料》（西藏人民出版社1982年版）基础上，对勘《清实录》（中华书局1986年影印本），依照历史事体分类或相同事件归类，对《清实录藏族史料》附录"分类索引"，汰其重复，补其未备，进行必要调整、订正而成。全书共编为九集。

　　二、本类编中实录条文的归类编纂，以不重复设置为原则。部分条文事关多人，如前后藏达赖、班禅同时朝贡及朝廷一并赏赐等，分类就难以避免重置；部分条文涉及多事，则以"……"删节进行分类设置；若删节在文首部分，则以"（前略）"标明。

　　三、分类标题为编者拟加，标题中族名、人名、地名及职官名称等，原则上照用《清实录》用字，部分则改用通译，如"郭罗克"改为"果洛克"、"狢㺄"改为"古宗"、"噶卜伦"改为"噶伦"等，正文中相关用字则不改，以保持《清实录》原貌。

　　四、《清实录》中族名、人名、地名及职官名称等的汉字译写，多有不统一，如"乌思藏"又译写为"乌斯藏"，"察木多"又译写为"叉木多"，"朱尔墨特那木扎勒"又译写为"朱尔默特那木扎尔"等，本类编一律保留原文字样，均未予统一。

　　五、本类编对《清实录藏族史料》保留的部分繁体字一律予以简化。《清实录》殊多异体字、通假字，原则上改用正体字、通用字。个别的未予改动，如见（现）、著（着）、廑（勤）等，以保留《清实录》行文风格。

　　六、本类编对《清实录藏族史料》中标点欠准确之处一一订正。谕旨条文中某某奏称内容为概括之辞的，不用引号；奏称辞语较长的，奏称后用冒号；奏称之辞较短的，则不用标点符号，如乾隆朝实录中的上谕

"据玛瑞奏,'阿敏尔图患病身故'等语"改为"据玛瑞奏阿敏尔图患病身故等语"。

七、《清实录》抄本影印间有笔误,本类编校勘,在错别字后加〔　〕予以订正;脱漏字或补注文字加（　）进行增补;衍文以及一些不规范的手写字体,则直接予以删除、厘定,不一一予以注明。

八、本类编为保留历史文献原貌,《清实录》中对少数民族地方人民带有贬义和蔑视之类的遣词用语,均未予改动,读者当能鉴察。

前　言

《清实录》即《大清历朝实录》，是清代官修的编年体史料长编。清朝沿袭自唐代以来的旧制，每帝死后设实录馆，负责整理编纂前代皇帝生前的档案资料。修成的实录，以汉、满、蒙三种文字缮写几份分贮皇史宬、乾清宫、内阁实录库等处。清朝末代皇帝溥仪在位三年即为辛亥革命所推翻，仍以实录体例编纂有《宣统政纪》，计70卷，加上清太祖至德宗11朝实录4363卷，合计4433卷。

《清实录》卷帙浩瀚，内容繁多，检用不易。为便于阅读、使用，20世纪70年代末至80年代初，西藏民族学院（西藏民族大学前身）历史系顾祖成、马驰、王观容等同志以1964年台湾华联出版社影印出版的《清实录》为底本，将其中有关藏族的史料予以辑录整理，历时三载始编成《清实录·藏族历史资料汇编》全六册，于1981年由西藏民族学院印刷厂铅印，供院内教学科研使用，并与院外有关单位交流。历史系教师石俊华、张连起、林黎明、贾正中、琼华等曾参加资料辑录、校对等部分工作。1982年至1983年，在《清实录·藏族历史资料汇编》的基础上，按编年体增补修订成《清实录藏族史料》全十集，收入陈家琎同志主持的《西藏研究丛刊》之九，由西藏人民出版社出版。此项编辑工作得到西藏自治区社会科学院原院长多杰才吉、拉巴平措的重视和支持，主要由西藏民族学院顾祖成、琼华两位同志承担，马驰同志曾参加一、二、三集的编辑工作；校对和部分编辑工作由西藏自治区社会科学院《西藏研究》编辑部以及资料情报研究所季垣垣、吕焕祥、彭遐熙等同志完成，资料情报研究所侯跃生、西藏公路工程局张公钧和西藏自治区科学技术委员会张炳杰等同志曾参加校对工作。此次增订除增辑若干条目、扩大篇幅外，在资料处理诸方面亦有较多改动。

《清实录藏族史料》始于崇德二年（1637）皇太极延聘五世达赖，推崇黄教，止于宣统三年（1911）藏乱终止，历时270多年，共200多万字，史料内容极为丰富，是研究17—20世纪初叶清朝中央对西藏和其他藏区的管辖、治理，藏汉、藏蒙等民族关系，西藏宗教、政治、军事、经济，以及近代外国侵略西藏史诸问题不可或缺的汉文基础史料，不仅是从事清史研究和藏学研究的重要史料，也是捍卫国家主权完整、驳斥国内外别有用心的人试图分裂中国西藏的种种歪曲历史事实的谎言谬说的有力佐证。

《清实录藏族史料类编》分为九集，共280万字，是在《清实录藏族史料》的基础上按照分类编辑而成的。《清实录藏族史料类编》参照了《清实录藏族史料》每分册后面所附的分类索引，将所有辑录文献按类别编排，同类文献按照时间编排，形成组织有序的文献汇编体系，既突出学科特点，又兼顾古籍文献特征，并辅之以拟加的标题来最大限度地反映史料的信息内容。为保存史料的本来面目，编辑过程中依据文献的原始特征，只做标点和必要的校订工作，对史料的内容不做删节和改动，但需要增补的内容，对照1986年中华书局影印出版的《清实录》进行了增补和完善，尽力做到文字、年、月、日以及卷次、页码的准确无误，以使历史事件真实呈现于世人面前。

《清实录藏族史料类编》本着力求在《清实录》藏族史料整理的原有基础上，形成一个分类详备、标点准确、校勘精审、使用便利的新的升级版本的编辑目标，既着重考虑为藏学研究者提供资料，又兼顾一般阅读的需求，按照常规阅读习惯，采用了横向排版格式。

《清实录藏族史料类编》在编辑纸质文献的同时，建立了"清实录藏族史料类编全文数据库"。该数据库具有在线全文检索、阅读的功能，在西藏民族大学校园网内实现信息资源共享，便于藏学研究者利用现代技术手段来检索、利用相关资料，充分发掘其重要的史料价值，从而使之具有较广泛的应用价值。

《清实录藏族史料类编》是由西藏民族大学图书馆馆长孔繁秀研究馆员于2011年牵头立项，图书馆张若蓉、马凌云、赵艳萍、李子、崔荩、冯云、马新杰等同志参加的西藏自治区高校人文社会科学研究项目"明清实录藏族史料类编"结项成果中的《清实录》部分增补修订完成的。其增补修订工作由西藏民族大学图书馆、民族研究院、文学院有关同志组成编辑组通力协作完成。西藏民族大学图书馆馆员赵艳萍硕士、副研究馆员张若蓉硕士、馆员崔苈硕士、研究馆员李子硕士、馆员马新杰硕士、馆员冯云博士等分集承担编辑、校勘任务;民族研究院副教授陈鹏辉博士主要负责全类编的分类的订正、调整;文学院教授顾浙秦博士主要负责各集的标点、文字校勘的修订完善;赵艳萍、顾浙秦、陈鹏辉、马新杰承担全集的总校定稿工作。西藏民族大学研究生王玥、张美玲、马勇、陈媛媛、王晓新等同学和复旦大学哲学系顾清源同学参与部分资料校勘工作。

这部《清实录藏族史料类编》数易寒暑,其整理研究工作之所以能做到踏实认真地进行、较好地完成,首先是得到了前任校党委书记杜建功、校长扎西次仁和现任校党委书记欧珠、校长刘凯等学校领导及科研处领导的重视和支持,从而激励着我们把这一文献整理研究课题坚持做大做好。

这部类编是编辑组全体成员多年来辛勤努力、群策群力、协作攻关的共同成果。参加我们科研团队的每一位同志都能做到齐心协力,勇于接受任务,节假日加班加点,不计报酬,努力做贡献。尤其是我的同事赵艳萍馆员、张若蓉副研究馆员,充分发挥了各自的专业特长,在整个文献整理研究过程中细心认真,出主意、想办法,承担了大量的具体工作。通过这部类编的编辑出版,我们培养了一支敬业笃学、团结协作、精勤拼搏的科研团队。《清实录藏族史料类编》的整理出版无疑很好地说明:一项大的科研项目的研究能取得应有的成绩,集体攻关、大力发扬团队精神实属关键。

本类编作为西藏民族大学在20世纪70年代末启动的《清实录》藏族历史文献整理、汇编的科研延续,保持了一以贯之的连续性。如今,当年的编者中有几位竟成故人,我们完成这部类编本,是对他们最大的缅怀。《清实录藏族史料》的第一编者、我的恩师顾祖成教授今已80多岁高龄,但健康佳好,思维敏捷,至今退而未休。先生欣然接受我的邀请,担任这部类编的名誉主编。先生以其深厚的学养和对这部史料多年研究的积淀,对本类编予以学术把关,不仅悉心于全书的整体分类擘画,而且全身心地投入到具体的编纂工作中。先生的鼎力支持，使本类编得以顺利完成，也使我们形成了一支新老结合的团队，使我们对《清实录藏族史料》这部史料集在研究整理上做到了前后衔接。在此，我由衷地感谢先生的辛勤付出。

　　本类编得到中山大学出版社领导的高度重视和鼎力帮助。嵇春霞副总编专程前来学校与我校科研处领导、编辑组成员座谈，悉心指导，并多次沟通、精心策划，申报国家出版基金资助项目，使这部类编得以作为精品图书付梓。各集的责任编辑及其他编校人员为之付出艰辛劳动，在此一并表示诚挚的感谢。

　　由于编者经验不足、水平有限，本类编中难免仍有欠妥之处，尚待进一步完善，敬请读者批评指正。

孔繁秀

2019 年 6 月于西藏民族大学

编年总目

第一集　崇德二年八月——乾隆十一年十二月

第二集　乾隆十二年正月——乾隆十四年七月

第三集　乾隆十四年八月——乾隆三十七年三月

第四集　乾隆三十七年四月——乾隆三十八年七月

第五集　乾隆三十八年八月——乾隆四十年五月

第六集　乾隆四十年六月——乾隆五十三年八月

第七集　乾隆五十三年九月——乾隆六十年十二月

第八集　嘉庆元年正月——咸丰十一年十二月

第九集　同治元年正月——宣统三年十二月

目录

太宗延聘图白忒高僧，五世达赖、顾实汗遣使至盛京 / 1
    蒙古喀尔喀诸部首领上表拥赞延请 / 1
    太宗遣使通书，宣扬推崇佛教 / 2
    伊拉古克三胡土克图、戴青绰尔济等至盛京 / 3

五世达赖进京觐见顺治帝，清朝册封，赐金册金印 / 6
    顾实汗奏请延召五世达赖至京师 / 6
    清廷遣官敦请、往迎五世达赖 / 6
    清廷诸臣对"帝迎"之争议 / 7
    五世达赖进京觐见 / 8
    五世达赖辞归，清朝册封其为"西天大善自在佛所领天下释教普通
        瓦赤喇怛喇达赖喇嘛"，赐金册金印 / 10

清朝册封顾实汗为"遵行文义敏慧顾实汗"，赐金册金印 / 13

阐化王遣使进贡，第巴以阐化王原名求换敕印 / 14

乌思藏、川陕诸土司缴换明朝敕印 / 16

吴三桂之乱波及川滇藏区，敕谕五世达赖助剿 / 17

谕达赖喇嘛协助安插巴图尔额尔克济农，遣使往和喀尔喀七旗 / 21
    遣使往会安插巴图尔额尔克济农 / 21
    谕达赖共同遣使往和喀尔喀诸部内争 / 27

噶尔丹攻掠喀尔喀，入汛界，清廷出师进剿，谕达赖喇嘛遣使往和 / 31
    噶尔丹兴戎，谕达赖喇嘛遣使"往和"及声罪致讨，大败之 / 31
    第巴所遣济隆胡土克图助噶尔丹，清廷后将其解京 / 61

五世达赖圆寂，清廷对第巴匿丧、偏徇噶尔丹的谴责及宽宥其罪 / 68

拉藏汗执杀第巴，陈奏第巴所立为假达赖；清廷遣使往封并令拘假达赖赴京 / 83

六世达赖仓央嘉措废黜解京，病逝途中 / 84

侍郎赫寿进藏管理事务；常授驻扎西宁办事 / 85

拉藏汗立波克塔为六世达赖，戴青和硕齐等认格桑嘉错为胡必尔汗，真假胡必尔汗之争 / 86

清廷延聘五世班禅；"班禅额尔德尼"名号的确定 / 89

查勘打箭炉地界，中甸驻兵设汛 / 91

昌侧集烈等攻据打箭炉，阻抗官兵，清军剿抚 / 94

康熙帝遣使考查大江、黄河、黑水、金沙、澜沧、雅鲁藏布诸水源流与兴建泸定铁索桥 / 101

阿尔泰、巴尔库尔两路官兵进袭准噶尔；打箭炉、巴塘、里塘、中甸等地驻兵防守 / 105

平定策妄阿拉布坦对藏骚扰，护送七世达赖赴拉萨坐床，授权平准安藏有功西藏贵族管理地方政务 / 117
    策零敦多布率兵攻灭拉藏汗，占扰藏地 / 117
    色楞、额伦特统兵进征，挫败于喀喇乌苏 / 124

康熙力主进军，平准安藏 /128
　　抚远大将军允禵奉旨出征，延信、噶尔弼等率军征讨，护送七世达赖
　　　　拉萨坐床 /129
　　平准安藏大军凯旋，封授阿尔布巴、康济鼐二人贝子和隆布奈辅国公，
　　　　留兵驻守西藏地方 /139
　　御制碑文，镌勒招地，以垂永久 /143
　　议叙平准安藏功及驻藏官兵功，赏赉与抚恤 /144

平定罗卜藏丹津之乱，遏阻叛乱蔓延西藏 / 151
　　粉碎罗卜藏丹津兴兵欲占招地之企图，攻剿塔儿寺、郭隆寺等从逆
　　　　喇嘛 /151
　　进军平乱中对西宁、凉州、庄浪、松潘口外等处的征剿 /156
　　《青海善后事宜》《川陕事宜》等有关管理藏族的制度 /160

裁减平准安藏留防官兵及在察木多等地驻守、换防 / 164

南坪坝民变 / 169

驻藏大臣的设立 / 170

阿尔布巴之乱，清廷派兵进藏；颇罗鼐获胜，奉旨统管前后藏事务 / 171

防范准噶尔扰害藏地，七世达赖移驻里塘、泰宁及谕准回藏 / 176

罗隆宗等地赏给达赖喇嘛，巴塘、里塘、中甸等处内属，天全改土
　　归流 / 184

调处三齐寨控告瓦寺和明正土司内争与杂谷、梭磨、沃日、大小金川等
　　土司、头人相互构衅 / 187

增添西藏、川滇藏区驻兵，稽查复置塘站等 / 194

西、河、庄、洮、甘、天全诸茶司引茶壅积，减价变卖与官茶改征折色 / 199

准噶尔奏请派人进藏朝佛熬茶、延聘喇嘛，清廷对其防范、限制 / 201

土尔扈特奏请差人赴藏熬茶，清廷禁其派俄籍子弟往藏内居住念经 / 224

和解怒族和古宗的构难称兵 / 225

罗卜藏丹怎之逃亡及拿获 / 226

用兵瞻对，剿讨班滚，议订善后事宜 / 229

剿抚果洛克等部 / 265

  岳升龙、岳钟琪征剿生番罗都、果洛克 /265

  查郎阿、郑文焕等剿抚果洛克 /267

藏族僧俗官员的罢黜、惩处 / 278

驻藏大臣及其他进藏官员的任免、奖惩 / 281

朝贡与封赐 / 287

  顾实汗 /287

  五世达赖 /290

  四世班禅 /297

  第巴索南绕登 /300

  瓦齐尔汗 /300

  达赖汗 /300

  五世班禅 /301

  第巴桑结嘉错（假五世达赖之名）/303

  六世达赖仓央嘉措 /305

拉藏汗 /305

　　波克塔胡必尔汗 /306

　　七世达赖 /306

　　康济鼐 /308

　　阿尔布巴、隆布奈等 /308

　　颇罗鼐 /309

　　六世班禅 /312

　　珠尔默特那木扎勒 /312

　　西藏其他僧俗贵族 /313

　　川陕诸处土司、喇嘛 /316

　　拉达克汗 /325

　　巴勒布汗 /326

　　布鲁克巴喇嘛、头人 /327

赈灾、免赋 /328

太宗延聘图白忒高僧，五世达赖、顾实汗遣使至盛京

蒙古喀尔喀诸部首领上表拥赞延请

○崇德二年（丁丑）八月辛丑（1637.9.23）

蒙古喀尔喀部落马哈撒嘛谛塞臣汗遣使臣麻尼塞臣浑津、毕礼克图山津朝贡。上御崇政殿，使臣陈列所产之兽名獭喜及貂皮四十、马匹四十，上表行礼。表文曰："马哈撒嘛谛塞臣汗奉表敬候皇上起居万安。闻欲延致达赖喇嘛，甚善。此地喀尔喀七固山及厄鲁特四部落亦有同心，乞遣使者过我国，同往请之。我等公同会议，遣使候安，并献方物。"

（太宗朝卷三八·页五下～六上）

○崇德二年（丁丑）八月庚戌（1637.10.2）

上御大清门，文武升转各官谢恩，次喀尔喀部落土谢图汗朝贡使臣上表行礼。表曰："土谢图汗敬奉表于宽温仁圣皇帝陛下恭候万安。近闻欲延致达赖喇嘛，反复思之诚是。喀尔喀七固山及厄鲁特四部落皆有同心，若遣使延致，乞同往何如？凡所议悉与皇上无异，谨随表文献黄弓两张、马三匹。奉使卿里萨米、纳古尔舍津二人已自宝庙前起行矣。"

次台吉毕喇式朝贡使臣额尔德尼济鲁噶齐上表行礼。表文曰："兀尔寨图台吉妻塞臣福金、毕喇式台吉谨奉表于宽温仁圣皇帝陛下：凡表文事情与马哈撒嘛谛塞臣及土谢图二汗无异。今随表文献黑獭皮一张、马二匹。"

次绰克图卫征贝勒朝贡使臣达尔汉祁齐婴贵、班第上表行礼。表文曰："绰克图卫征贝勒谨奉表于宽温仁圣皇帝陛下：凡表文事情与马哈撒嘛谛塞臣及土谢图二汗无异。今随表献马一匹，以申鄙忱。"

又，德古尔格齐贝勒、赛音台吉、毛台吉、卫征贝勒、车臣台吉、赖萨台吉子多尔济、巴特玛戴青等，各遣使来朝，贡马匹、名犬、水獭等物。

（太宗朝卷三八·页六下～八上）

太宗遣使通书，宣扬推崇佛教

○崇德四年（己卯）十月庚寅（1639.11.1）

遣察汉喇嘛等致书于图白忒汗。书曰："大清国宽温仁圣皇帝致书于图白忒汗：自古释氏所制经典宜于流布，朕不欲其泯绝不传，故特遣使延致高僧，宣扬法教。尔乃图白忒之主，振兴三宝，是所乐闻。倘即敦遣前来，朕心嘉悦！至所以延请之意，俱令所遣额尔德尼达尔汗格隆、察汉格隆、玉噶扎礼格隆、盆绰克额木齐、巴喇衮噶尔格隆、喇克巴格隆、伊思谈巴达尔扎、准雷俄木布、根敦班第等使臣口述。"

又与喇嘛书曰："大清国宽温仁圣皇帝致书于掌佛法大喇嘛：朕不忍古来经典泯绝不传，故特遣使延致高僧，宣扬佛教，利益众生，唯尔意所愿耳。其所以延请之意，俱令使臣口述。"

（太宗朝卷四九·页三上～四下）

○崇德五年（庚辰）二月辛酉（1640.3.31）

以延请圣僧，遣官赍敕往谕额尔德尼达尔汉喇嘛等曰："尔等不可在归化城久居牧马，现今青草方长之时，随路可以喂养，宜即前往圣僧喇嘛处，以达延请之意。所过之处，谅无人拦阻。可遣同去之人一半及土默特之人，先往马哈撒嘛谛塞臣汗、土谢图汗、查萨克图汗处，嘱之曰：'因汝等曾言请圣僧喇嘛甚善，故我等奉命来请，汝等亦宜遣人同往。'约至彼国附近地方相会。尔喇嘛等若至约会之地，附近国主有召见者，即往见之；如不召见，即于约会处相会前行。"

（太宗朝卷五一·页四上～下）

○崇德五年（庚辰）十月癸丑（1640.11.18）

以书报喀尔喀部落查萨克图汗，曰："尔来书言，凡所行事，莫非命也。今朕承天佑，尔蒙古国主已归我矣。尔不过一部之长，乃以卑下之人僭拟大国之主，妄自矜诩，书不称名，动以佛教为言，可谓知命乎？尔云欲修文偃武，以求福祉。夫戡定祸乱以致太平，乃身膺福祉之谓也。若不能有济于世，而徒称说文教，较量祸福，特迂疏之见、骄矜之词耳。尔又云朕前书内语言逆耳，尔亦不怒。夫忠告之言虽逆于耳，实于治道有裨。先贤云：'听者言，必察其理。'朕若狂言违理，尔谓之逆耳，宜也。以忠告之言，而尔谓之逆耳，可乎？遣往图白忒部落喇嘛等已至归化城，因尔言不果，是以不遣。"

（太宗朝卷五三·页一下～二上）

伊拉古克三胡土克图、戴青绰尔济等至盛京

○ 崇德七年（壬午）十月己亥（1642.10.25）

图白忒部落达赖喇嘛遣伊拉古克三胡土克图、戴青绰尔济等至盛京，上亲率诸王、贝勒、大臣出怀远门迎之。还至马馆前，上率众拜天，行三跪九叩头礼毕，进马馆。上御座，伊拉古克三胡土克图等朝见，上起迎。伊拉古克三胡土克图等以达赖喇嘛书进上，上立受之，遇以优礼。上升御榻坐，设二座于榻右，命两喇嘛坐。其同来众徒行三跪九叩头礼。次与喇嘛同来之厄鲁特部落使臣及其从役行三跪九叩头礼。于是，命古式安布宣读达赖喇嘛及图白忒部落臧巴汗来书。赐茶，喇嘛等诵经一遍方饮。设大宴宴之。伊拉古克三胡土克图及同来喇嘛等各献驼马、番菩提数珠、黑狐皮、氆单、氆褐、花毯、茶叶、狐腋裘、狼皮等物，酌纳之。

（太宗朝卷六三·页一下～二下）

○ 崇德七年（壬午）十月壬戌（1642.11.17）

以朝鲜贡物分赐图白忒部落达赖喇嘛所遣伊拉古克三胡土克图、戴青绰尔济、戴青俄木布……等缎、布、腰刀、顺刀、豹皮、水獭皮、胡椒等物有差。

（太宗朝卷六三·页一八下～一九下）

○崇德八年（癸未）正月丙申（1643.2.19）

召和硕亲王以下、梅勒章京以上及伊拉古克三胡土克图、戴青绰尔济等众喇嘛……赐宴于笃恭殿。

（太宗朝卷六四·页一下～二上）

○崇德八年（癸未）五月丁酉（1643.6.20）

先是，图白忒部落达赖喇嘛遣伊拉古克三胡土克图及厄鲁特部落戴青绰尔济等至，赐大宴于崇政殿。仍命八旗诸王、贝勒各具宴，每五日一宴之，凡八阅月。至是，遣还，赐伊拉古克三胡土克图喇嘛及偕来喇嘛等银器、缎朝衣等物有差。又赐厄鲁特部落和尼图巴克式、阿巴赖达赖、都喇尔和硕齐下额尔德尼巴图鲁、奇尔三下土尔噶图、阿巴赖山津等朝衣、帽靴等物。上率诸王、贝勒等送至演武场，设大宴饯之。复以鞍马、银壶等物赐伊拉古克三胡土克图喇嘛。仍命和硕睿亲王多尔衮、多罗武英郡王阿济格、辅国公硕讬、满达海率梅勒章京参政以上各官送至永定桥，复设宴饯之。遣察干格隆、巴喇衮噶尔格隆、喇克巴格隆、诺木齐格隆、诺莫干格隆、萨木谭格隆、衮格垂尔扎尔格隆等同伊拉古克三胡土克图喇嘛前往达赖喇嘛、班禅胡土克图、红帽喇嘛噶尔马、昂邦萨斯下、济东胡土克图、鲁克巴胡土克图、达克龙胡土克图、臧霸汗、顾实汗处，致书各一函。

与达赖喇嘛书曰："大清国宽温仁圣皇帝致书于大持金刚达赖喇嘛：今承喇嘛有拯济众生之念，欲兴扶佛法，遣使通书，朕心甚悦。兹特恭候安吉。凡所欲言，俱令察干格隆、巴喇衮噶尔格隆、喇克巴格隆、诺木齐格隆、诺莫干格隆、萨木谭格隆、衮格垂尔扎尔格隆等口悉。外附奉金碗一、银盆二、银茶桶三、玛瑙杯一、水晶杯二、玉杯六、玉壶一、镀金甲二、玲珑撒袋二、雕鞍二、金镶玉带一、镀金银带一、玲珑刀二、锦缎四，特以侑缄。"

又与班禅胡土克图书一。书词与附送礼物同。

又与噶尔马书曰："大清国宽温仁圣皇帝致书于红帽喇嘛噶尔马：朕思自古帝王创业垂统，每令佛法流传，未尝断绝。今将敦礼高僧，以普济群生，故遣察干格隆、巴喇衮噶尔格隆、喇克巴格隆、诺木齐格隆、诺莫干格隆、萨木谭格隆、衮格垂尔札尔格隆等前往。凡所欲言，俱令口悉。附奉银茶桶二、银盆二、玛瑙杯一、水晶杯二、玉杯五、玉壶一、镀金甲一、玲珑撒袋二、雕鞍二、金镶玉带一、镀金银带一、玲珑刀二、锦缎二，特以侑缄。"

又与昂邦萨斯下书曰："大清国宽温仁圣皇帝致书于昂邦萨斯下：朕思自古帝王创业垂统，每令佛法流传，未尝断绝。今将敦礼高僧，兴扶释教，以普济群生，故遣察干格隆、巴喇衮噶尔格隆、喇克巴格隆、诺木齐格隆、诺莫干格隆、萨木谭格隆、衮格垂尔札尔格隆等前往。凡所欲言，俱令口悉。附奉银盆一、银茶桶一、玛瑙杯一、水晶杯一、玉杯三、玉壶一、镀金甲一、玲珑撒袋一、雕鞍一、金镶玉带一、玲珑刀一、锦缎一，特以侑缄。"

又与济东胡土克图书一，鲁克巴胡土克图书一，达克龙胡土克图书一。书词及附送礼物俱同。

又敕谕臧霸汗曰："大清国宽温仁圣皇帝谕臧霸汗：尔书云佛法裨益我国，遣使致书。近闻尔为厄鲁特部落顾实贝勒所败，未详其实，因遣[遗]一函相询。自此以后修好勿绝，凡尔应用之物，自当饷遗。今赐银一百两、锦缎三匹。"

又与顾实汗书曰："大清国宽温仁圣皇帝致书于顾实汗：朕闻有违道悖法而行者，尔已惩创之矣。朕思自古圣王致治，佛法未尝断绝。今欲于图白忒部落敦礼高僧，故遣使与伊拉古克三胡土克图偕行，不分服色红黄，随处咨访，以宏佛教，以护国祚，尔其知之。附具甲胄全副，特以侑缄。"

（太宗朝卷六四·页一九下～二三上）

五世达赖进京觐见顺治帝，清朝册封，赐金册金印

顾实汗奏请延召五世达赖至京师

○崇德八年（癸未）九月戊申（1643.10.29）

厄鲁特部落顾实汗遣使奏言："达赖喇嘛功德甚大，请延至京师，令其讽诵经文，以资福佑。"许之。

（世祖朝卷二·页三下～四上）

清廷遣官敦请、往迎五世达赖

○顺治元年（甲申）正月己亥（1644.2.17）

遣使偕喇嘛伊拉古克三胡土克图往迎达赖喇嘛，仍以书谕厄鲁特部落顾实汗知之。

（世祖朝卷三·页二下～三上）

○顺治二年（乙酉）十二月壬辰（1646.1.30）

厄鲁特部落顾实汗子多尔济达赖巴图鲁台吉来请安，贡马匹、氆氇，并奏："顷闻天使同伊拉古克三胡土克图已从释迦牟尼佛庙西行，与我国汗议和好礼。彼处议定，则臣等无不奉命。"

（世祖朝卷二二·页三上～下）

○顺治五年（戊子）五月甲申（1648.7.10）

遣喇嘛席喇布格隆等赍书存问达赖喇嘛，并敦请之。又遗书存问班禅胡土克图讷门汗，俾劝达赖喇嘛来京。各赐以金镶玉带、银茶筒等物。

（世祖朝卷三八·页一一下～一二上）

○顺治八年（辛卯）三月乙酉（1651.4.27）

遣官赍敕谕、礼物，往召达赖喇嘛。

（世祖朝卷五五·页四下～五上）

○顺治八年（辛卯）四月丁未（1651.5.19）

遣多卜臧古西等赍谕书、礼物，往召达赖喇嘛。

（世祖朝卷五六·页一上）

○顺治九年（壬辰）二月丁未（1652.3.14）

遣理藩院侍郎沙济达喇同户、礼、兵、工四部理事官往迎汤古忒部落达赖喇嘛。赐达赖喇嘛袍、帽、鞍马、珍珠、数珠等物。以第巴诺门汗劝导达赖喇嘛来朝，并赐袍、帽、鞍马、玲珑佩刀等物。

（世祖朝卷六三·页一下）

○顺治九年（壬辰）十月庚戌（1652.11.12）

命和硕承泽亲王硕塞等往迎达赖喇嘛，并谕［谕］达赖喇嘛曰："前者朕降谕欲亲往迎迓。近以盗贼间发，羽檄时闻，国家重务难以轻置，是以不能前往。特遣和硕承泽亲王及内大臣代迎，当悉朕不能亲迎之意。故谕。"

（世祖朝卷六九·页六上）

清廷诸臣对"帝迎"之争议

○顺治九年（壬辰）九月壬申（1652.10.5）

谕诸王、贝勒、大臣、九卿、科道曰："当太宗皇帝时尚有喀尔喀一隅未服，以外藩蒙古惟喇嘛之言是听，因往召达赖喇嘛。其使未至，太宗皇帝晏驾。后睿王摄政时往请，达赖喇嘛许于辰年前来。及朕亲政后召之，达赖喇嘛即启行前来，从者三千人。今朕欲亲至边外迎之，令喇嘛即住边外。外藩蒙古贝子欲见喇嘛者，即令在外相见。若令喇嘛入内地，今年岁收甚歉，喇嘛从者又众，恐于我无益。倘不往迎喇嘛，以我既召之来又不往迎，必至中途而返，恐喀尔喀亦因之不来归顺。其应否往迎之处，尔等各抒所见以奏。"

满洲诸臣议："我等往请，喇嘛即来。上亲至边外迎之，令喇嘛住于边外。喇嘛欲入内地，可令少带随从入内；如欲在外，听喇嘛自便。上若亲往迎之，喀尔喀亦从之来归，大有裨益也。若请而不迎，恐于理未当。我以礼敬喇嘛，而不入喇嘛之教，又何妨乎？"

众汉臣议："皇上为天下国家之主，不当往迎喇嘛。喇嘛从者三千余人，又遇岁歉，不可令入内地。若以特请之故，可于诸王大臣中遣一人代迎。其喇嘛令住边外，遗之金银等物，亦所以敬喇嘛也。"

两议具奏，上曰："朕当裁之。"

（世祖朝卷六八·页一上～二上）

○顺治九年（壬辰）九月戊戌（1652.10.31）

大学士洪承畴、陈之遴奏言："臣等阅钦天监奏云昨太白星与日争光，流星入紫微宫。窃思日者人君之象，太白敢于争明，紫微宫者人君之位，流星敢于突入，上天垂象，诚宜警惕！且今年南方苦旱，北方苦涝，岁饥寇警，处处入告，宗社重大，非圣躬远幸之时。虽百神呵护，六军扈从，自无他虞，然边外不如宫中为固，游幸不若静息为安。达赖喇嘛自远方来，遣一大臣迎接，已足见优待之意，亦可服蒙古之心，又何劳圣驾亲往为也。天道深远，固非臣等所能测度，但乘舆将驾，而星变适彰，此诚上苍仁爱陛下之意，不可不深思而省戒也！"

疏入，得旨："此奏甚是，朕行即停止。"

（世祖朝卷六八·页二一下～二二上）

五世达赖进京觐见

○顺治六年（己丑）八月丁酉（1649.9.16）

达赖喇嘛遣使奉表，言于壬辰年夏月朝见，并贡方物。

（世祖朝卷四五·页六上）

○顺治九年（壬辰）正月癸酉（1652.2.9）

汤古忒部落达赖喇嘛表奏来朝起行日期。

班禅胡土克图、第巴、厄鲁特部落顾实汗等，以劝导达赖喇嘛来朝，奉表奏闻，并贡方物。

（世祖朝卷六二·页一上）

○顺治九年（壬辰）二月戊午（1652.3.25）

宴达赖喇嘛使臣车臣囊素等于礼部。

（世祖朝卷六三·页二下）

○顺治九年（壬辰）八月戊辰（1652.10.1）

达赖喇嘛奏言："觐见之地，或在归化城，或在代噶地方，伏惟上裁。"

谕之曰："迩因内地西南用兵，羽书来往，皆系军国重务，难以轻置，用是不克出边相见，特遣亲王、大臣前往。俟寇靖无事，便可亲行。此时只于边内近地相迓可耳。"

（世祖朝卷六七·页一七下）

○顺治九年（壬辰）九月庚辰（1652.10.13）

谕达赖喇嘛曰："尔奏边内多疾疫，边外相见为便，今朕至边外代噶地方俟尔可也。"

（世祖朝卷六八·页三下）

○顺治九年（壬辰）九月庚寅（1652.10.23）

达赖喇嘛奏："钦赏及敕谕俱已领到。今兼程前进。俟至代噶地方，尚有密奏之事。"

（世祖朝卷六八·页一七上）

○顺治九年（壬辰）十月丙午（1652.11.8）

达赖喇嘛奏言："闻上欲于代噶地方相见，不胜欢忭！自当兼程而进，更有密语，去使面奏。"

（世祖朝卷六九·页四上）

○顺治十年（癸巳）正月戊寅（1653.2.8）

上御太和殿，赐达赖喇嘛等宴。

（世祖朝卷七一·页七下）

○顺治十年（癸巳）正月癸未（1653.2.13）

宴达赖喇嘛等于太和殿，赐金器、彩缎、鞍马等物有差。

（世祖朝卷七一·页一一上～下）

○顺治十年（癸巳）正月甲申（1653.2.14）

礼部奏言："凡外藩部长客臣初次来京，间有奉旨令亲王、郡王筵宴者，今达赖喇嘛初次来京，诸王应否筵宴？"得旨："达赖喇嘛一行，诸王依次设宴，就彼馆舍款之。"

（世祖朝卷七一·页一一下）

五世达赖辞归，清朝册封其为"西天大善自在佛所领天下释教普通瓦赤喇怛喇达赖喇嘛"，赐金册金印

○顺治九年（壬辰）十二月壬戌（1653.1.23）

厄鲁特部落顾实汗表贡方物，兼请达赖喇嘛还国。

（世祖朝卷七〇·页一七下～一八上）

○顺治十年（癸巳）正月戊子（1653.2.18）

达赖喇嘛奏言："此地水土不宜，身既病，从人亦病，请告归。"上命议政王、贝勒、大臣会议具奏。

寻议："喇嘛原系特召，当询其情事。其言宜于我则从，不宜于我则已。倘不一加询问，使喇嘛含愠而去，则外国喀尔喀、厄鲁特必叛。"

一议："不宜询问喇嘛。若询之而不用其言，喇嘛当益含愠而去。我朝荷天之佑，征服各处，以成大业，当年并无喇嘛也。喇嘛既系特召，当赐以金银缎币，酌封名号，给之册印，不加询问为便。"

奏入，上曰："不必询问事情，止令部臣往谕喇嘛，所云水土不宜良是，但我等始至，亦尝以水土不宜而病，后乃相宜。今喇嘛既来，且留此，从容往代噶。待草青时，更召外藩王、贝勒等与喇嘛相会。"

（世祖朝卷七一·页十三下～十四上）

○ 顺治十年（癸巳）二月乙卯（1653.3.17）

以遣达赖喇嘛归，上御太和殿，赐宴，并鞍马、金银、珠玉、缎匹等物。

（世祖朝卷七二·页七上）

○ 顺治十年（癸巳）二月丁巳（1653.3.19）

达赖喇嘛辞归，命和硕承泽亲王硕塞偕固山贝子顾尔玛洪、吴达海率八旗官兵送至代噶地方。又命叔和硕郑亲王济尔哈朗、礼部尚书觉罗郎球饯于清河。

（世祖朝卷七二·页八上～下）

○ 顺治十年（癸巳）四月丁巳（1653.5.18）

遣礼部尚书觉罗郎球、理藩院侍郎席达礼等，赍送封达赖喇嘛金册、金印于代噶地方。文用满、汉及图白忒国字。册文曰："朕闻兼善独善，开宗之义不同；世出世间，设教之途亦异。然而明心见性，淑世觉民，其归一也。兹尔罗布藏札卜素达赖喇嘛，襟怀贞朗，德量渊泓，定慧偕修，色空俱泯，以能宣扬释教，诲导愚蒙，因而化被西方，名驰东土。我皇考太宗文皇帝闻而欣尚，特遣使迎聘。尔早识天心，许以辰年来见。朕荷皇天眷命，抚有天下。果如期应聘而至。仪范可亲，语默有度，臻般若圆通之境，扩慈悲摄受之门。诚觉路梯航，禅林山斗，朕甚嘉焉。兹以金册印封尔为'西天大善自在佛所领天下释教普通瓦赤喇怛喇达赖喇嘛'。应劫现身，兴隆佛化，随机说法，利济群生，不亦休哉。"印文曰："西天大善自在佛所领天下释教普通瓦赤喇怛喇达赖喇嘛之印。"

（世祖朝卷七四·页一二上～下）

○顺治十年（癸巳）五月乙亥（1653.6.5）

达赖喇嘛自代噶起程归国，命固山贝子吴达海饯之。

（世祖朝卷七五·页七下）

○顺治十年（癸巳）六月丙午（1653.7.6）

达赖喇嘛表谢颁赐册印及封号，附献马匹、琥珀等物。

（世祖朝卷七六·页三下）

清朝册封顾实汗为"遵行文义敏慧顾实汗",赐金册金印

○顺治十年(癸巳)四月丁巳(1653.5.18)

封厄鲁特部落顾实汗为"遵行文义敏慧顾实汗",赐之金册、金印。文用满、汉、蒙古字。册文曰:"帝王经纶大业,务安劝庶邦,使德教加于四海。庶邦君长能度势审时,归诚向化,朝廷必加旌异,以示怀柔。尔厄鲁特部落顾实汗尊德乐善,秉义行仁,惠泽克敷,被于一境,殚乃精诚,倾心恭顺,朕甚嘉焉。兹以金册印封为'遵行文义敏慧顾实汗'。尔尚益矢忠诚,广宣声教,作朕屏辅,辑乃封圻。如此,则带砺山河,永膺嘉祉,钦哉。"印文曰:"遵行文义敏慧顾实汗"。印其册。印即付伴送达赖喇嘛之侍卫喇嘛、内大臣囊努克、修世岱等赍往。

(世祖朝卷七四·页一二下~一三上)

阐化王遣使进贡，第巴以阐化王原名求换敕印

○顺治七年（庚寅）六月甲辰（1650.7.20）

乌斯藏阐化王遣使进贡方物。宴赉如例。

（世祖朝卷四九·页六上）

○顺治十年（癸巳）九月丁未（1653.11.4）

乌思藏阐化王望书遣索嫩毕喇席等进千人贡物。赏赉如例。

（世祖朝卷七八·页四下）

○顺治十三年（丙申）十一月戊午（1656.12.29）

乌思藏阐化王遣国师坚错那卜等贡方物。宴赉如例。

（世祖朝卷一〇四·页一一下）

○顺治十三年（丙申）十二月己丑（1657.1.29）

遣喇嘛锡喇布、萨穆谭格隆赍敕印，封盆挫监挫为阐化王。

（世祖朝卷一〇五·页六下）

○顺治十四年（丁酉）六月甲午（1657.8.2）

（前略）仍赍敕谕达赖喇嘛曰："朕自即位以来，阐化王曾三遣人进贡，每次约千人。因其归化效力，诚悃可嘉，故两赐敕印，以示奖劝。今复遣坚错那卜来贡，兼持旧玉印一颗并故明所给敕书求换。及览该部奏称：'阐化王原系图白忒国主，后为图白忒臧巴汗所破，隶之属下。明季臧巴汗又为厄鲁特国顾实汗所破，以阐化王给与达赖喇嘛转给第巴。阐化王遂于达赖喇嘛处授格隆萨喜尔为喇嘛，第巴因有阐化王敕印，遂以边内

安岛人为阐化王人，遣之以来。'及问来使坚错那卜等，言阐化王久隶第巴。而此次奏章复言皆为阐化王所奏，贡赋亦称阐化王。夫阐化王既属第巴，而屡次进贡仍称阐化王原名，今番进贡请换敕印，又不奏明，前后甚属不符。可将原委具实备书，付存问使人西喇布喇嘛、萨木坦格隆具奏。"

（世祖朝卷一一〇·页四下～五上）

乌思藏、川陕诸土司缴换明朝敕印

○顺治九年（壬辰）七月辛卯（1652.8.25）

天全六番、乌思藏、董卜、黎州、长河西鱼通宁远、泥溪、蛮彝、沈村、宁戎等土司各缴前朝敕印以降。

（世祖朝卷六六·页一一上）

○顺治十年（癸巳）三月己卯（1653.4.10）

宴入贡兼换敕印陕西庄浪宝安寺住持喇嘛颜错巴零真等于礼部。

（世祖朝卷七三·页四上）

吴三桂之乱波及川滇藏区，敕谕五世达赖助剿

○康熙十三年（甲寅）七月壬申（1674.8.11）

差往达赖喇嘛处员外郎拉笃祜、喇嘛丹巴德穆齐还。奏云："臣等奉命，行至西宁，厄鲁特墨尔根台吉拦阻云：'前达赖喇嘛往京时，我班禅差人问达赖喇嘛安，中国以为额外遣使，不令行走，故我今亦拦阻。'臣等答云：'达赖喇嘛有此语乎？明日决意前行。'次日起行前往，墨尔根台吉亦无从拦阻。至青海地方所住达赖绰尔济，遂遣乡导送往至达赖喇嘛处。达赖喇嘛俯伏接旨。向臣等云：'我闻吴三桂反叛，心甚忧闷。今接敕书，得闻圣躬万安，不胜忻慰。我本喇嘛，惟当诵经，祝祐圣躬康豫，威灵远播，国祚绵长，吴三桂指日殄灭。其扬打木、结打木二城，原系我二噶尔麻之地，今为吴三桂所夺，我即遣兵攻据。若吴三桂势穷而来，我当执而送之；若闻彼不出边境，东西逃窜，即时进兵擒拿。'臣等云：'喇嘛既欲相助，当勿吝大举。'喇嘛云：'闻大国兵马皆给粮草，我兵前进，粮草不继，人饥马瘦，何能深入？'臣等云：'当此吴三桂反叛之时，若将国家山陕良民抢夺，非为相助，反生衅也。'达赖喇嘛云：'我亦当诫谕我兵，不令妄行。天使回奏，皇上作何调遣，即谕来使，令其速归，我即遵旨奉行。'"

奏毕，上曰："拉笃祜等所行殊为可嘉，著吏部议叙；丹巴德穆齐著赐名加赏。"

（圣祖朝卷四八·页一九上～二〇下）

○康熙十四年（乙卯）四月乙卯（1675.5.21）

甘肃巡抚花善等疏报，边外蒙古前犯洪崖堡，今又乘我兵进剿河东，乃拆毁关隘，袭执官吏，与官兵会战，永固城副将陈达战没。上命甘肃总

兵官孙思克加意防边。如蒙古仍行肆害，即率兵剿御。仍遣使往谕达赖台吉约束部落，毋为边患。会达赖喇嘛使至，并予敕使转谕达赖台吉。

敕曰："皇帝敕谕达赖喇嘛：吴三桂初叛，朕谕喇嘛大兵分路进讨。若吴三桂势蹙投降，喇嘛其即执送。续览喇嘛奏云：'吴三桂背主负国，人皆恶之，不来则已，来则缚之以献。吴三桂曾取结打木、扬打木二城，今已发兵攻取，防守沿边。若欲征兵深入，惟候诏旨。'又言：'达赖台吉故居土伯特，今遣居青海，令其有事则相援，无事则钤辖其部属。'朕思自太宗文皇帝、世祖章皇帝至今，遣使往来，恩礼无间，喇嘛崇尚信义，必如所奏而行，故遂以达赖台吉等进兵滇蜀之故，晓谕两省。及达赖台吉辞以松潘路险，未进四川。喇嘛又奏言：'蒙古兵力虽强，难以进边，纵得城池，恐其贪据，且西南地热，风土不宜。若吴三桂力穷，乞免其死罪；万一鸱张，莫若裂土罢兵。'吴三桂乃明时微弁，父死流贼，摇尾乞降。世祖章皇帝优擢封王，其子尚公主，朕又宠加亲王，所受恩典，不但越绝朝臣，盖自古所罕有。吴三桂负此殊恩，构衅残民，天人共愤。朕乃天下人民之主，岂容裂土罢兵？但果悔罪来归，亦当待以不死。今将军张勇等奏，达赖台吉诸部落入边侵掠，彼以王辅臣倡乱，内地亦皆骚动故也。今西陲晏然，内地无事。已下敕禁谕。达赖喇嘛宜恪守前言，令其统辖部属，毋得生事扰民。"

（圣祖朝卷五四·页一六上～一七下）

○康熙十七年（戊午）四月乙未（1678.6.14）

靖逆将军甘肃提督侯张勇疏报："逆贼吴三桂馈遗达赖台吉等，交相连结，欲图入掠。且逆贼已知松潘、茂州番中有通西宁大路，恐乘间隙侵我茶马之利。"

得旨："甘肃提督旧时原驻甘州，后因川贼犯秦州，故移驻兰州。今吴逆图扰边境，不可不加固守。令张勇自兰州移镇甘州，著严加提备。仍与大将军公图海等便宜筹画。"

（圣祖朝卷七三·页一三上～下）

○康熙十八年（己未）十二月庚辰（1680.1.20）

敕谕松潘土司番民："朕抚御寰区，恒期中外臣民各得其所，绥乂之怀遐迩初无异视。尔等俱系世守疆土之臣，尤当鼓励忠义，报效朝廷。自吴三桂叛乱以来，吴之茂盘踞松潘，荼毒肆虐，蹂躏地方，困苦已极。念尔等皆系国家赤子，今被其迫胁，虽素怀忠荩，莫能自伸，朕心深为悯恻。兹湖南、广西、汉中、兴安诸处俱经底定，各路兵马奋力齐进，贼势摧败，立见荡平。正尔等出离水火之日，不宜坐失机会。今特降专敕，详加开谕。尔等果能感戴国恩，倡义联络，执擒吴之茂以献，建功树绩，朕即优加叙录，宠以封爵，撰给敕命，以酬尔勋庸。大兵到日，尔等若相机策应，协同剿寇，亦尔等之功。尔等宜速乘时会，早奏肤功，以副朕怀远矜全至意。"

（圣祖朝卷八七·页一四下～一五上）

○康熙十九年（庚申）五月辛丑（1680.6.9）

谕兵部："移文各路大将军、督、抚、提、镇等，凡有平定云贵恢复城池者，俱令察访吴三桂与达赖喇嘛相通书札，随得随缴。"

刑部右侍郎冯苏疏言："请遣能员赴打箭炉地方侦贼情形。仍移书达赖喇嘛，令勿纳残贼入其境内。"

议政王大臣等会议："达赖喇嘛处，当吴三桂叛时，已经遣谕，无庸再遣。打箭炉地方，应移文四川总督，令选贤能人员，不时侦探防御。"

上谕："打箭炉等处地方应选堪用之员，如拉笃祜其人者，遣往彼地，不时侦探。"

（圣祖朝卷九〇·页五上～下）

○康熙十九年（庚申）五月甲寅（1680.6.22）

遣理藩院郎中詹璧拉往边地侦探。上谕之曰："尔往驻松潘等处，凡有闻见，当如拉笃祜，不时奏报。仍将遣尔前往之故，明谕厄鲁特达赖巴图尔台吉知之。然达赖巴图鲁台吉等消息，亦应密探。若得贼寇交通书信，即以奏闻。并探往来贸易者。凡奉使边陲潜行诇察，良非细故，宜慎自防护，常近大军左右，毋忽。"

（圣祖朝卷九〇·页九下～一〇上）

○康熙二十年（辛酉）五月辛巳（1681.7.14）

定远平寇大将军固山贝子章泰等疏言："大兵抵云南会城，伪将军李发美举首逆贼吴世璠与达赖喇嘛伪书，以鹤庆、丽江二府降。"下部议叙。

（圣祖朝卷九六·页一一上～下）

○康熙二十年（辛酉）六月甲午（1681.7.27）

谕议政王大臣等曰："尔等传谕大将军贝子章泰、赖塔、将军总督赵良栋等，见在投诚人员内，有原属吴三桂下旧人且亲近知贼情始末及吴应麒腹心信用者，大将军等亲加详察，令驰驿来京。至投诚土司伪总兵陆道清及海潮龙心腹同往达赖喇嘛处者，并切知贼情始末人员，令赵良栋亲加详察，亦令驰驿来京。"

（圣祖朝卷九六·页一六上～下）

谕达赖喇嘛协助安插巴图尔额尔克济农，遣使往和喀尔喀七旗

遣使往会安插巴图尔额尔克济农

○ 康熙六年（丁未）十月丙申（1667.12.10）

山西陕西总督卢崇峻疏言："向因墨尔根等部落恋牧内地，且有逃番蛮敬口称各头目欲于八月进兵，臣即亲赴庄浪，以防意外。随据总兵官孙思克报称游牧番人，俱搬出原处住牧。又有上年差往西藏之喇嘛回称达赖喇嘛遵旨传各台吉申饬，不许生事。各台吉俱遵奉朝廷敕谕，真心向化，遣人赍认罪马、牛、羊千只，随喇嘛来进。据此，西番归诚已实，满汉官兵应请撤回。"从之。

（圣祖朝卷二四·页一三下～一四上）

○ 康熙二十二年（癸亥）七月戊戌（1683.9.19）

出使厄鲁特内大臣奇塔特等还奏："臣等于十二月二十八日至噶尔丹所居帷幕，噶尔丹跪受敕书及赏赉诸物，随请皇上起居。臣等答曰皇上万安。既坐，噶尔丹问曰：'闻中国有寇贼，今已平定，信乎？'臣等答曰：'比年曾有寇盗窃发，我皇上仁慈，恐用兵扰民，故渐次收服者有之，剿灭者有之，今已尽皆底定矣。'至正月初九日，臣等召其车臣寨桑吴尔占扎卜，以部发查讯厄尔德尼和硕齐、巴图尔额尔克济农之文授之。曰：'此项事情先已檄行两次，并无回文，故因我等此来之便，令定议。如厄尔德尼和硕齐、巴图尔额尔克济农系尔属下人，当限日收捕，照例治罪，赍罚赎送部；若非尔属下人，或不能收捕，我朝另有裁夺。'车臣寨桑等来复曰：'我汗言前所行两檄，第以为部文，所以未答；既系圣旨，敢不

以复。厄尔德尼和硕齐、巴图尔额尔克济农皆我所属,此二人已归达赖喇嘛,我当遣人往召之。倘如命而至,我治其罪;若复他遁,则无如彼何也!'臣等令彼约期,期以丑年四月。臣等曰:'厄尔德尼和硕齐等向在边境作乱,但念汝等职贡年久,所以姑待。今约期既远,其间未必不又作乱也。'彼称噶尔丹之言曰:"其间或又作乱,惟上处分。……"

得旨:"令议政王大臣等逐一详议。"

（圣祖朝卷一一一·页一三上～一五下）

○康熙二十三年（甲子）十一月甲子（1684.12.8）

厄鲁特憨都台吉、额尔德尼和硕齐遣使进贡谢罪。

憨都台吉疏言:"臣部运衰,遭噶尔丹执臣祖楚呼尔吴巴什,灭臣父班第。臣时年十三,有陪臣额尔德尼和硕齐者挈臣逃出。遵达赖喇嘛之谕,在额济内讬赖之地,与皇上边民同居。不谓其妄行劫掠,致干天讨,臣诚惩之。今已悔过,伏望圣主鉴宥。"

额尔德尼和硕齐疏言:"臣之两台吉乃噶尔丹之叔及弟也,无罪而噶尔丹执之杀之。既蔑我主,何能与之共事?故掠其边境,奔遁至此。皇上圣德光昭。臣等本无为非之心,只以惜死,遂致草窃。今日夜思维,无所逃于天壤。谨悚惶陈奏于圣明之前。"

得旨:"巴图尔额尔克济农劫掠鄂尔多斯之事已经宽免,则憨都台吉属下额尔德尼和硕齐亦应一体宥赦。所贡准其上纳。"

（圣祖朝卷一一七·页一七上～一八上）

○康熙二十四年（乙丑）五月癸未（1685.6.25）

谕大学士勒德洪、明珠:"巴图尔额尔克济农违离彼土,向化而来,宜加爱养,经理其居处。乃彼等原为鄂齐尔图汗所属,累世进贡,诚恳恪恭。鄂齐尔图汗之孙罗卜臧滚布与巴图尔额尔克济农当使聚合一处。于所宜居之地,为之经理,令其居处,赐之封号,给以金印册,用昭示朕继绝举废之至意焉。……遣使于达赖喇嘛,以如此措置,颁朕谕旨。其宜居之地,亦与罗卜臧滚布、巴图尔额尔克济农等公同相视,令所遣台吉等还奏。此事于今年八月即宜举行,尔等与议政王大臣、蒙古大臣会同详议以闻。"

（圣祖朝卷一二一·页四上～五上）

○康熙二十四年（乙丑）十月壬子（1685.11.21）

先是，议政王大臣等议："巴图尔额尔克济农但奏请敕印，彼欲永居何地未经声明，应遣大臣晓谕巴图尔额尔克济农，问明到日定议。"上命理藩院尚书阿喇尼前往。至是，阿喇尼还。奏曰："臣至巴图尔额尔克济农所，宣谕圣旨。巴图尔额尔克济农曰：'皇上以我兄弟族属离散，欲使合处，乃系非常殊恩，何敢有违！近者，达赖喇嘛亦谓罗卜臧滚布阿喇布坦所居布隆吉尔之地，地隘草恶，难以容众，不若与济农同居。'臣因问济农欲居何地，彼曰：'欲环居阿喇克山之阴，以遏寇盗，不使纷扰边疆。令部众从此地而北，当喀尔喀毕马拉吉里第诺颜之地，由噶尔拜瀚海额济内河、姑喇耐河、鸦布赖山、巴颜努鲁、喀尔占布尔古忒、空郭尔俄垄以内，东倚喀尔喀丹津喇嘛之部众，西极高河而居之，则咸沐皇上恩泽，而各得安生矣！'"上命俟遣往达赖喇嘛官员到日再议。

（圣祖朝卷一二二·页二六上～二七上）

○康熙二十四年（乙丑）十一月癸酉（1685.12.12）

命扎萨克喇嘛垂木珠尔拉木扎木巴、得木齐商南多尔济、副都御史拉笃祜等，赍敕往谕达赖喇嘛。

敕曰："朕统驭宇内，继绝举废，欲期咸底隆平。厄鲁特噶尔丹博硕克图汗灭鄂齐尔图汗时，罗卜臧滚布阿喇布坦、巴图尔额尔克济农等纷纷离散，来至边境，窜迹于金塔寺、贺兰山等处。乃巴图尔额尔克济农、额尔德尼和硕齐等又以生计窘迫，在鄂尔多斯、毛明安、吴喇忒、宁夏等处妄行劫掠，朕于此时不即发兵剿灭者，乃轸念鄂齐尔图汗历世职贡，诚敬奔走，是以宽宥其罪。巴图尔额尔克济农等亦戴朕恩，愿依朕为生。屡疏奏请敕印。前此朕曾谕厄鲁特噶尔丹博硕克图汗云：'巴图尔额尔克济农等如系尔所属，当即收之；不能，朕另有裁度。'乃彼约以丑年春为期，如逾期，悉惟上裁。今逾期已数月矣。天下太平，惟伊等兄弟骨肉分离，散处失所，朕心殊为恻然。尔喇嘛素以恻隐之心，度此众生，凡厄鲁特诸贝子皆供奉喇嘛，信崇尔法。朕思罗卜臧滚布阿喇布坦、巴图尔额尔克济农皆鄂齐尔图汗之苗裔也，鄂齐尔图汗于喇嘛为护法久矣，何忍默视其子孙宗族至于困穷？今朕欲将伊等归并一处，安插于可居之地，以示兴绝举废之至意。尔喇嘛其遣使与朕使臣定期往会。朕于此即遣大臣至所约之地，偕尔使人前往。"

（圣祖朝卷一二三·页六上～七下）

○康熙二十五年（丙寅）正月乙亥（1686.2.12）

厄鲁特巴图尔额尔克济农谢恩入见，上召近前，谕之曰："尔祖顾什汗于太宗文皇帝朝输诚进贡，是时同达赖喇嘛来通款。尔叔鄂齐尔图车臣汗当世祖章皇帝时竭抒忠悃，每年进贡请安。其土产白鹰以时来贡，朕犹及见之。夫贡物何足珍贵，正鉴其诚敬之心耳。及尔等厄鲁特内乱，噶尔丹攻灭鄂齐尔图车臣汗，并吞其众，遣使献俘。朕念前此鄂齐尔图车臣汗勉效忱悃，闻其破亡，且加悯恤，何忍受之！因谕来使，却其所献俘获。顷者，尔为噶尔丹击败，奔来边境，将沿疆附近居民牲畜等物偷盗侵夺，朕即应正尔犯边之罪，何难遣兵剿除！但念尔昔时颇竭诚款，尔复引罪自首，以迫于饥穷濒死妄行等情奏请，朕即宽宥。今若徙尔于边境内外不拘何地居之，尔敢不凛遵。特念尔祖顾什汗、尔叔鄂齐尔图车臣汗素效恭谨，故俾尔绝者复继，散者复聚，欲使鄂齐尔图车臣汗之孙罗卜臧滚布阿拉布坦与尔聚处。尔等宜相与辑睦，善自安业。至于尔等聚合与否，在朕本无损益，惟是朕为天下主，凡在函盖，咸欲使之共乐太平。朕兹谕旨，自尔身及尔子孙当世世念之勿替。"

（圣祖朝卷一二四·页五上～六上）

○康熙二十五年（丙寅）七月癸巳（1686.8.29）

达赖喇嘛遣使奏曰："皇上俯鉴鄂齐尔图汗职贡有年，不忍其后人骨肉分散，靡所止居，恻然垂照，欲巴图尔额尔克济农、罗卜臧滚布阿拉布坦集居一处，特降恩纶，甚盛德也。第此青海之地各有分属，若使居天朝境内，又恐厄鲁特或有异言。其阿喇克山之旁亦属狭隘，乞大君矜怜，择水草宽阔处安插一隅。兹已遣车齐克他赖堪布罗卜臧，令于十月内至阿喇克山，伏乞遣使往会。"

上谕理藩院右侍郎拉笃祜、一等侍卫文达曰："尔等可与达赖喇嘛使者同往，召集巴图尔额尔克济农、罗卜臧滚布阿拉布坦等，相度伊等可以游牧之地，指而与之。仍会同提督孙思克，将地之界限令伊标下官弁认记。如巴图尔额尔克济农等因给地安插，欲来谢恩，则许之来，达赖喇嘛使人欲来请安，亦许之来，否则给以廪饩而遣之。其额尔德尼和硕齐等欲与巴图尔济农等一同游牧，亦许之。尔等可与彼定沿边为盗作乱之罚，著为令。前巴图尔额尔克济农来觐时，已自誓不复令属下为非。其罗卜臧滚布阿拉布坦亦须严禁所属。兄弟既已完聚，从此和睦安居；倘再致流亡他往，殊负朕归并眷恤之意。朕所以不惮谆切训谕者，亦以其先世恭顺有年，不欲令其子孙失所也。其一一传谕之。"

（圣祖朝卷一二七·页四下～六上）

○康熙二十五年（丙寅）十一月癸巳（1686.12.27）

理藩院侍郎拉笃祜等疏言："臣等出宁夏阿喇克山阅视地形，得遇巴图尔额尔克济农，约其在东大山北候听宣旨。于九月十二日，在嘉峪关外，得遇达赖喇嘛使者车齐克他赖堪布。随遣人召罗卜臧滚布阿拉布坦至，语之故，亦约会于东大山北。罗卜臧滚布阿拉布坦曰：'蒙皇上洪恩，赐我等地方，当即偕诸大人往赴约会之地。但我姊阿奴乃噶尔丹之妻，闻率兵千人，声言往谒达赖喇嘛，从此而过，或中怀诡计袭我，亦未可定，不得不整力待之。请即于此地宣旨，可乎？'臣等随同车齐克他赖堪布宣旨讫。罗卜臧滚布阿拉布坦回奏曰：'圣上俯念臣祖鄂齐尔图汗，使臣兄弟完聚，给以土地，臣不胜欢忭！即当迁至济农所居，一同游牧。但正值冬月，属下人民散处，使之迁移，贫人牲畜少者难以度冬，请俟来年草青时迁之。'本月二十三日，臣等至东大山北，令巴图尔额尔克济农跪，宣旨毕。臣等又谓巴图尔额尔克济农曰：'尔所请喀尔占布尔古忒、空郭尔俄垄、巴颜努鲁、雅布赖、噶尔拜瀚海等地方给汝游牧外，自宁夏所属玉泉营以西，罗萨喀喇山嘴后至贺兰山阴一带，布尔哈苏台之口，又自西宁所属倭波岭塞口以北，奴浑努鲁山后，甘州所属镇番塞口以北，沿陶阑泰、萨喇春济、雷浑希里等地，西向至厄济纳河，俱以离边六十里为界。'随与巴图尔济农属下达尔汉噶卜楚喇嘛、波克寨桑及提督孙思克标下游击李本善等画地为界而记之。臣等又与巴图尔额尔克济农定议罚例。……俟罗卜臧滚布阿拉布坦来会之时，将此项情节亦明告于彼。其额尔德尼和硕齐亦须严禁，勿使妄行窃盗。又，厄鲁特胡土克图之子噶尔亶多尔济者亦系鄂齐尔图汗之嫡孙，应令与巴图尔额尔克济农等附牧。"

上曰："噶尔亶多尔济既系鄂齐尔图汗之孙，应令其与巴图尔额尔克济农等一同游牧。其拉笃祜等所定地界，并严禁盗窃之例，理藩院其移文督、抚、提、镇，通行晓谕。"

（圣祖朝卷一二八·页四下～七上）

○康熙三十二年（癸酉）二月己丑（1693.3.21）

达赖喇嘛疏言："彭素克格隆、达木奔尔囊素等赍到恩赐，不胜欢忭。上谕之意，臣已明晓。屡欲使喀尔喀、厄鲁特修好，而生灵合有灾眚，弗能和协。济隆胡土克图不克尽力，虽有小愆，仍求大君宽宥。巴图尔额尔克济农倘许安插于西海，可以保无盗贼，而教之遵行法度。皇上各项差员遇旧时驻牧之人，忽生乱端，皆难辨晰，伏祈鉴宥。蒙遣济隆胡土克图于噶尔丹，谕彼遵誓，但厄鲁特大半附策妄阿喇布坦，虽谕以修好，若厄鲁特不从而生乱端，则西海大小土伯特力有不支，伏祈鉴而察之。至打箭炉等处地方，在汉人与土伯特之间，奉皇上敕旨，云土伯特行商者无用其止之，是以土伯特仍照前行。汉人地方虽有妄为之事，如发蒙古前往，恐不当圣心，是以未经遣发。以上情事，俱已口陈于彭素克喇嘛，乞仍前颁赐温谕。"

奏至，敕谕达赖喇嘛曰："……至巴图尔额尔克济农前以困穷而来归朕，朕优恤之，使居贺兰山，俾得其所。乃忘朕豢养之恩，妄生猜贰，四处奔窜。今穷而复归，朕又宥其前愆，安插之矣。并无欲得其利、欲用其力之心也。今尔言巴图尔额尔克济农安插西海即可以无盗贼，亦可教之遵行法度。尔喇嘛何不即拨人夫乘便迁巴图尔额尔克济农种类尽至西海安插之乎？尔喇嘛又言：'皇上各项差员遇旧时驻牧之人，忽生乱端，皆难辨晰，伏乞鉴宥。'又言：'厄鲁特大半附策妄阿喇布坦，虽谕以修好，若厄鲁特不从而生乱端，则西海大小土伯特力有不支，伏祈鉴而察之。'朕遣使于尔喇嘛，往来不绝，途中无一舛错。尔喇嘛属下人近边而居，历年已久，亦从未尝启衅生事，况策妄阿喇布坦目下并无妄为之事，何所见而悬拟之乎？苟有此等事端，其时自有从公裁度之处。……"

（圣祖朝卷一五八·页一〇上～一二上）

〇康熙三十三年（甲戌）九月乙酉（1694.11.7）

巴图尔额尔克济农疏言："前者鄂齐尔图汗时，臣曾进贡往来。自噶尔丹执鄂齐尔图汗，臣率族众居青海数年。后归圣化，蒙恩不可胜计。曾两次遣使，中途遇害，俱不得达。臣之族类困穷已极，臣今愿往指授地方，编为参领、佐领，驰驱效力。"

得旨："巴图尔额尔克济农甚为可悯，但达赖喇嘛奏请安插于彼青海地方，姑允其说。现今达赖喇嘛有使人至，俟使至日，当另有旨。"

（圣祖朝卷一六五·页四下～五上）

谕达赖共同遣使往和喀尔喀诸部内争

〇康熙二十三年（甲子）二月庚子（1684.3.19）

先是，喀尔喀右翼扎萨克图汗两次疏言："自康熙元年罗卜臧变乱以来，我弟兄子侄多投左翼，屡索不还。曾往诉达赖喇嘛，蒙谕七旗曰：'尔七旗当共尊扎萨克图汗。其投左翼人民，俱应发还。'为此差扎尔布奈前来莅盟，而左翼土谢图汗不至。皇上系我大众之主，谨以此情上闻。"至是，上念喀尔喀累世恭顺，职贡有年，不忍其子弟人民离散，遣阿齐图格隆等赍敕往谕达赖喇嘛，令彼遣使议和。

敕曰："朕统御寰区，愿中外无征战之劳、离散之苦，使群生皆臻安乐。近者，喀尔喀扎萨克图汗屡次疏言，右翼子弟人民离散，奔入左翼，索之未还。尔喇嘛从来积大福力，永远真诚，慈悲济众，声闻炳著，无不钦乃高行而赞颂之者。喀尔喀诸汗、贝子皆供奉尔喇嘛，信尔之教，而尊崇道法。尔于本朝亦诚心敬慎，进贡来往不绝。今天下共享太平，而扎萨克图汗人民离散，未得完聚，朕心大为轸恻。念其中必有父子兄弟骨肉分离者，未必不生事互杀，交相战争。兵戎一起，姑不论人民困苦，即两汗亦岂能并存？伊等于朕向来恭顺，竭诚奔走，于尔喇嘛亦为护法久矣，何忍默视使至此极乎？朕与尔俱当遣使往谕，将扎萨克图汗离散人民给还，俾两翼永归于好。既副朕一视同仁之至意，而于尔喇嘛六度之行、四无量之心亦符合矣，尔喇嘛其遣大喇嘛一人，与朕去使会于喀尔喀境内，定期而遣之。朕于此亦遣使臣赴所约之地，与尔使同往。"

（圣祖朝卷一一四·页一○下～一二上）

○康熙二十三年（甲子）十二月庚子（1685.1.13）

阿齐图格隆等以达赖喇嘛奏疏复命。疏言："喀尔喀左右翼议好之事，曾遣扎尔布奈往盟，始则右翼不从，继则左翼不服，是以未能协和。但皇上安集流离，使之和好，诚善事也。今仰遵圣旨，复遣参巴陈布胡土克图，令于十二月到喀尔喀国定议。谨遣拉木扎巴罗卜臧诺尔卜等赍奏以闻。"

（圣祖朝卷一一八·页五上～下）

○康熙二十四年（乙丑）正月甲子（1685.2.6）

达赖喇嘛所遣谕和喀尔喀七旗之参巴陈布胡土克图行至归化城病故。上遣阿齐图格隆等赍敕往告其故。

（圣祖朝卷一一九·页二上）

○康熙二十五年（丙寅）四月乙酉（1686.4.23）

理藩院疏言："达赖喇嘛所遣噶尔丹西勒图约于今岁闰四月至喀尔喀墨尔根台吉处，为期已近，应遣大臣莅盟。"

奏入，上命尚书阿喇尼、台吉巴忒马什、毕力克图、喇嘛阿齐图绰尔济前往。又以喀尔喀七旗地方辽阔，右翼扎萨克图汗处，遣归化城鄂木布丹津扎木素格隆、员外诺木齐岱去；额尔德尼济农盆楚克拉卜坦处，遣德木齐达尔汉格隆、员外马迪去；色冷阿海台吉处，遣滚布格隆、员外阿尔必特祜去；达尔玛希礼处，遣大喇嘛丹津格隆、员外巴牙思呼朗去；遵义盆楚克台吉处，遣德木齐卓特拔达尔扎格隆、员外沙哈里去；额尔克济农处，遣萨木坦额木齐格隆、员外费颜图去；左翼土谢图汗、泽卜尊丹巴胡土克图处，遣大喇嘛垂重格隆、郎中喀拉去；车臣汗处，遣喇克巴格隆、员外达虎去；信顺厄尔克戴青处，遣丹巴色尔济格隆、员外保住去；墨尔根济农处,遣额木齐格隆、郎中安布禄去。

赐喀尔喀七旗汗、济农、台吉等敕曰:"朕统御寰宇,中外一体,务使交相辑睦,共享升平。乃尔右翼扎萨克等内自相乱,兄弟人民多归左翼,其左翼扎萨克兄弟人民亦有归于右翼者。尔等以兄弟之亲,互相吞并,异日必致交恶生乱,朕心恻焉!康熙二十三年曾颁敕于达赖喇嘛,议共遣使谕和尔等,而达赖喇嘛亦谓朕俯念道法,慈悯众生有如父母,意甚善也。特遣噶尔丹西勒图前来,朕亦命尚书阿喇尼、台吉巴忒马什、毕力克图、喇嘛阿齐图绰尔济等,与之偕往。尔汗、济农、台吉等,当仰体朕意及达赖喇嘛之心,尽释旧怨,将兄弟人民,各归本扎萨克,令其和协,照旧安居。不但仰副朕命与达赖喇嘛之意,即尔七旗永无离散之苦、争斗之害,福禄所绥,亦且无疆矣!"是时,喀尔喀右翼扎萨克图汗殁,其子噶尔旦台吉请袭父职,允之。并命阿喇尼因便致祭。

(圣祖朝卷一二五·页一一上~一二下)

○康熙二十五年(丙寅)六月乙卯(1686.7.22)

泽卜尊丹巴胡土克图遵谕复奏曰:"臣自幼皈达赖喇嘛之教,叨泽卜尊丹巴之名,普度为心,阐扬佛法,息列辟之争,救生民之苦。扎萨克图汗之子孙属裔前已陆续给还,余者正在察核。今蒙圣慈,念喀尔喀七旗不睦,遣使于达赖喇嘛,而达赖喇嘛亦遣噶尔亶西勒图为使赴盟,谕臣亦至盟坛,共议其事。臣当遵旨同赴盟所,竭诚公议,以仰副圣怀。"

疏入。上命移文尚书阿喇尼、噶尔亶西勒图等知之。

(圣祖朝卷一二六·页二〇下~二一上)

○康熙二十五年(丙寅)十月戊午(1686.11.22)

理藩院尚书阿喇尼疏报:"臣等于八月十六日,召集喀尔喀两翼汗及济农、台吉等宣示圣谕,令其同归于好。色冷阿海台吉等跪言曰:'我七旗喀尔喀向皆和好,自罗卜臧肇乱以来,互将人民隐占,是以蓄怒交恶。今皇上遣大臣使我等和睦安乐,我等不胜欢忭!'土谢图汗之弟西地西里巴图尔台吉跪言曰:'我两汗相恶,俱系小人献谗所致。今使两汗纳忠言,斥谗佞,我竭力谏诤,自当言归于好。'两翼汗曰:'圣意谆复,所以开示愚昧者甚至，我等敢不祗遵！'臣等遂令两汗及济农、台吉等于本月二十三日，检选所属材能寨桑六十余人，俱至噶尔亶西勒图、泽卜尊丹巴胡土克图前，设立重誓，两翼互相侵占之台吉人民，令各归本主，一切应结事件，俱审拟完结。仍令济农台吉等设立重誓，自今以往当永远和协。此皆皇上非常威德之所致也。谨以状闻。"噶尔亶西勒图亦以谕和事竣，具疏陈奏。

得旨："喀尔喀左右两翼汗及济农、台吉等，俱遵朕谕旨，即行设誓和睦，可嘉！该部院知道。"

（圣祖朝卷一二七·页二六上～二七下）

○ 康熙二十六年（丁卯）二月丙子（1687.4.9）

喀尔喀车臣汗故，长子伊尔登阿喇卜坦遣使奏闻。上曰："喀尔喀七旗誓和未久，车臣汗之位，不便久悬。其敕谕土谢图汗、泽卜尊丹巴胡土克图、扎萨克图汗等，将车臣汗诺尔布长子伊尔登阿喇卜坦速袭为汗。仍敕谕达赖喇嘛知之。"

赐土谢图汗等敕曰："朕惟自古帝王统御寰区，遐迩一体。其历年久远，职贡恭顺，竭尽诚心者，益加眷顾焉。尔等累世悃诚，遣使入贡，恭顺有年，正在嘉赏。忽闻车臣汗身故，朕殊轸恤！特遣大臣，遗之赙赠。近念尔喀尔喀内自交恶，朕特遣大臣，谕令和睦未久，车臣汗之位不可久虚。尔喀尔喀例以长子承袭，伊尔登阿喇卜坦台吉既系长子，且闻其人亦可，著嗣立为汗。尔等其遵谕行。"

赐达赖喇嘛敕，亦如之。

（圣祖朝卷一二九·页一七上～一八上）

噶尔丹攻掠喀尔喀，入汛界，清廷出师进剿，谕达赖喇嘛遣使往和

噶尔丹兴戎，谕达赖喇嘛遣使"往和"及声罪致讨，大败之

○ 康熙十七年（戊午）八月庚午（1678.9.17）

　　靖逆将军甘肃提督侯张勇疏言："臣与提督孙思克及理事官拉笃祜选择通事，密行远探噶尔丹情形。据回报云：'有鄂齐尔图汗属下达尔汉哈什罕，曾为噶尔丹掳去。今往西海，遇而问之。彼言：噶尔丹既杀鄂齐尔图汗，今岁二月内，令其属下兵丁殷实者，各备马十匹、驼三只、羊十只，窘乏者，马五匹、驼一只、羊五只，自其地起兵，不知何向。'臣向闻甘属番人素与僧额输租，僧额殁，属于噶尔丹。臣召其头目永柱等讯之，言噶尔丹居西北金山，距嘉峪关两月程，即古大宛国也。臣闻噶尔丹遣喇嘛万春来召番人头目至河套议事，臣密遣人诱问之。万春言：噶尔丹邻近诸番有从之者，亦有从之而复去者，噶尔丹向有侵西海之意，因人心不一，西海路远，恐一动而本地有事，不敢轻举。臣复遣人至墨尔根台吉所审视，众皆寂然安居。第番情难以预料，谨疏奏闻。"

　　得旨："噶尔丹虽无起兵声息，应仍檄该将军等不时侦探，加意防守边境。"

（圣祖朝卷七六·页二上～三上）

○ 康熙十八年（己未）八月己丑（1679.10.1）

　　靖逆将军甘肃提督侯张勇疏言："噶尔丹遣其寨桑莽奈致书于臣云：'我向欲通使，因地方有事未暇。今特遣人献马三匹、貂裘一袭。'又云：'西北一带地方皆得之矣。惟西海向系我祖与伊祖同夺取者，今伊等独据

之，欲往索取，因系将军所辖之地，不敢轻举。'臣念彼远馈，受其裘马，厚赏来使而遣之。前此噶尔丹曾遣人调集甘州南山一带番目赴西套，臣因遴选通事密探噶尔丹年纪、性情并兴兵往侵西海之故。归复云：'噶尔丹申年所生，年三十六岁，为人凶恶，耽于酒色。去岁举兵欲侵西海，行十一日撤归。今夏又两次出兵，至缠头回子之地而还。见近边诸将军统兵驻扎，不敢轻犯。'臣查近者入边行劫皆系噶尔丹击败来奔、贫无所依之人。详视噶尔丹情形，尚无兴兵之举，河西地方似可无患。谨将噶尔丹原书一并呈览。"

奏入，命檄知大将军图海。

（圣祖朝卷八三·页一八下～一九下）

○康熙二十六年（丁卯）九月庚子（1687.10.30）

喀尔喀土谢图汗、戴青墨尔根台吉遣使奏言："噶尔丹书至，我等曾遣使致复，彼意终不释然。且喀尔喀之在厄鲁特处者及厄鲁特之向与喀尔喀通好者，俱言噶尔丹分南北两路来攻。喀尔喀右翼人等，除扎萨克图汗及得克得黑戴青台吉之外，余俱言噶尔丹兴兵是实。我界上人等惊惶，屡促出兵，赴彼应敌，是以率兵起行。再，去年盟誓时，扎萨克图汗之情形，非特尚书阿喇尼见之，他人亦尽知之。彼见今与厄鲁特杜噶尔阿喇布坦台吉一处游牧，视其情状，恐属窥伺。为此驰奏。"

得旨："著议政王大臣等会议。安亲王素谙蒙古事宜，亦令与议。"

寻议复："厄鲁特、喀尔喀俱系本朝职贡之国，应遣敕令其罢兵，同归于好。仍敕达赖喇嘛，令其遣使谕令罢兵。其土谢图汗敕书，即发来使布延图寨桑等赍去；噶尔丹敕书，即交来使陶赖哈什哈等乘驿赍去；达赖喇嘛处敕书，发与喇嘛商南多尔济、郎中布颜图赍去。"上从之。

赐噶尔丹敕曰："据喀尔喀土谢图汗奏称，厄鲁特内向游牧，两路来攻。我界上人等屡请赴彼，故出兵迎之等语。朕统御宇内，无分中外。尔厄鲁特、喀尔喀两部落若果互相残害，朕心大不忍焉。曾于康熙十六年檄谕尔等，务期共相和好。且尔噶尔丹博硕克图汗累世恭顺，职贡有年，如果举事，无不奏闻于朕者。因道路辽远，真伪难明，朕尚未之深信。或不逞之徒两地构煽，亦未可定。尔两部落如果兴兵，必有一方至于败亡，不但重负朕向来一视同仁之至意，群黎之死亡离散，朕心深为悯恻！敕书到日，即为息争修好，则尔恭顺之心，朕实嘉之。已敕谕土谢图汗，令其罢兵矣。特谕。"

又赐土谢图汗及达赖喇嘛敕，略同。

（圣祖朝卷一三一·页八下～一〇下）

○康熙二十七年（戊辰）四月甲寅（1688.5.11）

理藩院题："据达赖喇嘛疏称皇上抚视人民，中外一体，闻厄鲁特、喀尔喀两国相残，即遣人赍敕谕和。今遵圣谕，遣卜克冈喇嘛去矣。仍祈皇上睿鉴，或再颁敕谕，另遣人前往，令其无致相残。"

上乃遣内阁学士拜礼、喇嘛阿齐图绰尔济往谕噶尔丹。

（圣祖朝卷一三五·页五上～下）

○康熙二十七年（戊辰）七月壬申（1688.7.28）

泽卜尊丹巴胡土克图遣使告急。奏曰："去年噶尔丹率兵三万余，分道而来，诱我扎萨克图汗等叛去。我土谢图汗领兵追而执之以归。后噶尔丹之弟多尔济扎卜等领兵来掠右翼班第戴青台吉卜图克森、巴尔丹等人畜而去。土谢图汗追杀多尔济扎卜，收回人口。噶尔丹又领兵三路而来，土谢图汗及西海罗卜藏滚布领兵前至噶尔丹所驻之地，遇达赖喇嘛使者所遣人，宣示皇上谕和之旨，遂退驻楚克独斯诺尔地方。今噶尔丹自杭爱山后掠取左、右翼台吉等，至忒木尔地方。土谢图汗之子噶尔旦台吉与战大败，仅以身免。又闻丹津温卜等率兵来取厄尔德尼沼之地，其地距我地仅二日程，仰祈速赐救援。"

又，理藩院题："设站侍郎文达报称，喀尔喀人众屯聚于苏尼特汛界之地，内有台吉数人率其属裔来投，守边将弁禁之。彼言我地被兵，不得已始进边汛，皇上闻之，亦必怜悯。逐之不去。泽卜尊丹巴亦率众来至近边驻扎，距设站之地仅半日程。"

上谕领侍卫内大臣舅舅佟国维等曰："见今窘迫来奔之喀尔喀等，应否令其出我边汛？或将彼汛哨稍展，就伊等所居之地另为设哨防守？此事关系重大，其令议政王大臣详议。"

寻议："喀尔喀人等窘迫来奔，不便即令出边。若久留之，又恐牧地残毁。姑俟一月以内，探得实音，将来奔之喀尔喀作何措置，再行确议。"从之。

（圣祖朝卷一三六·页一下～三上）

○ 康熙二十七年（戊辰）七月甲戌（1688.7.30）

侍读海三代往泽卜尊丹巴处，途遇厄鲁特，因携噶尔丹奏疏归。疏曰："泽卜尊丹巴、土谢图汗违达赖喇嘛之教，不尊礼西勒图。我告之以礼法归好为是，而彼反以为非，竟兴兵而来。我于此仗达赖喇嘛之灵，来毁其居。彼两人者，不为众所许，殆无所往，即往亦不纳也。"

噶尔丹又嘱海三代转奏："泽卜尊丹巴来投天朝，或拒而不纳，或擒以付之。"

奏入，上命议政王大臣等集议。寻议："我皇上俯视天下万国为一体，其职贡之国，凡有困迫来投者，无不受而养之。泽卜尊丹巴以败奔入我汛界，岂有擒而畀之之理！此等情节，应撰敕遣使往谕。"

上遣一等侍卫阿南达、喇嘛商南多尔济、户部郎中西拉、工部员外郎穆朱瑚赍敕往谕。敕曰："朕统御宇内，胞与为怀，愿率土共享太平，无战争离散之苦，彼此协和，各得其所。前闻尔厄鲁特与喀尔喀交恶兴兵，朕思尔等向皆和好，恐致灭亡，以达赖喇嘛爱育众生，令同遣使谕和。达赖喇嘛欣然遣齐缉克他赖堪布，朕亦遣阿齐图绰尔济、学士拜里前往谕和。又前此遣尔贡使陶赖哈什哈等赍敕驰驿前去，未知到否？亦曾以此敕谕喀尔喀土谢图汗矣！今海三代归奏，始知汝至喀尔喀之地。海三代非朕所遣，乃奉差于鄂罗斯议好定界尚书阿喇尼所遣。其言不甚明悉，且与尔未经面见。尔厄鲁特、喀尔喀俱遵行达赖喇嘛道法，达赖喇嘛向来利济众生，欲使同归和睦，不致败亡，是以皆遣人往谕。道路遥远，汝等交恶之故，所闻未明。兹特遣使赍敕，诘问情由。其仍遵朕旨与达赖喇嘛之教议和。或别有行止，亦明悉具本，交此使来奏。"

（圣祖朝卷一三六·页三下～五上）

○康熙二十七年（戊辰）八月己酉（1688.9.3）

　　理藩院题："据奉差侍卫阿南达等咨称：'职等于七月二十七日，行至克鲁伦河迤北喀喇乌苏之地，探知噶尔丹因达赖喇嘛使人至，由克鲁伦河托尔会之地退回疾行。又闻噶尔丹向达赖喇嘛使人言：我若与土谢图汗和，则吾弟多尔济扎卜之命其谁偿？我尽力征讨五六年，必灭喀尔喀，必擒泽卜尊丹巴也。今噶尔丹退回，既过土喇，往索土谢图汗，职当相机追往，于交战之前，以敕书授之。'"

　　上谕尚书阿喇尼："撤科尔沁十旗所调之兵。其绰诺果尔河所驻之兵，应于阿南达未到之前暂留防汛。"

　　　　　　　　　　　　　　　（圣祖朝卷一三六·页一九上～下）

○康熙二十七年（戊辰）十一月甲申（1688.12.7）

　　侍卫阿南达、喇嘛商南多尔济等疏言："噶尔丹谓：'七旗喀尔喀非吾仇也，但土谢图汗、泽卜尊丹巴杀扎萨克图汗及得克得黑墨尔根阿海，尽俘其国；又侵掠我境，杀我弟多尔济扎卜，弃好构难，诚无地可容之人也。'臣等令商南多尔济、滚楚克达尔汉囊素转说之。噶尔丹曰：'汝等谕我以礼法，我甚悦。我并无自外于中华皇帝、达赖喇嘛礼法之意。'又噶尔丹以贸易事、遣滚楚克达尔汉囊素来告曰，厄鲁特从来进贡、贸易各自分行。今概不得往来，我国之人、殊为忧苦。今请照常行走，候旨定夺。"

　　奏入，下议政王大臣集议。寻议："皇上轸念两国，原无异视。今土谢图汗等背弃盟誓，杀扎萨克图汗及得克得黑墨尔根阿海；又先犯厄鲁特，杀噶尔丹之弟多尔济扎卜，实系伊等之过。应遣人敕达赖喇嘛，命遣一有名大喇嘛同本朝所遣大臣前往，召集噶尔丹、土谢图汗等，令土谢图汗等自陈其过，大集会阅，永议和好。于未遣敕之前，以此等情节先晓谕土谢图汗。如皆允服愿行，则约期于来年会阅；如别有推辞，俟到日再议。……"从之。

　　　　　　　　　　　　　　（圣祖朝卷一三七·页二四下～二五下）

○康熙二十八年（己巳）正月丁亥（1689.2.8）

　　喀尔喀土谢图汗察汉以奉旨令与噶尔丹会盟为难，具疏自陈。上谕议政王大臣等曰："朕统御天下，凡穷者救之，绝者继之，离散者使之完聚，交恶兴戎者使之和协，一切生灵无不欲其咸底于安乐也。土谢图汗、泽卜尊丹巴胡土克图等背弃盟誓，杀扎萨克图汗、得克得黑墨尔根阿海，又加兵厄鲁特，杀噶尔丹之弟多尔济扎卜。今为厄鲁特所败，奔入我汛界请降。朕念土谢图汗向来职贡惟谨，久在属国之列，是以受而纳之，留于边境，矜其困穷，给以米粟，车臣汗之子亦准其承袭。但两国相攻，生民不得乂安，兵戎无日休息。今土谢图汗、泽卜尊丹巴等又难于会盟。其以朕收养伊等，中外一体，不忍令人失所之德意，并将土谢图汗等背盟兴戎之过，一一申明，遣使赍敕宣谕噶尔丹。令达赖喇嘛亦遣使于噶尔丹，则案可结矣。其达赖喇嘛处，著伊拉古克三胡土克图、商南多尔济、他巴克去。噶尔丹处应遣之人，俟草青时奏请。"

赐达赖喇嘛敕曰："朕统御寰区，惟愿中外息征战之劳，无败亡之祸，率土共享升平。前闻喀尔喀两翼内自作乱，兄弟人民互相吞并，日后必成战争之祸，特敕谕尔喇嘛同遣使人谕和。尔喇嘛亦谓朕鉴恤众生，心如父母，诚至善也，遣西勒图来。朕特使台吉巴忒马什、尚书阿喇尼等与西勒图偕往，召集七旗喀尔喀会阅誓和，意谓从此兄弟相亲，可永享安乐。后土谢图汗奏言：'闻厄鲁特兴兵，两路来伐，臣是以出兵往迎。'朕轸念厄鲁特、喀尔喀两国相攻必有一伤，复遗书于尔喇嘛息其干戈。仍敕谕喀尔喀土谢图汗，以为厄鲁特噶尔丹职贡恭顺，往来有年，果似此大举，谅必奏闻。朕心犹未深信，未必非不良之徒从中离间，尔等慎毋先启兵端，务体朕不忍生民死亡之至意。尔喇嘛亦遣齐缉克他赖堪布、偕朕所遣阿齐图绰尔济、学士拜礼、往厄鲁特谕和。朕与尔如此行事，原不忍视喀尔喀、厄鲁特至于涂炭，欲其相睦，众生得安之意也。乃喀尔喀土谢图汗、泽卜尊丹巴胡土克图等自取灭亡，违旨兴戎，首先起兵，杀扎萨克图汗，又杀噶尔丹之弟多尔济扎卜，噶尔丹遂起兵破喀尔喀。此喀尔喀先举召衅之过，朕不以之责噶尔丹也。朕之初念，本欲率土之民皆获生成，原无乐他人败亡，以为己利之意。今喀尔喀败，汗及济农、台吉等率其通国之人，决计归降于朕。朕为天下主，来归之人，不为收养，其谁收养之？爰纳其降，安插于汛界之外，发粟赈济，仍存其汗、济农、台吉之号，嗣立车臣汗之子为汗。朕兴灭继绝之心，非特于喀尔喀如是已也，诸国有穷迫来归者，朕之爱养皆与之同。不但朕之所行如此，喀尔喀等如往归尔喇嘛，决不忍其死亡，亦必如此爱养之也。征战非美事，互相报复，无有已时，亦岂能保其常胜乎？朕意欲使厄鲁特、喀尔喀尽释前怨，仍前协和，各守地方，休兵罢战，特遣使赍敕往谕噶尔丹。噶尔丹向遵奉尔喇嘛道法，尔喇嘛若遣使往谕，务令两国嗣后永息兵戎，则朕与尔解纷恤难之本心亦可以慰矣。尔喇嘛可即遣使，与朕所遣之人偕往。"

（圣祖朝卷一三九·页六上～九下）

○康熙二十八年（己巳）四月己卯（1689.5.31）

遣理藩院尚书阿喇尼、散秩大臣吴巴锡、归化城札萨克大喇嘛阿齐图绰尔济、一等侍卫阿南达使厄鲁特。谕曰："噶尔丹必问及巴图尔额尔克济农之事，尔等但述丑年四月之约，并言达赖喇嘛向亦遣使至西海及我使者定议，令罗卜藏滚卜阿喇布坦与巴图尔额尔克济农等同居一处，至今尚未同居。且巴图尔额尔克济农虽在我地驻扎，并未受彼归顺，分为旗队。况厄鲁特、喀尔喀交恶之后，巴图尔额尔克济农请曰：'乘此机会欲复我仇，但我兵器已易粟而食，乞赐我等兵器。'亦曾谕而遣之曰：'厄鲁特、喀尔喀向俱诚心朝请职贡，朕未尝异视，但欲使两国罢兵安生而已。岂肯给尔兵器，使尔兴戎耶！'其以是答之，将此等案卷俱录之以往。尔等闲论时，当以己意语济尔噶郎寨桑曰：'噶尔丹倘不奉诏，则绝尔等每年进贡贸易之路，厄鲁特人众必大失利矣。'"

阿喇尼等又奏："噶尔丹有请安进贡贸易等使欲与臣等偕发，臣等应令其同来。"上是之。

赐噶尔丹敕曰："朕统御宇内，率土生民皆朕赤子，一夫失所，朕心恻焉。虽穷乡异域之民，亦必抚养，俾以安和，各得其所。前闻喀尔喀右翼札萨克内自作乱，兄弟属裔多归左翼。其左翼札萨克兄弟属裔亦有归右翼者。喀尔喀两翼七旗汗、济农、台吉等皆累世职贡，与本朝通好。今彼兄弟互相吞噬，特敕达赖喇嘛，约同遣使，谕令和好，共享安乐。达赖喇嘛谓朕垂怜众生同于父母，故遣使与朕所遣使臣等偕往，使七旗喀尔喀会阅，令其兄弟立誓。此乃朕欲喀尔喀汗、济农、台吉等式好无尤，同享安乐之意也。其后土谢图汗奏至，云闻厄鲁特两路来攻，因而兴兵迎敌。朕念厄鲁特、喀尔喀皆累世职贡不绝，并无异视，若果交恶，有一残毁，朕心殊为不忍，故敕所司传檄于尔。复谕喀尔喀土谢图汗曰：'厄鲁特噶尔丹恭顺职贡有年，果举此大事，岂有不奏闻于朕者！或系不逞之徒从中交构离间。若厄鲁特未动，而尔等先举，则此乱自尔始矣。'达赖喇嘛亦遣使与尔解纷。朕又遣阿齐图绰尔济、学士拜里前往。此朕待厄鲁特、喀尔喀一体无异之至意也。乃喀尔喀土谢图汗、泽卜尊丹巴胡土克图等自作弗靖，违旨兴戎；又先发兵杀札萨克图汗及得克得黑墨尔根阿海，又杀尔弟多尔济札卜，是自取灭亡耳！尔因彼先举，遂兴兵破喀尔喀。其过在喀尔喀，不在尔也。尔本敬奉佛教之人，虽焚喀尔喀地方庙宇，毁其佛像，朕亦不深责尔。今喀尔喀为尔所败，其汗、济农、台吉等率举国之人前来归朕，朕矜其流离穷困，虽向非属国，而随属国之列诚心职贡。且追念彼为元之苗裔，穷而来归，即以所属待之。朕统御天下，来归之人若不收抚，谁抚之乎？故受而安插于汛界之外，其穷困人民赈以米粮，而严责其兴戎之罪；复其汗、济农、台吉之号，以车臣汗之子仍袭为汗。朕兴灭继绝之念，非特于喀尔喀已也。诸国有穷迫来归者，朕皆一体抚养。不但朕所行如此，即达赖喇嘛养育众生之心，亦与朕同。伊若归达赖喇嘛，亦必如是抚之。战争非美事，展转报复，将无已时。仇敌愈多，亦不能保其常胜。是以朕欲尔等解释前仇，互市交易，安居辑睦，永息战争，特遣使赍旨前来。汝果遵朕谕旨，自今以后，各守疆界，不兴兵戎，既不失辑睦之道，尔两国人民亦免涂炭。朕普恤群生，俯念尔素不违旨，特遣尚书阿喇尼等谕意。又令伊拉古克三胡土克图、商南多尔济等与达赖喇嘛使人同往。"

（圣祖朝卷一四〇·页二四上～二七下）

○ 康熙二十九年（庚午）七月甲寅（1690.8.29）

先是，上谕裕亲王等曰："今兵渐与敌近，斥堠宜严明。噶尔丹处应作何羁縻以待盛京、乌喇、科尔沁之兵？王等其遗之牛羊，以老其锐气，疑其士卒。商南多尔济谙晰情形，可与商也。"至是，抚远大将军和硕裕亲王福全奏言："臣随遣济隆胡土克图及噶尔丹之使偕骁骑校克实图、原任员外郎笪赖，遗以羊百头、牛二十头，持臣及皇子书，语之曰：'我与汝协护黄教，和好有年。今汝追喀尔喀，入我汛界，圣上特命我等论决此事,永久和好。今汝使人言:我汗已敬遵达赖喇嘛之谕。夫讲信修礼,所关重大,此役既就,则一切皆宜矣。今将于何地会议以决大事?因遣书之便,以牛羊为馈赠。'臣等不知诸军至何地,可待则待之,如不可待,则量力而进耳。"

（圣祖朝卷一四七·页二四下～二五上）

○康熙二十九年（庚午）八月癸酉（1690.9.17）

先是,抚远大将军和硕裕亲王福全等疏言:"噶尔丹迫于追袭,自什拉穆楞河载水,横度大碛山,连夜遁走于刚阿恼儿。臣等欲追,而马力不能前进,又恐噶尔丹去远,因与济隆胡土克图约,使噶尔丹近我而止,以定礼好。遣侍卫吴丹、护军参领塞尔济等偕济隆往谕之。"至是,裕亲王等又疏言:"吴丹、塞尔济与济隆带噶尔丹使人达尔汉格隆、西达额尔克寨桑持书至,告曰:'噶尔丹跪于威灵佛前,稽首誓曰:若违此书,惟佛鉴之。'其书词云:'达赖喇嘛明鉴,遣济隆额尔德尼来,责以礼法,今倘蒙皇上惠好,则自此不敢犯喀尔喀。谨以印文为验。'臣等阅书,未载誓词,仍遣济隆等归,开谕噶尔丹增书誓词,许其归好。"

奏入,上命议政王大臣集议。寻议:"噶尔丹乃极狡诈之人,屡遣人以立誓为词。今又劫掠克西克腾之三佐领矣。誓好不可深信。苏尔达等军已到,应立行剿灭。但王等亲在军中,事皆目击,应准所奏,命噶尔丹坚誓而释之。王等仍率大军驻彼,探噶尔丹出边远去实音。令苏尔达军照常防守。"从之。

（圣祖朝卷一四八·页七上～八上）

○康熙二十九年（庚午）八月丙子（1690.9.20）

抚远大将军和硕裕亲王福全等疏言:"十一日,遣伊拉古克三赴噶尔丹。十五日,赍噶尔丹奏章还。其词曰:'伏蒙照鉴下情,普使安全,正在欢忭,伊拉古克三来,谕以礼法事,永图至信,理所宜然。未知如何可以赞襄王事,伏冀至仁皇帝鉴察。谨上书为永远不绝之信誓云。'又,伊拉古克三云噶尔丹顶佛像设誓曰:'我自恃理直,追索土谢图汗、泽卜尊丹巴而深入汛界。置佛天于前,而不以己之罪为罪可乎?佛天以仁恕为心,圣上即佛天也,乞鉴宥我罪。凡有谕旨,谨遵行之。今往界上,视水草善地无人之处,驻扎候旨。'寻又据济隆持噶尔丹誓书来,且述噶尔丹之言曰:'我蒙王及皇子大臣见怜,我正欢忻,伊拉古克三来,谕以永远归好之意。我思倚皇上以为生,今往界外,驻候圣旨。'臣等思噶尔丹军败力穷,观其语,不敢抗拒皇上天威,吁请宽宥,有倚我求生之意,虽不可深信,既恭顺奏请,伏祈睿裁。"

奏至,命议政大臣集议。寻议:"噶尔丹不敢抗拒天威,设誓请罪,既献誓书,适符皇上好生之心,请准所誓,令出边候旨。再檄裕亲王、内大臣苏尔达等,仍俟噶尔丹出边,另行请旨撤兵。"上许之。随遣侍郎额尔贺图等同伊拉古克三赍敕往谕噶尔丹。

敕曰:"朕统御宇内,率土人民皆欲使得其所,虽穷壤异域之民,亦必抚育,各享安乐,此本愿也。前者喀尔喀为尔所败,来归于朕,朕以天下之人皆在朕覆育之中,扶衰济困,乃元后当行之事,故受而育之,并非利七旗喀尔喀之土地。况朕兴灭继绝之意,非啻喀尔喀为然,诸穷困来归者,一体抚而养之,是亦谕尔敕中所有也。尔厄鲁特、喀尔喀两相构怨,何所底止?必至涂炭。朕与达赖喇嘛仁爱为心,特欲使尔两国和好罢战,共享安乐。达赖喇嘛遣济隆胡土克图,朕遣伊拉古克三胡土克图、商南多尔济,往赴尔所。尔乃违达赖喇嘛之教及朕之旨,以追喀尔喀为名,率兵入我边汛,行劫乌朱穆秦。朕虽闻之,尚未深信。我朝用兵,越险阻,踰山海,以辟疆土,抗拒者诛之而已,无有他人入犯我境者。尔噶尔丹博硕克图岂不知之?后闻汝深入骚扰,朕仍念尔向来职贡通好,是以遣和硕裕亲王及皇子等,授之以兵,与汝共议,非令讨汝也。尔众先动,我兵始举。是战之后,王及大臣奏请再战,而朕止之。盛京、乌喇、科尔沁军又请与战,朕又以待尔回奏而止之。今尔以誓书来,请罪求和,王及大臣体达赖喇嘛及朕好生之素心,按兵不行追杀。尔今率尔兵出界而居,不得擅犯我属下部落喀尔喀一人一畜,亦不得有一人与众部落往来通使。尔倘有窘迫,奏闻于朕,朕必如前旨抚养,断不念尔旧愆。若再违誓言,妄行劫夺生事,朕厉兵秣马,见俱整备,必务穷讨,断不终止。"

(圣祖朝卷一四八·页八下~一二上)

○康熙二十九年（庚午）十一月甲辰（1690.12.17）

达赖喇嘛率西海诸台吉及噶尔丹等具疏请上尊号。命议政王大臣会议。王大臣等议："从所请，纳其贡物。"

上谕曰："朕统御宇内，冀中外人民，咸无戕贼，共享升平。是以前闻喀尔喀七旗兄弟不睦，特遣使于达赖喇嘛，欲使归好。达赖喇嘛遣噶尔旦西勒图，朕遣尚书阿喇尼前往。而伊等所行，不能仰体朕心及达赖喇嘛之意。虽已和喀尔喀七旗，而喀尔喀与厄鲁特相仇之故实从此起。后闻交恶兴戎，即遣使于达赖喇嘛，达赖喇嘛遣齐缉克他赖堪布，朕遣阿齐图绰尔济、学士拜礼等，止彼相攻。乃伊等不行宣谕止之，听其纵战，喀尔喀遂为所败。朕不忍坐视，复遣使达赖喇嘛，相与同定两国之好。达赖喇嘛遣济隆胡土克图，朕遣伊拉古克三胡土克图，往说之。讵意两人见噶尔丹不行谕止，与之偕行，阑入汛界，抢夺人畜。朕出兵问罪，而两人又不为谕止，立视其战。我军不得已而击之，致厄鲁特大败，远遁请罪。朕与达赖喇嘛期于抚育众生，而使臣故违意旨，遂至于此。如能使厄鲁特、喀尔喀两国和好，朕尚欲加达赖喇嘛嘉号，此皆任事行人不能仰副朕心，是以喀尔喀残破，厄鲁特丧败，朕心甚为隐痛，有何可贺而受尊号乎？其以是晓谕达赖喇嘛、诸汗、众台吉来使。贡礼贺物，其并发还。"

（圣祖朝卷一四九·页一六上～一七下）

○康熙三十年（辛未）二月丁卯（1691.3.10）

赐噶尔丹敕曰："朕为天下一统主，务使四海之内，人民咸获其所，以享太平。虽向与本朝抗拒之国，如穷迫来归，必拯而养之，无不使得其所者。喀尔喀向曾与本朝交战，穷而来归，朕并不念前罪，受而抚养之。朕济困继绝之心，不但于喀尔喀为然也，诸国有穷迫来归者，朕之抚养，皆与此同。前已有旨谕汝矣。今闻喀尔喀逃来人等言，汝厄鲁特牲畜已尽，无以为食，极其穷困，人被疾疫，死亡相继。朕重念天下率土人民之命，闻此困敝有不恻然轸念者乎！况前已致谕于达赖喇嘛言：'噶尔丹如不得已而来归，朕亦受而养之，使之得所。'今果穷困无食，不能归故土，其移近边汛，朕当厚加恩赐。如决计入降，益从优抚养，断不至失所。此朕俯视率土人民一体之实心，勿贰勿疑。汝亦曾誓不侵扰喀尔喀，况我军已在在设备矣。若朕果有蠲汝困穷之事，则不使策妄阿喇布坦使人见汝之人。如此情事，汝使亦皆知之。自此以后，汝之人无所劫夺，不能归故土，众庶益至死亡，虽悔莫及。汝当熟筹之，其定计具本来奏。"

（圣祖朝卷一五〇·页一一下～一三上）

○ 康熙三十年（辛未）六月乙卯（1691.6.26）

谕大学士等："喀尔喀、厄鲁特谕和之举，朕与达赖喇嘛同行之。今喀尔喀已安插得所，应遣使赍敕于达赖喇嘛。使人所关紧要，商南多尔济既病，著丹巴色尔济去。"

谕达赖喇嘛敕曰："朕统御寰区，以仁育为本，抚养是先，虽未隶异域之民，有困穷而归命者，必受而养之，使各得其所。尔喇嘛奉行佛法，广度众生而救苦难，其心亦犹是也。前以七旗喀尔喀兄弟内相侵夺，外与厄鲁特交兵，朕与尔喇嘛谕令罢兵归好。后噶尔丹又追侵土谢图汗、泽卜尊丹巴胡土克图，杀夺喀尔喀之人。朕遣伊拉古克三胡土克图，尔喇嘛遣济隆胡土克图，往谕噶尔丹。使人不能仰副朕与尔之心，噶尔丹称兵大举，杀掠喀尔喀，深入我边汛之内。朕稍发兵以问其故，反与我兵拒战，至于大败，乘夜远遁。此彼来犯我，非朕往伐之也。彼所行违朕与尔好生善念，自求穷困而已。喀尔喀土谢图汗、车臣汗、诸济农、诺颜、台吉决志内附，朕既已受而养之。于本年四月躬亲大阅，喀尔喀之汗、济农、诺颜、台吉等皆执臣礼，跪而稽颡，谆请与四十九旗同列。朕设大宴厚赐之，照四十九旗编为旗队，给地安插。土谢图汗自以妄举兴戎，陈情请罪。朕发众喀尔喀议之，皆言：'加彼之罪，则于我众无光。'朕是以宥免其罪，仍留土谢图汗、车臣汗之号。又念扎萨克图汗被杀冤痛，属下裔民散亡可矜，授其亲弟策妄扎卜为和硕亲王，其余各分等级，授以郡王、贝勒、贝子、公、台吉之衔，明其法度，昭其典章矣。尔喇嘛普济生灵，向以喀尔喀国破为忧，今已安措得所，遣谕尔喇嘛知之。尔喇嘛闻此，必大欢喜也。其左翼之喀尔喀无复可议，至右翼扎萨克图汗属下人等被虏散亡，有在尔喇嘛所者，亦有在他处者，尔喇嘛普济生灵，必能查明发归原主也。今厄鲁特人等屡有归降，闻噶尔丹穷困已极，无食而饥，于此可见噶尔丹之获罪于天矣，未必不往归尔喇嘛。若果往归，作何措置，惟尔喇嘛裁之。噶尔丹遁去之时曾立誓而去，倘违誓而稍犯我喀尔喀降人，朕必发大兵分路前进，务期剿灭之。其时地方遥远，不及遣人赍敕于尔喇嘛，亦未可定，是以预遣教习唐古特文喇嘛丹巴色尔济谕尔知之。"

（圣祖朝卷一五二·页一上～二下）

○ **康熙三十一年（壬申）九月乙丑（1692.10.28）**

厄鲁特噶尔丹遣使额尔德尼绰尔济请安进贡，疏言："前为泽卜尊丹巴、土谢图汗之故，陈奏三言，乞以一言为定，初意即欲仰请弘仁，发回七旗于故土。因地方既远，粮骑不足，且未归之前，凡所留辎重俱被策妄阿喇布坦劫去，诸物无存，今惟恃达赖喇嘛之恩，得以安集。谨将从前迟久之处，遣使陈奏，请敕裁断。"

上谕大学士等曰："览噶尔丹奏，词语恭顺。询诸来使，亦无他故。今备兵而无所用，似乎徒劳士卒。然噶尔丹非可信之人，如不之备，万一有事，又贻后悔。应备与否，尔等与议政诸臣会议具奏。"

大学士等议复："噶尔丹必无他故，然备兵不过略费钱粮，并无所劳苦也。倘有警报，自此出兵，不若自大同前行甚便。此军似仍预备大同为宜。至京城前所预备之兵，亦仍应预备。后增拨护军二名，应请停止。"

得旨："遣备大同。每佐领护军七名内减去一名，留于京城预备兵内。后增拨护军二名，著停止。"

寻敕谕噶尔丹曰："朕抚驭天下，惟欲率土无事，各享安乐，原不欲兴戎耀武，荼毒生民。今尔疏称，为泽卜尊丹巴、土谢图汗之故，上奏三言，乞以一言为定，并请发回七旗于故土。前者尔喀尔喀、厄鲁特交恶相攻，朕念两国皆奉贡之邦，不忍坐视黎民涂炭，遣使于达赖喇嘛，令屡谕尔等和好。尔不奉朕旨及达赖喇嘛之言，戕伐喀尔喀七旗。喀尔喀人等纷纷离散，各无衣食，皆来归朕求生。然尔违朕之旨，朕并未尝介意。乃尔复以追喀尔喀为名，深入我边徼，直至乌阑布通地方。及发兵问故，尔兵辄先攘臂，我军始与之战。尔大败窘迫，跪于威灵佛前，誓不犯中华皇帝属下喀尔喀以及众民。印文誓书见在，见证济隆胡土克图亦在。及伊拉古克三胡土克图往尔处，尔顶礼达赖喇嘛所遗佛像而设誓曰：'我断不违旨矣。前者深入边境，已自知罪。佛在此，而敢不以我罪为罪乎！圣上即佛天也，乞姑宥我。'所奏亦甚明。朕以尔誓言为信，遂止各路军马，不使穷追，此亦尔所灼知也。喀尔喀人等窘迫来归，若不收养，则皆至死地。是以朕亲出阅，安插近边，给粮米畜产以活之。今尚穷困未苏，死亡殆尽，或一旗仅存数人。喀尔喀并无粮畜，如遣回故土，谁养之乎？且喀尔喀人等肯明知饥饿而归死乎？前以养喀尔喀之故，曾敕达赖喇嘛遣谕尔等，达赖喇嘛亦甚喜，奏言：'喀尔喀如此穷饿，博施惠养，与佛慈悲同行，闻之不胜欢忭！博硕克图原当从济隆之言，而竟不从，大君宜责而诛之，乃俯怜众生有如赤子，复垂恩宥。'今以其疏发汝，汝其视之。若达赖喇嘛致书于尔，或有异言，尔亦陈奏可也。前闻策妄阿喇布坦与汝不睦，流言未审虚实，是以遣学士达祜等往问。策妄阿喇布坦请朕加恩，故遣员外郎马迪等往颁恩赐，并不欲败尔事而遣之也。所差马迪既为尔之人所害，敕书见在尔所，尔视之，自不谬也。今嘉峪关报称，马迪同行之人名巴素者归告曰：'我等八月十一日行至哈密，有厄鲁特噶尔丹属下图克齐哈什哈、哈尔海达颜额尔克两人为首，率兵五百许，夺去员外郎马迪等马驼、行李，戕害员外郎马迪及笔帖式拨什库等。其他兵卒，亦有被掠者，亦有留于哈密者。'从来争战之国，无害往来使人之理。乌阑布通地方，尔虽与我军拒战，然前所遣使人察罕古英寨桑、阿卜都赖额尔克寨桑等千有余人俱遣大臣送出境外，归还于尔。果宜加害，则尔目下所遣使人，朕即不许归，何不可乎？尔前所奏，言朕许以泽卜尊丹巴、土谢图汗畀尔，此小人欲自脱其身，而有此言耳！果有此旨，岂不早谕尔乎？况执来降之人以畀仇人，有是理乎？前亦尝以此谕尔矣。今尔背弃誓言，索我降人喀尔喀，害我奉差策妄阿喇布坦之使臣马迪诸人。以此观之，是尔阳奉达赖喇嘛之言，而阴违达赖喇嘛之命，全弃誓言，生事起衅，彰彰明矣。达赖喇嘛曾令尔犯我使臣、索我降人乎？况喀尔喀人等，朕已养之数年，方且俟其生聚，将择可居之地安插之。尔如此背誓生事，本应不纳尔使，逐之归去，但念尔使皆系小人，必至困迫，是以放入，仍使贡献市易。今将尔背誓及尔人害我使臣之事详开敕中，发尔使沙哈孙巴克绰尔般赍往。其余，俟市易毕遣归。其即查明害我使臣之事及尔欲陈之言，具疏与见在羁留之人一并奏遣，朕当熟筹一策焉。以上情事，已颁谕达赖喇嘛矣。"

敕谕达赖喇嘛曰："朕奉承天命，统驭万邦，惟以人民得所为至愿。是以率土有邦，无不恪恭来享，亦无不遵朕诏旨。尔喇嘛领奉佛法，济度众生，西域、蒙古亦遵奉尔喇嘛之教。朕与尔往来通使历年已久，是以喀尔喀、厄鲁特之事，朕多与尔喇嘛闻之。前闻厄鲁特、喀尔喀交恶相攻，朕遣使于尔喇嘛，欲与尔共息其争，使相和好，尔即欣然发使，同往噶尔丹所，不啻三四矣。噶尔丹竟不遵我谕和之旨，而破喀尔喀，以致喀尔喀穷极流亡，无衣无食，匍匐归朕以求活。然朕犹未尝因拒命之故，有恶于噶尔丹。其后噶尔丹复借追喀尔喀为名，深入我边境，直至乌阑布通。及发兵问故，噶尔丹兵又先犯我颜行，我军始与之战。噶尔丹大败，不得已跪誓于威灵佛前谓：'永不犯中华皇帝属下喀尔喀以及众民。'誓书印文具在，见证济隆胡土克图亦在。迨伊拉古克三胡土克图前往，噶尔丹顶礼尔喇嘛所遗佛像而誓曰：'我断不复违旨矣！深入边界实我之罪。佛在此，敢不自服乎？圣上即佛天也，乞终宥我。'所奏甚明。朕以噶尔丹誓言为信，止各路军马不使穷追，此亦噶尔丹之所明知也。以敕谕尔喇嘛不啻数次矣。喀尔喀人等困极来归，若不收养，则皆死亡，是以朕亲出阅，安插近边，给粮畜以养之。今尚穷困未苏，仅有七旗之名，死亡殆尽，有一旗仅存数人者。喀尔喀并无骑无粮，倘遣归故土，其谁养之？岂有明知饥饿而肯就死地者乎！前以赈济喀尔喀之故，曾敕谕尔喇嘛，亦遣谕噶尔丹。尔喇嘛亦甚喜，言：'喀尔喀如彼穷饿，全而活之，真佛之慈悲也，闻之不胜欢忭。博硕克图原应从济隆之言，而竟不从，大君宜责而诛之。乃俯恤众生有如赤子，仍加恩宥。'尔奏尚在。今噶尔丹违弃誓言云：'为泽卜尊丹巴、土谢图汗之故，上奏三言，乞以一言为定，发回七旗于故土。'又前闻策妄阿喇布坦与噶尔丹不睦，流传之言未审虚实，故遣学士达祜等往问其故。策妄阿喇布坦请朕加恩勿绝，乃遣员外马迪等往颁恩赐，并非欲败噶尔丹之事也。今嘉峪关报，有员外郎马迪同行之人名巴素者归告曰：'我等八月十一日至哈密，有厄鲁特噶尔丹属下图克齐哈什哈、哈尔海达颜额尔克两人为首率兵五百许，夺员外郎马迪之马驼、行李、器械，戕害员外郎马迪及笔帖式拨什库等。其他人等亦有被擒者，亦有留于哈密者。'从来战争之国，无害往来使人之理。乌阑布通地方，噶尔丹虽与我军拒战，而噶尔丹所遣使人察罕古英寨桑、阿卜都赖额尔克寨桑等千有余人，俱命大臣送之出境，遣归噶尔丹。且喀尔喀人等，朕方欲养之数年，待其生聚，择可居之地安插之。噶尔丹背弃誓言，奏索我措置已毕之泽卜尊丹巴、土谢图汗，又将遣往策妄阿喇布坦之使臣戕害。以此观之，诚反复奸顽之徒也。已将彼罪备开敕内，付其贡使赍往，令彼复奏。噶尔丹阳奉尔言，肆为欺罔，阴则不从尔言，不奉尔教，生事妄行，彰彰明甚。不知尔意以为何如？今以噶尔丹生事，朕秣马厉兵，治具已毕，俟噶尔丹回奏，以决一策。特以此故，命伊什格隆赍敕谕尔知之。"

（圣祖朝卷一五六·页七上～一二上）

○ 康熙三十一年（壬申）十一月丁卯（1692.12.29）

噶尔丹之使厄尔德尼绰尔济、色卜登额尔克白克等，挟噶尔丹书札，散布内属蒙古。上闻之。赐噶尔丹敕。令来使赍归。

敕曰："朕统御万邦，惟愿天下之民，共享升平，无生事，无作乱，兼容并包，诚心抚恤，残刻之事素所不为。诸国远人诚能恭顺职贡，不改其常，朕益加爱惜，施恩不绝。若阳奉阴违、狡诈百出者，朕未尝不知，亦不究竟，每从宽教诫，冀其改悔自新。是以中外之人无不归诚向化，虽极隐密之事必来奏闻，无敢欺蔽。今尔所遣奉贡使人，持尔书来，与朕属下蒙古，告以尔语，皆以奏闻于朕，朕尽知之矣！此等谲诈，止自欺取祸而已，何能欺人！且朕属下蒙古皆世受豢养厚恩，岂能负朕而堕汝计乎？据尔书云为宗喀巴之法而行。朕不得不将护持宗喀巴之法为之宣布。本朝兴隆之际，延召达赖喇嘛至京，此天下之所共知也。康熙八年，达赖喇嘛疏称：'前蒙皇上惠赐臣敕印，仗一统大君之仁慈，平治土伯特国三部落，而红帽帕克木取两族之人而去，请将伊等还归于噶尔马。'朕即降旨，特遣官取红帽帕克木发还。康熙十三年，达赖喇嘛疏称：'巴忒马三宝瓦巴克什之经，请敕谕中国僧俗，勿得诵习。'朕即降敕，禁止僧俗，概不许诵习。康熙十八年，达赖喇嘛疏称：'谨将平治汉人、土伯特、蒙古之要略，奏请睿览。'其奏尚在。盖达赖喇嘛深知朕护持宗喀巴之法，故凡事直陈无隐，历年通使不绝。尔喀尔喀、厄鲁特之人，阳则诳言为宗喀巴之法、达赖喇嘛之教而行，阴则违之，率土皆知。尔前者败于乌阑布通之时，汝属下人皆惊惧而谤尔，俱请降朕。朕素无离间害人之意，是以准尔誓书，训尔等以依常安处，勿怀异心。此伊拉古克三胡土克图所深知也。至于策妄阿喇布坦，虽闻与尔不协，朕但恤其贫苦，加之以恩而已，未尝使与尔交恶也。此皆至实之情。朕思尔断无此等谲诈之事，必尔下人及尔使人欺尔而离间之耳。然若辈如此行事，岂使尔善全之意乎？尔当孰计之！朕凡有所闻见，即与宣说，向无隐讳。特开始末，降敕谕尔知之。"

（圣祖朝卷一五七·页九下～一一上）

○康熙三十二年（癸酉）五月丁巳（1693.6.17）

先是，以戕害员外郎马迪事，降敕诘问噶尔丹。至是，噶尔丹遣使赍奏陈情，上命发敕，令彼使人赍回。

敕曰："朕躬膺天命，抚绥万邦。凡恭顺之国，无不加恩，以示奖劝。其有未孚者，亦必曲加优容，以匡正其非，使归于善。前者，朕遣员外郎马迪等于策妄阿喇布坦，为尔属下土克齐哈什哈、哈尔海达颜额尔克所害，敕汝查奏。今尔疏言：'非但皇帝之使臣不宜尔也，向来小国使臣亦无杀害之事。敕使因遇罗卜藏林辰、憨都、滚布札卜，是以见杀。其名土克齐哈什哈、哈尔海达颜额尔克之人虽在其内，但原遣与哈密通问，非自我教之行劫也。害使臣者，乃罗卜藏林辰等，见在塔尔纳齐纳尔地方。伊等情由，想皇上早已洞鉴之矣。诸凡大小罪过，总祈皇帝如天之度，兼容并包。'尔于朕敕未到之前，护送使臣同行之格什等至嘉峪关，奏其情事，朕甚嘉许。但尔既已立盟修好，则害我使臣之土克齐哈什哈、哈尔海达颜额尔克等，当即擒拿治罪，以戒后来横行之人。尔疏又言：'乌尔会地方两尚书击我，倘其事有成，将欲置我等于不堪。我等亦知非皇帝之旨，其时已吁奏矣。'尔前者借追喀尔喀为名，犯我汛界，掠我人民。尚书阿喇尼等，因巡汛界遇之，彼凛遵国法，率汛界蒙古兵与战，并非内地所遣之兵。然此乃尔未誓以前事，尔既誓以后，不得复执此以为言。又，前者尔于乌阑布通地方，首顶达赖喇嘛之佛，誓不再违圣旨，又跪于威灵佛之前，誓不再犯中华皇帝属下之喀尔喀以及众民。尔今疏言：'昔当济隆胡土克图、内大臣吴丹、塞尔济之前跪告曰：请将泽卜尊丹巴、土谢图汗两人，于所奏三言中，以一言为定，逐出七旗，归于故土，则皇帝覆育之蒙古，再不为非矣。今亦不敢异于从前，有所诳奏。'尔誓书印文犹在，并无此等语。尔奏此言，与誓书原辞自相悖谬。且朕安集喀尔喀之事，已檄知达赖喇嘛，并敕谕尔矣。达赖喇嘛甚喜，奏喀尔喀如彼饥困，全加爱养，同佛慈悲，闻之不胜欢忭，诚抚恤众生如赤子也。其疏前已示尔，尔亦当详睹之矣。日者，达赖喇嘛因与喀尔喀泽卜尊丹巴胡土克图、土谢图汗、车臣汗、诸台吉俱相隔数年未遣使通问，今特遣其弟子绰木巴喀巴额木齐往问，朕恐行路羁迟，特遣官驰驿往送。以此观之，达赖喇嘛以喀尔喀等向为护法主，加惠之意，彰彰明矣。尔今违誓，仍索泽卜尊丹巴胡土克图、土谢图汗等，岂合达赖喇嘛之意乎？况近今达赖喇嘛奏言：'倘厄鲁特不从，复生乱端，西海大小土伯特力有不支，伏祈鉴而察之。'达赖喇嘛与我朝往来通使，多历年所。西海诸台吉不违朕旨，恭顺奉贡。若厄鲁特人等稍犯达赖喇嘛地方及西海地方，朕即立加征讨，断不爽也。前者，尔败于乌阑布通归时，人畜多死，极其窘迫，沿途委弃器械而去。朕巡视汛界大臣直蹑尔后，皆目击之。今闻尔地乏食，穷困已极，尔邻近国皆与尔为仇，策妄阿喇布坦又与尔不睦。从来诸国之人穷迫归朕者，养育皆如一体。如尔穷迫来降，前敕谕中已许活尔，可即徙至近边，当加厚恩抚养，毋疑毋畏。至喀尔喀札木巴拉臧布胡土克图，乃此地败坏释教之罪人，逃在尔所。如果有用，则留之；不尔，可即发回。今颁缎十匹付尔，使沙哈孙白克绰尔奔下赍往。"

（圣祖朝卷一五九·页五上～七上）

○**康熙三十三年（甲戌）闰五月丁丑（1694.7.2）**

奉差往谕噶尔丹侍郎满丕以噶尔丹疏回奏。上赐噶尔丹敕曰："朕承天命，统御万邦，凡恭顺者，奖劝以示优恤，若谲诈者，亦必匡正其非，使归于善而止。尔噶尔丹于乌阑布通之地，为我兵所击，溃败而走，于时即可破尔矣。朕轸念尔向来通贡，不忍遽灭，不使穷迫，停止各路进剿之兵。遣内大臣吴丹等出使于尔。尔在威灵佛前，坚誓永不敢犯，印文誓书犹在也。朕谓尔不背盟，许尔使照常往来，待尔无异意。此情已屡经敕谕，不必一一悉数。今阅尔奏，欲依达赖喇嘛使人前所定之议，请将泽卜尊丹巴胡土克图、土谢图汗畀尔。按尔前奏内'有索泽卜尊丹巴胡土克图、土谢图汗，三言内以一言为定，将七旗发回故土，已蒙许畀以泽卜尊丹巴胡土克图、土谢图汗'之语。想此乃小人欲自脱其身，而为此言尔。果有此旨，岂有不授尔敕者乎？执来归之人以畀其仇，可乎？敕谕甚明，何尝不解尔奏内之言？尔亦未尝不解敕内之言。然皆乌阑布通战前之事，誓后不得复引以为辞。况尔违朕前旨及达赖喇嘛之令，伐喀尔喀，致喀尔喀等穷迫来降。朕赐之银、米、牲畜，以为养赡。达赖喇嘛闻之甚喜，奏言：'惠济喀尔喀，真如我佛慈悲。噶尔丹者，大君所当责而诛之者也，而俯恤众生，有如赤子，复加宽宥。'达赖喇嘛此奏，前已并敕谕发尔矣。即安插喀尔喀之事，亦敕尔知之矣。倘尔噶尔丹为喀尔喀所败而来归命，朕亦当受而养之，断不擒以畀喀尔喀也。此即朕万邦一体之意。朕从来降敕与尔，俱布至诚。今尔不将马迪被害之故回奏复旨，又将前者跪顶威灵佛之誓付之不论，徒以使臣喇嘛为辞。又将达赖喇嘛与朕处置已毕之事，屡屡翻复，包藏祸心，以图构衅；遣回子于内地，为奸宄侦探。以此观之，则尔外奉宗喀巴之法，而实入回回之教，不欲朕扶助宗喀巴并达赖喇嘛之法，彰彰明矣。尔所行之事，蒙古皆知之。反侧如是，朕已秣马厉兵，但视尔举动耳。尔又请沛如海之仁，赐银五六万两。原谕谓近朕之前来请，则加恩赍，且许之互市。尔皆不副朕旨，岂有赐银之理？尔奏内又云：'扎木巴儿藏布言欲往西方，我向不拦阻往西方之人。'夫扎木巴儿藏布者，坏达赖喇嘛之教，行事悖乱，尔知而故留，不即发回，是亦已矣。至尔所遣回子奸细，未识尔知而遣之，抑尔种类中潜为之也？今已将尔使人所留奸细内顾尔马哈穆特一人活之，令归报尔，余皆正国法矣。此事若尔果不知，尔种类潜为之，则此等坏事之人，不可复留，可将此人并顾尔马哈穆特即于尔地正法。虽然尔厄鲁特、喀尔喀之事，朕与达赖喇嘛始终教诲，发敕遣使不少矣。尔不依誓书，索喀尔喀不已，且又以不解我言语为辞，是虽发敕遣使，终无了期。朕反复思维，不得不会阅以定之。此会也，遣他人亦终无用，必须尔亲来，与朕面议，方可定也。且以此情事，敕谕达赖喇嘛。尔如遵朕旨，可速奏定会阅之日与期约之地。其遣奏时，须尔丹济拉、丹津俄木布两人内遣一人来，其他微贱之人不能洞晓。如尔难于会阅，则当如前誓，不复及喀尔喀之事，速诛害马迪之人，具奏请罪，则仍许尔使往来互市。如仍执迷不悟，欲行诡谲，则永绝尔使贸易。尔复奏未到，虽有使来，亦不许入。尔现来之使，本当不许市易，但回子事或者尔原不知，故权使市易，并与前所留纳秦和硕齐同遣出境。达赖喇嘛处，亦以此敕谕之矣。今以谕尔敕书付尔使纳木喀喇克巴、喇木扎巴诺颜和卓赍往。"

（圣祖朝卷一六三·页一三下～一六上）

○ 康熙三十四年（乙亥）二月乙卯（1695.4.6）

厄鲁特噶尔丹遣使他西兰和卓请安入贡，并疏言："皇帝敕谕赐物，不胜欢忭！文内深意虽不尽晓，奉有是则加恩、非亦曲宥之旨，始敢以后先情事历为上陈。使臣马迪被害之事，不获详知，难于复奏。扎木巴尔臧布胡土克图早已遁去。所云约地会盟之事，未便擅定，俟后再行奏闻。欲遣丹津俄木布、丹济拉往觇，所需资力，多则仓卒难办，少则为路甚遥，是以陈情上奏。回子所行之事，实不知情。伏念皇帝恩养四十九旗蒙古及四厄鲁特，不啻赤子，是以咸享安乐。奈泽卜尊丹巴及土谢图汗二人背皇帝之旨，蔑宗喀巴之法与达赖喇嘛之教，以致诸蒙古尽皆败坏。请将喀尔喀七旗发回故土，泽卜尊丹巴及土谢图汗二人亦仍照前奏。"

奏上，上赐敕谕噶尔丹曰："去岁谕尔敕内，诸凡开示甚晰。朕俯念中外，咸在怀抱。尔厄鲁特与喀尔喀仇杀相寻，日无宁息，心实伤之！且思尔等皆职贡之国，朕一概秉公，举无偏庇。后喀尔喀穷迫来归，朕乃收抚，以全其生命，此亦朕矜恤群生之至意也。尔噶尔丹不遵朕言，亦自失其生理而已，于我四十九旗蒙古何败坏之有？今尔纵戕害使臣马迪之人，不正法请罪，乃巧饰诳奏，是尔违朕之旨，迷惑回子之教，坏宗喀巴与达赖喇嘛之法，明甚。朕是以遣回尔使，不令进边。嗣后若仍怙非不悛，蔑视前谕，尔永勿上疏、遣使贸易。特谕。"

（圣祖朝卷一六六·页七上～八下）

○ 康熙三十四年（乙亥）四月己未（1695.6.9）

谕大学士等："闻外藩扎萨克人等，或有私随我朝遣赴达赖喇嘛处之使臣而去者，或有同达赖喇嘛使人前来，不返故土，竟自留于归化城各扎萨克处者。噶尔丹乃狡诈之人，其各处安插奸细侦探声息之事，显然败露，犹自不服，巧饰上奏。或令其属下喇嘛潜随达赖喇嘛之使人前来，侦探反间，亦未可定。嗣后宜严行禁止。"

理藩院议复："达赖喇嘛来使所带之人，宜永行禁止，不许存留。"

上谕侍郎满丕等："达赖喇嘛来使所带之人，若概行禁止，则外藩蒙古不得私行贸易，其心不服。达赖喇嘛之人往来已久，不必限定来使所带人数。但来人有达赖喇嘛印信者纳之，如无印信，则非系达赖喇嘛之人，即不纳。如此议定，则不禁而自绝，蒙古亦皆心服矣。"

寻理藩院议复："达赖喇嘛及诸扎萨克之往来使人，令其各给与符验。"从之。

（圣祖朝卷一六六·页一五上～下）

○康熙三十四年（乙亥）七月壬午（1695.8.31）

噶尔丹遣使梅寨桑、布拉特和卓等上疏曰："使臣马迪被害之故，前经屡次复奏，无可另行陈奏之处。至于会盟，难自定夺，奏闻皇帝。若遣丹济拉、丹津俄木布往觐，固所愿也，但正在贫乏，难以遣行。至泽卜尊丹巴胡土克图、土谢图汗、七旗喀尔喀之事，前经奏请，乞准行。前内大臣吴丹存日，曾与济隆胡土克图议定，乞如议行。行商回子使人，向常来往请安，是以使往贸易。又，达赖喇嘛之事渐次兴隆，使四十九旗蒙古、四厄鲁特各在其地同享安乐。乞照前行。"

奏入，命议政大臣议。议曰："据噶尔丹使人梅寨桑等言，噶尔丹今岁未尝耕种，马匹烙印，收集猎户，游牧塔米儿之地，意欲掠取根敦戴青，顺克鲁伦下流，侵车臣汗、科尔沁之西。此言虽不足深信，亦不可竟以为虚。应檄黑龙江将军萨布素加意哨探。归化城将军费扬古处，前已有侍郎满丕前往，应令相机行事。目下遣尚书班迪探听声息。俟到后，令根敦戴青等入内游牧，使其远设汛哨，探信奏报。噶尔丹使人梅寨桑应仍遣归，不必降敕，将原疏发回。"

奏上，得旨："著仍撰敕，交来使赍回。"

敕曰："今春谕尔敕书，实为明显。兹览尔奏，仍以不晓文义巧为饰说，是尔故违朕旨也。且尔历来陈奏，皆云行达赖喇嘛之教。今春遣尔使归后，达赖喇嘛及第巴有疏以宽尔罪、仍留汗号为请。且云遵谕和之旨特遣赖楞堪卜、达尔汉温卜前赴尔处等语。今尔来使梅寨桑等言尔游牧于塔米儿之地，东向以行。尔之所为，必欲异于达赖喇嘛、第巴之言者，是为遵其教乎？是为不遵乎？以此观之，尔口虽云不悖达赖喇嘛之教，而竟不遵行明矣！今尔既东向前来，应仍会阅，庶于事有定。不然，纵复遣官布告，终属无成。其奏请会阅，可令丹济拉、丹津俄木布二人赍来。倘执故见，不遵朕言，嗣后永勿上疏通使。"

（圣祖朝卷一六七·页一一下～一三上）

○康熙三十四年（乙亥）八月辛亥（1695.9.29）

遣使赍敕往谕噶尔丹曰："尚书班迪于八月二十二日奏报，尔拥兵来西卜退哈滩巴图尔及纳木扎尔陀音等所居近地，肆行掠害。前尔自乌阑布通败衄时，于内大臣吴丹前，跪礼威灵佛像，誓不再侵中华皇帝之喀尔喀与众生灵。尔之印文誓书昭昭具在。且尔每有奏疏，自谓遵行达赖喇嘛之教，乃于朕与达赖喇嘛议结之事屡生衅端，蔑弃誓言，是尔于其教名奉实违。尔今来必有意，应备奏陈，朕自有裁夺。此兵果尔亲帅与否？差五品官阿尔必特祜前往确询。特谕。"

（圣祖朝卷一六八·页七上～下）

○康熙三十四年（乙亥）十一月戊子（1696.1.4）

先是，遣五品官阿尔必特祜赍敕往讯噶尔丹，至是，阿尔必特祜归，以噶尔丹奏章至。其疏曰："蒙降敕书，不胜欢忭。辛未年来，草美兽蕃，乘便有行，想皇上亦鉴悉之矣。念与蒙古疆界相近，恐有妄行，故为之禁止。遣人一队遗书道意，而纳木扎尔陀音等反以为往攻，弃其牲畜而去。至所云掠喀尔喀之事，乃我界上行人所劫，我不之知。至达赖喇嘛所差济隆胡土克图与内大臣吴丹等所定之议，前经节次上奏，伏乞仍照前奏加恩。虽有罪愆，亦乞宽宥。果若有理，乞降温旨，不胜欣悦。"

奏入，得旨："此奏暂存之，勿与敕谕。"

（圣祖朝卷一六九·页九下）

○康熙三十五年（丙子）二月己亥（1696.3.15）

厄鲁特策妄阿喇布坦遣使囊素等请安进贡，又奏噶尔丹奸恶，乞遣还回子归己。上赐以敕书。

敕曰："朕为万国元后，惟以率土乂安、咸享乐利为心。其能体朕覆载之怀，敬慎自持者，朕必爱恤教育之；其或不循分谊，包藏祸心，悖安和之理者，朕必惩创匡正之。此朕统御寰区为人君之大道也。今尔策妄阿喇布坦遣使请安，贡献方物，又以噶尔丹奸诈，为所侵凌，与尔有不共戴天之仇，披沥情实，赍奏入告，诚心求恤。朕为一统万邦之主，有不眷尔诚心效顺之人乎？查尔所奏回子之事，今噶尔丹处虽无回子前来贸易，此后或来，朕必交该部查明，如尔所请发往。尔尚永怀敬顺，朕将浡加恩赐焉。前噶尔丹猖獗横行，阑入乌阑布通之时，朕遣偏师大败之。欲即穷追将尽歼矣，而噶尔丹乃长跪于达赖喇嘛所遗威灵佛前而誓曰：'不敢复侵中华皇帝之喀尔喀与众人民。'载书加印，姑免其诛灭而纵之。朕殊不喜征诛。今噶尔丹悖弃誓言，戕我赍尔之使，劫喀尔喀之人，阻止班禅胡土克图之来，今又至巴颜乌阑，动摇我人民，内怀诡诈，欲行祸乱，其迹显然。朕为一统万邦之主，何得不加创艾！是以发三路大军诛讨。凡罪皆在噶尔丹，他无与也。但三路大军甚众，声灵赫濯，恐边外之民不无震惊。尔其遍谕尔之属众，以至吐鲁番诸处，各令照常安居，勿致惊溃。特遣内阁侍读常明、理藩院司务英武为使，赐尔花缎二十匹，银茶桶、茶盆各一具，狐腋蟒袍一袭，貂帽一项，玲珑鞓带一围，皮靴、蟒袜各一对。尔如有所欲言，其遣人偕使臣来奏。"

（圣祖朝卷一七一·页四下～五下）

○康熙三十五年（丙子）五月癸酉（1696.6.17）

上问阿南达交战情形。阿南达奏曰："伯费扬古恐涉夸张，故于疏内皆约略言之。其实交战处斩贼三千余级，其余被创逃窜，死于山谷中者，尸骸枕藉，生获数百人，杀噶尔丹之妻阿奴及贼之渠首甚众。惟噶尔丹引数骑逃出，其零星逃散之贼投降大将军马思喀者千余人。据降人言：噶尔丹遁时，部众多出怨言，噶尔丹云：'我初不欲来克鲁伦地方，为达赖喇嘛煽惑而来。是达赖喇嘛陷我，我又陷尔众人矣。'"上问曰："西路大兵若如前约于四月二十四日至土喇,二十七日至巴颜乌阑,则更当何如?"阿南达奏曰:"诚若是,则贼无一得脱矣!"上顾诸大臣曰:"师行绝域即奏肤功,皆上天眷佑,应先行叩谢。"……

(圣祖朝卷一七三·页一八下～一九上)

○康熙三十五年(丙子)七月戊午(1696.8.1)

侍郎西拉奏:"臣遵旨问降人丹巴哈什哈,噶尔丹当往何处,丹巴哈什哈等曰:'我等以为噶尔丹必往投达赖喇嘛。所以不他往者,昔鄂齐尔图车臣汗之子噶尔旦木巴之女阿海原与策妄阿喇布坦议婚,噶尔丹自取之,又杀策妄阿喇布坦之弟索诺木喇布坦。策妄阿喇布坦因率兵五千而逃。后噶尔丹往乌阑布通,策妄阿喇布坦尽收噶尔丹之妻子、人民而去。是策妄阿喇布坦所不可往也。若图尔胡特之阿玉奇所,有仇人鄂齐尔图车臣汗之弟在,道既遥远,而阿玉奇之女又嫁策妄阿喇布坦,是阿玉奇所亦不可往也。噶尔丹与鄂罗斯,差人贸易而已,原不相好。往鄂罗斯之路,有洪郭垒及罕二道。罕之路有明安特、忒棱古特诸人在,俱系仇人。是鄂罗斯亦不可往也。噶尔丹向达赖喇嘛之去路,哈密虽系仇人,有噶尔丹属下回子在,青海左侧有番子二千家在,青海诸台吉亦不沮之。如得到达赖喇嘛地方,则噶尔丹与第巴甚好。且噶尔丹于为喇嘛时,居班禅胡土克图所,谓唐古特国之托卜察一城人乃噶尔丹前生尹咱胡土克图时之徒也,故使为属下,有征赋之人在,沿途可得马匹、糇粮,而无沮之之人。丹济拉、丹津鄂木布如与噶尔丹同在一处,断不相离,必偕往达赖喇嘛处。'圣上今遣人率兵追讨噶尔丹,但收离散者问之,自得噶尔丹去向实音。"报闻。

(圣祖朝卷一七四·页一二上～一三上)

○康熙三十五年(丙子)七月甲戌(1696.8.17)

上谕议政大臣等:"大将军伯费扬古应令自科图移驻善巴王汛界。"因出侍读学士喇锡、大将军伯费扬古疏,命议政大臣集议。

寻议:"侍读学士喇锡疏言:'厄鲁特额图格来降云:噶尔丹战败奔窜,到他米尔之台库勒地方,遣人收集丹津阿拉布坦、丹济拉、丹津鄂木布等。伊拉古克三胡土克图亦往与之合。大略兵有五千余，牛羊甚少，无庐帐者多。议欲往翁金一路，或瀚海四围有居人，掠得牲畜，如根敦戴青逸去，暂且偷生。或往哈密。如哈密仍前和好，则资其糗粮，以度今冬；如哈密与之反颜，即攻而取之，以为根基。议既定，六月二十八日自他米尔向翁金起程。阅三日，我等逃出。又六月二十日，达赖喇嘛使人鄂木布来，亦随噶尔丹而行，又因住他米尔地方二十余日，马已渐肥。闻根敦戴青在塞棱格云。'……"

上曰："此乃大将军伯费扬古未完之事。著率萨布素兵五百，酌取蒙古兵，往善巴王边汛诸地方侦探声息。噶尔丹或在翁金，或有过去之信，相机迎剿。著将军萨布素率所余兵五百，驻扎科图。如有厄鲁特来降，令其收纳。"

（圣祖朝卷一七四·页一七下～一八下）

○ 康熙三十五年（丙子）八月甲申（1696.8.27）

先是，上命员外二郎保赍敕往谕青海诸台吉。至是，二郎保奏言："臣至青海之察罕托罗海地方，以部发印文示达赖喇嘛所遣管理青海事善巴陵堪布，又告以击败噶尔丹之事。堪布言：'此事大，我不得独主其议。俟青海诸台吉同来会盟，定议再复。'七月初八日，扎什巴图尔等三十一台吉俱到盟所，以檄文授之。扎什巴图尔言：'噶尔丹杀我鄂齐尔图汗，取我属裔，与我亦有仇。但噶尔丹之女嫁博硕克图济农之子，乃告之于达赖喇嘛而结姻者。我等俱达赖喇嘛之徒，俟启闻达赖喇嘛，视其言如何，遵依而行，非可任我等之意复奏。'"

上命议政大臣等会议。寻议："应令扎什巴图尔等将达赖喇嘛作何定夺之处备文复部，并将此等情由增入达赖喇嘛敕谕内。"从之。

（圣祖朝卷一七五·页一上～下）

○ 康熙三十五年（丙子）八月甲午（1696.9.6）

命大喇嘛晋巴扎木素、德木齐索诺木臧布、主事保住同达赖喇嘛使人赍敕往谕达赖喇嘛、达赖汗、班禅、第巴及策妄阿喇布坦。

敕谕达赖喇嘛曰："朕统御寰区，以生成为务，尊崇佛教，以道律为本，故特往召班禅，将以化导悖乱，中外礼法归一也。尔喇嘛想已将朕深眷之心，宣告班禅。但第巴与噶尔丹朋比，恐吓班禅，言噶尔丹兵将要而杀之，不遣之行。先是，乌阑布通之役，遣济隆胡土克图为噶尔丹诵经，择战日。及噶尔丹败，又诱我军讲和，遂使噶尔丹得以远遁。朕知喇嘛断不作此举动，明系第巴指喇嘛之名而为之也。至噶尔丹大败于乌阑布通之时，顶尔所给威灵佛像为首，誓不复犯归降圣朝之喀尔喀。乃去岁背誓，至克鲁伦内青城地方，掠纳木扎尔陀音。朕数遣使问故，而怙恶不悛，不见我使，敢行无礼。朕乃震怒，调兵，亲统六师，近逼噶尔丹，彼犹不知。朕不忍遽加诛灭，矜怜众生死亡，谕噶尔丹会盟以议喀尔喀之事。差长史多禅、中书阿必达赍敕，且遣所擒厄鲁特生还，晓以我兵各处堵截之事。噶尔丹犹敢抗拒，朕又遣彭素克格隆等问故，而竟不遣归。朕沿克鲁伦而上，以探使人声息。噶尔丹不能抗朕之威，弃其庐帐、器械、什物，遁至特勒尔济地方，遇我堵御西路大将军伯费扬古兵，一战而披靡大败。临阵阿奴等亦被杀，斩有名寨桑等甚多，共杀厄鲁特二千余。其丹巴哈什哈、察罕西达尔哈什哈等皆来降。尽获其马驼牛羊。噶尔丹弃其佛像、经籍以及各色物件，仅携二十许人逃入林中。朕留喀尔喀兵，务索噶尔丹执而诛之。噶尔丹背盟，凶恶已极，以致绝灭。此喇嘛来使亲身灼见者也。至降人厄鲁特言：'达赖喇嘛卜云，噶尔丹东行吉。'此种指使噶尔丹及阻止班禅之事，皆第巴目无尔达赖喇嘛之所为也。朕明知之，朕不以尔事之有无介意，是以别降旨于第巴。兹为灭噶尔丹告捷礼，以噶尔丹佩刀一、阿奴之佛像一、佩符一，特遣使赍往，并发伴敕礼缎十匹。又，朕尝遣员外二郎保往谕青海扎什巴图尔等台吉云：'如有噶尔丹之人在尔等地方，执之解来。'据二郎保报称：'青海扎什巴图尔等三十一台吉俱到盟所，已将檄文遍给诸台吉。扎什巴图尔邀臣至其庐，彼言我青海诸台吉近边居住六十余年未尝生一事。噶尔丹杀我鄂齐尔图汗，取我属裔，于我亦有仇。但噶尔丹之女嫁博硕克图济农之子，乃启闻西方而结姻者也。我等俱达赖喇嘛之徒，凡事皆启闻西方，彼地之言何如，则遵而行之，不得据我等之意复奏。故檄扎什巴图尔等遣人于达赖喇嘛后作何定夺，速备文知会理藩院。'为此，谕达赖喇嘛知之。其扎什巴图尔台吉等蒙古原文并发。"

敕谕班禅胡土克图曰："朕抚御万邦，无分中外，一视同仁，尊崇佛教，以道法归一为要务。今以达赖喇嘛已老，尔胡土克图道法不二，勤修不倦，诵经行善，特往召尔胡土克图。朕将与尔同化导悖乱，使中外道法归一。而第巴心怀嫉妒，与噶尔丹朋比，恐吓尔胡土克图，言噶尔丹兵将要而杀之，阻不使行。先是，乌阑布通之用兵也，第巴亦指达赖喇嘛之名，遣济隆胡土克图为噶尔丹诵经，且择战日。及噶尔丹败后，又诡言讲和，以误我军，使噶尔丹得以远遁。朕已别有敕谕第巴，指出第巴种种助噶尔丹之事及阻尔不行之举。当噶尔丹大败于乌阑布通之时，顶达赖喇嘛所授威灵佛于首，誓不复侵归降圣朝之喀尔喀矣。去岁背誓，至克鲁伦内青城地方，掠喀尔喀纳木扎尔陀音。朕屡遣使问故，而彼怙恶不悛，不见我使，辄行无礼。朕乃震怒，调兵，亲统六师，近逼噶尔丹，彼尚不知。朕犹不忍遽灭之，谕彼姑来会盟，定议喀尔喀之事。使长史多禅、中书阿必达等赍敕，释所擒厄鲁特生还，晓以我兵各处堵截之事，噶尔丹犹敢抗拒，朕又遣彭素克格隆等问故，竟不遣归。朕于是循克鲁伦而上，噶尔丹不能抗朕之威，弃其庐釜、器械、什物，遁至特勒尔济地方，遇朕所遣西路大将军伯费扬古之兵，一战而披靡大败。临阵阿奴等亦被杀，斩有名寨桑无算，共杀厄鲁特有二千余。其丹巴哈什哈、察罕西达尔哈什哈等人俱来降。尽获其马驼牛羊。噶尔丹尽弃其佛像、经籍以至各色物件，仅率二十许人，遁入林中。朕留喀尔喀兵，务索噶尔丹，擒而杀之。噶尔丹背盟，凶恶已极，至于永灭。特遣使谕知，并发伴敕礼币八端。"

敕谕达赖汗曰："朕钦崇佛教，总持道法，但皈道法之人则嘉之，悖道法之人则惩之。尔自顾实汗以来，同心专尚宗喀巴之道，与本朝和协，至尔汗之身，益诚信恪守成规。顷者噶尔丹阳护宗喀巴之佛教，阴主悖逆之邪行，诈传达赖喇嘛之语，遍地兴戎，杀掠喀尔喀，毁坏道法，而第巴反从中怂恿。乌阑布通之役，遣有玷僧规之济隆胡土克图为之诵经，且择战日。及噶尔丹败后，又借讲和以误我军，使噶尔丹得以远遁。后又指称达赖喇嘛言东行吉，种种煽诱，噶尔丹遂敢背誓，至土喇、克鲁伦等处，劫夺我纳木扎尔陀音。朕始亲率大兵出讨，分路剿灭之。夫第巴者，乃达赖喇嘛下司事之人，理应笃敬道法，今反不遵达赖喇嘛，而欺凌众人，是以朕别有旨，深加责让。惟尔汗不背前规，朕使往时，依然敬待。每对使款接时，预以噶尔丹之事密使闻之。朕灼知尔始终不渝，甚坚且笃。凡败坏道法，煽惑噶尔丹者，汗殆知之也。至青海诸台吉亦与之无涉。是以特遣使以示褒善贬恶之意，并发伴敕礼币八端。"

敕谕第巴曰："朕崇道法而爱众生，故实心以护道法者，加之眷祐，阴诱人以坏道法者，加之罪谴。尔第巴原系达赖喇嘛下司事之人，因尔不违达赖喇嘛之语，辅助道法，朕是以优封尔为土伯特国王。今观尔阳则奉宗喀巴之教，阴则与噶尔丹朋比，欺达赖喇嘛、班禅胡土克图，而坏宗喀巴之教。先是，尔以久故之达赖喇嘛诈称尚存，遣济隆胡土克图至噶尔丹所，乌阑布通之役，为噶尔丹诵经，且择战日。及噶尔丹败，又以讲和为词贻误我军。使噶尔丹得以远遁。朕为众生遣人往召班禅胡土克图，尔又诳吓班禅胡土克图，谓噶尔丹将要而杀之，而不遣行。青海博硕克图济农潜与噶尔丹结姻，往来通使，而尔又不举发。如噶尔丹、博硕克图济农无尔之言，有相与为姻者乎？噶尔丹信尔唆诱之言，故不遵朕之旨。昔噶尔丹在乌阑布通大败而走之时，首顶威灵佛立誓，乃背弃誓言，去年至克鲁伦左侧，掠我喀尔喀降人。朕特遣员外阿尔必特祐为使，问其事因，乃噶尔丹不即见我使臣，敢行无礼。继又遣侍卫克什图、笔帖式萨哈连等为使，仍前不见，遣归。其后又遣主事保住为使，亦如此遣归。是以朕大震怒，调集各路兵马，亲统六师，近逼噶尔丹，即欲率大兵剿灭之，又不忍众生横罹锋镝，特遣长史多禅、中书阿必达为使，赍敕往谕噶尔丹曰：'朕将与汝会，好言定议喀尔喀之事，尔勿疑惧，朕断不欺罔人也。'不意厄鲁特噶尔丹仍凶恶不已。又遣彭素克格隆赍敕特问其故，仍未遣归。朕正待所遣使臣声息，溯克鲁伦而上，噶尔丹畏朕之威，弃其子女、庐釜而遁。至特勒尔济地方，遇西路大将军伯费扬古等大兵，噶尔丹即来拒战，大兵乃进击之。噶尔丹不得旋踵，遂大败。阵斩阿奴，并斩沙津车臣寨桑、古英寨桑、孔郭罗额尔克寨桑、根敦寨桑、俄尔古克图卜新寨桑、额尔克台、吉楚呼拉格隆，厄鲁特人二千余被杀。回回国王阿卜都里什特、厄鲁特台吉憨都塞冷扎卜、梅寨桑、马穆古英寨桑、巴图尔台吉、顾禄默尔根台吉、额林辰哈什哈、古英吴巴什笔车齐等及厄鲁特二千余人皆来降。尽获其子女、驼马、牛羊、庐帐。噶尔丹仅率二十许人而遁。丹巴哈什哈、察罕西达尔哈什哈等来降。博硕克图济农遣往噶尔丹使人罗垒厄木齐等被擒。皆言达赖喇嘛殁已九年矣。达赖喇嘛者，乃至大普慧喇嘛，本朝为护法之主，交往六十余年，则其讣音，即当奏闻于朕。尔乃匿而欺众倚噶尔丹以兴戎，其罪甚大。降人丹巴哈什哈又告曰：噶尔丹闻上亲统六师已到克鲁伦，遁走之时，语众人曰：'我来此克鲁伦非吾意欲深入也，奉达赖喇嘛之旨云东行吉，我是以深入。盖达赖喇嘛杀我，而我杀尔众矣！'朕思达赖喇嘛若存，决无此等事。明系达赖喇嘛亡后，尔私指达赖喇嘛诳噶尔丹也。尔之所行，为道法乎？抑为己行诈乎？朕乃养育众生之元后，彰善瘅恶，断然不爽。尔果改过，仍思遵宗喀巴之道，奏明达赖喇嘛已故始末，尊奉班禅胡土克图，使主喇嘛之教，应朕之召，遣之使来，执济隆胡土克图以畀我，解青海博硕克图济农所娶噶尔丹之女，朕仍前待尔以优渥之礼。不然，数者或缺其一，朕必问尔诡诈欺达赖喇嘛、班禅胡土克图，助噶尔丹之罪，发云南、四川、陕西等处大兵，如破噶尔丹之例，或朕亲行讨尔，或遣诸王大臣讨尔。尔向对朕使言四厄鲁特为尔护法之主，尔其召四厄鲁特助尔，朕将观其如何助尔也。尔其速办此事，及正月星速来奏，否则后悔无及矣。为此特遣使臣往谕，并发伴敕礼币六端。"

……

主事保住奏请训旨，上谕之曰："如第巴托言达赖喇嘛坐禅，不使相见，尔等取其根据，决绝而归。如遣班禅来，则先奏闻。众厄鲁特有来降者，俱携之来。如第巴又言达赖喇嘛将使垂中为之卜，尔但诘之云：'垂中所祷祀者惟达赖喇嘛耳，达赖喇嘛犹有问垂中而行之理乎？'至达赖喇嘛身故果实，则言使班禅主喇嘛之教。尔务索济隆胡土克图而来。如第巴以杀济隆、革喇嘛为疑，尔则极口保之。如不遣济隆来，尔则谓第巴曰：'尔为一人而违圣上之旨，圣上岂轻已乎！'尔在彼如遇策妄阿喇布坦之使，尔以噶尔丹前后诸事详告之，言：'我圣上无诛噶尔丹之意，至今犹使将军留大兵以招抚之。'尔事毕即星速辞归，不得久留。"

（圣祖朝卷一七五·页三下～一一下）

○康熙三十五年（丙子）十一月戊午（1696.11.29）

议政大臣奏："员外郎二郎保报称：'阿玉奇台吉发兵一千，以塞尔济札卜寨桑领之，策妄阿喇布坦发兵一千，以楚呼郎寨桑领之，额尔克巴图尔台吉亲率兵千许，俱会集于阿尔台以内土鲁图地方驻扎，四面设哨。如遇噶尔丹，即执而杀之；如或生擒即行解送。又，达赖喇嘛使人尼麻唐胡土克图、卓磨龙堪布丹巴囊素、达赖汗之使人寨桑及喀尔喀泽卜尊丹巴胡土克图在西方之喀尊等共一百七十余人，在十一月望间，可到西宁边口。到日即欲进京，奏请圣安。访其消息，为青海诸台吉之事而来，其行甚急。如到西宁边口，或特差人驰驿护送来京，或照伊等常例行走，俟部奏明，移文到日，以便遵行。'应拨理藩院官一员，乘驿速至西宁，将尼麻唐等暂行留住，问明来意。如有奏章，即著赍来。若应令进口，则遣人往召，不则即行遣归。并行文二郎保，不时探听阿玉奇台吉、策妄阿喇布坦等备兵出行声息。"

上曰："差遣司官，必致迟误。著行文二郎保亲身问明来奏。"

（圣祖朝卷一七八·页一下～二上）

○康熙三十六年（丁丑）闰三月壬辰（1697.5.2）

（前略）上谕内大臣等："大兵起行之前，当遣人招抚噶尔丹、丹济拉。此差不必遣本朝之人，前与塞卜腾巴尔珠尔同擒者，有噶尔丹乳母之子丹济扎卜，再拨愿往之厄鲁特人，赍敕而往。一面遣使，一面进兵。达赖喇嘛身故已十有六年矣，第巴指达赖喇嘛之语以诳噶尔丹，彼信其诳，自言为达赖喇嘛之教，而恣肆横行。以此等事明开敕内，照样刊刻多印，付丹济扎卜等遍行传示。并遣使谕策妄阿喇布坦，令乘此机会，亦兴兵剿灭之。"

敕谕噶尔丹曰："去冬命尔早降，则予以富贵，给以资产，眷顾煦育之，即尔所属厄鲁特之众，亦各得见其妻子，遂其生业。故遣使偕格垒沽英往宣敕旨。今使者喇木扎卜至，览尔所奏，谓未明朕旨。观尔辞意，一无真实，而请给还来奔之厄鲁特。岂惟厄鲁特之众，虽尔子塞卜腾巴尔珠尔及尔乳母俱已被获，今皆豢养，与徽特和硕齐同居。尔若来归，即令尔子与尔相聚。否则，尔有何功，遂还尔厄鲁特之众。尔欲归降，应及早来，若不归顺，徒迁延时日何益？况达赖喇嘛已故，朕亦知之，曾严敕第巴。第巴又遣尼麻唐胡土克图上表来贺捷。且奏称达赖喇嘛已没十六年，其转生之胡必尔汉年已十五岁。则尔之指称达赖喇嘛、以为护法，欺诳众人者，已显露矣。尔所欲逃匿之地，厄鲁特来降者多，朕已悉知，即使遁入洪郭罗险固之地,诸路皆可进剿。尔困迫若此,尚何力拒守?即今已无归所矣。今岁即不擒汝,来岁当复发兵追讨,必不中辍,汝其详审之!故遣丹济扎卜、察罕代、舒鲁等赍旨特谕。"

遣工部侍郎常绶等赍敕谕策妄阿喇布坦曰:"尔历来请安纳贡,克恭克顺,朕亦加眷顾,恩施频及。噶尔丹奸诡性成,虽彼至戚,靡不嫉害。即将厄鲁特之四部、喀尔喀之七旗,致令破亡分裂。又以追袭泽卜尊丹巴、土谢图汗等为名,侵我边境,屡扰不已。朕因于去岁数道遣兵,亲和征剿,直抵克鲁伦、土喇地方,大破噶尔丹,阵斩甚众,其妻亦被诛戮。冬间复遣兵西出哈密地方,获其子塞卜腾巴尔珠尔等。今穷迫已极,所属大小寨桑、哈什哈等相继来降者不绝,其余附从之人及寨桑等流离逃散,俱欲投顺,密报前来。今噶尔丹仅余子身,率领数人,随处飘遁。尔当亦闻之矣。尔前奏称噶尔丹若近逼我土,必竭力擒剿。又言随圣上指示,效力尽瘁等语。噶尔丹凶恶已极,有如魑魅,断不可留,今数道遣发大兵搜讨。夫噶尔丹与尔素有深仇,乘其困迫,应起兵复仇进剿。且达赖喇嘛久故,第巴诈饰其尚在之状,故严饬第巴。而第巴大惧,遣尼麻唐胡土克图来言,达赖喇嘛亡故已十六年,其再生胡必尔汉已十五岁,据实陈奏。则噶尔丹所称护达赖喇嘛之法者,其为欺诳众人也明矣!欲尔明悉,故特遣工部侍郎常绶、内阁侍读学士伊道、侍卫克什图等赍敕谕尔,且加恩赐,赏彩缎十端。特谕。"

(圣祖朝卷一八二·页一一上~一四上)

第巴所遣济隆胡土克图助噶尔丹,清廷后将其解京

○康熙二十九年(庚午)七月丁未(1690.8.22)

内大臣阿密达疏言:"是月十五日,济隆胡土克图之拉木扎木巴同伊拉古克三胡土克图之尼隆格隆等来至臣所,告曰:'噶尔丹言:我自入汛界,秋毫无犯,皇帝亦惠我币帛、敕书,甚大德也。今乃闻侍卫阿南达率兵,及诸路军云集;又闻有内大臣且至,土谢图汗之子噶尔旦台吉亦在军中。夫执鼠之尾尚噬其手,今虽临以十万众亦何惧之有?'臣等答之曰:'奉命防边,上意勿与厄鲁特战也,我宁敢违旨乎?阿南达等久已赴

京，噶尔旦台吉不知所往。'拉木扎木巴又曰：'噶尔丹博硕克图汗言：两胡土克图及商南多尔济来，事已定议，将于次日遣奏，而是夜两尚书来袭我，入我兄子营，杀及子女，不战者如是乎？'臣等答之曰：'厄鲁特阑入汛界，掠我乌朱穆秦，两尚书不得已与之战。今圣上特遣皇兄、皇子来与噶尔丹定议，我等亦将内徙矣。'臣因遣郎中哈尔吉卜，少卿把图与其使人偕行。臣又闻其从者曰：'十五日，噶尔丹引兵内进，屯于西巴尔台矣。'"

奏至，上命示议政大臣。

（圣祖朝卷一四七·页一八下～二〇上）

○康熙二十九年（庚午）七月己酉（1690.8.24）

内大臣阿密达疏言："臣等驻军木西峡，济隆胡土克图遣卫征格隆、噶尔丹遣尊多伊格苏尔为使，见臣等于前锋营，述噶尔丹之言曰：'我虽入汛界，索吾仇而已，弗秋毫犯也。乃今闻使侍卫阿南达率兵来至葫芦谷尔河，与两尚书会。阿南达奉命使于我者数矣，吾亦常飨之。命讲信修好，宜遣之来议，否则亦当遣尊于阿南达等者。'"

奏至，上命示议政大臣。

（圣祖朝卷一四七·页二一上～下）

○康熙二十九年（庚午）八月庚申（1690.9.4）

先是，上遣阿尔必特祜等赴索额图军前，使于噶尔丹。至是，索额图疏言："阿尔必特祜等归，偕济隆胡土克图使人拉木扎木巴、噶尔丹使人尊多伊格苏尔至营。问其情由，阿尔必特祜等述噶尔丹之言曰：'所有情事，已同满丕等遣使上奏，不复具疏，但以书问王与皇子内大臣安。请遵商南多尔济所传明旨，以土谢图汗、泽卜尊丹巴畀我。'述济隆之言曰：'达赖喇嘛所以遣我者，为圣上与噶尔丹向来和好，急欲定此大事，以早复命耳。此事非王及皇子内大臣亲身就我，或我亲身来面议，不能定也。'又视来人形状，甚觉仓皇，有窥探大军意。厄鲁特见至乌阑滚地方，觅山林深堑，倚险结营。又闻其祭旗诵经，距我军仅四十里。"报闻。

（圣祖朝卷一四八·页一下～二上）

○康熙二十九年（庚午）八月辛酉（1690.9.5）

抚远大将军和硕裕亲王福全等疏言："八月初一日，击败噶尔丹，薄暮收军。次日，即前进剿杀余寇，见噶尔丹据险坚拒，故使我将士暂息。而噶尔丹适遣伊拉古克三胡土克图来，复理前说，请以土谢图汗、泽卜尊丹巴界之。且云一二日内济隆胡土克图即来讲礼修好。臣等悉遵圣谕，数噶尔丹前后逆恶而遣之矣。初四日，济隆果率其弟子七十余人来。言：'博硕克图汗信伊拉古克三及商南多尔济之言，深入汛界，部下无知，抢掠人畜，皆大非理。圣上乃一统宇宙之主，博硕克图汗不过小部头目何敢妄行！但因索其仇土谢图汗及泽卜尊丹巴，致有此误。彼今亦无索土谢图汗之意，但祈圣上慨允，以泽卜尊丹巴遣送其师达赖喇嘛，荣光莫大矣。'臣等谓之曰：'土谢图汗、泽卜尊丹巴即有罪愆，圣上自加罪责，岂有因噶尔丹之言，遂遣送达赖喇嘛之理？且汝往来行说，能保噶尔丹不乘间奔逸，掠我境内人民乎？'济隆言：'王及诸大臣仰体圣上仁心，休征罢战，彼焉敢行劫？亦断不远去。'臣等谓之曰：'汝虽保噶尔丹不敢妄行，但我各路兵分行进剿，遇厄鲁特即行掩击，必然之势也。今我等仰体皇上好生，许汝所请，当发印文，檄各路领军诸王大臣，暂止勿击。'随给济隆等蟒袍，先遣其弟子驰报噶尔丹。臣等思噶尔丹乃狡诈之人，虽不可全信，但战之次日，屡遣人来，必多窘迫。臣等欲即进剿，则厄鲁特据险坚拒。俟其往来讲解，以待盛京、乌喇、科尔沁诸军之至，齐行夹击。如有可乘之机，断不误也。"

上命议政大臣集议。寻议："大将军王等既大败厄鲁特，乃不即行剿灭，明知济隆行说以误我军，而故听之，岂不坐失事机？请敕大将军王等作速追剿。"

得旨："出征诸王大臣当同心效力，大将军王与皇子失误机宜，众大臣不正言抗阻，军律甚明，归时断不姑宥，此役所关甚巨，今科尔沁、乌喇、盛京之兵初四五间可至达尔脑尔矣。若又失机会，不进逼之，王与大臣等此行何所事耶？"

（圣祖朝卷一四八·页三下～六上）

○康熙三十年（辛未）九月丁卯（1691.11.5）

　　先是，以噶尔丹败遁及立誓请罪始末，遣伊什格隆赍敕往谕达赖喇嘛。至是，达赖喇嘛遣使德木本尔囊素至，疏言："前者敬遵谕旨，曾遣噶尔亶西勒图往和喀尔喀、厄鲁特。因彼构兵不已，复遣济隆谕和。济隆回报，言喀尔喀、厄鲁特俱听从立誓矣。及见皇上敕谕内有噶尔丹为大兵所败认罪立誓之旨，始知噶尔丹不听训饬，是以至此。此地所遣人员，无知无识，伏乞宽宥。"

　　德木本尔囊素又述达赖喇嘛口奏云："喀尔喀、厄鲁特交战之前，土谢图汗、噶尔丹等遣使于西海台吉，各请助兵。达赖台吉来告于我，我谓喀尔喀、厄鲁特等和睦，我则喜悦，不愿有所偏助也。四川打箭炉地方令西海扎什巴图尔台吉领兵驻防，非有异念，今俱已撤归矣。"

　　上以达赖喇嘛向来恭顺，噶尔丹事必其使臣及属下人通同蒙蔽，非达赖喇嘛意，因赐敕谕之。

　　敕曰："朕统御宇内，以爱育黎庶为本，务使万邦共享安乐。前闻喀尔喀、厄鲁特交恶相攻，屡遣使于尔喇嘛以和两国。尔喇嘛从来奉命不违，敬顺而行，亦屡遣喇嘛说和。奉差喇嘛诸人，若能仰体朕与尔好生之意，尽心行事，则喀尔喀、厄鲁特和好，早息战争矣。但尔近侍与济隆胡土克图等皆有私意，不体朕与尔之心。济隆胡土克图身在噶尔丹营中，并不说和。噶尔丹借追喀尔喀为名，阑入边汛，劫掠乌朱穆秦，又不劝阻。且噶尔丹与我军交战，济隆张盖于山顶观之，而报尔以为竭力说和，听从立誓。济隆之去，朕面谕以告尔喇嘛之言，亦不行传谕。以前项事情揆之，未必由济隆一人之意，亦尔近侍之人通同贪利而欺蔽尔，徇庇噶尔丹之所致也。尔岂有如是之心乎！朕灼见与尔喇嘛无涉，是以朕不责汝。朕向来惟以实心待尔，故将若辈行事违朕与尔之意，遣敕谕尔知之。至噶尔丹乞兵于达赖台吉而不许，驻防四川打箭炉之兵尽撤，已具悉所奏矣。"

　　　　　　　　（圣祖朝卷一五三·页三上～四上）

○康熙三十二年（癸酉）二月己丑（1693.3.21）

　　达赖喇嘛疏言："彭素克格隆、达木奔尔囊素等赍到恩赐，不胜欢忭。上谕之意，臣已明晓。屡欲使喀尔喀、厄鲁特修好，而生灵合有灾眚，弗能和协。济隆胡土克图不克尽力，虽有小愆，仍求大君宽宥。巴图尔额尔克济农倘许安插于西海，可以保无盗贼，而教之遵行法度。皇上各项差员遇旧时驻牧之人，忽生乱端，皆难辨晰，伏祈鉴宥。蒙遣济隆胡土克图于噶尔丹，谕彼遵誓，但厄鲁特大半附策妄阿喇布坦，虽谕以修好，若厄鲁特不从而生乱端，则西海大小土伯特力有不支，伏祈鉴而察之。……"

奏至，敕谕达赖喇嘛曰："朕统御宇内，抚绥万邦，好恶不偏。凡出令行政，务本公诚以为惩劝。前者济隆胡土克图违旨偾事，已发敕谕尔喇嘛知之。今尔喇嘛疏言：'济隆胡土克图不能尽力，虽有小愆，仍望大君宽宥。'向为喀尔喀、厄鲁特之事，尔喇嘛节次遣使，皆不能体尔喇嘛之意。后又遣济隆胡土克图，亦不能体尔喇嘛之意，反与噶尔丹偕行杀掠喀尔喀，入汛界劫取牲畜，所行凶悖，以致厄鲁特、喀尔喀残破，人多死亡，穷困至极。凡奉使行人，不悖旨而成事，则赏以劝之，违旨而败事，则罚以惩之，国家一定之大法也。如或不然，则善人何以为劝，恶人何以为惩乎？……"

（圣祖朝卷一五八·页一〇下～一一上）

○康熙三十四年（乙亥）十一月戊子（1696.1.4）

（前略）阿尔必特祜归，以噶尔丹奏章至。其疏曰："……至达赖喇嘛所差济隆胡土克图与内大臣吴丹等所定之议，前经节次上奏，伏乞仍照前奏加恩。虽有罪愆，亦乞宽宥。果若有理，乞降温旨，不胜欣悦。"

奏入，得旨："此奏暂存之，勿与敕谕。"

（圣祖朝卷一六九·页九下）

○康熙三十六年（丁丑）三月壬申（1697.4.12）

理藩院题："尼麻唐胡土克图、罗卜臧凯尊囊素等赍到达赖汗庆贺击败噶尔丹一疏及第巴二疏并所献礼物，请旨。"

上以第巴二疏命议政大臣等议奏。寻议复："……又言：'请俟后拘解济隆胡土克图，伏乞皇上留其身命。'但济隆胡土克图系达赖喇嘛遣和喀尔喀、厄鲁特之人，乃竟不知解，反导噶尔丹入境，与我军交战，情罪可恶。前已有旨不诛济隆胡土克图，然务必解送来京。又言：'噶尔丹女或令离异与否，伏候圣裁。'噶尔丹抗君逆贼，其女断不得留于青海，务令解送来京。又言：'臣以无知，或有违圣意之事，伏乞宽宥。今当谨遵圣旨，竭力自效，祈俯念达赖喇嘛，锡以温纶。'应如所请，遣使颁谕。"从之。

（圣祖朝卷一八一·页一一上～一二上）

○康熙三十六年（丁丑）三月庚辰（1697.4.20）

遣理藩院主事保住、署主事萨哈连赍敕往谕第巴，偕尼麻唐胡土克图同行。

敕曰："朕临御天下，统理万邦，溥播仁恩，惩创乱逆。其诚心恭顺者，必加奖赉焉。尔布特达阿卜地前与噶尔丹同谋，凡事必徇厄鲁特而行。济隆胡土克图败乃公事，尔坚留不遣。其时朕谓达赖喇嘛若在，断不至此，故严加诘责。兹尔奏言：'圣上严旨下颁，心甚忧惧，今惟钦遵圣谕，随力报效，倘轸念达赖喇嘛，乞降温纶。'谆切奏请。尔既知过引罪，朕岂不念达赖喇嘛通使修礼历有年所乎？且朕若不加眷恤，尔土伯特国岂得安其生耶！其济隆胡土克图乃达赖喇嘛所特遣以合喀尔喀、厄鲁特之好者也。彼竟不使喀尔喀、厄鲁特和好，反导厄鲁特入我境内，与我军交战，情罪甚为可恶，务必擒解。彼之身命，朕俱准尔所请，宽而宥之。其班禅胡土克图应于何年、月、日来朝，尔从容定期具奏。至噶尔丹与朕抗，我师大克之，凶恶逆贼，情罪重大，其女断不许留于青海，尔必解来。若不解送，则罪归于尔矣。如噶尔丹果悔罪来归，其时另有处分。今尼麻唐胡土克图至，将尔奏请之言俱已密奏朕前，朕亦密有谕旨。朕之素怀，惟愿率土之人，咸跻雍和，共享安乐。断不容摘发隐私，倾人家国。嗣后尔宜益加恭顺，勿违朕旨，朕尽弃尔前罪，嘉惠如初。如此，则尔土人民大蒙利赖，尔之荣贵可获长享矣。为此特遣正使理藩院主事保住、副使署主事萨哈连以降敕例，赐币六端。"

（圣祖朝卷一八一·页一九上～二○上）

○康熙三十七年（戊寅）六月戊午（1698.7.22）

议政大臣等奏："第巴疏言，济隆胡土克图向日通使，因初到厄鲁特地方，不能成功，实出无可奈何。今济隆胡土克图有疾，是以略至迟延。此时前去，心殊忧虑。祈如谕旨，勿致伤其身命，鉴宥遣回等语。查第巴以久故之达赖喇嘛诈称尚在，差济隆胡土克图于噶尔丹所。乌阑布通之役，济隆胡土克图为噶尔丹诵经，择日交战。又，噶尔丹与尚书阿喇尼交兵之时，济隆胡土克图献噶尔丹手帕。济隆胡土克图情罪甚大，理当立斩。但康熙三十六年三月谕第巴旨内有宽宥其身命之语，请将济隆胡土克图并其弟子，发正阳门东城下龙泉庵，交步军统领及近庙官兵看守。该部酌量支给饮食。第巴请遣回济隆胡土克图之语，无庸议。……"

（圣祖朝卷一八八·页一一上～下）

五世达赖圆寂，清廷对第巴匿丧、偏徇噶尔丹的谴责及宽宥其罪

○康熙二十八年（己巳）十二月辛未（1690.1.18）

达赖喇嘛遣使善巴陵堪卜入贡请安，且密奏言："我起行时，往达赖喇嘛所，未见。第巴出语我曰：'达赖喇嘛令奏圣上，但擒土谢图汗、泽卜尊丹巴胡土克图畀噶尔丹，则有利于生灵。此两人身命，我当保之。'"

奏入，上遣班杂尔喇木扎木巴、额木齐格隆等赍敕谕达赖喇嘛。

敕曰："朕恭膺天命，统御率土人民，无分中外，皆欲使之罢征息战，各享安乐，以免散亡。诸处之民有困穷来归者，必使之得所，初无异视。尔喇嘛承奉释教，济度众生，朕与尔同一意也。厄鲁特、喀尔喀向于朕为职贡之国，亦供奉尔喇嘛为施主。闻两国交恶相攻，朕与尔会同谕其罢兵，使相和睦，发敕遣使，不啻再三。此朕与尔念厄鲁特、喀尔喀相攻必有一家败亡失所，而欲止其战争，同归于好，原非有偏徇一家之意也。后厄鲁特、喀尔喀不从朕与尔之言，竟至交战。喀尔喀败，穷极来归，朕受之，安插边塞内外，给米粮牲畜以济其困。若等如往归尔喇嘛，想喇嘛亦必如是以养之也。今尔喇嘛所遣使人善巴陵堪卜奏称尔之言曰：'当擒土谢图汗、泽卜尊丹巴胡土克图畀噶尔丹，伊等身命我当保之。'凡作君、作师者，济穷继绝乃不易之常经，今如擒土谢图汗、泽卜尊丹巴胡土克图而畀噶尔丹，是偏于一家矣。朕与尔向来欲厄鲁特、喀尔喀相与和好之意安在乎？朕与尔向来之意，举无所偏庇，是以屡屡遣使往谕，即今亦仍冀其和好也。目下朕遣尚书阿喇尼使于噶尔丹，据其所奏，言噶尔丹败于策妄阿喇布坦，下人散亡略尽，又极饥窘，至以人肉为食。喇嘛使人亦曾到彼，想亦闻之耶？倘噶尔丹不得已而来归朕，朕亦当爱养之，使得其所。

有执之以畀其仇者乎，朕抚视万邦，有如一体，意无偏徇者如此。尔喇嘛行事利济众生，想善巴陵堪卜所奏未必为喇嘛之言。如果喇嘛之言，何以不具疏来奏乎？朕心疑之，特撰敕遣询，著将此项原由明白具本回奏。"

（圣祖朝卷一四三·页一一上～一三下）

○ 康熙三十四年（乙亥）四月庚子（1695.5.21）

理藩院题："达赖喇嘛及第巴皆遣使奏请勿革噶尔丹、策妄阿喇布坦汗号，并加恩赐敕印；其西海等处一带地方所置戍兵，请撤回。"

上谕大学士等："第巴乃外藩人，何敢奏请撤我朝兵戍？此特为噶尔丹计耳！我之守戍乃以噶尔丹阑入吾土之故。向者噶尔丹败，已将就擒，因彼之济隆胡土克图来言噶尔丹乞降，始得亡命。今噶尔丹仍索喀尔喀未已，则我朝既不当罢戍，亦且当备师。如噶尔丹来，即行剿灭；倘悔过乞降，亦无有不抚之之理。尔等可会同理藩院侍郎满丕备檄晓谕达赖喇嘛及第巴知之。"

（圣祖朝卷一六六·页一二下～一三上）

○ 康熙三十五年（丙子）五月丁丑（1696.6.21）

谕领侍卫内大臣、大学士等："速行文抚远大将军伯费扬古、平北大将军马思喀，著遍谕我兵及扎萨克蒙古、喀尔喀善巴王等王、贝勒、贝子所属人并投诚厄鲁特等，将达赖喇嘛、班禅胡土克图、第巴交通噶尔丹之文，或唐古特字，或蒙古字，俱查明收取，交一晓事贤能官，作速驰驿送至御营。事件不可遗漏。"

（圣祖朝卷一七三·页二二下）

○ 康熙三十五年（丙子）六月乙酉（1696.6.29）

命理藩院檄青海萨楚墨尔根台吉等，谕以噶尔丹败逃及达赖喇嘛已死九年，第巴匿之，假其言斑诱噶尔丹作乱之故。令探听噶尔丹声息，倘彼西走，即行擒解。至噶尔丹女嫁于博硕克图济农之子，并噶尔丹之人在青海者，悉令执送。

（圣祖朝卷一七四·页一上）

○康熙三十五年（丙子）六月癸丑（1696.7.27）

达赖喇嘛使人戈尼尔罗卜藏帕克巴格隆等奉谕自西宁至京。上命领侍卫内大臣索额图、大学士伊桑阿传谕曰："噶尔丹败于乌阑布通，遁走之时，首顶威灵佛像设誓云：'不但圣上属下人民，即喀尔喀降人以外，再不敢复犯矣。'去年又背誓至克鲁伦地方，残害喀尔喀，掠我降人纳木扎尔陀音。于是朕亲统大军往讨，噶尔丹惧而奔遁。适遇我防御之兵，诛杀过当，噶尔丹率数人逃窜，余者尽降，厄鲁特遂灭。厄鲁特降人告曰：'达赖喇嘛久已脱缁矣。'天下蒙古皆尊奉达赖喇嘛，如达赖喇嘛身故，理宜报闻诸护法主，以班禅主喇嘛之教，继宗喀巴之道法。乃匿达赖喇嘛之丧，指达赖喇嘛之名，唆诱噶尔丹。朕屡遣使问之，第巴皆不使与达赖喇嘛相见，伪居高楼之上以示之。第巴原系达赖喇嘛下管事人，朕优擢之，封为土伯特国王。乃阳奉宗喀巴之道法，阴与噶尔丹比，欺达赖喇嘛、班禅而坏宗喀巴之法。前遣济隆胡土克图至噶尔丹所，为噶尔丹诵经，选择战日。朕为众生往召班禅，沮而不遣。朕无责达赖喇嘛、达赖汗、青海诸台吉之意。朕今遣使于达赖喇嘛，果达赖喇嘛尚在，则面见朕使臣，晓谕噶尔丹遵朕旨行，朕凡事俱略无介意。若仍诳我使人，不令相见，断不轻止。至噶尔丹之誓，济隆胡土克图等见在其地，问之岂有谬乎？今将遣使往彼，其来人或欲全归，或欲数人先归，尔等可询明，随其意遣之。"

（圣祖朝卷一七四·页九下～一〇下）

○康熙三十五年（丙子）八月甲午（1696.9.6）

命大喇嘛晋巴扎木素、德木齐索诺木臧布、主事保住同达赖喇嘛使人赍敕往谕达赖喇嘛、达赖汗、班禅、第巴及策妄阿喇布坦。

……

敕谕第巴曰："朕崇道法而爱众生，故实心以护道法者，加之眷祐，阴诱人以坏道法者，加之罪谴。尔第巴原系达赖喇嘛下司事之人，因尔不违达赖喇嘛之语，辅助道法，朕是以优封尔为土伯特国王。今观尔阳则奉宗喀巴之教，阴则与噶尔丹朋比，欺达赖喇嘛、班禅胡土克图，而坏宗喀巴之教。先是，尔以久故之达赖喇嘛诈称尚存，遣济隆胡土克图至噶尔丹所，乌阑布通之役，为噶尔丹诵经，且择战日。及噶尔丹败，又以讲和为词贻误我军，使噶尔丹得以远遁。朕为众生遣人往召班禅胡土克图，尔又诳吓班禅胡土克图，谓噶尔丹将要而杀之，而不遣行。青海博硕克图济农潜与噶尔丹结姻，往来通使，而尔又不举发。如噶尔丹、博硕克图济农无尔之言，有相与为姻者乎？噶尔丹信尔唆诱之言，故不遵朕之旨。昔噶尔丹在乌阑布通大败而走之时，首顶威灵佛立誓，乃背弃誓言，去年至克鲁伦左侧，掠我喀尔喀降人。朕特遣员外阿尔必特祐为使，问其事因，乃噶尔丹不即见我使臣，敢行无礼。继又遣侍卫克什图、笔帖式萨哈连等为使，仍前不见，遣归。其后又遣主事保住为使，亦如此遣归。是以朕大震怒，调集各路兵马，亲统六师，近逼噶尔丹，即欲率大兵剿灭之，又不忍众生横罹锋镝，特遣长史多禅、中书阿必达为使，赍敕往谕噶尔丹曰：'朕将与汝会，好言定议喀尔喀之事，尔勿疑惧，朕断不欺罔人也。'不意厄鲁特噶尔丹仍凶恶不已。又遣彭素克格隆赍敕特问其故，仍未遣归。朕正待所遣使臣声息，溯克鲁伦而上，噶尔丹畏朕之威，弃其子女、庐釜而遁。至特勒尔济地方，遇西路大将军伯费扬古等大兵，噶尔丹即来拒战，大兵乃进击之。噶尔丹不得旋踵，遂大败。阵斩阿奴，并斩沙津车臣寨桑、古英寨桑、孔郭罗额尔克寨桑、根敦寨桑、俄尔古克图卜新寨桑、额尔克台、吉楚呼拉格隆，厄鲁特人二千余被杀。回回国王阿卜都里什特、厄鲁特台吉憨都塞冷扎卜、梅寨桑、马穆古英寨桑、巴图尔台吉、顾禄默尔根台吉、额林辰哈什哈、古英吴巴什笔车齐等及厄鲁特二千余人皆来降。尽获其子女、驼马、牛羊、庐帐。噶尔丹仅率二十许人而遁。丹巴哈什哈、察罕西达尔哈什哈等来降。博硕克图济农遣往噶尔丹使人罗垒厄木齐等被擒。皆言达赖喇嘛殁已九年矣。达赖喇嘛者，乃至大普慧喇嘛，本朝为护法之主，交往六十余年，则其讣音，即当奏闻于朕。尔乃匿而欺众倚噶尔丹以兴戎，其罪甚大。降人丹巴哈什哈又告曰：噶尔丹闻上亲统六师已到克鲁伦，遁走之时，语众人曰：'我来此克鲁伦非吾意欲深入也，奉达赖喇嘛之旨云东行吉，我是以深入。盖达赖喇嘛杀我，而我杀尔众矣！'朕思达赖喇嘛若存，决无此等事。明系达赖喇嘛亡后，尔私指达赖喇嘛诳噶尔丹也。尔之所行，为道法乎？抑为己行诈乎？朕乃养育众生之元后，彰善瘅恶，断然不爽。尔果改过，仍思遵宗喀巴之道，奏明达赖喇嘛已故始末，尊奉班禅胡土克图，使主喇嘛之教，应朕之召，遣之使来，执济隆胡土克图以畀我,解青海博硕克图济农所娶噶尔丹之女,朕仍前待尔以优渥之礼。不然,数者或缺其一,朕必问尔诡诈欺达赖喇嘛、班禅胡土克图,助噶尔丹之罪,发云南、四川、陕西等处大兵,如破噶尔丹之例,或朕亲行讨尔,或遣诸王大臣讨尔。尔向对朕使言四厄鲁特为尔护法之主,尔其召四厄鲁特助尔,朕将观其如何助尔也。尔其速办此事,及正月星速来奏,否则后悔无及矣。为此特遣使臣往谕,并发伴敕礼币六端。"

……

主事保住奏请训旨,上谕之曰:"如第巴托言达赖喇嘛坐禅,不使相见,尔等取其根据,决绝而归。如遣班禅来,则先奏闻。众厄鲁特有来降者,俱携之来。如第巴又言达赖喇嘛将使垂中为之卜,尔但诘之云:'垂中所祷祀者惟达赖喇嘛耳,达赖喇嘛犹有问垂中而行之理乎?'至达赖喇嘛身故果实,则言使班禅主喇嘛之教。尔务索济隆胡土克图而来。如第巴以杀济隆、革喇嘛为疑,尔则极口保之。如不遣济隆来,尔则谓第巴曰:'尔为一人而违圣上之旨,圣上岂轻已乎!'尔在彼如遇策妄阿喇布坦之使,尔以噶尔丹前后诸事详告之,言:'我圣上无诛噶尔丹之意,至今犹使将军留大兵以招抚之。'尔事毕即星速辞归,不得久留。"

(圣祖朝卷一七五·页三下～一一下)

○康熙三十五年(丙子)十一月庚午(1696.12.11)

副都统阿南达奏:"十一月初七日,哨卒来报,见有飞尘。臣率兵往邀其来路,因彼已过,追至百有余里,于素尔河边皆拘之。系达赖喇嘛使人达尔汉鄂木布、青海博硕克图济农使人阿尔达尔寨桑、彭素克台吉使人寨桑和硕齐。又问其所往,言:'我等通问于噶尔丹,今自噶尔丹所归去。见有噶尔丹使人与我等同归。'查噶尔丹使人喇克巴彭楚克格隆等男妇子女五十余人,噶尔丹族侄顾孟多尔济及男妇子女三十余人,又卓里克图等男妇子女十余人,臣亲率兵为殿,悉押至肃州,交鸿胪寺绥黑图。遣达尔汉鄂木布前往外,余俱拘禁肃州候旨。其噶尔丹嘱托达赖喇嘛照看伊子塞卜腾巴尔珠尔书,一并呈奏。"

上以示议政诸臣。

(圣祖朝卷一七八·页四下～五上)

○ 康熙三十六年（丁丑）二月戊子（1697.2.27）

谕大学士伊桑阿："据员外郎阿尔必特祜疏言，达赖喇嘛另有一疏，并口奏三语。据来使尼麻唐胡土克图云，达赖喇嘛、第巴曾嘱不得妄与他人，俟见圣上方许呈览。今朕亲临边境，著阿尔必特祜将尼麻唐胡土克图及卓尔磨隆堪布，减其从役，驰驿带来。"

（圣祖朝卷一八〇·页五下）

○ 康熙三十六年（丁丑）二月己丑（1697.2.28）

奉差达赖喇嘛理藩院主事保住回至庄浪，疏言："臣于十一月二十二日到乌斯藏，奉圣旨一一晓谕第巴。第巴奏言：'臣庸流末品，蒙皇上俯念达赖喇嘛，优封臣为土伯特国王。臣正思仰答皇恩，焉敢违圣旨而附逆贼噶尔丹乎！况臣之荣显安乐皆皇上所赐，臣苟背皇上而向他人，必当寿数夭折。总之，谨遵圣旨而外，更无异词。'至上谕四事，第巴回奏云'皇上圣明，先知达赖喇嘛明岁出定，遣两喇嘛前来识认，臣心甚喜。温春喇嘛向与达赖喇嘛同居十年，令伊识认，自能立辨。此两喇嘛俟至达赖喇嘛出定，验明回奏，其时众疑自释。至前者皇上遣内齐陀音胡土克图等召班禅胡土克图时，自达赖喇嘛及臣等皆遣使劝令赴京。彼初亦愿往，后因来使口出恫喝过激之言，遂云不往。迨使臣归后，噶尔丹之使始至。臣并不借噶尔丹巧辩，即班禅胡土克图亦岂肯听噶尔丹之言乎？皇上必欲班禅赴京，臣焉敢违旨，当启闻达赖喇嘛，必谕令班禅约定赴京之年，交后去之喇嘛晋巴扎木素奏明。其时作何加恩遣使，总祈睿鉴。至济隆胡土克图于乌阑布通之役，不遵圣旨，致事未成，反在噶尔丹与尚书阿喇尼交战后，恣意噶尔丹，贺之以白首帕，故臣籍没其家产，迁之于喀木地方。今欲遣之与钦差赴京，所在辽远，往返须两三月，恐为日迟久。在皇上好生之心，于济隆胡土克图必不加诛罚，臣当委婉引来，与晋巴扎木素同往，以副圣意。至博硕克图济农与噶尔丹结姻之事，在喀尔喀、厄鲁特未交恶之前，阿奴尚在策妄阿喇布坦之际，即已结姻。其余臣虽不敢保，而青海八台吉俱达赖喇嘛弟子，但愿为皇上效力，并无二心，臣可保其不背皇上也。皇上仁爱天下黎民有如赤子，噶尔丹之女已嫁博硕克图济农之子，免送京师，不致夫妇离散，此臣所祷而求之者也。我土伯特人，不谙礼法，止以无知获罪,臣未尝知而故犯也。即有无知之罪,乞钦差奏明皇上,伏祈宽宥,仍赐温旨'等语。遂于十二月初十日,以复奏本章交臣起程而归。臣今至庄浪,先将第巴奏答情由具本由驿递驰奏外,其第巴复疏并贺灭噶尔丹表,使人囊素楚柰,臣亲身随后带来到京。"

又,喇嘛晋巴扎木素等疏言:"前者奉旨,谓臣等二人素识达赖喇嘛,著验明回奏。而第巴又谓:'达赖喇嘛前身见在是实,尔等可看明回奏。'窃思皇上遣委之事尚未明晰,如何可弃之而去?是以臣等公议,将给达赖喇嘛敕书、赏赉诸物不曾颁给,俟达赖喇嘛出定时验明,再归复命,故特留此。"

上报闻,且以示议政诸臣。

(圣祖朝卷一八〇·页六上～八下)

○康熙三十六年(丁丑)二月壬寅(1697.3.13)

奉差达赖喇嘛理藩院主事保住回至御营,以第巴疏呈奏。上以示议政大臣等曰:"第巴之疏,尔等意以为何如?"议政大臣等奏曰:"第巴差尼麻唐胡土克图面奏,今尚未到,应俟伊到日,再行议奏。"

上曰:"朕意与尔等之意不同。朕阅经史,塞外蒙古多与中国抗衡,自汉、唐、宋至明历代俱被其害,而克宣威蒙古并令归心如我朝者,未之有也。夫兵者,凶器,圣人不得已而用之。譬之人身疮疡方用针灸,若肌肤无恙而妄寻苦楚,可乎?治天下之道亦然,乱则声讨,治则抚绥,理之自然也。自古以来,好勤远略者,国家元气罔不亏损,是以朕意惟以不生事为贵。达赖喇嘛,蒙古等尊之如佛。第巴者,即代达赖喇嘛理事之人。噶尔丹叛逆皆第巴之故。因朕遣主事保住严颁谕旨,第巴悚惧,悉遵朕谕,奏辞甚恭,自陈乞怜,畏罪矢誓,此亦敬谨之至矣。至达赖喇嘛身故,朕已悉知,今第巴云,遣尼麻唐胡土克图前来,代彼密陈其情。想尼麻唐胡土克图到后,必奏明达赖喇嘛已经身故,恳朕为伊等掩饰。达赖喇嘛与我朝交往,六十余年并未有隙,第巴既如此奏恳,事亦可行。即此可以宽宥其罪,允其所请。第巴必感恩,而众蒙古亦欢悦矣。"

诸臣奏曰:"圣算至神,非臣等所及。"

(圣祖朝卷一八〇·页一六上～一七上)

○康熙三十六年（丁丑）三月庚午（1697.4.10）

尼麻唐胡土克图等至行在，以第巴奏章密奏。上随将彼奏章及所献达赖喇嘛之像，于原封之外，面同伊等加封，押以钤记，而谕之曰："朕数年来久知达赖喇嘛已故。若达赖喇嘛尚存，则僧巴陈布胡土克图、噶尔丹西勒图、齐七克达赖堪布、济隆胡土克图等断不如此妄行，喀尔喀、厄鲁特亦不致破坏，故朕降旨切责之。今第巴输诚吐实，密以奏朕，朕亦为之密藏也。"

（圣祖朝卷一八一·页一〇上～下）

○康熙三十六年（丁丑）三月辛未（1697.4.11）

谕领侍卫内大臣索额图、内大臣明珠、大学士伊桑阿："前者，朕以达赖喇嘛身故已久，第巴隐之，附和噶尔丹行事，故差保住严诘第巴。预料第巴必自陈达赖喇嘛已故，乞为彼隐讳，向亦曾与尔等言之。今彼差尼麻唐胡土克图至，果密奏：'达赖喇嘛身故已十六年，再生之小达赖喇嘛已十五岁，乞皇上暂隐之，勿闻于众。'与朕昔语尔等之言略无少异。"

又谕曰："保住尚有未完之事，著与尼麻唐胡土克图同往。"

赐达赖喇嘛使人尼麻唐胡土克图等漆鞍、羊裘、蟒袍、布帛、白金等物有差。

（圣祖朝卷一八一·页一〇下～一一上）

○康熙三十六年（丁丑）三月壬申（1697.4.12）

理藩院题："尼麻唐胡土克图、罗卜臧凯尊囊素等赍到达赖汗庆贺击败噶尔丹一疏及第巴二疏并所献礼物，请旨。"

上以第巴二疏命议政大臣等议奏。寻议复："第巴疏言：'达赖喇嘛避忌坐禅，丑年出定，令尼麻唐胡土克图密奏。'已奉圣谕，应不议外。又疏言：'蒙召班禅胡土克图，今当遵旨。问明班禅胡土克图，或即令赴京，或另日前往，定议再奏。'应令将班禅胡土克图赴京年月徐徐定议具奏。……"从之。

（圣祖朝卷一八一·页一一上～下）

○康熙三十六年（丁丑）三月庚辰（1697.4.20）

遣理藩院主事保住、署主事萨哈连赍敕往谕第巴，偕尼麻唐胡土克图同行。

敕曰："朕临御天下，统理万邦，溥播仁恩，惩创乱逆。其诚心恭顺者，必加奖赉焉。尔布特达阿卜地前与噶尔丹同谋，凡事必徇厄鲁特而行。……朕之素怀，惟愿率土之人，咸跻雍和，共享安乐。断不容摘发隐私，倾人家国。嗣后尔宜益加恭顺，勿违朕旨，朕尽弃尔前罪，嘉惠如初。如此，则尔土人民大蒙利赖，尔之荣贵可获长享矣。为此特遣正使理藩院主事保住、副使署主事萨哈连以降敕例，赐币六端。"

保住等请训旨，上谕之曰："尔等到后，待第巴勿如从前举动，宜加和婉。授敕毕，尔等仍前作礼进币。但谓第巴曰：'皇上统领大兵已临宁夏，因前事四款尔皆遵旨，皇上大悦，故不进兵。至尔尼麻唐胡土克图来，密陈达赖喇嘛出定之事，上皆知之矣，亦有密旨谕尼麻唐胡土克图矣。此事除皇上与尼麻唐胡土克图、卓尔磨隆堪布及御前侍卫拉锡四人外，余皆不知也。自此以后，皇上一应谕旨，尔惟敬奉而行，则皇上愈眷顾尔矣。况达赖喇嘛讲信修礼已历六十年，有不念及者乎？'且谓：'尔务使谛穆胡土克图与我等同赴京，上将使之诵经。如服水土，则令驻锡；如不相宜，亦即遣还。较尼麻唐胡土克图更加优待。'再口宣旨云：'噶尔丹之子及其属下大臣以至部伍，皇上俱收而纳之矣。'至尔等前往，可于扎什巴图尔台吉处取谙地里之向导而去。既到西方，归来之时，可于第巴处取驿马乘归。上项事情，尔等备文用部印带往。至喇嘛津巴扎木素等，尔等即携之而归。"

（圣祖朝卷一八一·页一九上～二〇下）

○康熙三十六年（丁丑）闰三月辛巳（1697.4.21）

先是，尼麻唐胡土克图以第巴语密奏："达赖喇嘛没，已十六年。小达赖喇嘛生，今年十五。因欲俟相合年岁，始闻之天朝皇帝及众施主，欲定于今年十月二十五日方出定放参。若于他处，俱令以达赖喇嘛出定相告，未尝明悉其故。"上以第巴既输诚密奏，亦暂为秘之，欲俟十月初旬，宣示内外四十九旗及喀尔喀诸处。至是，奉使策妄阿喇布坦处司务英古归,奏云:"臣赍部文至策妄阿喇布坦处,彼大喜,即遵旨领兵来剿噶尔丹。行二十里,至萨克萨特呼里克,有达赖喇嘛使人达尔汉厄木齐来言:'达赖喇嘛身故已十有六年,小达赖喇嘛已十五岁,尔等各居其地,不得兴兵。'策妄阿喇布坦遂按兵而退。臣知其不能复行,亦还。达赖喇嘛已故,西北诸人皆已闻之。"

又,副都统阿南达疏言:"噶尔亶多尔济遣人来告,达赖喇嘛、第巴遣人致书于我云:'谕青海诸首领,俱于正月二十八日在察罕托落海地方会盟缮修器械,可令尔属下人亦缮修器械,务如期必到盟会之地。'我以向不与彼盟会,是以不往。"

上命议政大臣等集议。寻议复:"第巴无故令青海诸台吉缮修器械,又约从来未与盟会之噶尔亶多尔济,其意叵测。且策妄阿喇布坦亲领兵往剿噶尔丹之时,第巴遣人撤回。以此观之,第巴仍党噶尔丹而诳我,其迹显然。恐第巴以彼所居辽远,谓我不知其诡计,应令所司详列此情,令尼麻唐胡土克图及主事保住等询明第巴来奏。"从之。

(圣祖朝卷一八二·页一上~二上)

○康熙三十六年(丁丑)闰三月乙酉(1697.4.25)

召回奉使第巴主事保住等至。上谕之曰:"朕遣尔等传致第巴敕文及口谕俱无庸更改。但以第巴致书于噶尔亶多尔济及差人阻止策妄阿喇布坦之兵。又,英古归奏达赖喇嘛身故之事,俱已传播,是以追回尔等,问之尼麻唐。又,第巴所献达赖喇嘛像及奏章,朕于原封上在伊等前加封。今著此地诸喇嘛同尼麻唐拆视,乃泥塑达赖喇嘛之像,其头已断。此项情由,尔等可宣问第巴,并将转生之小达赖喇嘛看明回奏。达赖喇嘛身故,策妄阿喇布坦诸人已悉闻之。可将此项始末,凡途中所遇之人皆晓谕之。"

(圣祖朝卷一八二·页四下~五上)

○康熙三十六年(丁丑)闰三月壬辰(1697.5.2)

(前略)上谕内大臣等:"大兵起行之前,当遣人招抚噶尔丹、丹济拉。此差不必遣本朝之人,前与塞卜腾巴尔珠尔同擒者,有噶尔丹乳母之子丹济扎卜,再拨愿往之厄鲁特人,赍敕而往。一面遣使,一面进兵。达赖喇嘛身故已十有六年矣，第巴指达赖喇嘛之语以诳噶尔丹，彼信其诳，自言为达赖喇嘛之教，而恣肆横行。以此等事明开敕内，照样刊刻多印，付丹济扎卜等遍行传示。并遣使谕策妄阿喇布坦，令乘此机会，亦兴兵剿灭之。"

敕谕噶尔丹曰："去冬命尔早降，则予以富贵，给以资产，眷顾煦育之，即尔所属厄鲁特之众，亦各得见其妻子，遂其生业。故遣使偕格垒沽英往宣敕旨。今使者喇木扎卜至，览尔所奏，谓未明朕旨。观尔辞意，一无真实，而请给还来奔之厄鲁特。岂惟厄鲁特之众，虽尔子塞卜腾巴尔珠尔及尔乳母俱已被获，今皆豢养，与徽特和硕齐同居。尔若来归，即令尔子与尔相聚。否则，尔有何功，遂还尔厄鲁特之众？尔欲归降，应及早来，若不归顺，徒迁延时日何益？况达赖喇嘛已故，朕亦知之，曾严敕第巴。第巴又遣尼麻唐胡土克图上表来贺捷。且奏称达赖喇嘛已没十六年，其转生之胡必尔汉年已十五岁。则尔之指称达赖喇嘛以为护法，欺诳众人者，已显露矣。尔所欲逃匿之地，厄鲁特来降者多，朕已悉知，即使遁入洪郭罗险固之地，诸路皆可进剿。尔困迫若此，尚何力拒守？即今已无归所矣。今岁即不擒汝，来岁当复发兵追讨，必不中辍，汝其详审之！故遣丹济扎卜、察罕代舒鲁等赍旨特谕。"

（圣祖朝卷一八二·页一一上～一二下）

○康熙三十六年（丁丑）七月辛巳（1697.8.19）

理藩院疏言："臣等会同大学士阿兰泰、尚书马齐遵旨往旃[斿]檀寺，召集默尔根绰尔济各寺庙喇嘛，一一取供。查丹巴色尔济、阿齐图格隆、巴咱尔喇木扎木巴俱系大喇嘛，奉皇上差遣往达赖喇嘛处，乃知其已故，而谓之尚在，通同第巴诳奏，殊为可恶。应将丹巴色尔济、阿齐图格隆、巴咱尔喇木扎木巴拟绞，监候秋后处决。家产、人口入官。以丹巴色尔济、巴咱尔喇木扎木巴之徒交默尔根绰尔济，安置京城各寺庙。以阿齐图格隆之徒，交归化城彭苏克喇嘛，安置彼处寺庙。"

得旨："丹巴色尔济从宽免死，革去住持大喇嘛，抄没家产，单身发往盛京，任栖一庙。阿齐图格隆，各处差遣效力，从宽免死并抄没，革去住持大喇嘛，准其住本庙。巴咱尔喇木扎木巴亦从宽免死并抄没，革去大喇嘛。馀如议。"

（圣祖朝卷一八四·页六上～下）

○康熙三十七年（戊寅）正月庚寅（1698.2.24）

策妄阿喇布坦遣彭苏克喇木扎木巴、多尔济寨桑等进贡，并疏言："第巴将达赖喇嘛圆寂之事，匿而不宣，斥正传之圣徒班禅，自尊其身，有玷道法。诈称达赖喇嘛之言，以混乱七旗喀尔喀、四厄鲁特。好事乐祸，正未有已。祈皇上睿鉴，俾法门之教无玷，使众生争自濯磨。"

上召彭苏克喇木扎木巴、多尔济寨桑至前，问以疏参第巴之故。奏曰："圣主曾谕云，凡有衷情，不必疑忌，悉皆奏闻。今者，第巴监禁班禅，不使人见。奉事红帽两喇嘛名德尔端、多尔济扎卜者，诡称即见世达赖喇嘛化身。其行不端，有乖道法，台吉是以参奏。"

上谕之曰："休息兵戎，令宇内升平，始云道法。若以护法为辞，必生衅端。如尔等虽招抚回子，曾灭其教，亦能令其皈依佛法，跪拜喇嘛否？今天下太平之时，惟令各行其道，若强之使合，断不可行。四十九旗扎萨克蒙古等，迄今六十余年，朕视如一家。初喀尔喀、厄鲁特构兵时，朕曾谕达赖喇嘛，令从彼处遣人往解，朕亦于此处命大臣等前往谕之，使其相和。不意达赖喇嘛之使竟偏向厄鲁特，彼时朕即知达赖喇嘛当已物故矣。若彼尚存，决不为此。第巴之构衅噶尔丹，人尽知之。又假托达赖喇嘛之言，请将泽卜尊丹巴胡土克图、土谢图汗执之以畀噶尔丹，今者，泽卜尊丹巴胡土克图、土谢图汗亲身皆在此处。前土谢图汗于鄂罗海诺尔地方为噶尔丹所败，彼时曾遣一寨桑来奏云臣等系历来进贡请安之国，若蒙主上怜惜收育，我等即投顺前来等语。今不但泽卜尊丹巴胡土克图、土谢图汗等，即七旗之喀尔喀数万蒙古归顺前来，朕皆收养。离散者使之完聚，待毙者使之生全，令其各得恒业。至于泽卜尊丹巴胡土克图、土谢图汗，朕皆待以优礼，未尝有替。众蒙古以第巴为达赖喇嘛传戒之人，皆缄口不敢议。朕曾以敕谕往责第巴，彼甚心服，具疏认罪，朕因宥之。嗣后第巴若改前行，敬奉班禅、达赖喇嘛则已，若仍怙终不悛，朕不但不宽贷第巴，即其亲密之青海台吉等，朕亦不轻恕也。前者，青海台吉等闻朕出师宁夏之信，尽皆震动，游牧移营而去。今者，青海台吉等以噶尔丹平定，亲来庆贺。伊等并无过端，朕岂肯加兵！朕统驭天下，总愿宇内群生咸获安堵，岂有使尔两国生衅之理！凡事惟期安静而已。"

（圣祖朝卷一八七·页二上～四上）

○康熙三十七年（戊寅）三月戊寅（1698.4.13）

命内阁侍读学士伊道等赍敕往谕策妄阿喇布坦曰："览尔疏言：'第巴掩匿达赖喇嘛圆寂之事，斥班禅而自尊，有玷道法。好事如此，恐祸正无已。'又尔所遣彭苏克喇木扎木巴、多尔济寨桑等口奏尔之言云：'第巴监禁班禅，不使人见。奉事红帽两喇嘛名德尔端、多尔济扎卜者，即见世达赖喇嘛化身，亦以是两喇嘛之言，谓之达赖喇嘛而已，并非班禅之言，是以可疑。第巴坏法门之教，罪不可容。'本朝与达赖喇嘛交往七十余年，第巴原系达赖喇嘛执事下人，因轸念达赖喇嘛，欲使扶持道法，是以优封为土伯特国王。乃以久故之达赖喇嘛诈称尚存以欺众，唆噶尔丹兴戎，所行不轨。今又奏称俟班禅胡土克图往觐之时奏明，而又不遣班禅，且致书求尔勿遣。观此，其情已极昭著矣。尔所奏良是。尔抒实情，思为法门之教、班禅胡土克图之事而劾奏第巴，朕深许之。为此特差内阁侍读学士伊道、近御侍卫拉锡、二等侍卫克什图、内阁侍读常明、三等侍卫津巴为使，以伴敕例，赐御用彩缎十端。"

（圣祖朝卷一八七·页一二上～下）

○康熙三十七年（戊寅）九月癸未（1698.10.15）

先是，上遣内阁侍读学士伊道等赍敕往谕策妄阿喇布坦。至是，策妄阿喇布坦以诺颜格隆、厄尔巴噶卜楚付伊道等，遣使滚楚克等复奏。上命议政大臣议奏。

寻议："厄鲁特来降之人，原皆噶尔丹属下之人，并非策妄阿喇布坦之人，所奏加眷恤之处，仍无庸议。策妄阿喇布坦恳切请留吴尔占扎卜、阿巴色棱等人，应停解吴尔占扎卜等，留给策妄阿喇布坦。至钟齐海者，乃叛逆噶尔丹之女也，不许容留于策妄阿喇布坦处，务令解来。又，策妄阿喇布坦疏言：'第巴凡事越理而行，前经具奏，今仍不改。'查第巴钦遵上谕，拟于来年三月遣发班禅来京，策妄阿喇布坦所奏之处，无庸议。

从之。

谕策妄阿喇布坦敕曰："朕抚养亿兆，凡恭顺竭诚者，必厚待加恩。前以吴尔占扎卜、阿巴色棱等辈皆助噶尔丹之人，恐留于尔地，又复作乱，亦未可定，故命尔解来。今尔疏言：'吴尔占扎卜、阿巴色棱等非臣所应分之人，但臣人力甚少，而哈萨克等人又皆与臣为难，臣得伊等，可以助力，据实陈情。'朕矜尔谆恳之意，许停解吴尔占扎卜、阿巴色棱矣。至钟齐海，尔疏言于尔为妹，'乞皇上垂怜，即以畀臣'。但钟齐海乃噶尔丹亲女，不得与他人为比，此断不许留于尔地，务必差人解来。如此，则许尔照常通使行商。尔若仍不肯解来，尔不得复通使矣。至厄鲁特来降朕者，原皆噶尔丹属下人。噶尔丹违朕之旨，毒害生灵，朕亲率兵剿灭，其属众有俘获而来者，有陆续归降者，并非尔之人，所奏不准行。又尔疏言：'第巴自臣前次奏后，闻其凡事背理而行，中国亦常洞鉴之矣。'朕已严敕第巴，使遣班禅。第巴钦遵朕旨奏复，于来年三月遣班禅来。尔之所奏，朕已知之。特谕。"

（圣祖朝卷一九〇·页二上～三上）

○康熙三十七年（戊寅）十一月丙申（1698.12.27）

理藩院题："张嘉胡土克图、纳木扎尔格隆等违旨叩见第巴，俱应拟绞。"

得旨："张嘉胡土克图著从宽免绞，革其胡土克图之号。纳木扎尔格隆亦从宽免绞，充发盛京。"

（圣祖朝卷一九一·页八上～下）

○康熙三十八年（己卯）二月丁未（1699.3.8）

扈从大臣等会议："商南多尔济等奏请禁止第巴遣人贸易，应如所请。"

上谕曰："前扎海、保柱等来奏，第巴与达赖汗曾会同商议，以为今年乃班禅胡土克图本命之岁，不便前去，请俟来岁三月遣之。而阿南达等以为此系推诿之言，欲遣二郎保、户木德同彼前去，催令速来，并驳其奏章。朕思阿南达之谋，亦失之轻率。即使二郎保等前去，能令班禅胡土克图速来耶？第巴以匿其奏章，禁其贸易，借为口实。彼所属之人皆赖贸易为生，朕为天下主，何必以班禅胡土克图之故，泥于小见，禁其贸易，绝其生计乎！第巴既称来岁使班禅胡土克图前来，且待至三月，如仍不遣来，则曲在彼矣。我朝惟图理直，凡事预为斟酌，然后行之，亦不为迟。朕已遣扎海等作速回京，传谕尚书班迪，令其移文阿南达等，倘第巴有奏章前来，即行转奏，毋得拦阻。商南多尔济等并不计此，即请禁止第巴贸易之人，殊为未当。尔等准其议，亦失之矣。"

寻班禅胡土克图以未出痘疹，不敢赴京，奏请鉴恤。从之。

（圣祖朝卷一九二·页五下～六下）

〇康熙四十五年（丙戌）十月丙午（1706.11.26）

谕大学士等："昔日达赖喇嘛存日，六十年来，塞外不生一事，俱各安静，即此可知其素行之不凡矣！后达赖喇嘛身故，第巴虽隐讳不言，然观其启奏之辞，非昔日达赖喇嘛语气，朕是以知其已故。遣使细访，乃尽得欺诈之状。自达赖喇嘛故后，第巴遂教噶尔丹各处妄行生事矣。"

（圣祖朝卷二二七·页七上）

拉藏汗执杀第巴，陈奏第巴所立为假达赖；清廷遣使往封并令拘假达赖赴京

○康熙四十五年（丙戌）十二月丁亥（1707.1.6）

先是，达赖喇嘛身故，第巴匿其事，构使喀尔喀、厄鲁特互相仇杀，扰害生灵。又立假达赖喇嘛，以惑众人。且曾毒拉藏，因其未死，后复逐之。是以拉藏蓄恨兴兵，执第巴而杀之，陈奏假达赖喇嘛情由。爰命护军统领席柱、学士舒兰为使，往封拉藏为"翊法恭顺汗"，令拘假达赖喇嘛赴京。拉藏以为执送假达赖喇嘛则众喇嘛必至离散，不从。席柱等奏闻，上谕诸大臣曰："拉藏今虽不从，后必自执之来献。"至是，驻扎西宁喇嘛商南多尔济果报拉藏起解假达赖喇嘛赴京，一如圣算，众皆惊异。

（圣祖朝卷二二七·页一七上～下）

六世达赖仓央嘉措废黜解京，病逝途中

○康熙四十五年（丙戌）十月乙巳（1706.11.25）

谕大学士等："前遣护军统领席柱等往擒假达赖喇嘛及第巴妻子时，诸皇子及诸大臣俱言一假达赖喇嘛擒之何为。朕意以众蒙古俱倾心皈向达赖喇嘛，此虽系假达赖喇嘛，而有达赖喇嘛之名，众蒙古皆服之。倘不以朝命遣人往擒，若为策妄阿喇布坦迎去，则西域、蒙古皆向策妄阿喇布坦矣，故特遣席柱等前去。席柱等方到其地，策妄阿喇布坦果令人来迎。以此观之，若非遣人前往，则假达赖喇嘛必已归策妄阿喇布坦矣。至西域回子及蒙古今衰弱已极，欲取之亦甚易。但并其地，不足以耕种，得其人，不足以驱使，且见今伊等已俱恪守法度，是以不取。此等情事，汉大学士及九卿等想俱未深悉，尔等可将朕谕示之。"

（圣祖朝卷二二七·页六上～下）

○康熙四十五年（丙戌）十二月庚戌（1707.1.29）

理藩院题："驻扎西宁喇嘛商南多尔济报称：'拉藏送来假达赖喇嘛，行至西宁口外病故。'假达赖喇嘛行事悖乱，今既在途病故，应行文商南多尔济将其尸骸抛弃。"从之。

（圣祖朝卷二二七·页二〇上）

侍郎赫寿进藏管理事务；常授驻扎西宁办事

○康熙四十八年（己丑）正月己亥（1709.3.8）

先是，拉藏立波克塔胡必尔汗为达赖喇嘛，青海众台吉等未辨虚实，彼此争论讦奏。上命内阁学士拉都浑率青海众台吉之使人赴西藏看验。至是，拉都浑回奏：……

奏入，命议政大臣等议。寻议："拉藏所立达赖喇嘛，既问之班禅胡土克图，确知真实，应毋庸议。但达赖喇嘛例有封号，今波克塔胡必尔汗年幼，请再阅数年，始议给封。又，青海众台吉等与拉藏不睦，西藏事务不便令拉藏独理，应遣官一员前往西藏协同拉藏办理事务。"

得旨："依议。其管理西藏事务著侍郎赫寿去。"

（圣祖朝卷二三六·页一二上～下）

○康熙六十年（辛丑）五月甲申（1721.6.18）

抚远大将军允禵疏言："奉旨派大臣一员驻扎西宁办事。查西安将军宗查布前曾调驻西宁，再，侍读学士常授办青海事业已有年，其可否派驻之处，请旨定夺。"

得旨："常授著授理藩院额外侍郎，驻扎西宁办事。宗查布著赴大将军允禵处，听候调遣。"

（圣祖朝卷二九二·页一三下～一四上）

拉藏汗立波克塔为六世达赖，戴青和硕齐等认格桑嘉错为胡必尔汗，真假胡必尔汗之争

○康熙四十八年（己丑）正月己亥（1709.3.8）

先是，拉藏立波克塔胡必尔汗为达赖喇嘛，青海众台吉等未辨虚实，彼此争论讦奏。上命内阁学士拉都浑率青海众台吉之使人赴西藏看验。至是，拉都浑回奏："臣遵旨会同青海众台吉之使前往西藏，至噶木地方见拉藏，问以所立达赖喇嘛情由。据云前将假达赖喇嘛解京时，曾奉谕旨令寻真达赖喇嘛。今访闻得波克塔胡必尔汗系真达赖喇嘛，亦不能信。又问班禅胡土克图，据云波克塔胡必尔汗实系达赖喇嘛。我始为之安置禅榻，非敢专擅。"

奏入，命议政大臣等议。寻议："拉藏所立达赖喇嘛，既问之班禅胡土克图，确知真实，应毋庸议。但达赖喇嘛例有封号，今波克塔胡必尔汗年幼，请再阅数年，始议给封。……"

得旨："依议。……"

（圣祖朝卷二三六·页一二上～下）

○康熙四十九年（庚寅）三月戊寅（1710.4.11）

议政大臣等议："拉藏及班禅胡土克图、西藏诸寺喇嘛等，会同管理西藏事务侍郎赫寿，疏请颁赐波克塔胡必尔汗以达赖喇嘛之封号。查波克塔胡必尔汗因年幼，奉旨俟数年后授封，今既熟谙经典，为青海诸众所重，应如所请，给以印册，封为六世达赖喇嘛。"从之。

（圣祖朝卷二四一·页十下～一一上）

○康熙五十四年（乙未）四月辛未（1715.5.8）

理藩院题："先经青海右翼贝勒戴青和硕齐、察汉丹津等奏称，里塘地方新出胡必尔汗，实系达赖喇嘛转世，恳求册封。其从前班禅胡土克图及拉藏汗题请安置禅榻之胡必尔汗是假等语。蒙皇上睿鉴，以伊等俱顾实汗子孙，欲使共相和睦。若将此胡必尔汗留住青海，恐其弟兄内或起争端，特遣侍卫阿齐图等前往谕令，将里塘之胡必尔汗送京亲看。又遣主事众佛保往班禅处，问此胡必尔汗之真假。续经戴青和硕齐等奏请俟来秋送至京师。奉旨著将里塘胡必尔汗暂于西宁口内寺庙居住。今侍卫阿齐图疏言：'主事众佛保自班禅处回，据班禅称里塘胡必尔汗是假，而戴青和硕齐等坚求亲往班禅处问其真假。'应令阿齐图等传集青海两翼诸贝勒、台吉等于会盟处，宣示皇上仁爱之意及班禅送来印文。令将胡必尔汗送至红山寺居住。"从之。

（圣祖朝卷二六三·页三上～下）

○康熙五十四年（乙未）十二月壬午（1716.1.14）

议政大臣等议复："侍卫阿齐图疏言：'据青海贝勒色卜腾扎尔来称，贝勒察罕丹津等，因去年胡必尔汗之事贝勒阿喇布坦鄂木布、盆苏克汪扎尔、色卜腾扎尔、台吉达颜、苏尔杂等遵旨不与同心，今欲与罗卜藏丹津等盟誓，先攻取五家，将胡必尔汗送往西地。请会同西宁总兵官王以谦，严整兵马，预为之备。'查去年里塘地方新出胡必尔汗以来，皇上睿鉴洞彻，此胡必尔汗若在彼处，则青海诸台吉兄弟必致互相争竞，特降敕旨遣侍卫阿齐图等，前往调取，欲其彼此和睦。今察罕丹津欲将胡必尔汗送往西地，恐色卜腾扎尔等尾击其后，遂欲先攻伊等，亦未可定。应派出西安满洲兵一千，命大臣一员统领前往西宁，并令总兵官王以谦派标兵三千预备。若察罕丹津果肆猖狂，即领兵征剿，或色卜腾扎尔等被攻来奔，即收入边内安插。再，察罕丹津所居地方去松潘止四五日程，应令四川提督康泰、松潘总兵官程正李预备兵马，如有送胡必尔汗西往之信，即从后追剿。"

得旨："依议。著护军统领晏布前往。"

（圣祖朝卷二六六·页一一下～一二下）

○康熙五十五年（丙申）闰三月己卯（1716.5.10）

议政大臣等议复："侍卫阿齐图疏言：'青海台吉等初言将胡必尔汗送往红山寺，继又请将胡必尔汗送往宗喀巴寺，始终推诿，不令起程。自奉旨令护军统领晏布统兵驻扎西宁，四川提督康泰、松潘总兵官程正李等整兵预备，复屡次晓谕青海台吉等，伊等果尔恐惧，于三月十五日将胡必尔汗送至宗喀巴寺居住。但青海二翼台吉今虽和睦，恐不能久，请将罗卜臧丹津、察罕丹津、达颜管理右翼事务，额尔得尼厄尔克托克托奈、阿喇布坦鄂木布管理左翼事务，再派大臣同郎中长受、主事巴特麻至青海会盟，令其永远和睦。'应如所请。"

得旨："依议。著公策旺诺尔布、侍卫布达理前往。"

（圣祖朝卷二六八·页三上～下）

清廷延聘五世班禅；"班禅额尔德尼"名号的确定

○康熙三十四年（乙亥）四月甲辰（1695.5.25）

遣御史钟申保、内齐陀音胡土克图赍敕往召班禅胡土克图。

（圣祖朝卷一六六·页一三下）

○康熙三十五年（丙子）二月戊申（1696.3.24）

先是，遣御史钟申保等往召班禅胡土克图。至是，偕达赖喇嘛等使人至西宁。先以达赖喇嘛、达赖汗疏奏，内称："以皇上宠召之意宣告班禅，但伊未曾出痘，不能趋赴。"其班禅胡土克图亦疏言："皇上宠召，理应趋赴，但国俗大忌痘疹，不能上副皇上之意。"又，第巴疏言："噶尔丹闻召班禅之信，遣人阻班禅胡土克图勿行，班禅遂不果行。"

章下所司，命达赖喇嘛等使人来京。

（圣祖朝卷一七一·页一一下～一二上）

○康熙三十六年（丁丑）三月壬申（1697.4.12）

理藩院题："尼麻唐胡土克图、罗卜臧凯尊囊素等赍到达赖汗庆贺击败噶尔丹一疏及第巴二疏并所献礼物，请旨。"

上以第巴二疏命议政大臣等议奏。寻议复："第巴疏言：'达赖喇嘛避忌坐禅，丑年出定，令尼麻唐胡土克图密奏。'已奉圣谕，应不议外。又疏言：'蒙召班禅胡土克图，今当遵旨。问明班禅胡土克图，或即令赴京，或另日前往，定议再奏。'应令将班禅胡土克图赴京年月徐徐定议具奏。……应如所请，遣使颁谕。"从之。

（圣祖朝卷一八一·页一一上～下）

○康熙三十七年（戊寅）六月戊午（1698.7.22）

议政大臣等奏："……又，班禅胡土克图疏言，前差内齐陀音宣皇上敕旨，召臣入京。达赖喇嘛、第巴亦曾遣使相促。但臣所学者浅，不能为功于道法，且未出痘疹，是以不往，并非第巴沮止等语。查员外郎保住已赍敕往使于班禅胡土克图，此所奏亦无庸议。"从之。

（圣祖朝卷一八八·页一一上～下）

○康熙五十二年（癸巳）正月戊申（1713.2.24）

谕理藩院："班禅胡土克图，为人安静，熟谙经典，勤修贡职，初终不倦，甚属可嘉。著照封达赖喇嘛之例，给以印册，封为班禅额尔得尼。"

（圣祖朝卷二五三·页五上～下）

查勘打箭炉地界，中甸驻兵设汛

○康熙二十年（辛酉）十月甲申（1681.11.14）

定远平寇大将军固山贝子章泰等疏言："中甸诸处，从来皆隶丽江，原为内地。吴逆阴蓄异志，于康熙九年割给蒙古。此地远在金沙江外，我朝从未遣兵驻守。且逆贼胡国柱等复奔鹤庆、丽江，而云南省城尚未恢复，不便即议遣发官兵驻守。"

上谕兵部："中甸最为要地，从前鹤庆丽江虽设总兵官一员，令其兼辖中甸，但无专汛官兵，似犹可虑。其移文大将军贝子章泰、赖塔、将军总督赵良栋、巡抚王继文、提督桑峨，酌量遣拨绿旗官兵前往镇守。俟达赖喇嘛使至，理藩院以遣兵镇守之故，移文晓谕。"

（圣祖朝卷九八·页二下～三下）

○康熙二十一年（壬戌）九月己未（1682.10.15）

议政王大臣等议复："绥远将军云南贵州总督蔡毓荣疏言：'中甸在金沙江之外，旧系丽江土府所辖，从未安兵设汛。自吴逆谋叛，将地方割与蒙番，为交好之计，通商互市。今互市虽经禁止，而蒙番所设喇嘛营官尚未撤回。欲议设兵拨防，必驱其人复其地而后可。据土知府木尧议称：愿遣土人进藏致书达赖喇嘛，宣示皇上德威，说令归还原地。且借此往回之间，寝彼番目前之狡谋，备我师进取之实计。'应如所请，遣土人宣示，令归还中甸地方，再行奏闻。"从之。

（圣祖朝卷一〇四·页二三上～下）

○康熙三十二年（癸酉）二月乙丑（1693.3.21）

达赖喇嘛疏言："……至打箭炉等处地方，在汉人与土伯特之间，奉皇上敕旨，云土伯特行商者无用其止之，是以土伯特仍照前行汉人地方。虽有妄为之事，如发蒙古前往，恐不当圣心，是以未经遣发。以上情事，俱已口陈于彭素克喇嘛，乞仍前颁赐温谕。"

奏至，敕谕达赖喇嘛曰："……尔喇嘛又奏打箭炉交市之事，殆欲屯戍之意也。今天下太平，并无一事，尔喇嘛与我朝往来通使历有年所，何嫌何疑？尔喇嘛如设立驻防，我内地必量增戍守，中外俱劳。况我内地兵丁约束甚严，非奉朕旨何敢私出边境！尔喇嘛但须严禁属下，不使妄行，有何衅之可开？戍兵之设，似无用也。特此遣大喇嘛垂喇克格隆、根敦林辰格隆往谕。"

（圣祖朝卷一五八·页一〇上～一二上）

○康熙三十五年（丙子）九月癸亥（1696.10.5）

理藩院议复："四川巡抚于养志疏言：'臣遵旨会同乌思藏喇嘛营官等查勘打箭炉地界，自明季至今，原系内土司所辖之地，宜入版图。但番人借茶度生，居处年久，且达赖喇嘛曾经启奏，皇恩准行，应仍使贸易。'番人之事应行文达赖喇嘛，使晓谕营官遵行管理；关系土司之事，著土司管理，勿致生事。至打箭炉四交界之地，该抚细查报部，编入一统志可也。"从之。

（圣祖朝卷一七六·页四下～五上）

○康熙五十三年（甲午）七月丙寅（1714.9.5）

谕大学士等曰："拉藏汗题请打箭炉地方。朕思打箭炉原系本朝地方，我朝之人实处其地，于拉藏汗大有裨益。我朝之人若行撤回，则茶市亦停，大无益于伊等。倘必要此地，著伊亲来与我诸王大臣等会议。如此议行，则伊断不来矣。"

（圣祖朝卷二五九·页一四上）

○雍正二年（甲辰）二月丙寅（1724.3.16）

云贵总督高其倬疏报："中甸地方，原系丽江所属，后为青海占去，领逆贼罗卜藏丹津伪札。臣遵旨令提臣郝玉麟带兵驻扎中甸，其番夷人等随即投缴伪札，归诚纳土。现在详细安抚，清理疆界。"

得旨："郝玉麟遵旨率兵至中甸，扬威驻扎，宣布德意。中甸番夷头目欢忭感激，率众三千五百户、男妇一万七千五百名、喇嘛一千十四人，投诚纳土。高其倬复遣官安抚，殊属可嘉。俟青海事竣之日，议叙具奏。"

（世宗朝卷一六·页二六下～二七上）

昌侧集烈等攻据打箭炉，阻抗官兵，清军剿抚

○康熙三十八年（己卯）五月丁亥（1699.6.16）

四川巡抚于养志疏报："打箭炉原系内地土司边界，自康熙三十五年勘明地界以来，甚属相安。今因化林坪接壤西域设汛添兵，乃擦道等处蛮番忽生狡变。事关边情，理应文武会商，而提臣岳升龙刚愎自用，并不使臣与闻，遽行调遣官兵，阻遏商旅，禁绝茶米，以致军民惶惑。"

得旨："此本内事情，亦著罗察等一并察审具奏。"

（圣祖朝卷一九三·页一一上～下）

○康熙三十八年（己卯）七月庚辰（1699.8.8）

四川提督岳升龙疏言："打箭炉原系本朝版图，竟被乌思藏强行侵占。康熙三十五年，钦差兵部郎中金图等会同四川巡抚于养志查勘后，仍霸踞如初，吞占蛮地数千里，侵夺番民数万户。又在木鸦私造铳炮，屯聚粮草。臣因化林营兵单汛广，移参将驻防。不意彼处喋吧昌侧集烈等擅发蛮兵数千，占住河东擦道、若仪等堡，不放客商来往。臣一面禁阻茶烟米布，一面密遣臣标中营守备李成瑛，带领官兵五百名，前往化林营贴防。臣已备咨督抚会商。乃抚臣于养志私遣笔帖式额尔济图等往来调停，不使臣与闻，并擅止臣所遣防兵，益见私通外番情迹。"

得旨："此所奏事情，亦著罗察等一并察审具奏。"

（圣祖朝卷一九四·页二上～下）

○康熙三十八年（己卯）闰七月庚子（1699.8.28）

四川提督岳升龙疏言："巡抚于养志疏参臣为打箭炉生事发兵，并列款诬陷。臣查打箭炉各处地方，向系藏人霸占，抚臣从前查勘受贿，通同

不问侵占地方，止议贸易。目今诡谋密计，买嘱藏番撤兵，仍将经制弁员送与藏番为质。臣又查打箭炉通商卖茶，抚臣行私自便，每年发茶八十余万包，私受茶税数万两，现有荣经县私票，并各茶商可证。"

得旨："此事亦著罗察等一并察审具奏。"

（圣祖朝卷一九四·页六下～七上）

○ 康熙三十九年（庚辰）正月壬子（1700.3.8）

四川提督岳升龙密题："巡抚于养志凶残憸刻，暴戾乖方，交结藏番，贿弃疆土，剥削商旅，苛虐土司，私收杂派，勒索属员规礼，各种婪赃计十六款。"

得旨："四川巡抚、提督已经补授，于养志、岳升龙即离任赴西安。其本内事情，著该督审明具奏。岳升龙将不应密之事密陈，殊属不合，著一并察议具奏。"

（圣祖朝卷一九七·页二上～下）

○ 康熙三十九年（庚辰）三月庚子（1700.4.25）

刑部等衙门会题："工部右侍郎罗察等察审原任四川提督岳升龙揭参原任巡抚于养志一案。查于养志系边疆大臣，私将驿马拨给里藏馈送礼物之人。又，打箭炉土司蛇蜡喳吧地方被营官占据，不行奏明。因岳升龙揭参，始将岳升龙所行事件揭奏，殊玷职任，应革职。其营官霸占作何措置之处，应请敕第巴严饬，互相贸易，毋致生事。"

得旨："于养志著革职，俟岳升龙所奏二疏川陕总督审结时，解送来京，将打箭炉等处被营官占据，并不奏明缘由，审明具奏。其营官占据打箭炉事情，亦著俟该督将营官殴死蛇蜡喳吧之案察明到日，一并议奏。馀依议。"

又会题："工部右侍郎罗察等奏审原任四川巡抚于养志疏参提督岳升龙一案。查岳升龙系边疆大臣，应勤任事务，报答皇上超拔之恩。乃向革职土司高一柱面言：'我用折子启奏，令尔戴罪护理。'希图酬谢。又给银与阎国耀等建州贩盐。又因茶马之事，指称部内使用，令属员议凑银两。四月初十日发兵，至十四、十五日始移咨督、抚。将伊瘦马交属员，勒取价值。又取各营官随身兵粮，多寡不等。俱玷职任，应革职。所取兵粮、马价及家人一百五十名不当差，游击韦元鼎等家下不当差之粮，俱交该部照数追入官。阎国耀等违禁贩盐，应拟杖。其余诸款俱虚，应无庸议。至打箭炉系版图内地，达赖喇嘛妄求炉河东嘉庆地方，殊为不合。但已于岳升龙参于养志案内请敕第巴，亦无庸议。"

得旨："岳升龙著革职。馀依议。"

（圣祖朝卷一九八·页六下～七下）

○康熙三十九年（庚辰）六月辛未（1700.7.25）

署四川陕西总督礼部尚书席尔达题："明正长河西土官蛇蜡喳吧被喇嘛营官喋吧昌侧集烈打死，应敕第巴拿解。并将化林营移驻打箭炉，以资弹压。"

部议："如所请。"从之。

（圣祖朝卷一九九·页一四上～下）

○康熙三十九年（庚辰）六月辛卯（1700.8.14）

敕谕第巴等曰："边境向有定处，尔纵放营官喋吧昌侧集烈，将四川打箭炉内土司蛇蜡喳吧居住地方恃强尽行霸占，渐次侵踞河东乌泥、若泥、凡州三处，潜有窥伺嘉庆、擦道之意。又因内土司蛇蜡喳吧漏言，遂致于死。种种狂悖，实难宽假。川陕总督席尔达已经具题。据此，岂非尔私示所属人等侵犯边境生事？边境地方岂可让与寸地？此等事情，尔俱违悖妄行！敕旨一到，将渐次侵占打箭炉及版图内土司地方俱著退还。打死内土司蛇蜡喳吧之营官，即拿解送。不然，生事之罪，归与尔身，彼时悔之不及矣！"

（圣祖朝卷一九九·页二三下～二四下）

○康熙三十九年（庚辰）十月己巳（1700.11.20）

兵部议复："署四川陕西总督礼部尚书席尔达疏言：'臣等遵旨将化林营移驻打箭炉。据该营详称，官兵渡泸河之西，不意炉番甚为狂悖，将修路之兵丁杀死，拆毁偏桥，阻截官兵。又探得在木鸦等处抽兵，有欲抢夺沿河一带之信。随咨商四川提督唐希顺，暂为巡防，以取进止。'查炉番阻拒，应行文商南多尔济、副都统阿南达，令其转行第巴，将杀死兵丁、拆毁偏桥之番蛮速行查拿解送。并令提督唐希顺亲领兵丁巡查，固守三渡口，不致截断我兵后尾。如不将罪犯解送，仍前妄行及侵犯沿河地方，即行奏闻。俟命下进剿。"

得旨："依议速行。"

（圣祖朝卷二〇一·页二六上～下）

○康熙三十九年（庚辰）十一月戊午（1701.1.8）

署四川陕西总督吏部尚书席尔达题："准四川提臣唐希顺咨称：'烹坝已被炉蛮侵占，辄敢渡河，不但侵犯擦道，意在断我官兵归路。'又准四川抚臣贝和诺咨：'据化林营参将李麟等详称，将来取炉，非三路进兵不可。三路齐进之外，更宜另拨官兵，一路由宁番，一路由鱼通，一路由宁越，则渠魁亦可擒献。'臣思炉蛮如此狂悖，提臣唐希顺已经亲至化林营汛，抽调各镇、营官兵，应否直前剿逐，擒拿渠魁，密题请旨。"

得旨："著将荆州满洲兵二千发往四川。将军莽奕禄年老，著镇守地方。副都统二员领兵前去。再著理藩院侍郎满丕自京驰驿前往统领，与提督唐希顺商酌行事。这所发之兵，每名赏银二十两，整理器械。到成都之日，其口粮酌量路程支给，勿致迟误。其粮饷著巡抚贝和诺料理。现今应作何行事之处，著唐希顺相机而行，勿致失机。"

（圣祖朝卷二〇二·页七下～八上）

○康熙三十九年（庚辰）十二月庚午（1701.1.20）

刑部等衙门会题："署四川陕西总督吏部尚书席尔达复审原任巡抚于养志、提督岳升龙互相揭参一案。疏称：'于养志将岳升龙咨移任私删改，不据实具题，以致营官踞炉狂悖，侵占河东若泥等处，应拟斩。岳升龙仍照前议革职。'查于养志已发往军前效力，俟回日监候。馀应如所题。"

得旨："依议。前所遣两侍郎并未审明，席尔达方行审结，何故不问其罪？三部诸臣未免徇情。若不问拟，嗣后审事诸臣俱任意横行。三部大臣著行申饬。"

寻议："侍郎罗察、布泰应各降三级留任。"

得旨："罗察、布泰著照所降之级随旗行走。"

（圣祖朝卷二〇二·页一一下～一二上）

○康熙四十年（辛巳）二月乙丑（1701.3.16）

奉差打箭炉督师理藩院侍郎满丕、四川提督唐希顺疏报："康熙三十九年十二月二十日，臣等分兵三路攻打箭炉，杀蛮兵五千余人，斩磨西营官喋吧昌侧集烈及大冈营官笼送等。"

得旨："嘉奖，下部议叙。"

（圣祖朝卷二〇三·页六上）

○康熙四十年（辛巳）二月丙戌（1701.4.6）

四川提督唐希顺疏报："正月十三日，臣抵打箭炉，有商民、喇嘛、番民等归顺。又有木鸦头目错王端柱等首先归顺。今来附者共一万二千余户，赏给银币、鞍马，令其各回安业。"下部知之。

（圣祖朝卷二〇三·页一二上）

○康熙四十一年（壬午）正月丙午（1702.2.20）

命喇嘛达木巴色尔济、郎中舒图、员外铁图等往打箭炉地方监督贸易。谕曰："尔等至彼，即将奉差情由移文第巴。须文辞明悉，令彼速遣大喇嘛来监督贸易。倘若迟滞，将我等撤回，永远不得贸易矣。侍郎满丕督师彼处，与尔等事各不同，务各勤尔事。其番人最贪，见小利便喜，税银不取于彼，就我国商人征之，不可专以税额为事。若立意取盈，商贾不至，与禁止何异？此项钱粮不多，勿以此注念。须图好名，稍有优处，人即称颂。至彼处，当熟谙地方情形，有应奏之事即行具奏。"

又谕达木巴色尔济曰："尔移文第巴，其辞须云：'尔等务遵旨行事，不得有违，不但于尔等有益，即我喇嘛亦受福庇；倘若有违，不但无益尔等，即我喇嘛亦无益处。'"

达木巴色尔济奏曰："臣职系副教习喇嘛，彼土人不知，若有扎萨克字样，彼方知率教。"

上谕郎中舒图等曰:"喇嘛可赐以扎萨克名。"

达木巴色尔济又奏曰:"倘第巴不将厄尔德尼济农解至,则臣不令其人贸易。济隆胡土克图与青海人众系我朝之人,令其照常贸易。"

上曰:"俱令照常贸易。"

（圣祖朝卷二〇七·页四上~五上）

○康熙四十一年（壬午）闰六月辛丑（1702.8.14）

兵部议复:"四川巡抚贝和诺疏请打箭炉木鸦一带地方归顺番民一万九千余户,应添设安抚使五员、副安抚使二员、土百户四十五员,以专管辖。应如所请。"从之。

（圣祖朝卷二〇八·页一四下~一五上）

○康熙四十一年（壬午）十月乙巳（1702.12.16）

四川提督岳升龙疏报:"打箭炉驻扎官兵,于九月十二日遵旨撤回成都。"下兵部知之。

（圣祖朝卷二一〇·页五下）

○康熙四十一年（壬午）十月丁未（1702.12.18）

上谕大学士等曰:"国家承平之日,武备不可一日少弛。昔直隶兵甚庸弱,其后武弁缺出,朕亲简阅人材,壮健者补用,自是人知尽职、勤于教练。今直隶兵,已大振作矣。湖广、陕西、福建之兵俱强。惟江南、浙江、江西、广西之兵俱懦弱。西地壮健者咸欲投军,南方则不然,本身衰老,子弟代充,所以懦弱者众。四川之兵,西人为多,故兵力亦强。此番打箭炉交战,并无满军,仅彼处万人,直捣其巢。打箭炉贼兵强悍,肆行抗拒,是以被杀甚众。询之俘获喇嘛三人,云彼处仅存女子,丁壮殆尽。此皆负固不服之所致也。然川兵以万人克此劲敌,议功时宜加优叙。"

（圣祖朝卷二一〇·页五下~六上）

○康熙四十一年（壬午）十一月丁巳（1702.12.28）

兵部题:"攻克打箭炉军功,参将马尔值等加等授职有差。原任四川提督唐希顺因病解退，应毋庸议。"

得旨："唐希顺调度有方，进剿著绩，仍著议叙。俟病痊之日，以原官起用。馀依议。"

（圣祖朝卷二一〇·页九上）

○康熙四十五年（丙戌）四月乙未（1706.5.19）

兵部议："先经四川提督岳升龙疏言：'土司坦朋吉卜等领兵同克打箭炉贼，应照定例优加升赏。'查加渴瓦寺安抚使坦朋吉卜、天全招讨使高一柱俱系革职护理之员，征打箭炉有功，应准复还原职。其董卜韩胡宣慰使雍中七立系从三品，应授署都督佥事，管宣慰使事。其天全副招讨使杨自唐系正六品，应授宣慰使。俱给与敕印。"从之。

（圣祖朝卷二二五·页二下）

○康熙五十年（辛卯）二月丁卯（1711.3.26）

户部议复："四川陕西总督殷泰疏言：'打箭炉土司及暖歹土千户、马喇长官司等各愿纳马输粮。'请于康熙五十年起征。"从之。

（圣祖朝卷二四五·页六上）

康熙帝遣使考查大江、黄河、黑水、金沙、澜沧、雅鲁藏布诸水源流与兴建泸定铁索桥

○康熙四十三年（甲申）九月丁卯（1704.10.28）

先是，上遣侍卫拉锡等探视河源，谕之曰："黄河之源虽名古尔班索罗谟，其实发源之处从来无人到过。尔等务须直穷其源，明白察视其河流至何处入雪山边内。凡经流等处，宜详阅之。"

至是，拉锡等回奏："臣等遵旨于四月初四日自京起程，五月十三日至青海。十四日至呼呼布拉克，贝勒色卜腾札尔同臣等起程前行。六月初七日至星宿海之东，有泽名鄂陵，周围三百余里。初八日至鄂陵西，又有泽名札陵，周围三百余里。鄂陵之西、札陵之东，相隔三十里。初九日至星宿海，蒙古名鄂敦塔拉。登山之至高者视之，星宿海之源，小泉万亿，不可胜数。周围群山，蒙古名为库尔滚，即昆仑也。南有山，名古尔班吐尔哈；西南有山，名布胡珠尔黑；西有山，名巴尔布哈；北有山，名阿克塔因七奇；东北有山，名乌阑杜石。古尔班吐尔哈山下诸泉，西藩［番］国名为噶尔马塘；巴尔布哈山下诸泉，名为噶尔马春穆朗；阿克塔因七奇山下诸泉，名为噶尔马沁尼。三山之泉流出三支河，即古尔班索罗谟也。三河东流入札陵泽，自札陵泽一支流入鄂陵泽，自鄂陵流出乃黄河也。除此，他山之泉与平地之泉流为小河者，不可胜数，尽归黄河东下。臣等自星宿海于六月十一日回程。向东南行二日，登哈尔吉山，见黄河东流至呼呼托罗海山，又南流绕撒除克山之南，又北流至巴尔托罗海山之南。次日至冰山之西，其山最高，云雾蔽之。蒙古言此山长三百余里，有九高峰，自古至今未见冰消，终日云雾蔽之，常雨雪。一月中三四日晴而已。自此回行十六日，至席拉库特尔之地。又向南行，过僧库里高岭，行百余里至黄河岸。见黄河自巴尔托罗海山向东北流，于归德堡之北，达喀山之

南，从两山峡中流入兰州。自京至星宿海，共七千六百余里。宁夏之西有松山。至星宿海，天气渐低，地势渐高，人气闭塞，故多喘息。谨绘图呈览。"报闻。

（圣祖朝卷二一七·页七下～九上）

○康熙四十五年（丙戌）六月甲寅（1706.8.6）

工部议复："四川巡抚能泰疏言：'泸河安乐地方建铁索桥告成，请移化林营沈村防守千总一员、兵一百名镇守。'应如所请。"

上谕大学士等曰："往达赖喇嘛地方，途中铁索桥甚多，是以安乐地方亦如彼处建铁索桥。然此处之桥与云南铁索桥不同。云南地方于两石崖贯铁索建桥，极其坚固。今安乐地方立石柱贯铁索为桥，久之恐未必坚固耳。其移兵防守之处，著照该抚所请行。"

（圣祖朝卷二二五·页一三下）

○康熙五十九年（庚子）十一月辛巳（1720.12.17）

谕大学士、学士、九卿等："朕于地理从幼留心，凡古今山川名号，无论边徼遐荒，必详考图籍，广询方言，务得其正。故遣使臣至昆仑西番诸处，凡大江、黄河、黑水、金沙、澜沧诸水发源之地，皆目击详求，载入舆图。今大兵得藏，边外诸番悉心归化、三藏阿里之地俱入版图。其山川名号番汉异同，当于此时考证明核，庶可传信于后。大概中国诸大水皆发于东南诺莫浑乌巴西大干内外，其源委可得而缕析也。黄河之源出西宁外枯尔坤山之东，众泉涣散，不可胜数，望之灿如列星，蒙古谓之敖敦他拉，西番谓之梭罗木，中华谓之星宿海，是为河源。汇为萨陵、鄂陵二泽，东南行，折北，复东行，由归德堡积石关入兰州。岷江之源出于黄河之西巴颜哈拉岭七七喇哈纳，番名岷尼雅克撮，汉书所谓岷山在西徼外，江水所出是也。而禹贡导江之处，在今四川黄胜关外之乃褚山。古人谓江源与河源相近，禹贡岷山导江，乃引其流，非源也。斯言实有可据。其水自黄胜关流至灌县，分数十支，至新津县，复合而为一，东南流至叙州府，与金沙江合流。金沙江之源，自达赖喇嘛东北乌尼尹乌苏峰流出。乌尼尹乌苏峰，中华谓之乳牛山也。其水名穆鲁斯乌苏，东南流入喀木地,又经中甸,入云南塔城关,名金沙江。至丽江府,又名丽江。至永北府,会打冲河东流,经武定府,入四川界,至叙州府,流入岷江。经夔州府,入湖广界。由荆州府至武昌府,与汉江合。汉江源出陕西宁羌州北嶓冢山,名漾水,东流至南郑县,为汉水,入湖广界,东南流至汉阳县汉口,合岷江。此诸水在东南诺莫浑乌巴西大干之内,源发于西酋,委入于中国也。澜沧江有二源:一源于喀木之格尔几杂噶尔山,名杂褚河;一源于济鲁肯他拉,名敖母绰河。二水会于察木多庙之南,名拉克褚河,流入云南境,为澜沧江,南流至车里宣抚司,名九龙江,流入缅国。澜沧之西为喀喇乌苏,即禹贡之黑水,今云南所谓潞江也。其水自达赖喇嘛东北哈拉脑儿流出,东南流入喀木界,又东南流入怒、彝界,为怒江,入云南大塘隘,更名潞江,南流经永昌府潞江安抚司境,入缅国。潞江之西为龙川江。龙川江之源从喀木所属春多岭流出,南流入云南大塘隘,西流为龙川江,至汉龙关入缅国。此诸水在东南诺莫浑乌巴西大干之外,皆流入南海也。又,云南边境有槟榔江者,其源发自阿里之冈底斯东达木朱喀巴卜山,译言马口也,有泉流出,为雅鲁藏布江。从南折东流,经藏、危地,过日噶公噶儿城旁,合噶尔诏母伦江,又南流经公布部落地,入云南古勇州,为槟榔江,出铁壁关入缅国。而冈底斯之南有山名郎千喀巴卜,译言象口也,有泉流出,入马皮木达赖,又流入郎噶脑儿。两河之水西流至桑南地。冈底斯之北有山名僧格喀巴卜,译言狮子口也,有泉流出,西行亦至桑南地。二水合而南行,又折东行,至那克拉苏母多地,与冈底斯西马卜家喀巴卜山所出之水会。马卜家喀巴卜者,译言孔雀口也。其水南行,至那克拉苏母多地,会东行之水,东南流至厄纳忒可克国,为冈噶母伦江,即佛法所谓恒河也。佛国记载魏法显顺恒河入南海,至山东之渤海入口,应即此水矣。梵书言四大水出于阿耨达山,下有阿耨达池,以今考之,意即冈底斯是。唐古特称冈底斯者,犹云众山水之根,与释典之言相合。冈底斯之前有二湖连接,土人相传为西王母瑶池,意即阿耨达池。又梵书言普陀山有三:一在厄纳忒可克之正南海中,山上有石天宫,观自在菩萨游舍,是云真普陀;一在浙江之定海县海中,为善财第二十八参观音菩萨说法处;一在土伯特,今番名布塔拉山也,亦谓观音见身之地。释氏之书本自西域,故于彼地山川亦可引以为据也。禹贡'导黑水,至于三危'，旧注以三危为山名，而不能知其所在。朕今始考其实。三危者，犹中国之三省也。打箭炉西南，达赖喇嘛所属为危地。拉里城东南为喀木地。班禅额尔德尼所属为藏地。合三地，为三危耳。哈拉乌苏由其地入海，故曰导黑水至于三危，入于南海也。至于诸番名号虽与史传不同，而亦有可据者。今之土伯特，即唐之突厥。唐太宗时，以公主下降，公主供佛像于庙。今番人名招，招者译言如来也。其地犹有唐时中国载去佛像。明成化中，乌斯藏大宝法王来朝，辞归时，以半驾卤簿送之，遣内监护行。内监至四川边境即不能前进而返，留其仪仗于佛庙，至今往来之人多有见之。此载于明实录者。尔等将山川地名详细考明具奏。"

（圣祖朝卷二九〇·页二下～六上）

○ 乾隆六年（辛酉）九月甲戌（1741.10.21）

工部议准："四川巡抚硕色疏称，泸定桥乃西藏往来之要路，本年四月间被风吹折。应如所请，准拨银七百六两兴修。"从之。

（高宗朝卷一五〇·页一六下）

阿尔泰、巴尔库尔两路官兵进袭准噶尔；打箭炉、巴塘、里塘、中甸等地驻兵防守

○康熙五十七年（戊戌）正月甲寅（1718.2.4）

议政大臣等议复："四川松潘总兵官路振扬疏言：'松潘所属黄胜关并无墩堡，向设漳腊营游击一员，统兵六百四十名驻扎，管辖杂番。迤南为杂谷安抚土司，种部繁多，俗称勇悍，南境直抵打箭炉，与天全招讨司、明正土司接壤。今该土司良儿吉之子班弟儿吉尚未袭职，臣备兵之初，密令该土司遴选部属防守各处隘口，颇称勤顺，请准其袭职，并加赏赉。又有加渴瓦寺安抚土司桑郎温恺，所部羌番亦众，接近汉地，现募运粮人夫属其部落居多。又有漳腊营所辖之祈命上下包坐司等土官、土兵习于战斗，熟谙边情，臣亦曾令预备土兵一千听候调遣，咸各踊跃，亦请各加赏赉。如有调发，准其支给口粮。'俱应如所请。其班弟儿吉承袭之处，令都统法喇等查明议奏。"从之。

（圣祖朝卷二七七·页二上～下）

○康熙五十七年（戊戌）正月戊辰（1718.2.18）

议政大臣等议复："侍卫查什遵旨将松潘等处兵马应否撤回之处，前问察罕丹津。据察罕丹津回奏云，大兵前往西边，策妄阿喇布坦必不敢前来。现今天寒草枯，马匹难行，军兵亦甚劳苦，不若将四川松潘之兵撤回原所，牧养马匹，休息士卒等语。查现今兵丁驻扎之阿尔锡巴尔锡地方，离口不远，应行文副都统宁古礼、总兵官路振扬，将兵马撤回松潘口内附近地方驻扎。仍令不时差人至青海探听消息。"从之。

（圣祖朝卷二七七·页三下～四上）

○康熙五十七年（戊戌）二月壬辰（1718.3.14）

议政大臣等议复振武将军公傅尔丹等奏请两路大兵进剿之处。得旨："尔等议欲两路进剿，但闻策妄阿喇布坦遣策零敦多卜等前往西藏之时，曾有令伊等剪灭拉藏即在藏驻扎，彼复身至西藏，再攻取危、藏、巴尔喀木之人等语。虽其虚实未可悬定，而传闻拉藏有阵亡之信。若策妄阿喇布坦果带妻子前往西藏而去，我国两路大军即至伊里地方，恐属徒然。朕意今即令色楞统率军兵征剿西藏。稍俟此军消息，本年暂停进剿。此皆有关军机、粮饷，尔等再议具奏。"

（圣祖朝卷二七七·页一八上～下）

○康熙五十七年（戊戌）三月丙寅（1718.4.17）

四川巡抚年羹尧疏言："打箭炉地方外通西域，内皆高山峻岭，实为天设之险。皇上救援西藏，令护军统领温普带领满兵五百赴炉驻扎。臣以炉地素不产米，山路险远，粮运为难。动支库银，买米一万石，遴选人员，先运六千石抵炉，余米收贮雅州。如有需用，再行酌运。所需草料，亦委官采买，运送支给。自此源源买运，必不迟误军需。"

得旨："据奏相机购买米石、草料，委官设法陆续运至打箭炉。年羹尧甚为实心效力，殊属可嘉，著复还原职。"

（圣祖朝卷二七八·页九下～一○上）

○康熙五十七年（戊戌）五月壬申（1718.6.22）

议政大臣等议复："都统法喇等疏言：打箭炉之外，地名里塘，向系拉藏所辖。而里塘之外为巴塘，近闻策零敦多卜暗通密信与里塘营官喇嘛，诱伊归藏。臣等恐被其摇惑，是以行咨员外郎巴特麻等速往宣布圣主威德。今已辑服。续据里塘之喇嘛格隆阿旺拉木喀云，准噶尔五百人已至叉木多地方，现今里塘有察罕丹津所遣之寨桑居住，与准噶尔暗自通谋。又据护军统领温普密信云，窥探堪布之心，尚在未定，理应准备。臣等酌议飞咨温普，在打箭炉挑选满兵一百名，令前锋参领伍林帕等带领，再选绿旗马兵一百名、鸟枪兵三百名，令化林协副将赵弘基等率领，一同前往里塘弹压，相机擒剿。又闻自里塘以外，直至西藏，敬信胡必尔汗有如神明。今胡必尔汗生长里塘，其父现在西宁之宗喀巴庙。应传谕其父，令伊遣人转谕营官喇嘛及居民人等，使知驻兵里塘乃圣主保护胡必尔汗之本乡，不使贼人惊扰，并无他故。则里塘、巴塘便为川省边隘等语。查里塘距打箭炉甚近，叉木多地方距里塘亦不甚远，应如所奏，即派前锋参领伍林帕等看守里塘，侦探信息。并晓谕察罕丹津所遣之寨桑，告以准噶尔之残虐，致干天讨。若叉木多地方果有准噶尔之兵前来，令伍林帕等详加计算，即便酌量行事。"从之。

（圣祖朝卷二七九·页五上～下）

○康熙五十七年（戊戌）六月壬午（1718.7.2）

议政大臣等议奏："据靖逆将军富宁安奏称，臣一路之兵，择于七月二十一日臣亲率领起程，裹带行粮，袭击至乌鲁木齐收回等语。又据振武将军公傅尔丹等奏称，乌图河泊克萨里等处，并无策妄阿喇布坦之人。若由布喇罕一路袭击，倘不深入，贼众或未必就擒。不如由布娄儿一路，直至额尔齐斯河，逼近贼界，可行袭击。臣择七月十三日由汛界起程等语。但近将策零敦多卜差往青海台吉等处之使者带来，著伊传旨晓谕策妄阿喇布坦，令其差人回奏。今泽卜尊丹巴胡土克图遣往策妄阿喇布坦之使者楚扬托音回称，策妄阿喇布坦自言大国皇帝宽洪如海，恕我之非。去年边境领兵之将军等不行具奏，统兵三路前来，蒙圣主洪恩，随颁谕旨将兵撤回，甚属欢慰等语。应将今年袭击之兵暂行停止，俟伊回奏，视伊情形，如有不顺，明年再行进剿。应行文两路将军，喂养马匹，整理器械，又须预防其奸诈，将汛界加谨防守。"从之。

（圣祖朝卷二七九·页七上～下）

○康熙五十七年（戊戌）六月辛丑（1718.7.21）

兵部议复："四川巡抚年羹尧奏言：'里塘地方，今因拉藏被害，无所统属。臣等飞咨护军统领温普等速选满、汉官兵，前赴里塘驻防，请设驿站，以速军机。自打箭炉以至里塘，应添十站，每站设马六匹，照打箭炉养马之例，倍付草料，另拨银两支给。'应如所请。"从之。

（圣祖朝卷二七九·页一〇下）

○康熙五十七年（戊戌）十月甲子（1718.12.11）

谕议政大臣等："四川巡抚年羹尧自军兴以来办事明敏，又能度量西去进剿之兵，会同青海公丹仲之人运食物米粮接济，殊属可嘉。从前四川地方亦曾设总督，年羹尧系巡抚，止理民事，无督兵责任，见今军机紧要，将年羹尧授为四川总督。如明年大兵前进，则由松潘一路进发，而在成都驻扎之满洲兵止有二千，为数甚少。将荆州之满洲兵再派一千，前往成都驻扎预备。此满洲兵俱令都统法喇管辖。所派一千兵之缺，著挑选余丁一千名，令其披甲充补。"

（圣祖朝卷二八一·页一三下～一四上）

○康熙五十七年（戊戌）十月甲戌（1718.12.21）

都统延信等疏言："八月二十一日，土司杨如松率领兵丁五百名，解送粮饷至穆鲁斯乌苏地方，陡遇准噶尔贼人，将千、把总三名、兵丁四十八名伤害，杨如松等冲突而出。今具呈情愿效力行走。又，土司陆华龄、祁显邦率伊土兵前赴军前，经今数月俱受圣主隆恩，何敢徒食钱粮，求指示效力行走。因令杨如松驻扎那兰撒兰地方，陆华龄等驻扎古木地方，查拿贼寇。其被贼伤害之千、把总及兵丁，俟查明议奏。"从之。

都统和礼等疏言："据鹤丽总兵官赵坤报称：闻八月初四日，有碟巴达节属下之彭蹴达几及伊跟随之人九名，潜至中甸贸易。碟巴达节系投顺策妄阿喇布坦，委为藏内副王之人，是以将彭蹴达几拘住看守，请示作何发落等语。臣等随令该镇小心看守外，特疏奏闻。"

得旨："彭蹴达几著解来京。"

（圣祖朝卷二八一·页一七上～一八上）

○康熙五十八年（己亥）二月辛未（1719.4.17）

议政大臣等议复："都统法喇等疏言：'里塘地方与打箭炉甚近，若遣官招抚，自当归顺。巴塘民心亦与里塘相似。遣官一员，先至里塘宣示威德，彼若倾心向化，即令开造地方户口清册。继至巴塘，亦照此行。若有观望不前者，于青草发时，以兵临之，必不敢相抗。应挑选成都满兵五百名，令协领等带领；绿旗提标兵一千名，化林、永宁兵五百名，令永宁副将等带领，一同深入。虽巴塘以外，亦可传檄而定。若叉木多地方亦来归顺，则离藏甚近。其会兵取藏之处，一面知会西宁、云南领兵大臣，仍一面星夜请旨。'应如所奏，令法喇领兵赴打箭炉驻扎，遣人招抚。如观望不前，令法喇留兵在打箭炉，带领官兵前进，攻取里塘、巴塘，即驻扎巴塘。其护军统领温普应调取回京。成都既有满洲兵丁，应自京城派大臣一员前往成都，令其管领。"

得旨："军前大臣甚多，著派护军统领噶尔弼就彼驰驿，作速前赴四川，与年羹尧一同办理军务。法喇离打箭炉切近，即令领兵前往。馀依议。"

（圣祖朝卷二八三·页一二上～下）

○康熙五十八年（己亥）五月丙子（1719.6.21）

议政大臣等议复："四川总督年羹尧疏报：'臣等前闻西藏送回官兵之信，恐贼有奸计，曾经奏请委永宁道高其佩前往料理。今众兵陆续至里塘者共三百七十人，其未到者不过数十人，其间并无奸计，道员高其佩不必前往里塘。至此一项满汉兵丁到省时，臣等将满兵归入荆州满兵内，汉兵归入臣标，一同操练，以俟将来调遣。'应如所奏。"从之。

（圣祖朝卷二八四·页七上～下）

○康熙五十八年（己亥）六月甲辰（1719.7.19）

议政大臣等议复："振武将军傅尔丹等疏言：'臣等遵旨差贝勒丹津多尔济等，前往会同将军富宁安等公议，巴尔库尔并阿尔泰两路官兵之马畜、军器、口粮俱已敷用，今年进兵袭击，毫无迟滞。但见今业已差人到策妄阿拉布坦处，俟使臣回日，如策妄阿喇布坦仍前巧饰推托，即于来年两路约会进剿，今岁可暂停袭击。'查两路兵马驻扎有年，前岁进往袭击，未得深入。今年虽差使臣前往，应乘兵丁马匹肥壮、人力整齐，会议袭击。但今时候已迟，应令停其袭击，行文与两路将军预备来年进剿。"从之。

（圣祖朝卷二八四·页一一下～一二上）

○康熙五十八年（己亥）六月丁巳（1719.8.1）

议政大臣等议复："都统法喇等疏言：'臣等遵旨将绿旗兵令副将岳钟

琪带领先行，臣亲领满洲兵至打箭炉。据副将岳钟琪等称，一到里塘，即将达哇拉木渣木巴、第巴色布腾阿住等传齐安抚。伊等出言抗拒，不给人口数目，因擒拿达哇拉木渣木巴、第巴色布腾阿住并跟随之人。臣等随讯问伊等领兵前来窃视我兵形势情由，俱各承认。理应奏请正法，但伊所调之蛮人众多，迟则恐生事端，故将达哇拉木渣木巴等七人俱已正法。随安慰里塘所属地方，并宣谕巴尔喀木等处。又令副将岳钟琪领绿旗兵一千名，进取巴塘。'查都统法喇前进招抚巴塘，招抚后即驻扎巴塘防守，不可不发兵接应。应行令护军统领噶尔弼并总督年羹尧，将见在打箭炉之满洲、绿旗兵内酌量添发法喇处，见在成都之满洲兵内酌量派往打箭炉驻扎。至巴塘离云南中甸不远，应行令都统武格侦探准噶尔之信，酌量带兵接应。松潘离打箭炉亦不远，应行令副都统宁古礼等亦侦探准噶尔之信，酌量领兵援应。"从之。

（圣祖朝卷二八四·页一三上~下）

○康熙五十八年（己亥）六月壬戌（1719.8.6）

议政大臣等议复："四川总督年羹尧、护军统领噶尔弼疏报：'据副将岳钟琪等称，里塘就抚之后，即遣人至巴塘招抚。及领兵行至巴塘所属立登三木巴地方，前差往招抚之人，带领喀木布第巴所遣之人来迎，情愿归顺，遂准其投诚。并令喀木布第巴开明户口数目，俟大兵一至巴塘，即来亲递。'查巴塘既称已经招抚，应行令都统法喇仍驻扎巴塘看守。"从之。

（圣祖朝卷二八四·页一五上）

○康熙五十八年（己亥）七月癸酉（1719.8.17）

议政大臣等议复："都统武格等疏报：'江宁之兵已抵沅州，地方褊小，大兵难以久居。遂将湖南、湖北、云南、贵州各营之马先拨给江宁兵四千九十八匹，将前锋作一起，八旗官兵作四起，令副都统吴纳哈带领，陆续起程，前往云南。俟浙江兵到之时，亦照江宁兵马之例料理，令副都统噶什带领，陆续起程，前往云南。臣等驰赴云南，详视可以驻兵形胜地方，并作何安设兵马之处，再行奏闻。'应行令都统武格，俟兵马到齐时，与地方官会商，在云南之中甸左近应驻兵马之形胜地方，酌量驻扎。仍不时侦探准噶尔确信，即令其接应法喇。"从之。

（圣祖朝卷二八五·页一上～下）

○康熙五十八年（己亥）九月己丑（1719.11.1）

议政大臣等议复："四川总督年羹尧、护军统领噶尔弼疏言：'从前松潘口外驻扎满汉官兵，原议于草枯之后撤回内地。今口外雪多草枯，官兵应请撤回。又，议政大臣议令驻扎打箭炉满兵内酌量发往法喇处，量派成都满兵至打箭炉。今里塘、巴塘见有满汉大兵二千七百名，非特里塘、巴塘人等投顺，而乍丫、叉木道、嚓哇已相继归诚。且探听贼兵并无信息。请将满兵仍驻扎打箭炉，停其派往。'俱应如所请。"从之。

（圣祖朝卷二八五·页一〇上～下）

○康熙五十八年（己亥）十一月癸酉（1719.12.15）

户部议复："四川总督年羹尧疏言：'里塘、巴塘地居荒服，大兵一抵其地，堪木布、第巴率众来归，请自康熙五十九年为始，愿输纳钱粮。其钱粮即在军前支用，免入川省额赋。俟西藏平定，另行请旨定夺。'应如所请。"从之。

（圣祖朝卷二八六·页五下～六上）

○康熙五十八年（己亥）十二月庚戌（1720.1.21）

都统武格等疏报："臣等于十月初一日抵中甸。查离中甸一日程途有扎杂一口，两日程途有奔杂拉渡口，曾令前锋参领曼丕、侍卫张柱等往视。回称：'扎杂口乃通西之路，奔杂拉渡口乃通金沙江之渡口。此二口俱系通西最要之路。'臣等将驻扎中甸之二百名绿旗兵内，每口派兵二十名，令其防守外，臣等遍视石鼓、剑川、永北等处之后，前赴云南省城，与地方官会商，令行陈奏。"报闻。

（圣祖朝卷二八六·页一二上～下）

○康熙五十八年（己亥）十二月丙辰（1720.1.27）

议政大臣、军前召至大臣、九卿等公同议奏进藏一事。得旨："此议尚未周详。只议西地进兵，并未议及阿尔泰、巴尔库尔两路之兵。两路兵会合取吐鲁番，若乌鲁木齐难以堵塞看守，应将两路之兵会合袭击。或各减骑进入震慑，从呼尔达拉之处袭击，则彼必畏惧，自然弃此牧放牲畜之处而去。再闻知西地大兵进剿，并两路兵袭击，不但惊惶无措，亦且首尾不能相顾矣。额驸阿宝所属厄鲁特兵五百名、察哈尔兵四百名，令带往取藏。此柴旦木所有之兵，亦令前往取藏。大将军留驻穆鲁乌苏三千兵内，令派兵一千前进。大将军处之兵若少，将京师每佐领下派出护军二名、马兵一名，于二月内起程前往西宁。今新胡必尔汗奏称：'各处俱有禅床，皆可安设。若为我兴兵，实关系众生。'此或是新胡必尔汗之意，或是青海台吉等畏惧策妄阿喇布坦，密嘱新胡必尔汗奏，亦难预知。倘新胡必尔汗与青海台吉等意同，此新胡必尔汗不可送往。青海台吉等若无此意，必将新胡必尔汗送往，安设禅床，广施法教，令土伯特之众诚心归向，则策零敦多卜自畏势逃遁。我师进藏定立法教之后，或留兵一二千暂行看守，或久住，则土伯特之众即如我兵。纵策妄阿喇布坦、策零敦多卜发兵前来，伊系劳苦之兵，我则安逸之兵，即可剿灭。朕意如此。事关重大，不可急迫，从容周详定议为是。今若照众大臣议，惟行看守，自西宁至四川、云南，内外土番杂居一处，西藏之人皆系土番，伊等俱是一类，倘藏地被策零敦多卜占据，则藏兵即是彼之兵丁，而边疆土番岂能保全！尔等暂且看守之议不合，著另行周详定议具奏。"

（圣祖朝卷二八六·页一二下～一四上）

○康熙五十九年（庚子）三月己丑（1720.4.29）

都统武格疏言："云南一路满汉官兵奉调赴巴尔喀木地方，与将军噶尔弼会兵进藏。臣等于二月十二日自云南启行。又，丽江土知府木兴告请效力，臣挑选土兵五百名，令木兴之子带领随征。"报闻。

云南提督张谷贞疏言："驻扎云南满洲兵及鹤丽、永北二镇绿旗兵，见经都统武格等挑选三千名，率领进藏。臣查云南之丽江、中甸一带地方为西藏通衢，最系紧要。臣请亲率官兵于丽江、中甸适中之处驻扎防守。"从之。

（圣祖朝卷二八七·页一一下～一二上）

○康熙五十九年（庚子）三月丙申（1720.5.6）

靖逆将军富宁安疏言："今岁议发大兵进剿西藏，其阿尔泰、巴尔库尔两路兵亦约会前进袭击准噶尔边境之地，使贼人扰乱，可以相机行事。臣请率兵三千，从乌鲁木齐一路前往。分兵四千，由吐鲁番一路前往，其领兵大臣，请旨派遣。又两路进兵之后，另派兵三千，随后策应。其余存留之兵，请暂交副都统雅图、侍郎海寿等管理。"

得旨："交与议政。"

寻议政大臣等议复："将军富宁安奏请派兵袭击之处，应如所奏。其袭击吐鲁番一路兵，令散秩大臣阿喇衲统领前进。"从之。

征西将军祁里德疏言："阿尔泰一路官兵，臣请领七千人，从布娄尔一路前进；将军傅尔丹领八千人，从布喇罕一路前进，袭击准噶尔边境之地。其余兵丁，请另派大臣统领。"

得旨："交与议政。"

寻议政大臣等议复："将军祁里德奏请派兵袭击之处，应如所奏。其存留之兵，应令将军颜寿、都统穆赛等统领，择形胜地方，驻扎防守。"从之。

（圣祖朝卷二八七·页一二下～一三上）

○康熙五十九年（庚子）五月壬申（1720.6.11）

调右卫副都统觉罗图拉赴将军傅尔丹军前参赞军务。

以将军祁里德军前副都统穆克登署前锋统领事。

（圣祖朝卷二八八·页一下）

○康熙五十九年（庚子）六月癸卯（1720.7.12）

靖逆将军富宁安、振武将军傅尔丹、征西将军祁里德等疏报："巴尔库尔、阿尔泰两路驻兵之处，雨水调和，马匹肥壮。又，进击策妄阿喇布坦边境，侦探沿途皆有水草。应遵照原议，巴尔库尔兵于七月初一日起程，阿尔泰兵于六月十六日起程前进。"报闻。

（圣祖朝卷二八八·页五下）

○ **康熙五十九年（庚子）九月壬申（1720.10.9）**

靖逆将军富宁安疏言："臣于七月十八日至乌鲁木齐，贼人并未设哨，随遣满汉官兵遍行搜寻，亦无踪迹。有乌鲁木齐及哈西哈等处地方逃出回子陆续投降。臣询以策妄阿喇布坦之信，据称：伊等系哈密属下人，为贼兵掳掠而来。本月十一日，贼目彻格尔得自伊尔布尔和韶奔回，通知信息云，皇上大兵已至伊尔布尔和韶，将台吉吹音拍尔所领之兵尽行剿杀。故乌鲁木齐有吹音拍尔所属之人及附近地方厄鲁特之人俱各震惊奔窜。伊等得乘间逃出，即来投顺。又称：乌鲁木齐地方今年甚旱，牲畜倒毙甚多。臣遣人细加侦探，与回子之言无异。其阿喇衲袭击吐鲁番兵，先于七月二十四日回至乌阑乌苏，臣所领兵于八月初二日亦回至乌阑乌苏。初三日合兵凯还，初十日抵巴尔库尔。"

得旨："交与议政。"

（圣祖朝卷二八九·页一下～二上）

○ **康熙五十九年（庚子）九月壬午（1720.10.19）**

振武将军傅尔丹疏言："臣领袭击官兵至格尔厄尔格地方，有厄鲁特之人闻大兵即至，委弃帐房等物，四路逃散。臣等分兵进剿，于七月二十一日追及之，共杀贼二百余人，擒寨桑贝肯等百余人，招降三百余人，并获马、驼、器械等物。又探知乌阑呼集尔地方为厄鲁特屯聚耕种之所，臣亲督官兵践踏其地，并将贼所积粮草焚毁一空，整队而回。贼乘我师之尾潜踪来犯，我师截击之，贼复败遁。请将寨桑贝肯等解送京师。"

得旨："将军傅尔丹所奏，著抄发京城，传诸王、文武大臣公同看阅。"

（圣祖朝卷二八九·页三下～四上）

○ **康熙五十九年（庚子）十月丁巳（1720.11.23）**

靖逆将军富宁安疏言："今岁阿尔泰、巴尔库尔两路官兵袭击策妄阿喇布坦边境，将军延信等进兵安藏，各遵皇上指授，大振军威。贼人闻之，心胆俱碎，或因窘迫之故，遣使投降，诈为缓兵之计，亦未可定。臣愚以为贼性奸诡，即使投降，不足为信，请乘胜于来年大举进剿。查见在巴尔库尔之兵及固原、甘肃等处预备驻扎之兵不下一万七千，请于此内派选精兵八千名，由额伦哈必尔汉一路前进，六千名由吐鲁番阿尔会一路前进，酌带三月口粮。其安设驿站之事，交巡抚绰奇预行料理。又，巴尔库尔之草厂胜于各处，所有安台运米驼马及调遣兵丁驼马，若早至巴尔库尔牧放三月，则驼马肥壮有益军务。其来年进兵之期作何策应之处，臣再与阿尔泰一路大臣会议奏闻。"

得旨："交与议政。"

寻议政大臣议："应如将军富宁安所奏，来年大兵进剿，一切军务宜预行齐备。至进兵之时，或直捣贼巢，或扼据形胜，须临期相机而行。其大将军所领兵内，应再派三千名添发富宁安处。并行文与阿尔泰一路将军，伊等之兵作何会合前进，亦令详议奏闻。"

得旨："此事著行文允禵及富宁安、傅尔丹、祁里德等，将来年进兵之处，互相商酌，详加定议具奏。"

（圣祖朝卷二八九·页一二下～一三上）

○ 康熙六十一年（壬寅）正月庚子（1722.3.1）

谕议政大臣："等策妄阿喇布坦之兵屡被我师击败，死伤颇多，策零敦多卜等贼众亦大半死亡，弃藏窜走，仍回伊里地方，固守三岭。若我满洲兵至，则舍命交战，势有不敌，又思逃避他所，希图存活。此等情形，了然可睹。朕数日来细加寻绎，伊里山蹊险隘，我朝大兵虽欲今年进剿，倘为三岭阻隔，迟延时日，或策妄阿喇布坦战败，带领妻子逃往，则我师应否追剿，不可不详加定议。今策妄阿喇布坦之伎俩悉已深知，策妄阿喇布坦亦稔知天朝兵威所加，势必不能自存。但此时遽遣使向策妄阿喇布坦处招抚，彼不知我宽仁之意，反以为不能取彼，复生他心，亦未可定。尔等可议写发往策妄阿喇布坦之书，著泽卜尊丹巴胡土克图选派好喇嘛为使，作速差往。其差往之人过阿济岭由吐鲁番一路前往，不久可到，彼处信息情形亦即得闻知。如胡土克图之使者善为晓谕，策妄阿喇布坦畏惧天讨，将拉藏妻子家属并从前被掳之人送来请罪，诚心投顺，永不敢侵犯边隅，如此，可另行商酌。倘策妄阿喇布坦已死，或伊处内变生乱，除向天朝投奔外，彼将焉往？则我兵进发亦不可缓，即一面进兵，一面差使，亦无耽搁之处。今各路兵丁或向伊里前进，或于吐鲁番固守，渐近乌鲁木齐等处驻扎营寨相机而行，或几路前往袭击，以及大兵粮饷作何运到之处，著议政大臣、军前调回将军大臣会同核议，妥确具奏。"

（圣祖朝卷二九六·页二上～三上）

平定策妄阿拉布坦对藏骚扰，护送七世达赖赴拉萨坐床，授权平准安藏有功西藏贵族管理地方政务

策零敦多布率兵攻灭拉藏汗，占扰藏地

○康熙五十三年（甲午）六月乙亥（1714.7.16）

谕领侍卫内大臣等曰："朕想拉藏汗一子前往策妄阿拉布坦处娶亲，一子见在青海地方驻扎，在策妄阿喇布坦处娶亲之子，策妄阿喇布坦若托辞爱婿留住数年，不令之归，再如驻扎青海之子，朕复怜爱留住，伊处总无人矣，岂不孤危！况拉藏汗年近六十，自当为其身计。伊之人少，土伯特人甚多，而又秉性凶恶，可保常无事乎？拉藏汗将凶恶第巴杀死，朕加褒奖，封为扶教恭顺汗。伊真倾心内向，不但朕知之，即各处人亦皆知之。但厄鲁特秉性猜疑，又甚疏忽，倘或事出不测，朕虽怜伊，伊虽倚朕，此间地方甚远，相隔万里，救之不及，事后徒贻悔耳，即朕亦无法也。朕此想甚属远大，伊亦系晓事之人，若不深谋防范，断乎不可。朕为拉藏汗时常留意。"

（圣祖朝卷二五九·页三上～下）

○康熙五十六年（丁酉）七月壬申（1717.8.26）

又谕赫寿曰："尔可以己意作一劝谕书送于拉藏汗，云：'蒙皇上之恩，将我补授理藩院尚书，昔时曾到尔处，汗甚爱敬，我念彼此相好之情，尽我之心，作书相告。顷者，统领驻扎巴尔库尔地方兵丁将军富宁安等率先锋兵，问罪于策妄阿喇布坦之境，拿获策妄阿喇布坦哨兵厄鲁特阿筹拉克、推扎布二人。问之，云：策妄阿喇布坦仍住伊本处，与鄂罗斯、哈萨克、布娄尔皆为仇敌；拉藏之子聚策妄阿喇布坦之女三年，已经生

子；达赖喇嘛、班禅及拉藏之使，俱在策妄阿喇布坦处；闻卜穆之子策零敦多卜、托布齐、都噶尔、参都克等率六千兵，去年往阿里克处，助拉藏汗征卜鲁克巴，至今未回。以此思之，策妄阿喇布坦之奸狡甚不可信。或助尔征卜鲁克巴，或侵尔以取西边地方，俱未可定。再，顷者，尔呈部之文有部中若不料理，我等除力争之外，别无他法等语。由此观之，尔或欲侵戴青和硕齐、罗卜藏丹津，以引导策妄阿喇布坦之兵，亦未可定。尔诚受我主之封，食我主之禄，而侵我边疆之贝勒，我四川等处所有三万兵丁与贝勒戴青和硕齐同在一处，又岂有坐视尔临挪磨浑武巴什、穆鲁斯乌苏等处侵青海之理乎？至彼时，我兵助戴青和硕齐与尔交战，我虽有禁止之文，亦无及矣。'将此作书可也。"

（圣祖朝卷二七三·页五上～六上）

○康熙五十六年（丁酉）八月壬午（1717.9.5）

先是，靖逆将军富宁安疏报："拿获回子阿都呼里供称，策妄阿喇布坦令伊寨桑都噶尔、三都克、策零敦多布、托布齐等带领六千兵，于去年十一月由阿里克路往西进发，或前去征拉藏，或帮助拉藏之处，我知得不甚明白等语。"疏入，得旨："策妄阿喇布坦由阿里克地方发兵一事，虽虚实未知，朕意料之，甚属可恶。策妄阿喇布坦先曾向泽卜尊丹巴胡土克图之使者云：'拉藏汗系嗜酒无用之人，不足介意，羁留其子，并留达赖喇嘛、班禅之使，不令前去。'今此兵或征取拉藏，收取西边地方，或帮助拉藏侵犯青海，俱未可定。若系征取拉藏，其兵于去年十一月前往，今已成仇，我兵欲救援拉藏，恐地方遥远。策妄阿喇布坦之兵，若帮助拉藏，同来侵犯青海，则不可不备兵协助迎剿。现今巴尔库尔有富宁安、阿喇衲等，一应军务俱已谙练，行兵甚易，应将额伦特撤回，仍驻扎西宁，将协助兵丁与青海之人一同预备。著议政大臣等议奏。"至是，议复："圣谕甚是周详。应令署理将军总督额伦特速往西宁，料理军务粮饷。西宁总兵官王以谦、侍读学士查礼浑等在松潘预备。提督康泰、主事巴特麻等时密遣人往青海地方，侦探信息。若得实信，一面速行奏闻，一面彼此知会，各相机而行。驻扎噶斯之侍卫阿齐图、霍善等加意固防，探其踪迹。"从之。

（圣祖朝卷二七三·页一〇下～一一下）

○康熙五十六年（丁酉）八月丁未（1717.9.30）

议政大臣等议复："西宁驻扎侍读学士查礼浑等疏报，据西边拉藏汗咨文云，策妄阿喇布坦遣兵于七月初四日掠其纳克禅边内波木宝一部人众，且言又令策零敦多卜领兵万人，前来征取拉藏等语。我兵不可不预为防备。应令松潘、西宁兵丁出口安营。"

得旨："依议。但地方辽远，俟信息到时始行调兵恐或不及。可派荆州满洲兵二千名发往成都，派太原满洲兵五百名发往西安。"

（圣祖朝卷二七三·页一六上～下）

○康熙五十六年（丁酉）九月壬子（1717.10.5）

差往青海诺尔布、色楞、布达理等请训旨，上谕曰："尔等俱往来青海，路途已熟，所以派往。今拉藏若能败策妄阿喇布坦之兵，信到，即可调回尔等。倘拉藏被策妄阿喇布坦所败，尔等即与青海台吉等协力征讨，明白晓谕，务令合而为一，使伊等绝无猜疑，不致生变方善。或拉藏与策妄阿喇布坦之兵会合，欲征戴青和硕齐，须谕知青海众台吉等云：'策妄阿喇布坦与我大军为敌，今拉藏与之合一，是显为仇敌。圣主始终仁爱，保护顾实汗之子孙直至于今，实系圣主天高地厚之恩，此时正当奋发报效，与我并力而行，甚易易也。今四川、西宁等处边界之兵有十万，见在又调荆州满兵二千，在成都预备，调太原等处满兵，在西宁预备。我兵实不可胜用。'将此情亦明白谕知戴青和硕齐：'策妄阿喇布坦之兵先侵拉藏，方去图谋达赖喇嘛。'必以此告知。再，将军额伦特才略过人，尔等凡事一体同心，若有闻见，务必公同商议而行。"

（圣祖朝卷二七四·页一上～下）

○康熙五十六年（丁酉）十月乙巳（1717.11.27）

青海亲王罗卜藏丹津疏报："策妄阿喇布坦属下策零敦多布等，领兵三千来西藏，欲灭拉藏汗。拉藏整兵迎敌，交战数次，两无胜负。策零敦多布等之兵自远路冲雪前来，士卒冻馁，马驼倒毙，沿途食人犬，俱徒步而行。三千兵内厄鲁特之兵少，吴梁海之兵多。到者只二千五百，其余五百兵丁，皆疲极不能同到。"

疏入，上谕议政大臣等曰："西藏之地，达赖喇嘛所蓄粮饷颇多，器械亦备，且西藏人众守法。今策妄阿喇布坦无故欲毁教占藏，众人岂肯容伊？且策零敦多布等之兵疲敝已极，除阵亡病死外，未必满二千，又安能取得拉藏城池？但策零敦多布等自分，攻取则兵力不支，撤兵而回，亦无生路，或因情急，恣行侵掠，亦未可定，不可不加意防备。尔等其确议具奏。"

寻议："著青海台吉等速行领兵前往。令内大臣公策旺诺尔布、将军额伦特、侍卫阿齐图等统兵驻扎青海形胜之地，松潘之兵亦令驻扎形胜之地，以便哨探。万一有事，彼此相助，相机而行。并速行文著将军富宁安等知悉。"从之。

（圣祖朝卷二七四·页一四下～一五上）

○康熙五十七年（戊戌）正月乙亥（1718.2.25）

议政大臣等议复："总督额伦特等疏报，据拉藏使人胡喇奇云：从前与策妄阿喇布坦之兵交战，曾斩获伊众二百余人。策零敦多布及准噶尔等，因不服水土，遍身浮肿。今拉藏现在布达拉地方固守，达赖喇嘛、班禅额尔得尼俱同在一处，令我赍疏往奏圣主。又，大喇嘛乌尔齐木藏布拉木渣木巴奏称，我等自刚谛沙回至拉萨，拉藏告云，策妄阿喇布坦令策零敦多卜等率兵六千余人至净科尔庭山内，踞守险要，来与我战。夜间越岭而来，复踞住达穆地方等语。又，侍卫阿齐图等疏报，据拉藏使人胡喇奇云，拉藏、苏尔扎前与策妄阿喇布坦之兵交战，杀获甚众。今拉藏、苏尔扎俱自达穆已至招中等语。应行令侍卫阿齐图、总督额伦特等加谨设防，作速预备，远探贼情，相机进剿。"

得旨："依议速行。"

（圣祖朝卷二七七·页一〇下～一一上）

○康熙五十七年（戊戌）二月庚寅（1718.3.12）

议政大臣等议复："据拉藏奏称，臣世受圣主洪恩，不意恶逆策妄阿喇布坦发兵六千，与我土伯特兵交战两月，虽并无胜负，而敌兵复又入招。臣现在率兵守护招地，但土伯特兵少，甚属可虑。若将喀木、危、藏之地被伊踞去，将使黄教殄灭。为此恳求皇上圣鉴，速发救兵并青海之兵，即来策应等语。查拉藏系顾实汗后裔，维持黄教。今恳求救援，应令西宁、松潘、打箭炉、噶斯等处各预备兵马，并土司杨如松属下兵丁一同前往。现今青海王、台吉等派兵六千，在正月初十日起程，但非有满洲兵丁不可。应令侍卫色楞、侍读学士查礼浑在西宁满洲兵内选二百名，绿旗兵内选二百名，及土司之兵一千，带至青海地方，会同青海王、台吉等商酌行事。其青海王、台吉等发兵去后，伊等家口无人看守，应行文公策旺诺尔布、总督额伦特与青海王、台吉等妥议，于屯兵形胜之处用心守护。"从之。

（圣祖朝卷二七七·页一六上～下）

○ 康熙五十七年（戊戌）二月己酉（1718.3.31）

陕西凉州总兵官康海疏言："红番萨马喇木扎木巴等闻知拉藏被伤，不无恐怖。又据贝勒罗布藏亦遣人呈称其事。臣所巡南山一带地方大通河，相离百十余里即通青海、西藏、噶斯之要路，扁都口、酸茨河、宽沟等处边隘亦关紧要，宜加防守。臣令所属兵丁在城喂养马匹，倘有用处，听候调遣。臣与督臣会商，安抚防备。"报闻。

（圣祖朝卷二七七·页二二下～二三上）

○ 康熙五十七年（戊戌）四月辛巳（1718.5.2）

议政大臣等议复："侍卫阿齐图疏报：臣统兵至柴旦木地方，于正月初二日，遇见伊打木扎布等带领拉藏子苏尔扎之妻自招败回。告称准噶尔兵来至达穆地方，与我土伯特兵交战数次，彼此伤损甚多。去年十月三十日，厄鲁特之噶隆沙克都尔扎布叛归准噶尔，将小招献降，我土伯特兵众解散，台吉那木扎尔等在布达拉北城开门投顺，准噶尔兵众拥入。十一月初一日，苏尔扎率兵三十人冲围而出，被其擒获，拉藏被围身亡，我等逃奔而来等语。今西藏已失，苏尔扎之妻等投恳垂救，应行文总督额伦特、郎中长受，即给伊马匹、口粮，仍令在波罗冲可克旧处暂为安插。"从之。

（圣祖朝卷二七八·页一四上～下）

○康熙五十七年（戊戌）五月丁巳（1718.6.7）

总督额伦特疏报："四月初五日，拿获策零敦多卜之使人罗卜臧等八人，讯称：伊等自去年正月由特几斯起程，十月至布搭拉地方。本月二十八日夜攻取大招、小招，次日围住布搭拉，杀害拉藏。将伊幼子及所属寨桑等送往策妄阿喇布坦处。伊子苏尔扎遁走，为土伯特擒获。拘达赖喇嘛于扎克布里庙，班禅仍住拉锡伦布等语。将使人罗卜臧等交主事奈曼代，沿途防护，解往京城。"报闻。

（圣祖朝卷二七九·页一下）

○康熙五十七年（戊戌）五月戊午（1718.6.8）

侍卫阿齐图疏奏："苏尔扎之妻与从前属下人等现在一处。若可以糊口，听其自为生理；若不能糊口，请令青海寨桑等酌量养济。"

得旨："据奏，苏尔扎妻既云我系妇人，属下人等不能养育。且恐他人欺压，亦未可定。著翰林院侍读学士桦色领银一千两，前往波罗冲可克地方，给与苏尔扎之妻，令其办理生业。且朕差官照看伊等，必无有敢行欺压之人矣。"

（圣祖朝卷二七九·页一下～二上）

○康熙五十八年（己亥）六月丁未（1719.7.22）

四川总督年羹尧疏报："探得西海各部落，近因贝勒达颜病故，各有吞并之意。又闻策零敦多卜见令左哨头目春木盆尔带六百余兵，过喀喇乌苏河，前往青海。又闻发兵八千来藏，已至业尔根克里野地方。臣思自藏至打箭炉，南路险远，北路平近，里塘见有大兵，南路可以无虞，惟北路宜预为之防。臣等已调兵防守中渡河口，又酌调提标兵丁于打箭炉附近地方驻扎，防守霍耳一路。"报闻。

（圣祖朝卷二八四·页一二上～下）

○康熙五十八年（己亥）六月壬戌（1719.8.6）

四川总督年羹尧、护军统领噶尔弼疏报："探得策零敦多卜领兵六千，止有二千系准噶尔之人，余皆迫胁而来者。再，同领兵之三济，行事轻躁，与策零敦多卜不相和睦。又有郭莽喇嘛，系策零敦多卜之弟。策零敦多卜调夫修理布达拉城池，有欲为藏王，率众归附之意。臣等遥揣其情，策零敦多卜深知策妄阿喇布坦之残忍，又与三济不和，恐难保全，此亦必有之情。似可密谕策零敦多卜速来归顺，使守西藏，令除三济以自效。"报闻。

（圣祖朝卷二八四·页一四下～一五上）

○康熙五十八年（己亥）六月乙丑（1719.8.9）

抚远大将军允禵疏报："公策旺诺尔布等将出西藏而来之扎穆扬善木巴等送至西宁。遂询据扎穆扬善木巴等称，策零敦多卜、三济等领兵驻扎在藏，闻得三济于三月间回策妄阿喇布坦处去。再，策零敦多卜闻大兵分路进剿，恐不能支，欲于五月间遁回。"报闻。

（圣祖朝卷二八四·页一五下）

○康熙五十八年（己亥）九月乙未（1719.11.7）

谕议政大臣等："此次差往西边胡毕图等前来回称：'策零敦多卜等及土伯特众喇嘛民人，俱言在西宁见有新胡必尔汗实系达赖喇嘛之胡必尔汗。天朝圣主将新胡必尔汗安置在达赖喇嘛禅榻上座，广施法教，实与众人相望之意允协。且土伯特处时有瘴气，厄鲁特之子孙不能滋生，多生疾病，有何贪恋之处？惟恳天朝圣主将法教速为广施。'观此情形，似乎易结。今将新胡必尔汗封为达赖喇嘛，给与册印，于明年青草发时，送往藏地，令登达赖喇嘛之座。送往时，著大臣带满洲兵一千名、蒙古兵一千名、土番兵二千名、绿旗马兵一千名、步兵一千名前去，其行粮、牲畜接续之处，令大将军办理。再由巴尔喀木带四川满洲兵一千名、绿旗兵一千名，土番兵酌量派往，其行粮、牲畜接续之处，令年羹尧办理。青海王、贝勒、贝子、公等亦带领属兵，或一万，或五六千，送往前去。策零敦多卜等若实为法教，自必俟达赖喇嘛登禅榻后，然后前去；若不行等候遁走，即为无耻之贼。此行大将军带领兵马，在梭罗木周围水草佳处驻扎，兼令其照管青海家属。四川兵二千名出口驻扎，兼照管王察罕丹津行装。事关甚大。将此旨传谕大将军处，令伊等公同确议具奏。又，青海王、台吉等，令大将军传集一处晓谕：'唐古特国内达赖喇嘛、班禅法教，原系尔祖上设立。今策妄阿喇布坦无故将拉藏杀害，令寺庙喇嘛各自散去，将众鄂里格一路截断，令达赖喇嘛禅榻空虚。从前尔将此新胡必尔汗称为达赖喇嘛之胡必尔汗，若安置在达赖喇嘛禅榻为法教广施之事，我等愿舍命效力。业经保奏土伯特之喇嘛民人及阿木岛地方喇嘛等，俱亦称为达赖喇嘛之胡必尔汗。皇上将此胡必尔汗特封为达赖喇嘛，于明年一同送往藏地，令登禅榻，将法教广施，放开众鄂里格一路，令其贩卖茶布。此正宜效力之时，尔等应各带兵丁，与送去之大臣会同一处前去。尔等之意如何？'令伊等各陈己意，会盟画一具奏。俟会盟完时，令都统延信、楚宗、公策旺诺尔布、侍读学士常授等由固关前来京师具奏。"

（圣祖朝卷二八五·页一一上～一二下）

色楞、额伦特统兵进征，挫败于喀喇乌苏

○康熙五十七年（戊戌）三月辛酉（1718.4.12）

谕议政大臣等："侍卫色楞等既统兵进征西藏，沿路汛守、防护、哨探以及单身行走、认识路径等事甚有关系。曾令侍卫打克巴藏布将侍卫等酌量派往，再于都统胡锡图所带兵丁内，将惯习行走、汉仗好之新满洲及乌拉齐、索伦拣选几名，即于彼处发往色楞军前。"

（圣祖朝卷二七八·页五下）

○康熙五十七年（戊戌）三月癸亥（1718.4.14）

总督额伦特疏言："先经议政大臣等议：据侍卫色楞奏称，唐古特人众，趁其计虑未定，统领大兵前进穆鲁乌苏地方驻扎，贼众必不敢轻扰青海之界，则青海人心俱定。爰遣人侦探贼情，如易于攻取，相机进剿，若无实信，将汛界远设，严加防守。但色楞所统满洲、绿旗、土司之兵及自西宁调往之兵，止二千四百名，数少力弱，应将额伦特等处所有绿旗兵二千添派前往。其总督额伦特、公策旺诺尔布等备守青海之众，即令随后助威。至噶顺、古木二处地方无兵驻扎，应将都统胡锡图带领之兵一千令到彼处分派驻扎等因到臣。臣查西宁抵藏共有三路：一为珠尔垦，一为库

库塞，一为拜图。除珠尔垦路狭难行外，其余两路俱可进兵。应令侍卫色楞等率领原派满洲、绿旗及各土司与青海之兵，从一路前进。臣自率领现在波罗和硕调来西宁之绿旗兵二千，以及绰克来那木查尔等所派唐古特之兵一万，亦从一路前进。若贼众一路迎敌，则我师又有一路可以直取藏地，攻其后尾；若贼众两路迎敌，彼势既分，亦无难于剪灭。再经议政大臣等议奏，策妄阿喇布坦侦知我师欲取西藏，或从噶斯一路潜有兵来，亦未可定。应行文侍卫阿齐图防守噶斯，令侍卫等侦探贼人消息，以便传报等语。臣查都统胡锡图带来兵丁之马匹来自京城，未经久息，难以出口。现有西宁之西安满洲兵二百名、督标兵三百名，喂养马匹肥硕可用。又自固原发往西宁之兵一千内选用五百名，地方既近，马匹亦肥。再于都统胡锡图所领兵丁内派拨一千名，拣选马匹带往侍卫阿齐图等处，补其疲瘦残缺。在噶顺、古木、噶斯等地方或看守驻扎或相机行走，其于军务大有裨益。"

又，内大臣公策旺诺尔布疏言："先经议政大臣等议，照依侍卫色楞所请，令臣与总督额伦特、都统胡锡图在噶顺、古木等地方分兵驻扎。但青海之事，既有彼二人，无烦计虑，臣愿随进剿兵丁，稍图报效。"

得旨："朕阅额伦特、策旺诺尔布陆续所奏，伊等并未相商，各自陈奏，此处既难议断，而彼处亦难遵守。此一人云，我如此具奏奉行；彼一人云，我如彼具奏奉行。事务舛错，不能画一。伊等俱系大臣，理应会商妥协，况相隔不甚辽远，嗣后一应事务，著伊等同意相商，定议举行。"

（圣祖朝卷二七八·页七下～九下）

○康熙五十七年（戊戌）六月甲午（1718.7.14）

议政大臣等议复："侍卫色楞密奏：'臣近接总督额伦特书信，内云：奉旨差渣布往察罕丹津处，令伊遣人将准噶尔之兵诱来。俟所遣之人回信，然后进兵。臣愚以为准噶尔残害西藏，彼处人民悬望我师如望云霓，岂能刻缓！况闻准噶尔兵众散处无纪，伊等伎俩不过暮夜袭营、偷盗马匹而已。臣所统兵丁二千有余，器械坚锐，马肥饷足，今于五月十三日已至穆鲁斯乌苏地方。值今河水浅涸，策鞭可渡。又探得距此五百里，见有准噶尔之哨兵。正当乘此机会，剿灭贼人，收复藏地。若复驻留以俟额伦特兵到，恐需迟时日，口粮告罄，进退两难。臣故不能延待，随即陆续进兵。'观此所奏甚是。应令色楞沿途小心，相机行事。再行文额伦特等，亦作速进兵策应。"从之。

（圣祖朝卷二七九·页九下～一〇上）

○康熙五十七年（戊戌）闰八月丙午（1718.9.24）

总督额伦特疏报："七月十六日，臣等自门赞西里克起程，至齐诺郭尔地方安营。十七日四更时分，贼兵冲逼营盘，臣即遣游击王汝载等率兵进击，贼众大败。贼人又自东、自南齐进，臣亲统弁兵，与贼对敌，枪炮并发，自寅至巳，贼败下山坡。臣等追击十余里，见贼兵多而官兵少，四面山沟俱有可通之路，恐有埋伏，未曾穷追。所获被伤一贼，讯称贼酋托布齐、杜喀儿二人，率兵四千由喀喇乌苏河西小路而来。臣即移咨公策旺诺尔布统兵速来接应，臣仍相度机宜，渡过喀喇乌苏，前往狼腊岭。若与色楞相遇，则会兵前进；倘不相值，再随机而行。"

得旨："据奏大败厄鲁特贼兵，伤杀甚多等语，额伦特率领兵丁颇少，直抵从古未到之绝域，奋勇直前，建立肤功，殊非寻常军功可比。见今赏赉军前人等家属外，事定后著从优议叙。"

侍卫色楞疏报："唐古特人等原系达赖喇嘛所属之人，自去年被厄鲁特贼众夺其牲畜，掳其妇女，扰害难堪，是以昼夜悬望大兵救援。一闻大军前至，莫不欢跃投诚。为首台吉卓里克图之子博音马松、台吉丹津绰音达克等率众来降。但臣未知额伦特由何路进兵，因将新满洲侍卫诺里尔达等派出，令投诚之沙克扎寨桑为向导，前往侦探额伦特信息。今已得回文，臣在喀喇乌苏候伊来到，合兵一处，前进达穆地方。"下所司知之。

（圣祖朝卷二八一·页一上～二上）

○康熙五十七年（戊戌）闰八月丁未（1718.9.25）

侍卫色楞疏报："七月二十日，臣等统兵至喀喇乌苏安营。二十一日，随据新降台吉博音马松等报称，见在厄鲁特贼人在伊地方勒索口粮，谋击我兵。臣即率领满洲、绿旗兵丁，分列三队，前往截杀。贼众冲抵，我师分道夹击，连败之，夺其三处山梁，贼兵窜走。臣随统兵追杀二十里，斩戮贼兵二百余人，受伤者甚众。"

得旨："该部从优议叙。"

（圣祖朝卷二八一·页二上）

○康熙五十七年（戊戌）九月己卯（1718.10.27）

谕议政大臣等："在噶斯一路驻扎之阿齐图等带领兵丁一千，业已进藏。所剩兵丁一千，有西安之佐领禅播等带领，驻扎柴旦木地方。今届秋时，探知策零敦多卜等设兵处，便可发大兵进剿。若谓彼兵趁冬雪之际，轻兵来至噶斯一路，惊扰青海，而遽将进取西藏之兵撤回噶斯，则彼且谓得计，亦未可定。朕意驻扎肃州之总兵官李耀汉仗好，今闲住肃州，若令李耀带领兵丁前赴噶斯，今冬在彼防守，似有裨益。尔等公同确议具奏。"

寻议复："噶斯地方甚属紧要，若止添拨李耀之兵五百名，为数尚少。见今西宁驻扎兵多，应将都统阿尔纳带至西宁之满洲兵八百余名发往柴旦木地方驻扎，给与鸟枪火器等物，甚为得用。其副都统唐色患病，留在西宁，俟病痊听调外，令都统阿尔纳至柴旦木地方，统辖满洲、绿旗兵丁，与总兵官李耀、护军参领神保公同商议行事。则防守之兵既增兵势，而此方水草良便，马匹亦可过冬。又，穆鲁斯乌苏之地，除副都统宗查布等之兵外，更无兵驻扎。其间所设各站兵数尚少，不无盗窃马匹以及断截文邮之事，且陆续解送大兵粮饷，亦属可虑。应将甘肃抚标鸟枪步兵六百八十名派往。除古木一站另有土司兵三百名驻防外，其余十七站，各添设兵丁四十名，以资防守。"从之。

（圣祖朝卷二八一·页六上～七上）

○康熙五十七年（戊戌）九月甲辰（1718.11.21）

先是，总督额伦特同侍卫色楞俱统兵至喀喇乌苏地方，与贼众遇，屡败贼众，相持月余。至是，复率兵进击，射死贼人甚众。矢尽，额伦特犹力战，殁于阵。

（圣祖朝卷二八一·页九下）

○康熙六十一年（壬寅）六月乙丑（1722.7.24）

吏部题："正白旗蓝翎达尔第喀、镶白旗护军校委署章京奔禄、镶红旗护军校委署章京吴勒俱进藏至索罗木地方，与贼战阵亡，应各授为拖沙喇哈番。正蓝旗蓝翎委署前锋章京查伦插进藏至喀喇乌苏地方，与贼战，射死数贼，身被多伤自尽，应照阵亡例，授拖沙喇哈番。俱交与该旗查明应袭之人承袭。"

得旨："依议。查伦插临敌奋勇身故，著给与拜他喇布勒哈番。"

（圣祖朝卷二九八·页三下）

康熙力主进军，平准安藏

○康熙五十六年（丁酉）十一月甲戌（1717.12.26）

上以甘肃提督师懿德议不可进兵一折示满汉大学士、学士、九卿、詹事、科道等，谕曰："此事彼处督、抚不奏，师懿德独奏，亦是仿刘荫枢之意，且将师懿德等留京。用兵之事，原要机谋，非拘执不通者所能办理。当中路出兵时，人云地寒马瘦，到彼处马匹必致冻死；又包衣大力言粮饷未到，难以前进。朕即止之云：'此中机谋，非尔等所知。如再妄言，即律以军法。朕来时祭告天地、宗庙，必见噶尔丹方回。又与伯费扬古约两路合兵，今不前进，如何先回？'朕亲率大兵深入敌境，算在必胜也。噶尔丹使人来，朕留营中七日，谕来使云：'不见噶尔丹，必不轻回。'鼓兵前进，差人往视噶尔丹，已遁去二日，再差人往视，已尽弃庐帐、器械远遁矣，朕乃回兵。今策妄阿喇布坦本属小丑，不足为虑，但怙恶不悛，侵陵哈密前曾以二百人败其二千余人矣。今因其移兵到藏道路甚远，又无接应，自去年十月起行，今年七月方到，过三层冰山，噶斯等处实为难行。然彼既可以到藏，我兵即可以到彼处。兵亦不用多，二百余人便可破之矣。人奏彼处雪深八尺，兵不可住，今李先复系汉人，自阿尔泰口外来，气色甚好，云途中并不见有病人，是边外水土原可居住。故复议明岁三四月出兵。用兵惟以安宁百姓、保护地方为先，故各省督、抚奏折来，俱批先固内地紧要，不可听小抄以惑人心。我朝驿递之设最善：西边五千余里，九日可到；荆州、西安五日可到；浙江四日可到。三藩叛逆吴三桂轻朕年少，及闻驿报神速，机谋深远，乃仰天叹服曰：'休矣！未可与争也。'"

（圣祖朝卷二七五·页一〇下～一一下）

○康熙五十九年（庚子）正月壬申（1720.2.12）

谕议政大臣等曰："……进兵西藏时，色楞不候众人，独自前往，额伦特亦随后追至，为国家奋不顾身，虽至失机，岂可论伊等进兵太速乎？今策旺诺尔布，系差往策应之兵，而迟延不前，虽伊所统兵丁善全而归，伊属下之兵固然感念，于国事有何裨益？惟西路阵亡兵丁，朕甚为怜悯，当分别加恩。至大臣官员等在部院衙门亦能清廉自守，若行军大事，又非仅清廉自守者能胜任也。朕年少时，每于讲武练兵等事，违命者必惩以法，内外大小悉知警惕。由此观之，训练之事不可疏忽也。兹众喀尔喀及青海等俱服朕之风化，而策旺阿喇布坦之人霸占藏地，毁其寺庙，散其番僧，青海台吉理应弃命忘身，奋勇致讨；乃伊等口称维持黄教，却无实心效力之人。策零敦多卜领兵在藏，以我兵隔远，不能往救。朕思伊等兵步行一年有余，忍饥带馁，尚能到藏，我兵顾不能至乎？今满汉大臣咸谓不必进兵，朕意此时不进兵安藏，贼寇无所忌惮，或煽惑沿边诸番部，将作何处置耶？故特谕尔等，安藏大兵决宜前进。"

（圣祖朝卷二八七·页一上～四上）

抚远大将军允禵奉旨出征，延信、噶尔弼等率军征讨，护送七世达赖拉萨坐床

○康熙五十七年（戊戌）十月庚午（1718.12.17）

谕议政大臣等："十四阿哥既授为大将军，领兵前去，其纛用正黄旗之纛，照依王纛式样。简亲王之子永谦，令其带伊父之纛前往。将上三旗侍卫派出三十员。庄亲王之护卫既于一切之处俱不行走，如其护卫并亲军中有情愿告往效力者，尔等亲加拣选奏闻。弘昉属下之人，亦著照此。凡有子弟出兵之王等外，其不出兵之王等，亦令各选护卫三员，贝勒、贝子各二员，公等各一员，随十四阿哥前往效力。步军协领爱哈那行走熟谙，

令其统辖王等之护卫前去。"

寻将王等护卫、散骑郎、典仪共三十六员，亲军校四员，亲军二十六名，开列具奏。报闻。

（圣祖朝卷二八一·页一五下～一六上）

○康熙五十七年（戊戌）十一月己丑（1719.1.5）

上以进剿策妄阿喇布坦大兵起程，御太和殿，排设卤簿前进。其出征之王等以下俱戎服，其不出征之王、贝勒等以下俱蟒服以从。上亲诣堂子行礼，次鸣角，祭旗纛。礼毕，回宫。

（圣祖朝卷二八二·页三上）

○康熙五十七年（戊戌）十二月乙卯（1719.1.31）

抚远大将军允禵率兵起程。上命内阁大臣颁给大将军敕印于太和殿。其出征之王、贝子、公等以下俱戎服，齐集太和殿前。其不出征之王、贝勒、贝子、公并二品以上大臣等俱蟒服，齐集午门外。大将军允禵上殿，跪受敕印，谢恩。行礼毕，随敕印出午门，乘骑出天安门，由德胜门前往。诸王、贝勒、贝子、公等并二品以上大臣，俱送至列兵处。大将军允禵望阙叩首行礼，肃队而行。

（圣祖朝卷二八二·页七下～八上）

○康熙五十八年（己亥）三月乙未（1719.5.11）

议政大臣等议复："抚远大将军允禵疏参吏部侍郎色尔图，奉旨料理西宁兵饷，并不实心办事，任意迟延推诿，纵令家人与笔帖式戴通包揽运米之事，通同扣克银两，将满洲、绿旗兵丁苛刻，情殊可恶。请将色尔图等严审确拟。再，色尔图亏空甚多，粮饷事关紧要，伏乞另派贤能大臣一员前来办理。应如所奏，将色尔图严审定拟。见今巴尔库尔有巡抚绰奇、噶什图二人，应将噶什图调赴西宁，办理粮饷事务。噶什图所办之事，令前往种地之侍郎海寿兼管。"从之。

又议复："允禵疏参都统胡锡图，领兵来时，沿途索诈官吏，骚扰百姓。进藏之时，兵无纪律，粮米不行节省，马畜不行爱惜，以致人马伤损。回时不亲自率领兵丁，先行进口。请将胡锡图革职严审。应如所奏。"从之。

（圣祖朝卷二八三·页一五上～下）

○康熙五十八年（己亥）四月乙巳（1719.5.21）

议政大臣等议复："抚远大将军允禵疏言：'据都统延信等称：准噶尔与青海之人联姻已经多年，大将军若领兵出口外，我兵所出之多寡，青海人等一知，则准噶尔之人即得闻知矣。今年暂且停兵不进，则口外驻扎似可不必。又据自喀喇乌苏回来之参将述明等称：准噶尔贼众虽与我兵交战，亦甚畏惧。甚土伯特之人，为贼所迫，虽与我兵对敌，俱将鸟枪举高放过，当贼之背后，则向我等营中放空枪。揆此，则可知土伯特之人，实心感戴皇恩。今既扬称三十万大兵进剿，差使前往，大事可成。谨将伊等报明之处，奏闻请旨。'查都统延信等既称大兵不必出口，应令在西宁驻扎。至于作何料理驻扎，以及留兵若干，所留官兵马匹于何处牧放等事，俱令大将军酌量而行。"从之。

（圣祖朝卷二八四·页一上～下）

○康熙五十八年（己亥）四月戊辰（1719.6.13）

议政大臣等议复："抚远大将军允禵疏言：'臣遵旨不出口外，驻扎西宁，相机而行。将每佐领下鸟枪护军各一名，令公策旺诺尔布带领，驻扎凉州；每佐领下护军各一名，令副都统宝色带领，驻扎宁夏之喀喇沁等处；蒙古兵令都统楚宗带领，俱到索落木驻扎；将庄浪驻扎每佐领下马兵各一名，令都统汪悟礼、副都统伊礼布带领，凉州所剩每佐领下鸟枪马兵各一名，令副都统宗室赫世亨、宗查布带领俱到波罗和邵驻扎，以之宣扬声势。再将宗室等分派，令平郡王讷尔素，公诺音托和、揆慧，简亲王之子永谦，镇国将军敬顺、苏尔臣，奉恩将军华扮，闲散宗室吴尔浑等前往波罗和邵驻扎。此各路兵马，俱令于四月尽间起程，于九月内进口喂马。自阿什罕之站起前至索落木，安十五站，每站各设马二十匹。自索落木之旁通柴旦木之路，安五站，应各设马十五匹。每站派设固原之绿旗兵各十名，青海之兵亦各派设十名。再据策旺诺尔布称，若调取青海之兵六百名在军营左近驻扎,则于巡守并汛界之差遣等事甚有裨益。是以行令青海首领,于伊等两翼各派兵三百名。将兰州所剩护军一百二十九名、马兵八百七十一名,俱调赴西宁驻扎。'查见今既调兵赴口外驻扎,则汛界巡守之事甚要,应将所调青海之六百名兵,令在汛界巡守之处不时小心防守。仍令扬言大兵目下两路进剿。"从之。

(圣祖朝卷二八四·页六上~下)

○ 康熙五十八年(己亥)七月乙未(1719.9.8)

议政大臣等议复:"抚远大将军允禵疏言:'办理军饷之原任侍郎色尔图等扣克军粮,应将色尔图照失误军机律拟斩,笔帖式戴通拟绞。俱解部、监候,秋后处决。'应如所拟。"

得旨:"色尔图依拟应斩,戴通依拟应绞,俱仍锁禁西宁,遇有苦差之处差遣。"

又议复:"抚远大将军允禵疏言:'原任都统胡锡图带兵来时,沿途索诈官吏,骚扰百姓;进藏之时,人马伤损;回时不亲自率领兵丁,先行进口。应将胡锡图枷号鞭责,解送京城完结。'应如所拟。"

得旨:"胡锡图仍锁禁西宁,遇有效力之处,发往效力。"

(圣祖朝卷二八五·页三上)

○ 康熙五十八年(己亥)九月甲戌(1719.10.17)

议政大臣等议复:"四川总督年羹尧、护军统领噶尔弼疏言:'据差往巴塘知府迟维台等称,乍丫、叉木道、嚓哇三处胡土克图罗布藏那木扎尔等欲来归顺,将伊等所属喇嘛、民人等户口,会造总册投递。因差郎中鄂赖、游击黄喜林等持银牌、茶、缎,轻骑前往三处晓谕、犒赏外,复令详察三处形势回报。'应行令年羹尧等,俟差去之郎中鄂赖等一到,将彼处情形并所得一应信息即速奏闻。"从之。

(圣祖朝卷二八五·页八下~九上)

○ 康熙五十八年(己亥)九月乙未(1719.11.7)

谕议政大臣等:"此次差往西边胡毕图等前来回称:'策零敦多卜等

及土伯特众喇嘛民人，俱言在西宁见有新胡必尔汗实系达赖喇嘛之胡必尔汗。天朝圣主将新胡必尔汗安置在达赖喇嘛禅榻上座，广施法教，实与众人相望之意允协。且土伯特处时有瘴气，厄鲁特之子孙不能滋生，多生疾病，有何贪恋之处？惟恳天朝圣主将法教速为广施。'观此情形，似乎易结。今将新胡必尔汗封为达赖喇嘛，给与册印，于明年青草发时，送往藏地，令登达赖喇嘛之座。送往时，著大臣带满洲兵一千名、蒙古兵一千名、土番兵二千名、绿旗马兵一千名、步兵一千名前去，其行粮、牲畜接续之处，令大将军办理。再由巴尔喀木带四川满洲兵一千名、绿旗兵一千名，土番兵酌量派往，其行粮、牲畜接续之处，令年羹尧办理。青海王、贝勒、贝子、公等亦带领属兵，或一万，或五六千，送往前去。策零敦多卜等若实为法教，自必俟达赖喇嘛登禅榻后，然后前去；若不行等候遁走，即为无耻之贼。此行大将军带领兵马，在梭罗木周围水草佳处驻扎，兼令其照管青海家属。四川兵二千名出口驻扎，兼照管王察罕丹津行装。事关甚大。将此旨传谕大将军处，令伊等公同确议具奏。又，青海王、台吉等，令大将军传集一处晓谕：'唐古特国内达赖喇嘛、班禅法教，原系尔祖上设立。令策妄阿喇布坦无故将拉藏杀害，令寺庙喇嘛各自散去，将众鄂里格一路截断，令达赖喇嘛禅榻空虚。从前尔将此新胡必尔汗称为达赖喇嘛之胡必尔汗，若安置在达赖喇嘛禅榻为法教广施之事，我等愿舍命效力。业经保奏土伯特之喇嘛民人及阿木岛地方喇嘛等，俱亦称为达赖喇嘛之胡必尔汗。皇上将此胡必尔汗特封为达赖喇嘛，于明年一同送往藏地，令登禅榻，将法教广施，放开众鄂里格一路，令其贩卖茶布。此正宜效力之时，尔等应各带兵丁，与送去之大臣会同一处前去。尔等之意如何？'令伊等各陈己意，会盟画一具奏。俟会盟完时，令都统延信、楚宗，公策旺诺尔布，侍读学士常授等，由固关前来京师具奏。"

（圣祖朝卷二八五·页一一上～一二下）

○康熙五十八年（己亥）十二月辛酉（1720.2.1）

议政大臣、军前召至大臣、九卿等遵旨议复："送往新胡必尔汗兵八千，为势稍弱，应再添兵四千。令额驸阿宝亲身带厄鲁特兵五百名，副都统常龄带察哈尔兵四百名同往。其柴旦木驻防之都统阿尔纳处二千兵内，派一千五百名，令侍卫阿齐图等带领前往。大将军留驻穆鲁斯乌苏三千兵内，拨派一千六百名。此进藏之兵共一万二千名，派大臣一员，授为将军，给与印敕，令其统理。新胡必尔汗封为达赖喇嘛，应给印敕、名号等项，令各该处议奏。都统延信、楚宗，公策旺诺尔布，侍读学士常授等，回时令与大将军商酌。青海台吉等若实心送去，即将新胡必尔汗与兵马一同前往。若俟事定之日送去，令暂住滚穆布木庙内，先遣大兵将藏地攻取。令阿宝所领之五百兵并察哈尔四百兵、满汉二千兵、青海二千兵俱驻扎看守。再令都统法喇等酌量带兵，由巴尔喀木一路前进。噶尔弼、年羹尧亦派兵二千名，发往法喇军前。都统武格带往兵内，挑选满兵一千，绿旗兵二千，满兵令都统武格、副都统吴纳哈统领，绿旗兵令总兵官赵坤、马会伯统领，前往与法喇之兵会合。应于何日起程，何地会合之处，令大将军咨行商酌，约会一同前进。再将阿尔泰二万兵内，挑选一万五千，令裹带三月口粮，于六月下旬，自布喇罕、布鲁尔两处前进。若策妄阿喇布坦不行防备，即深入袭击；若知觉防备，将兵速行带回。巴尔库尔一万三千内挑选一万，令三千兵轻骑袭击吐鲁番，二千兵轻骑袭击乌鲁木齐，所余五千兵，令其徐徐前进，接济袭击乌鲁木齐之后。此袭击之兵，俱令裹带两月口粮，于七月初旬与阿尔泰之兵约定前进。其袭击之兵及驻扎之兵令何人统领，进藏之兵于军前大臣内派何人为将军，及西宁等处提督总兵官内将何人派往之处，伏候谕旨。"

得旨："此议甚详。事务关系重大，著行令大将军等与青海台吉等公同定议具奏。"

（圣祖朝卷二八六・页一六上～一七下）

○康熙五十八年（己亥）十二月壬戌（1720.2.2）

议政大臣等遵旨议奏："京城满洲兵每佐领派鸟枪护军一名、护军一名、鸟枪马兵一名，派护军统领一员、副都统二员统领。每旗派护军参领一员，每翼派鸟枪护军参领一员，骁骑营之火器营各派参领一员，委为夸兰大，前往西宁。所派大臣官员支给五年俸银，兵丁支给二年钱粮，令其置办。将骁骑营兵作一起，令副都统一员统领。护军作一起，令护军统领一员、副都统一员统领。俱于明岁二月内起程。再，查从前曾令山西大同、平阳等处绿旗步兵一千名在甘州预备，今派一万二千兵进藏，明岁若送达赖喇嘛登禅榻，即令此一千步兵前往看守。"从之。

（圣祖朝卷二八六·页一七下～一八上）

○康熙五十九年（庚子）正月丁酉（1720.3.8）

命抚远大将军允禵率前锋统领弘曙，移驻穆鲁斯乌苏，管理进藏军务粮饷。

授都统宗室延信为平逆将军，率兵进藏。以公策旺诺尔布、副都统阿琳宝、额驸阿宝、随印侍读学士常授、提督马见伯、总兵官李麟参赞军务。

（圣祖朝卷二八七·页五下～六上）

○康熙五十九年（庚子）二月癸丑（1720.3.24）

谕大学士等曰："总督年羹尧自军兴以来尽心效力，训练川兵甚是整齐，可速行文与年羹尧，令伊带领兵丁进藏，授为将军。如有能署理总督事务，于地方不致生事者，令年羹尧奏闻署理。如地方紧要，不得署理之人，著护军统领噶尔弼为将军，带领云南、四川两处兵马前进。定西将军印速行送往。"

寻年羹尧复奏："四川总督印务，一时无可署理之人。定西将军之印，请交与噶尔弼管理，授为将军，率领兵丁进藏。并调都统法喇于打箭炉地方驻扎防守。"从之。

先是，抚远大将军允禵复奏："臣遵旨传集青海王、台吉等会议进兵安藏及送新胡必尔汗往藏之事，其青海王、台吉等皆同心协力，情愿派兵随征，并请封新胡必尔汗掌持黄教。"至是，命封新胡必尔汗为弘法觉众第六世达赖喇嘛，派满汉官兵及青海之兵送往西藏。其四十九旗扎萨克并喀尔喀泽卜尊丹巴胡土克图等，亦令遣使会送。

（圣祖朝卷二八七·页八上～下）

○康熙五十九年（庚子）三月己丑（1720.4.29）

都统武格疏言："云南一路满汉官兵奉调赴巴尔喀木地方，与将军噶尔弼会兵进藏。臣等于二月十二日自云南启行。又，丽江土知府木兴告请效力，臣挑选土兵五百名，令木兴之子带领随征。"报闻。

云南提督张谷贞疏言："驻扎云南满洲兵及鹤丽、永北二镇绿旗兵，现经都统武格等挑选三千名，率领进藏。臣查云南之丽江、中甸一带地方为西藏通衢，最系紧要。臣请亲率官兵于丽江、中甸适中之处驻扎防守。"从之。

（圣祖朝卷二八七・页一一下～一二上）

○康熙五十九年（庚子）五月辛巳（1720.6.20）

谕议政大臣等："今岁稍旱，应速行文与各路将军，或营中亢旱，马匹未肥，或进兵之路甚旱，水草不敷，俱未可定，勿谓既经议定进兵，不敢复以亢旱为辞奏请停止。朕念军务所关甚大，从前屡谕尔等及领兵大臣，凡军机之事，有今日定议，明日又改者，未可拘执，要在相其机变而行。朕于用兵之事，必熟思而后颁发旨意；若无旨意，又恐军中之大臣难于奉行也。然军前或因亢旱而无水草，马匹倒毙，则兵丁如何前进，如何回旋，明年又如何进兵耶？总之雨水及时，牧草果好，前进自无艰阻，应即行进兵。倘或亢旱，马匹疲瘦，雨水不调，牧草不堪，则即以不宜进兵之处，令军中之大臣等定议具奏。断不可以今岁若不进兵，来年亦可再进，作游移之语陈奏也。路途遥远，恐发去文书迟延遗失，亦未可定，须于明日行文一次，续后再行文一次，有一处不可进兵，即著将此一处奏请停止。"

（圣祖朝卷二八八・页三上～下）

○康熙五十九年（庚子）九月戊寅（1720.10.15）

云南贵州总督蒋陈锡、云南巡抚甘国璧以都统武格、将军噶尔弼从叉木多起行，拨用四川、云南二省粮饷，具折陈奏。

得旨："蒋陈锡、甘国璧皆系地方大臣，云南进藏之兵，各项粮饷应预先料理，如期运送。今蒋陈锡、甘国璧于粮饷之事并不留心料理，几至迟误。及大兵进藏之后，伊等方以运送米粮之事缮折奏闻。四川之米若不到，云南之兵从何就食？蒋陈锡、甘国璧显然有误军机，俱著革职，令自备口粮，运米进藏。若迟误不能抵藏，即行正法。其云南贵州总督事务，著贵州提督张文焕署理，云南巡抚事务，著贵州布政使杨名时署理，贵州提督事务，著河南南阳总兵官张致署理。南阳总兵官事务，著河南巡抚杨宗义于本省副将内拣选一人题请署理。伊等俱著速行赴任。"

（圣祖朝卷二八九·页三上～下）

○康熙五十九年（庚子）十月庚戌（1720.11.16）

定西将军噶尔弼疏报："臣等领兵至拉里地方，探知吹穆品尔寨桑带领贼兵二千六百人，由章米尔戎一路来拒我师。臣等议乘其不备，先取墨朱工喀地方。于八月初四日，臣率满汉官兵自拉里前进。王师所至，望风响应，随有朱贡之胡土克图献地来降。次日进取墨朱工喀，赏赉第巴头目，安辑民人。臣遣千总赵儒等往谕第巴达克杂来降。又喇嘛钟科尔头目亦陆续来降。臣等随令第巴达克杂聚集皮船，于八月二十二日渡河。复令侍卫讷秦等率领官兵，分为三队，二十三日五鼓时分起程，进取西藏。传西藏之大小第巴头目并各寺庙喇嘛，聚集一处，宣示圣主拯救西藏民人至意。随将达赖喇嘛仓库尽行封闭。西藏附近重地扎立营寨，拨兵固守。截准噶尔之往来行人及运粮要路。随据三庙之坎布将各庙所有准噶尔之喇嘛共一百一人擒献，内有为首喇嘛五人。据第巴达克杂及三庙坎布等首告，彼皆策零敦多卜授为总管之喇嘛。于是将此五名喇嘛即行斩首，其余九十六名准噶尔之喇嘛尽行监禁。"

得旨："噶尔弼等遵朕指授，率领官兵，历从古用兵未到之绝域，各加奋励，克取藏地，将准噶尔人等信用之逆恶番僧五人正法，抚绥唐古特、土伯特人民，甚属可嘉。在事将军以下兵丁以上，俱著从优议叙。"

谕兵部："朕惟国家绥义地方，爱养兵民，实系紧要。朕自临御以来，夙兴夜寐，无时不以军民生计为念。比年策妄阿喇布坦蠢动跋扈，侵我哈密，歼及拉藏，占取藏地，骚扰土伯特、唐古特人民。再，吐鲁番之人皆近四川、云南一带边境居住。准噶尔人等若将吐鲁番侵取，又将土伯特、唐古特人民煽惑，侵犯青海，不但难于应援，亦且难于取藏。是以调四川、云南满汉官兵由拉里前发，西路大兵由青海进藏。官兵俱感朕豢养之恩，遵朕指授，各加奋励，直抵险远绝域，克取藏地，殊堪轸念！应大沛恩泽，四川、云南满汉官兵从前所领俸饷，俱著免其扣取。仍遣堂官将取藏之四川、云南官兵，每人赏银十两，即给本人妻子，以示朕轸恤官兵劳苦之至意。尔部即遵谕行。"

（圣祖朝卷二八九·页一〇上～一一上）

○康熙五十九年（庚子）十月乙卯（1720.11.21）

抚远大将军允禵疏报："平逆将军延信等率领大兵，于八月十五日，驻扎卜克河地方。是夜，策零敦多卜等率众来犯，击败之，夺其马匹、器械。十九日自卜克河起程，二十日驻扎齐嫩郭尔地方，三更时有贼兵二千余人来袭我师。我师严整备御，贼众久持，不能抵敌，遂奔北。二十一日自齐嫩郭尔起程，二十二日驻扎绰马喇地方。是夜五更又有贼兵千余劫营，因营中四面哨兵枪炮矢石齐发，贼兵被伤身死者甚多，余贼皆望风而遁。延信等随率领满汉官兵，于九月初八日自达穆地方起程，送新封达赖喇嘛进藏。其从前达赖喇嘛博克达，不便留住藏地，应发回京师。"

得旨："前遣大兵进藏，议政大臣及九卿等俱称藏地遥远，路途险恶，且有瘴气，不能遽至，宜固守边疆。朕以准噶尔人等见今占取藏地，骚扰土伯特、唐古特人民。再，吐鲁番之人皆近云南、四川一带边境居住，若将土鲁番侵取，又鼓动土伯特、唐古特人众侵犯青海，彼时既难于应援，亦且不能取藏。朕决意独断，著靖逆将军富宁安、振武将军傅尔丹、征西将军祁里德管领两路官兵，前往策妄阿喇布坦边境惊扰袭击。又遣定西将军噶尔弼领云南、四川满汉官兵由拉里前进，平逆将军延信领西路官兵由青海前进。又遣大将军总领大兵驻扎穆鲁斯乌苏，调遣官兵，办理粮饷。伊等俱各加奋励。两路袭击之兵至策妄阿喇布坦边境，屡次大胜，剿杀贼兵，擒获人畜，招抚数千准噶尔人众。兹览大将军奏，延信等三次将策零敦多卜杀败，贼兵逃窜。殊属可嘉。在事将军以下兵丁以上，俱著从优议叙。"

（圣祖朝卷二八九·页一一下～一二下）

○康熙五十九年（庚子）十月辛酉（1720.11.27）

议政大臣等议复："抚远大将军允禵疏言：'八月二十三日官兵进藏之后，探知策零敦多卜等贼兵已自克里野一路遁去。请将驻守噶斯布特尔之兵及驻防青海土兵均行撤回。'应如所请。但策零敦多卜等性甚奸狡,虽已经逃遁,或乘隙侵扰青海地方,亦未可定。应令大将军仍派兵二千,驻扎于青海相近形胜之地,侦探防守。"从之。

（圣祖朝卷二八九·页一四上）

○康熙六十年（辛丑）正月癸未（1721.2.17）

抚远大将军允禵疏奏："据平逆将军延信呈报：大兵送达赖喇嘛至藏地安置,其所经过雷东喷多等处,居住喇嘛人等感激圣主再造弘恩,罔不踊跃欢欣,男女老幼,襁负来迎。见我大兵,群拥环绕,鼓奏各种乐器,合掌跪云：'自准噶尔贼兵占据土伯特地方以来,父子分散,夫妇离别,掳掠诸物,以致冻馁,种种扰害,难以尽述。以为此生不能再见天日。今圣主遣师击败贼兵,拯救土伯特人众,我等得脱患难,仍前永享升平乐业之福,似此再造弘恩,何以报答！'纷纷叩陈,出于至诚。"疏入,报闻。

（圣祖朝卷二九一·页二下～三上）

平准安藏大军凯旋，封授阿尔布巴、康济鼐二人贝子和隆布奈辅国公，留兵驻守西藏地方

○康熙五十九年（庚子）十一月壬午（1720.12.18）

议政大臣等议复："四川总督年羹尧疏言：'大兵平藏之后,有随征把总哈元成回称：西宁进藏之路,瘴气独盛,见在平藏官兵俱欲从巴尔喀木一路行走。臣查凯旋之兵所带口粮,按日计之,尚属有余,不必随路接济。但恐官兵马匹回至中途必多疲乏,虽有口粮,或不能裹带而行,亦未可定。谨飞檄各处多运米粮,预备接济。'应如所请。"

得旨："依议。年羹尧奏进藏大兵由巴尔喀木一路凯旋,朕念武格等所领满兵由云南出口进藏,今回兵时,若仍令往云南,则路途遥远,著即同四川省凯旋之兵从四川入口。其云南绿旗兵丁,著年羹尧择路近之处发往云南。西宁进藏兵,著从松潘一路行走。至松潘后,相视道里远近或从口外前往西宁,或从口内行走,俱著年羹尧酌量办理。"

（圣祖朝卷二九〇·页六上～下）

○康熙六十年（辛丑）正月丁卯（1721.2.1）

议政大臣等议复："四川总督年羹尧遵旨议奏：'云南进藏绿旗兵丁，应自乍了［丫］以东之萨木墩与川兵分路而回。其自云南进藏之江宁、杭州满兵，自打箭炉回至成都，再由水路而回。其撤回之西宁满汉大兵，应令至成都喂养马匹，再自宁羌州一路回至西宁。今定西将军噶尔弼、平逆将军延信、属下官兵已自藏陆续起程，应将打箭炉之满兵撤回成都。再，两路官兵一时聚集成都，若必待同行，力难照应，请将办事与管兵者留与兵马同行。如都统法喇、侍卫迈徒等无事之员，令其先期进京。'俱应如所奏。其自西宁进藏之满洲兵马，赴兰州驻扎喂马，听候调用。绿旗兵丁各回原处。"从之。

（圣祖朝卷二九一·页一上～下）

○康熙六十年（辛丑）二月己未（1721.3.25）

抚远大将军允禵疏言："西藏虽已平定，驻防尤属紧要。见今留驻彼处者，扎萨克蒙古兵五百名、额驸阿宝兵五百名、察哈尔兵五百名、云南兵三百名、四川兵一千二百名，以公策旺诺尔布总统管辖。至空布地方之第巴阿尔布巴首先效顺，同大兵前进取藏，阿里地方之第巴康济鼐与准噶尔为仇，截夺准噶尔之人，又截准噶尔兵回路，第巴隆布奈亲身归附，应否授以职衔，伏候谕旨。"

得旨："第巴阿尔布巴、第巴康济鼐著俱授为贝子。第巴隆布奈著授为辅国公。"

（圣祖朝卷二九一·页八下）

○康熙六十年（辛丑）三月己丑（1721.4.24）

谕议政大臣等："藏地甚属紧要，见在虽有蒙古、绿旗兵三千名驻彼，但延信已将将军印信带回，并无将军统管兵马，又无满兵驻扎，不可不加筹画。云南有副都统噶什所领满兵一千，著派五百名，并四川歇息之绿旗兵五百名发往。速行文延信，令其前往藏地。延信及云南、四川兵到藏后，如彼地食物米粮稀少，可将喀喇沁、翁牛特兵撤回。西宁公策旺诺尔布仍驻彼处。著议奏。"

寻议政大臣等议复："留驻云南之江宁、杭州满兵，应令都统武格、副都统吴纳哈领兵五百名，仍从云南进藏之路前进。四川歇息之绿旗兵，应令总督年羹尧、将军噶尔弼派总兵官、副将二员领五百名，仍从打箭炉前进。将军延信停其前往西宁，令带将军印回至四川，带领四川兵进藏，总统驻扎。"

得旨："依议。前令原任云南总督蒋陈锡、巡抚甘国璧接应进藏兵粮饷赎罪效力，若尚未去，令与此兵同往；如已赴藏地，令应付此兵粮饷效力。"

（圣祖朝卷二九一·页二一下～二二上）

○康熙六十年（辛丑）四月癸巳（1721.4.28）

谕议政大臣等："从前令副都统吴纳哈、噶锡带领江宁、杭州之满洲兵二千名前往云南，听候调遣。后派一千名进征西藏，尚有一千名留驻云南。此内已著武格、吴纳哈带领五百名前往守藏。其余五百名及原议自藏撤回令至成都之一千名，今已回滇，著噶锡俱带回本处。"

（圣祖朝卷二九二·页二下）

○康熙六十年（辛丑）四月庚申（1721.5.25）

议政大臣等议复："据平逆将军宗室延信疏言：'臣遵旨办完事务，回至中途，患病沉重，不能再往藏内驻防。'应将延信调回京师，令署四川总督噶尔弼于年羹尧回任日，仍带定西将军印敕，统兵赴藏，驻扎防守。仍令都统武格参赞。"从之。

（圣祖朝卷二九二·页一〇上）

○康熙六十年（辛丑）六月丙申（1721.6.30）

议政大臣等议复："抚远大将军允禵疏言：'臣今赴甘州，将西宁所有兵丁带去，请将自西宁进藏回来之满洲兵丁调赴西宁驻扎。'查从前曾奉谕旨，自西宁随平逆将军延信进藏撤回之满洲官兵俱令回京，则此项满洲兵丁应即回京。请于驻扎凉州喂马之披甲内量拨数百名，在西宁驻扎，即令侍郎常授管理。"从之。

（圣祖朝卷二九三·页三上）

○康熙六十年（辛丑）九月甲午（1721.10.26）

四川陕西总督年羹尧疏报："定西将军噶尔弼领兵赴藏，行至泸定桥地方，患病不能前进。"

得旨："噶尔弼患病，调养尚需时日，其将军印著赍付公策旺诺尔布署理。额驸阿宝、都统武格，俱著参赞军务。"

（圣祖朝卷二九四·页六上）

○康熙六十一年（壬寅）七月壬寅（1722.8.30）

议政大臣等议复："四川陕西总督年羹尧疏言：'据西藏驻扎之喇嘛楚尔齐木臧布及西藏办事之知府石如金等呈称，在藏官兵不睦，因公策旺诺尔布软弱，副都统常龄、侍读学士满都、员外郎巴特麻等任意生事。除将原文缄封呈览外，若大兵不可即撤，应令满都、巴特麻自备行粮，由西宁口外撤回。若大兵撤回，应将官员留藏，侦探信息。沿途仍安设驿站递送公文，并于叉木多设兵声援，以安达赖喇嘛等众。'查西藏被贼扰害，蒙圣主独断，发兵征剿。今藏地已定，土伯特、唐古特等俱得拯救，留兵防守。乃年羹尧听信喇嘛及知府微员捏造之语，阻挠毁谤将军大人官员，擅奏撤兵，冒昧已极。应将年羹尧严加议处。"

得旨："侍读学士满都、员外郎巴特麻与知府石如金、喇嘛楚尔齐木臧布，俱著由西宁一路前来。满都员缺，著署理西安布政使事塔琳往藏，跟随将军印务效力。其在藏驻扎之四川绿旗兵丁，恐其生事，著署理巡抚事务色尔图进藏管辖，在彼驻扎。色尔图、塔琳，著年羹尧速行文令其驰驿前往。四川巡抚员缺，朕另行补授。至西安布政使事务著年羹尧举伊所知之人，令其署理。员外郎巴特麻员缺，行文大将军，将彼处章京拨派一员，即令速行进藏，与公策旺诺尔布一同办事。"

（圣祖朝卷二九八·页八上～下）

○康熙六十一年（壬寅）九月戊子（1722.10.15）

议政大臣等议复："署理四川巡抚色尔图疏言：'从前平定西藏，留兵防守，自打箭炉至拉里，曾将四川绿旗、土司番兵共留三千五百余名，挽运粮饷。今解藏钱粮可敷二三年之用，且藏地可以采买米粮，不必多人挽运。但自打箭炉至拉里设有六十六站,不可无兵防守。臣通计各站酌量驻兵,并将土司番兵亦添入数内,一同驻扎,共需兵一千九百名,其余兵丁一千六百名若行撤回,则钱粮亦可节省。'应如所请。"从之。

（圣祖朝卷二九九·页三下～四上）

御制碑文,镌勒招地,以垂永久

○康熙六十年（辛丑）九月丁巳（1721.11.18）

蒙古王、贝勒、贝子、公、台吉及吐伯特酋长等奏："西藏平定,请于招地建立丰碑,以纪盛烈,昭垂万世。"上允所请。

御制碑文曰："昔者太宗文皇帝之崇德七年,班禅额尔德尼、达赖喇嘛、顾实汗谓东土有圣人出,特遣使自人迹不至之区,经仇敌之国,阅数年,始达盛京。至今八十载,同行善事,俱为施主,颇极安宁。后达赖喇嘛之殁,第巴隐匿不奏者十有六年,任意妄行,拉藏灭之,复兴其法,因而允从拉藏、青海群众公同之请。中间策妄阿喇布坦妄生事端,动准噶尔之众,肆行奸诈,灭坏达赖喇嘛,并废第五辈达赖之塔,辱蔑班禅,毁坏寺庙,杀戮喇嘛,名为兴法,而实灭之,且欲窃据土伯特国。朕以其所为非法,爰命皇子为大将军,又遣朕子孙等调发满洲、蒙古、绿旗兵各数万,历烟瘴之地,士马安然而至。贼众三次乘夜盗营,我兵奋力击杀,贼皆丧胆远遁。一矢不发,平定西藏,振兴法教。赐今胡必尔汗册印,封为第六辈达赖喇嘛,安置禅榻。抚绥土伯特僧俗人众,各复生业。于是文武臣工咸谓王师西讨,历瘴疠险远之区,曾未半载,辄建殊勋,实从古所未有；而诸蒙古部落及土伯特酋长亦合词奏曰：'皇帝勇略神武,超越往代,天兵所临,邪魔扫荡,复兴蒙古向所尊奉法教,坎麻藏卫等部人众,咸得拔离汤火,乐土安居。如此盛德大业,非臣下颂扬所能宣罄,请赐御制碑文,镌勒招地,以垂永久。'朕何功焉？而群众勤请不已,爰纪斯文,立石西藏,俾中外知达赖喇嘛等三朝恭顺之诚,诸部落累世崇奉法教之意。朕之此举,所以除逆抚顺、绥众兴教云尔。"

（圣祖朝卷二九四·页一四下～一五下）

议叙平准安藏功及驻藏官兵功，赏赉与抚恤

○康熙六十年（辛丑）六月丙申（1721.6.30）

谕宗人府："平逆将军延信，朕亲伯之孙，朕之侄也。此番统领满洲、蒙古绿旗兵丁，过自古未到之烟瘴恶水、无人居住之绝域，歼灭丑类，平定藏地，允称不辱宗支，克展勇略，深属可嘉！著封为辅国公。"

（圣祖朝卷二九三·页二下～三上）

○康熙六十一年（壬寅）七月丙申（1722.8.24）

吏部议复："随定西将军噶尔弼进藏人员，应分别效力轻重议叙。其一等，以应升之缺加一等即用；二等，以应升之缺即用；三等，现任官员以应升之缺先用，候补候选者以应得之缺先用。"从之。

（圣祖朝卷二九八·页六上）

○康熙六十一年（壬寅）十二月丁卯（1723.1.22）

谕总理事务王大臣等："议政处将进藏损伤之驼只牛骡，照噶什图所奏，议定著陕西省六省官员赔补。朕思官员赔补，亦皆由民力而出。自有军需以来，此数省民人亦甚劳苦，其赔补之处，俱著豁免。"

（世宗朝卷二·页二八下）

○雍正元年（癸卯）二月乙亥（1723.3.31）

总理事务王大臣等遵旨议复："自西陲用兵以来，青海王、台吉等俱各效力，应酌加封赏。亲王罗卜藏丹津，应加俸银二百两、缎五匹；郡王戴青和硕齐、察罕丹津，应封为亲王；贝勒额尔得尼厄尔克托克托奈，应封为郡王；贝子巴尔珠尔阿喇布坦、墨尔根戴青拉查卜，应封为贝勒；辅国公噶尔旦达锡、敦多卜达锡应封为镇国公；吹拉克诺木齐，亦应封为贝勒；其贝勒阿尔布坦温布，应加俸银一百两；公诺尔布彭苏克，应加俸银五十两。此外领兵进藏以及驻防噶斯、柴旦木人员，应行文该将军查明具奏，分别加赏。"从之。

追封青海贝子丹忠为郡王，遣官致祭，赐银二百两，以其领兵进藏著

有劳绩也。

（世宗朝卷四·页三二下～三三上）

○雍正元年（癸卯）七月庚辰（1723.8.3）

议叙陕西、四川、云南进藏绿旗官弁功，各升授有差。

（世宗朝卷九·页二上）

○雍正元年（癸卯）七月戊子（1723.8.11）

谕兵部："进藏及克复台湾有功人员，其现在者俱已邀恩议叙，惟有身故者未得议叙。同为国家立功之人，乃于身故之后不得均沾恩恤，朕心深为悯恻！尔部著即酌加议叙，定为成例，以副朕褒录有功之至意。"

（世宗朝卷九·页一二上）

○雍正元年（癸卯）八月甲子（1723.9.16）

兵部分别议叙陕西、四川、云南官兵平定西藏功。得旨："平定西藏，乃自古未至之绝域，所以皇考曾有从优议叙之旨。况皇考当春秋高迈，备兵于极边，宣扬威略，峻德鸿功，允垂亿万斯年之美政也。此一次议叙军功，前固无例可援，后亦不得为例。将军延信，著封为贝勒；两路率领八旗官员进剿之将军等，著给与世袭三等阿达哈哈番；参赞大臣给与拜他喇布勒哈番；副都统、营总等，给与拖沙喇哈番；其护军校、骁骑校，给与头等功牌二面，仍加一级；绿旗官员经大将军等咨送册开头等者，照攻取打箭炉功加一倍，二等者功加五等，三等者功加二等，至于满洲、汉军、绿旗之外委官，俱系一体效力人员，无论由部委外委，概行从优议叙，以仰副我皇考恩纶特沛，从优议叙之谕旨。"

（世宗朝卷一〇·页一八下～一九上）

○雍正二年（甲辰）十一月乙卯（1724.12.30）

议叙川陕官弁安藏功，给原任山东登州总兵官今升銮仪使李麟拜他喇布勒哈番，馀靖海侯施世藩等，各给功牌，加等授衔有差。

（世宗朝卷二六·页一七下～一八上）

○ 雍正二年（甲辰）十二月辛巳（1725.1.25）

议叙进藏官弁功。一等阿思哈尼哈番、又一拖沙喇哈番明保，加一拖沙喇哈番，归并为三等精奇尼哈番。一等阿思哈尼哈番满色，加一拖沙喇哈番，授为一等阿思哈尼哈番。又一拖沙喇哈番、一等阿达哈哈番鲁尔金，加一拖沙喇哈番，授为一等阿达哈哈番。又一拖沙喇哈番、拜他喇布勒哈番、又一拖沙喇哈番迈徒，加一拖沙喇哈番，归并为三等阿达哈哈番。拜他喇布勒哈番博思和尔，加一拖沙喇哈番。拖沙喇哈番广西、五十一俱加一拖沙喇哈番，归并为拜他喇布勒哈番。副都统吴礼布、宝色、觉罗伊礼布、许国桂，侍卫纳秦，夸兰大郭柱、双宝、四哥、贝和诺、穆尔泰、塞尔图、蔡玉、阿尔善、希第、黑子、觉罗都是喜、窝黑德、四格、物宝、来宝、毛其他忒、阿克敦、色楞、阿蓝太、图闵、杨萧、萨穆哈、顾绿思合浦、达尔渣、都斯噶尔、查穆八喇、色勒木素、舒穆务、唐吉礼、永宝、岳宝、穆克登、乌林帕、戴宝柱、新太、黑牙图、拖穆苏、魏善、三硕色、张八世、敦吉纳、拉锡大、偏图，俱授为拖沙喇哈番。

吏部题：“理藩院侍郎鄂赖，奉旨以取藏功给与拖沙喇哈番。查鄂赖原系二等阿达哈哈番，相应归并授为一等阿达哈哈番。”从之。

（世宗朝卷二七·页九下～一〇上）

○ 雍正三年（乙巳）四月庚寅（1725.6.3）

议叙平定西藏功。一等精奇尼哈番那穆渣布，加一拖沙喇哈番。二等精奇尼哈番多尔济，加一拖沙喇哈番，归并为一等精奇尼哈番。三等阿达哈哈番卓尔和、觉罗佛保俱加一拖沙喇哈番，归并为二等阿达哈番。拜他喇布勒哈番格勒尔图、刘保、宝色、董吉纳俱加一拖沙喇哈番世职。章京纳孙泰、德成、查代、法喀、席兰泰、乌云宝、雅起纳、阿尔善、戴寿，俱授为拖沙喇哈番世职。故署护军参领傅达里、章京常寿、朱其布、护军校哲库纳，俱给一拖沙喇哈番，令其子承袭。

（世宗朝卷三一·页三一上～下）

○雍正三年（乙巳）六月戊辰（1725.7.11）

谕兵部："陕西、四川、云南进藏官兵，朕从前俱已加恩议叙。其康熙五十九年得藏之后，四川、云南两省官兵驻防藏内及查木多各处地方者，久著勤劳，甚属可嘉，至今尚未议叙。尔部行文岳钟琪、高其倬，各将驻防官兵查明报部，交与议政处即行议叙。"

（世宗朝卷三三·页四上～下）

○雍正三年（乙巳）六月癸未（1725.7.26）

兵部议复："云贵总督高其倬疏言：'云南进藏外委兵丁，功加署副将等衔，既未能赴部稍邀寸进，又开除名粮，贫乏不能养瞻，请留营食粮，拔补千、把。'应如所请。照福建功加官张春之例，有愿留营差操者，拣选分发各镇、协、营，与马兵，间补把总，造册报部。"

得旨："从前功加人员，虽指有应补之缺，因人多缺少，至老不得录用，又无俸禄钱粮，以致衣食匮乏，情甚可悯！且因不给俸禄钱粮，无从稽其真伪，此顶替之弊所由生也。见在此等功加人员，应作何录用，不致壅阻，作何给与微员俸饷，留营差操，以杜顶替之弊，著九卿详加确议具奏。"

（世宗朝卷三三·页二一上～下）

○雍正三年（乙巳）七月丙申（1725.8.8）

谕大学士等："年羹尧从前题奏西藏、青海等处军功议叙文武官员，多冒滥不实，朕所深知。今特施宽大之恩，凡有军功议叙文武官员，若系年羹尧任内冒滥题奏者，无论已升未升、已授未授，俱准速行据实自首。其官职卑微、不能自达者，俱交该督、抚、提、镇赍送。此皆出自年羹尧悖逆擅作威福之举，与伊等无干，朕皆从宽宥释。若仍隐匿不首，一经发觉，定行严加治罪。再，此等无军功者既可以效力议叙题补，则实在立功人员亦必有挟私抑遏不行议叙者，俱著将所以挟私之故详细呈首。"

（世宗朝卷三四·页一下～二上）

○雍正三年（乙巳）八月乙亥（1725.9.16）

兵部等衙门遵旨议奏："皇上轸念功加外委兵丁匮乏可悯，令臣等确议如何录用给俸之法，谨将清查录用条款开列奏闻。一、康熙三十年以前功加人员，历年久远，多系假冒，无庸送部推用。其近年以来，克取打箭炉，恢复西藏、台湾及平定逆番各案，合计共有四五千人，应令督抚提镇转行营协州县，将该员三代履历、年貌、籍贯开载明白，各加印结，造册分送部科存案，以杜顶替之弊。一、从前议叙功加册内，多有徇私冒滥者，应令督抚提镇著领兵将弁及同事现任各官，出具功绩实在有无印结造册送部，以杜冒滥之弊。一、功加之游击、都司，现照旧例，归于双月推用。其功加守备一班，向已裁去。现在功加守备，几至二千余人，请于双月单月增设功加守备一班。一、各省把总缺出，于三缺内，将功加人员补用一员，其二缺，仍归于现在兵丁拔补。一、功加人员从前授札之后，悉令开除名粮，因无别项生理，以致困穷失所。嗣后未得补用之功加人员俱令督抚提镇收入标下差操，各给目兵粮饷。勤慎者，给与外委把总职衔；老病者，题明给与半饷，养赡终身。一、实在立功人员，同在一案、同加一衔者，再令督抚提镇会同考验，分为三等，送部引见，分别补用，以杜钻营奔竞之弊。如此，则查验既清，录用有日，功加人员共沐皇仁矣。"从之。

（世宗朝卷三五·页八下～一〇上）

○雍正四年（丙午）正月甲寅（1726.2.22）

议叙进藏功，给前锋参领满丕拖沙喇哈番世职。

（世宗朝卷四〇·页二六下）

○雍正四年（丙午）九月庚戌（1726.10.16）

议叙进藏功，给骁骑校委署章京葛尔忒、安泰、泰布、锁尔科、寿柱、护军校委署章京叶纶拖沙喇哈番世职。

（世宗朝卷四八·页二〇下）

○雍正六年（戊申）十一月戊午（1728.12.12）

谕内阁："迩年川陕汉、土官兵剿抚番苗，远涉藏地，效力勤劳，朕心深为轸念。著动支库帑银十万两，交与总督岳钟琪会同四川提督黄廷桂酌量分别等次，通行赏给，以示朕加恩沛泽之至意。"

（世宗朝卷七五·页九下～一〇上）

○雍正七年（己酉）十二月戊申（1730.1.26）

又谕（内阁）："康熙五十九年，陕省解送驼马进藏，文武官五十员，每员借支肃州公库银五百两，为行装、路费之资，本系应给之项。因当时该督、抚未经题报，不敢作正项开销，是以各员回陕之时，仍于各名下著追补项，至今尚有未完银一万六千八百两。朕念伊等效力戎行，远涉藏地，虽非冲锋破敌者比，而间关行役亦属可悯，著将未完银两概行豁免。其已完者，悉给还本员，或交伊之的属。如该员有别项亏欠应追者，即准其抵补，以示优恤劳役之至意。"

（世宗朝卷八九·页一六上～下）

○乾隆元年（丙辰）七月庚子（1736.8.14）

追恤进藏于喀拉乌苏阵亡之二等侍卫诺里尔达等及坐台阵亡员弁，袭荫、祭葬各有差。

（高宗朝卷二二·页二〇上）

○乾隆三年（戊午）七月己未（1738.8.23）

补行议恤西路进藏阵亡之原任佐领黄古、阿浦达里、布达，防御杨六、克西图、伍什、陈玉碧，骁骑校张云龙、黑图等九员，给与云骑尉承袭如例。

（高宗朝卷七二·页一二下）

○乾隆四年（己未）七月丙寅（1739.8.25）

兵部议复："原任凉州镇属新城堡守备李兰实系于康熙五十七年三月内随凉州总兵康海进藏，在喀喇乌素地方遇贼阵亡。应请将伊嫡长孙李辉祖荫以卫千总，照例推用。"从之。

（高宗朝卷九七·页八上～下）

○乾隆四年（己未）十二月己丑（1740.1.15）

追予从前死事之……镶蓝旗汉军……西藏阵亡骁骑校张云龙……补入昭忠祠。

（高宗朝卷一〇七·页二下～七下）

○乾隆九年（甲子）七月癸未（1744.8.15）

补恤康熙五十八年随征西藏阵亡之镶黄旗满洲参领鄂起、正黄旗满洲闲散章京书伦、正白旗蒙古闲散章京乌尔图、镶白旗满洲闲散章京多尼、镶蓝旗满洲闲散章京玛起等五员，给与全葬，祭一次，世袭云骑尉。

（高宗朝卷二二〇·页九下～一〇上）

平定罗卜藏丹津之乱，遏阻叛乱蔓延西藏

粉碎罗卜藏丹津兴兵欲占招地之企图，攻剿塔儿寺、郭隆寺等从逆喇嘛

○雍正元年（癸卯）七月己丑（1723.8.12）

谕署抚远大将军贝子延信："尔移书与额尔得尼厄尔克托克托奈等，称钦奉谕旨：'青海台吉皆系顾实汗之嫡孙，自我朝太宗皇帝时，顾实汗与达赖喇嘛和好，恭顺效力，至今百年，蒙我皇考施以恩宠，加封名号，普加庇护。后经策妄阿喇布坦败坏黄教，围困西藏，杀害拉藏，且复谋侵尔等，于是我皇考遣发大兵，同尔等送达赖喇嘛至藏，振兴黄教。今罗卜藏丹津无故称兵，以王等不入伊党，自相侵害。朕仰体皇考眷念顾实汗子孙之意，其罪未明，尚不忍即加征讨，已遣侍郎常寿往问罗卜藏丹津所行情事。若罗卜藏丹津知罪悔过，朕当定其是非，和解尔众，仍令尔兄弟照旧居住青海；如果罗卜藏丹津不遵朕旨，侵犯边塞，岂可不遣兵征剿！今王之属下人等尽被抢掳，穷困投至甘州，朕闻之不胜恻然！特遣郎中通智办给王公并属下人等廪饩牲畜，令从丰厚。王等在彼安居，不须忧虑，朕断不使尔等稍有拮据也。'可如是往谕，并译蒙古文发往。"

（世宗朝卷九·页一三下～一四下）

○雍正元年（癸卯）八月庚午（1723.9.22）

命往青海侍郎常寿折奏："臣于七月二十二日抵亲王罗卜藏丹津驻牧之沙拉图地方，恭宣谕旨，令伊等兄弟罢兵和睦。据罗卜藏丹津诉称，戴青和硕齐、察罕丹津、额尔得尼厄尔克托克托奈欲霸占招地，捏言我遣使准噶尔，欲同策妄阿喇布坦背叛，以为逭害，是以众台吉等不服，会盟兴

兵。并备言戴青和硕齐等过恶，拟于数日起程渡河，与决胜负。臣察其情形，势难和好。后据察罕丹津诉称，罗卜藏丹津兴兵逐额尔得尼厄尔克托克托奈于内地，今勒令众台吉聚兵于巴尔托罗海处，意欲独占西招、青海地方。其兵大约不过一万二三千名，其党率多勒从。若渡河前来，定即力拒等语。又据众蒙古告称，罗卜藏丹津勒令众等呼伊为达赖混台吉。其余台吉，俱令呼旧日名号，一概不许称呼王、贝勒、贝子、公封号。细揣其意，先灭额尔得尼厄尔克托克托奈，再灭察罕丹津，独占青海，会同众台吉奏请赏伊汗号，驻占招地，遥管青海，显然可见。至问遣往准噶尔处使人音信，据云准噶尔以青海人等不足凭信。又云准噶尔兵丁已至噶斯口前，九月内可至青海等语。今将臣所见情形与罗卜藏丹津所呈蒙古字奏章二本并与臣蒙古字书一封密奏。"

得旨："此事甚大，行在总理事务王大臣、议政大臣详议。并发往在京之总理事务王大臣、议政大臣等详议具奏。"

（世宗朝卷一〇·页二四上～二五下）

○ 雍正元年（癸卯）八月甲戌（1723.9.26）

总理事务王大臣等遵旨议奏："罗卜藏丹津久怀异志，纠众盟誓。皇上念伊祖顾实汗恭谨效顺，不即加罪，特遣侍郎常寿谕以利害，前往和解。罗卜藏丹津并不听常寿之言，欲与戴青和硕齐、察罕丹津交战，又冀望汗名号，又私称伊为达赖混台吉，殊属背逆。现今伊欲往察罕丹津处争战，应调遣西宁之兵，俟罗卜藏丹津渡黄河时，于渡口邀截其后。至松潘兵丁，请令提督岳钟琪带领前往，就近应援，以张声势。其西路军务，应行文年羹尧详加定议办理。"从之。

（世宗朝卷一〇·页二八下～二九上）

○ 雍正元年（癸卯）十月丁卯（1723.11.8）

抚远大将军年羹尧折奏："青海罗卜藏丹津等聚集各台吉，肆行边外，臣已札令叉木多总兵官周瑛率兵截其往藏之路。但罗卜藏丹津急即遁至穆鲁乌苏等处，亦未可定。臣令靖逆将军富宁安调都统穆森往吐鲁番驻防，调吐鲁番驻防副将军阿喇衲带领满洲、蒙古、绿旗兵二千名，由噶斯一路前往截杀。若罗卜藏丹津实心恭顺，即将此二千名暂驻布隆吉尔。再查布隆吉尔地方驻防兵甚少，四围皆系厄鲁特、喇布坦巴苏泰，每令伊属下人截夺台站马驼。应令绿旗兵二千名调往布隆吉尔，交参将孙继宗管辖。若用兵，即令率所管兵丁剿灭喇布坦巴苏泰，与副将军阿喇衲会合，共截罗卜藏丹津。如此贼人不能脱逃，而布隆吉尔地方亦甚坚固。"奏入，报闻。

（世宗朝卷一二·页二一下～二二下）

○ 雍正元年（癸卯）十一月己亥（1723.12.20）

抚远大将军年羹尧条奏进剿青海事宜：

"一、预备进剿兵丁。请将陕西督标、西安、固原、宁夏、四川、甘州、大同、榆林、土默特、鄂尔多斯、巴尔库尔、吐鲁番等处兵丁，共挑选一万九千名，令提督岳钟琪等分领，从西宁、松潘、甘州、布隆吉尔四路进剿。

一、防守边口。土司兵二千名及西安满兵五百名留守西宁各边口。陕西抚标兵五百名防守永昌。西安满兵五百名防守甘州。其布隆吉尔旧有兵一千名，应仍留驻防。至副将张成龙，现领兵五百防守巴塘，其里塘止驻兵二百，请将四川抚标兵三百名增派防守。再令署松潘镇副将张英、副都统黑色领兵一千五百名，出松潘口，在黄胜关驻扎。云南提督郝玉麟，领兵二千名，驻扎叉木多，则罗卜藏丹津等断不敢前往巴尔喀木等处……"

得旨："总理事务王大臣、议政大臣会议具奏。"

寻议："大将军年羹尧所奏进剿贼寇、调遣兵马、坚守隘口、备足粮饷等款，均应如所请。其所请马数外，再增一千匹解送。至火药于所请额数外，增送一倍。再行文郝玉麟，即由中甸带兵前往叉木多驻扎。其中甸地方，应令总督高其倬简选总兵官一员，带兵五百名，前往驻扎。"从之。

（世宗朝卷一三·页一八上～二〇上）

○ 雍正元年（癸卯）十二月戊午（1724.1.8）

抚远大将军年羹尧折奏："墨尔根戴青拉查卜之子察罕喇卜坦、旺舒克喇卜坦二人，率众来投云：'我父墨尔根戴青拉查卜闻大兵前来，逃往巴尔喀木地方。再，堪布诺门汗亦率属人来投。'查墨尔根戴青拉查卜，与罗卜藏丹津并力抢掠察罕丹津，情属可恶。已令察罕喇卜坦遣人唤回伊父。俟到日，审明请旨。堪布诺门汗系边口内塔儿寺喇嘛，乃察罕丹津亲侄。唆令罗卜藏丹津叛逆，又令伊等喇嘛与我兵交战。虽势穷来投，情难姑恕，到日，臣即行正法。"奏入，报闻。

（世宗朝卷一四·页一〇上～下）

○ 雍正二年（甲辰）正月甲申（1724.2.3）

谕理藩院："西海逆贼罗卜藏丹津一事，喇嘛等理宜将叛乱之人善言开导，令其和辑，不致起事，戕害生命，是为维持佛教。如其不能，亦应呈明该将军等，各自闭户安居。岂意反助西海悖逆之人，竟纠合数千喇嘛，手持兵刃，公然抗拒官兵！及至溃败，犹不降顺，入庙固守，以致追杀覆灭，有玷佛教甚矣！钦惟太宗文皇帝时，第五辈达赖喇嘛遣使入觐极为恭顺，及世祖章皇帝时，将第五辈达赖喇嘛延至京师，封为瓦齐拉达喇达赖喇嘛，蒙被殊礼。百年以来，法教兴隆，皆我朝之恩赐也。前者准噶尔寇犯招地，杀戮僧徒，拆毁寺庙，圣祖仁皇帝遣发大军，恢复招地，俾达赖喇嘛重安法座，佛教复兴。如此隆恩，喇嘛并不感激，反助悖逆之人，凶恶已极，于佛门之教尚可谓遵受奉行者乎？将朕此旨遍谕各处寺庙喇嘛，并住居蒙古扎萨克处之大小喇嘛等知之。"

（世宗朝卷一五·页四下～五下）

○ 雍正二年（甲辰）正月甲午（1724.2.13）

抚远大将军年羹尧折奏："张家胡土克图之胡必尔汗原住西宁东北郭隆寺，属下喇嘛甚多，素与罗卜藏丹津、阿尔布坦温布和好。本年正月，郭隆寺众喇嘛忽聚兵操演，臣随给示禁止。而寺内喇嘛传令东山一带番人，约于是月十一日齐集拒战。臣见反形已露，急宜剿灭，随遣提督岳钟琪会同前锋统领苏丹、副都统觉罗伊礼布等统兵进剿。尚未至郭隆寺，而贼众已于十二日驻营哈拉直沟迎敌。我军直前奋击，斩贼数千，据其三岭，毁其十寨。副将宋可进、总兵官吴正安、黄喜林等各有斩获。随沿途毁其七寨，焚其房屋七十余所，次日抵郭隆寺。寺外山谷间伏贼千余人，皆逃入洞内。我兵施放枪炮，复聚薪纵火，贼俱薰死。计前后杀伤贼众共六千余名。随毁郭隆寺，并究张家胡土克图之胡必尔汗消息，众喇嘛已预先携往大通河西杂隆地方，臣即将达克玛胡土克图正法。此次效力弁兵及阵亡受伤者，俟查明咨部。"

得旨："效力官兵，俟事竣议叙。其劳绩尤著之官弁，俱著加衔二等。"

（世宗朝卷一五·页九下～一〇下）

○ 雍正二年（甲辰）三月癸卯（1724.4.22）

抚远大将军年羹尧折奏："据侍卫达鼐报称，三月初三日，与副将纪成斌等搜寻罗卜藏丹津属人，探得夹木灿堪布喇嘛在布代山后藏匿。恐由西藏一路逃遁，遣人往调台吉济木巴等，派蒙古兵往西藏邀截。即率兵前进，至梭罗木地方，夹木灿堪布等拒战败遁。我兵随后剿杀，济木巴台吉等抄路迎贼，将夹木灿堪布、垂扎木素二人擒斩枭首，送至军营。"奏入，报闻。

（世宗朝卷一七·页二七上～下）

○ 雍正三年（乙巳）十二月乙酉（1726.1.24）

谕兵部："朕君临万方，中外一体，有功必赏，有罪必惩，初无偏党之心，亦并不存依违之见。前以罗卜藏丹津潜行悖逆，谋扰边陲，朕命将出师，用彰天讨。满洲、绿旗、汉、土官兵皆能奋勇争先，克成懋绩，论功行赏，恩所宜施。乃年羹尧以私昵人员冒滥入册，以致绿旗官兵议叙至今驳查未定，而土司功册亦因之暂停，朕心深为悯念！夫土司非比内地，凡所遣调目兵皆预定名数，按名随师，无从虚冒，其功绩等第必当详确稽查。如四川属之瓦斯、杂谷二土司部下目兵与三寨、包坐之头目所部番兵，皆屡年效力，战功尤多。小金川土司汤鹏、陕西土司鲁华龄于攻取桌子山时，其目兵亦能戮力用命。似此边远番众，知效忠诚，则其寸功必宜尽录。尔部查照领兵官所报各土司功册，除各土兵已给赏赐外，其官目应各加以职衔，仍予恩赏。阵亡带伤者，照依绿旗兵丁一体优恤，务期均沾实惠。仍将此旨下与该管督抚提镇，转饬各土司。自兹以往，尤宜益矢忠勤，各安驻牧，严束部落，不得滋事生非，和睦族邻，不可恣行仇杀。尺地莫非王土，率土莫非王臣，番苗种类固多，皆系朕之赤子，或有强悍不平，各土司只宜赴该管上司陈告，岂得任意戕杀，以背朕好生保赤之念！各该土官果能凛遵训诫，则世守职土，朕自加恩。若敢恃功骄肆，阳奉阴违，则国法具在，亦断不因今日之功赏更从宽贷也。"

（世宗朝卷三九·页二六下～二八上）

○雍正五年（丁未）八月甲申（1727.9.15）

议叙土司随师进剿青海等处功。杂谷宣抚使同知板第儿吉，加宣抚使衔。瓦寺安抚使桑朗温恺，加宣抚使同知衔。庄浪指挥佥事鲁华龄、三寨指挥佥事丹坝、扎什、双岸、朗柯四员，俱加指挥同知衔。包坐千户桑柱等，俱加指挥佥事衔。及各土目、土兵等赏赉有差。

（世宗朝卷六〇·页三上～下）

进军平乱中对西宁、凉州、庄浪、松潘口外等处的征剿

○雍正元年（癸卯）十二月癸酉（1724.1.23）

抚远大将军年羹尧折奏："西宁一带番贼俱经剿灭，惟南川口外郭密九部肆行截抢。臣广行招抚，只有沙克都尔阿拉布坦率三部来投，其余部落仍行恣肆。其呈库、活尔贾二部，暴戾尤甚。岳钟琪带来瓦斯、杂谷之兵，熟习山路。臣前令岳钟琪在归德堡将上寺东策布、下寺东策布之助恶贼番，剿抚兼施，已俱安插。即移师进剿郭密番贼，搜捕贼穴，将呈库一部攻杀殆尽，活尔贾等部首恶已诛，其余尽皆投降。"奏入，报闻。

（世宗朝卷一四·页二二上～下）

○雍正二年（甲辰）二月丁卯（1724.3.17）

抚远大将军年羹尧折奏："据凉庄道蒋泂报称，石门寺喇嘛浑囊苏山丹等所属多卜藏马贾等部落，从前佯称归顺，潜与谢尔苏、厄尔布二部落逃散人等，倚石门寺为巢穴，肆行劫掠等语。臣随令蒋泂率领绿旗、土司及民兵，分为五路进发。至石门寺，奋勇齐击，杀死喇嘛番贼六百余人，搜寺得盔甲五十余副，刀枪、撒袋等物甚多。因即将寺焚毁，收兵而还。"

奏入，报闻。

（世宗朝卷一六·页二八上～下）

○雍正二年（甲辰）二月甲子（1724.3.14）

抚远大将军年羹尧折奏："罗卜藏丹津背叛，阿冈部落贼番每探报内地信息。臣令凉庄道蒋洞等率兵四路进剿，擒斩人口、牲畜无算，即将贼首阿冈囊苏正法。"

得旨："蒋洞著加按察使衔。"

（世宗朝卷一六·页二六上）

○雍正二年（甲辰）四月丁卯（1724.5.16）

抚远大将军年羹尧折奏："河州口外铁布等寨番人皆系青海所属，劫掳道路，恣意妄行。臣派遣署河州副将岳超龙等带兵进剿，攻取四十一寨，剿服三十七寨，杀伤番贼二千一百余名。擒获人口、牲畜无算，皆赏给官兵。"奏入，报闻。

（世宗朝卷一八·页二二下～二三上）

○雍正二年（甲辰）五月庚申（1724.7.8）

抚远大将军年羹尧奏报："庄浪之谢尔苏部落番人首倡为恶，擅据桌子山、棋子山。又，凉州南崇寺之沙马拉木扎木巴等与蒙古通连，去年曾抢掠新城、张义等堡。再，郭隆寺、郭莽寺逃出之喇嘛煽惑西宁之纳朱公寺、朝天堂、加尔多寺番人，与庄浪番贼串通，并不归顺。臣与奋威将军岳钟琪及在西宁大臣等商议，派绿旗、土司兵，共分十一路，于四月十五日由西宁进发。后据岳钟琪等陆续报称：纳朱公寺喇嘛番人俱经投顺，即于朝天堂添设小张家胡土克图居住。至加尔多等番人，派副将纪成斌、张玉，总兵黄喜林等，分兵四路直抵贼穴，杀贼数百，其余死于沟河者甚多，寺亦焚毁。又据游击马忠孝、王大勋等杀贼于和石沟。游击王序吉、范世雄败贼于石门口。凉庄道蒋洞歼贼于喜逢堡。而前锋统领苏丹率兵至旁伯拉夏口，番人假称来投，察其情形可疑，令人侦探，则众贼伏匿放枪，遂率官兵直抵贼穴，杀贼甚众。又，凉庄道蒋洞搜剿棋子山，破贼于巴洞沟，土司鲁华龄杀贼于天王沟，前后被剿殆尽。其为首谢尔苏之番贼阿旺策凌，被先密寺喇嘛擒获解送。岳钟琪又领兵至镇羌，探得贼人俱在木茂山，即派员率兵截阻，杀贼甚众，其余贼人竟弃妻子逃去。随留总兵官宋可进、凉庄道蒋洞统率绿旗、土司民兵五千名，暂驻防守。又，守备马光在宽沟地方杀贼二十余人，众俱逃散。再，查先密寺番人顺逆无常，且与棋子山贼穴相连。恐后日复聚贼生事，是以令伊等喇嘛番众俱移于加尔多寺之外居住，其先密寺即行焚毁。此次阵亡受伤绿旗、土司官兵，及所抚番人户口数目，俟查明造册，另行咨部。"

奏入，得旨："桌子山、棋子山番贼甚属凶顽，倚恃地方危险，屡行劫掠。大将军年羹尧筹画调遣，令奋威将军岳钟琪等统率官兵进剿，于山险林密之处，奋战五十余日，尽行剿灭，黾勉效力，克奏肤功，永靖边塞，甚属可嘉！此次勋绩，著将大将军年羹尧及岳钟琪等弁兵俱从优议叙。"

（世宗朝卷二〇·页一五上～一七下）

○ 雍正二年（甲辰）六月辛丑（1724.8.18）

抚远大将军年羹尧折奏："据岳钟琪报称：进剿棋子山、桌子山谢尔苏属下番贼，杀伤贼目班第马牙并贼众甚多。其余皆败奔山内，随派署总兵官宋可进统兵进剿。贼番头目嘎住带领男妇老小共一千一百六十二口来投，已准其投服。但仍居桌子山，恐日久生事，请移于土司鲁华龄地方，令严行约束。其四川陕西绿旗、土司官兵俱已撤回。"奏入，报闻。

（世宗朝卷二一·页二三上～下）

○ 雍正二年（甲辰）八月乙亥（1724.9.21）

抚远大将军年羹尧折奏："据岳钟琪报称：副将张玉带领绿旗、土司官兵出口至归德堡，其双篷、攒都、泽盖、博拉等处番人头目，各带属下人投顺。又至萨喇地方，分兵二路，进剿拉扁上下二寨，杀伤无数回贼。余俱就抚，照旧安插。"奏入，报闻。

（世宗朝卷二三·页四上～下）

○雍正二年（甲辰）八月戊戌（1724.10.14）

谕兵部："青海既平之后，凉州、庄浪所有贼番以次剿抚，官兵效力，历著功勋。今大将军年羹尧等奏称，乘川兵回汛之便，并将归德至松潘口外一带番族或剿或抚，悉无梗化。殊属可嘉。在事有功人员，著于剿抚桌子山之外，另行议叙。"

（世宗朝卷二三·页二八上）

○雍正七年（己酉）十二月己未（1730.2.6）

议叙陕西进剿卓子山、棋子山、青海等处在事有功文职官员。原任凉庄道今升山西布政使蒋洄等，各加级记录有差。病故之西宁道赵世锡等，各准与一子入监读书。

（世宗朝卷八九·页二七上～下）

○雍正十二年（甲寅）十二月壬戌（1735.1.14）

兵部以进剿桌子山、棋子山、青海及南、北、西三川等处军功，奏请议叙。

得旨："军功议叙乃国家赏功之大典，必至公至确始足以表彰劳绩，鼓励军心。从前桌子山、棋子山征剿一案，乃年羹尧、岳钟琪张大其事有意捏成者，即在事效力官弁，亦不过以伊等私心任意开入册内，冀邀议叙，并无功绩可纪，应不准议叙。从前有已经议叙者，著该部查明注销。其南、北、西三川，青海效力人员，仍准其议叙。"

（世宗朝卷一五〇·页一四上～下）

○乾隆元年（丙辰）十月戊寅（1736.11.20）

大学士管川陕总督查郎阿等疏言："西宁驻扎兵丁，前经西安将军沁布奏称，西宁地近青海，而卓紫山、琦紫山、国隆、国明寺等处转为内地，脱有不靖，西宁、庄浪内外不能相顾，请将西宁之兵，更驻庄浪等语。应如所奏移驻。"下总理事务王大臣议行。

（高宗朝卷二九·页四上～下）

《青海善后事宜》《川陕事宜》等有关管理藏族的制度

○雍正元年（癸卯）三月甲申（1723.4.9）

兵部议复："川陕总督年羹尧条奏川陕事宜：

一、打箭炉之外中渡河口，系通西藏要隘，不可无兵弹压。请将分驻岚州之化林协守备移驻中渡，建立土城。拨把总一员、兵二百名，随往分防。

一、保县在大河之南，为土番出入隘口，防汛不可不增。请拨威茂营千总一员，带兵一百名，移驻保县，以资防御。其应支月粮，即以威州所征彝粮，就近支给。

一、松潘口外各番部落不一，而阿树一处最为紧要。今止给以委牌，暂令土目管理，终不足见信于羌番。请给长官司职衔，以资钤束。

……

一、大金川土司之土舍色勒奔，曾因出兵羊峒，著有勤劳，请给以安抚司职衔，分小金川土司之势。

……

均应如所请。"从之。

（世宗朝卷五·页三下～五上）

○雍正二年（甲辰）五月戊辰（1724.7.16）

总理事务王大臣等遵旨议复："抚远大将军年羹尧条奏青海善后事宜十三条：

……

一、奏称：'西番人等宜属内地管辖也。查陕西之甘州、凉州、庄浪、西宁、河州，四川之松潘、打箭炉、里塘、巴塘，云南之中甸等处，皆系西番人等居住、牧养之地。自明以来，失其抚治之道，或为喇嘛耕地，或为青海属人，交纳租税，惟知有蒙古，而不知有厅、卫、营、伍官员。今西番人等尽归仁化，即系内地之良民，应相度地方，添设卫所，以便抚治。将番人心服之头目给与土司千百户、土司巡检等职衔分管，仍令附近道、厅及添设卫所官员管辖。其应纳粮草，较从前数目请略为减少，以示宽大。至近边居住帐房、逐水草游牧者，仍准伊等照旧游牧。'均应如所请。

一、奏称：'青海等处宜加约束也。查青海、巴尔喀木、藏、危乃唐古特四大部落。顾实汗据占此地，以青海地面宽大可以牧养牲畜，喀木地方人众粮多，遂将伊子孙分居此二处。伊则在青海游牧居住，喀木地方为伊等纳贡。藏、危二处从前原施舍为达赖喇嘛、班禅喇嘛香火，今因青海叛逆，取此一带地方，交四川、云南官员管理。达赖喇嘛向差人赴打箭炉贸易，每驮向叉木多、乍丫、巴塘、里塘居住喇嘛索取银两不等，名为鞍租，至打箭炉始行纳税。请饬达赖喇嘛等不准收受鞍租，并饬打箭炉收税官员亦免其纳税。再，每年请赏给达赖喇嘛茶叶五千斤，班禅喇嘛减半赏给。'均应如所请。

一、奏称：'喇嘛庙宇宜定例稽察也。查西宁各庙喇嘛多者二三千，少者五六百，遂成藏污纳垢之地。番民纳喇嘛租税，与纳贡无异，而喇嘛复私藏盔甲器械。前罗卜藏丹津侵犯时，喇嘛等带领番民与大兵抗衡。今臣于塔儿寺喇嘛内之老成者，拣选三百名，给与大将军印信执照，谕令学习清规。请嗣后定例，寺庙之房不得过二百间，喇嘛多者三百人，少者十数人，仍每年稽察二次，令首领喇嘛出具甘结存档。至番民之粮，应俱交地方官管理，每年量各庙用度给发，再加给喇嘛衣服银两，庶可分别其贤否，地方官得以稽察。'均应如所请。

……

一、奏称：'打箭炉等处亦宜添设官弁也。查青海既已平定，应将巴尔喀木处人等悉行收集，除罗隆宗之东叉木多、乍丫地方俱隶胡土克图管辖外，其余番众头目等俱应给与印信执照，与内地土司一体保障。打箭炉之外木雅吉达地方应设总兵、游、守、千、把等官，兵二千名；雅龙江中渡处设守备一员，千总二员，兵五百名；里塘、巴塘之吹音等处设守备一员，兵二百名；里塘地处四冲，应设副将一员，都司一员，兵一千二百名；鄂洛地方，各路咽喉，应设参将一员，兵六百名，巴塘系形胜要地，应设游击一员，兵五百名；宗都地当云南孔道，应设参将一员，兵一千名。俱令新设之总兵统辖，以为云南、四川两省声援。又，青海所属左格等处番人，应亟移于内地；再，阿巴之土司头目墨丹住等，带兵进剿，屡次建功，应给与安抚司职衔，不隶青海管辖；又，黄胜关外潘州旧城，应设游击一员，兵六百名；河巴地方，山河围绕，应设副将一员，都司一员,兵一千五百名;黄河两边渡口,应设守备一员,兵三百名,悉隶松潘总兵统辖。里塘添设同知一员,令其管理兵粮,收纳番民贡赋,则南至滇省,北至陕省,俱可援助。'均应如所请。

……

一、奏称:'番人部落宜加抚绥也。今兵事已竣,臣应遵旨回西安办理三省事务,暂令奋威将军岳钟琪驻扎西宁,留兵四千名,听其管束。其抚远大将军印信,现今策妄阿喇布坦遣使请罪,应俟撤回各路将军时,臣即行恭缴,收贮内库。再,甘州地方黄番各部落,乘此军威,收聚抚绥,亦可抵御青海。臣同岳钟琪会商,俟七八月马匹肥壮时,亲率兵丁由西宁口外到甘州地方,招抚番民。'均应如所请。

至年羹尧奏请禁约青海十二事:一、朝见进贡定有限期;一、不准自称盟长;一、番子唐古特人等,不许扰累;一、喀尔喀、辉特、图尔古特部落,不许青海占为属下;一、编设佐领,不可抗违;一、内外贸易定地限时。以上六事,臣等已于善后事宜内议定。其余六事:一、背负恩泽,必行剿灭;一、内地差遣官员,不论品级大小,若捧谕旨,王公等俱行跪接,其余相见俱行宾主礼;一、恪守分地,不许强占;一、差员、商贾往过,不许抢掠;一、父没不许娶继母及强娶兄弟之妇;一、察罕诺门汗喇嘛庙内,不可妄聚议事。均应如所请。"

得旨:"所议甚属周详,依议。"

(世宗朝卷二〇·页二六下～三七下)

○ 雍正三年(乙巳)三月丁未(1725.4.21)

议政王大臣等遵旨议复条奏内称:"查得大将军年羹尧条奏善后十三款内一款:打箭炉以外木雅等处,共添设兵六千名,议裁四川重庆、川北二镇、化林一协,并将遵义等营共裁汰兵三千四五百名。查化林地方系打箭炉扼要关隘,若将所有额兵一千名止留五百,又于此内分兵二百名看守打箭炉,则四川之西边兵势甚微矣。至重庆总兵官标下额兵二千名,重庆地方系在四川大江沿边,据湖广荆州上流,若将总兵官并兵一千名裁汰,则四川之东边兵势甚微矣。再,川北总兵官驻扎保宁,额兵二千名,四川保宁与陕西汉中相为犄角,若将保宁总兵官并兵一千名裁汰,则四川之北边兵势甚微矣。在昔于两省接壤之处，相其地势，多设兵丁者，特为互相声援，且防查各省盗贼故也。古来皆以内地为重，外地为轻，则裁内地之兵安设边外，正未可以为得计。请将内地额设官兵，俱照常存留。再，打箭炉至巴塘地方九百里，将内地官兵六千名安设边外，如何使不侵扰打箭炉之土司部落、里塘、巴塘之番人致生事端？至番地只产青稞，不产米谷，内地官兵自来习于谷食，如何挽运米粮、盖造城屋之处，并未详议。请仍令年羹尧确议具奏。应如条奏所请，将年羹尧议裁之川北、重庆、化林、遵义、巫山、达州各处镇协并经制官兵仍照常设立。再，查年羹尧奏请打箭炉之外添兵六千名，又黄胜关之外潘州等处添兵二千四百名，兵既太多，口外拨饷不易，又恐骚扰番民，亦未可定。今川北等处兵二千五百名既不便裁去，应将此二处所设兵丁八千四百名内减去二千五百名，其余之五千九百名兵丁尚多，亦应酌量裁减。应令年羹尧将裁减兵丁及挽运粮米、盖造城屋之处，分晰具题，到日再议。"从之。

（世宗朝卷三〇·页一二上～一三下）

○ 雍正八年（庚戌）五月丙子（1730.6.23）

大学士等议复："宁远大将军岳钟琪、四川提督黄廷桂遵旨酌议松潘总兵官张元佐条奏潘州移驻营汛事宜：

一、潘州两河口原设守备一员、把总一员、兵三百名，但两河口与黄胜关相近，达建寺地方在黄胜关与潘州适中处，请将原设两河口之弁兵移驻于达建寺。其两河口地方，止于黄胜关驻防内抽拨分防。

一、黄胜关向止额设漳腊营汛兵五十名，未免单弱。应于分防流沙、东胜等处之兵添拨一百五十名，将漳腊营守备，移驻黄胜关。

一、南坪营地方险要，原设兵三百名，应增兵防范。请将小河营游击再带兵一百五十名，移驻南坪。

一、漳腊营所管之包坐五寨等处请统归潘州管辖，流沙关汛等处请归松潘镇中营管辖，雄溪、红花等堡请归松潘镇右营管辖，则军势联络，约束蛮番，足资控制。

均应如所请。"从之。

（世宗朝卷九四·页一〇上～一一上）

裁减平准安藏留防官兵及在察木多等地驻守、换防

○雍正元年（癸卯）三月甲申（1723.4.9）

谕总理事务王大臣等："在藏之兵，或撤回，或于通藏之路驻扎，及西宁所余官兵撤回之处，集议以闻。"

寻议："西藏地方，因策妄阿喇布坦妄行扰乱，用申天讨。平藏之后，留兵防护，恐屯扎日久，唐古特等供应繁费，应将驻藏官兵尽行撤回。察哈尔及额驸阿宝之兵丁，应令公策旺诺尔布、都统武格、阿宝等统领，由西宁路遣回。阿宝在军营年久，应令伊与策旺诺尔布等一并来京。其江宁、杭州兵丁，令副都统吴纳哈带领，由云南遣回。四川绿旗兵丁，令副将李现光带领，由打箭炉遣回。至两路适中之叉木多系通藏大路，应于四川绿旗兵内挑选一千驻防，应令总督年羹尧于川陕总兵、副将内拣选管辖。再，阿里地方，甚属紧要。今康济鼐亲身赴藏，同隆布奈等料理藏地，其阿里地方无人办事，应交康济鼐派出效力之人，奏闻赏与职衔，协助防守。再，查西宁有绿旗兵六千防守地方，已属足用。其都统汪悟礼带领京师之兵，应尽行撤回。"

得旨："额驸阿宝，令其带领兵马前往游牧地方，休息数日，再令来京。"

（世宗朝卷五·页二下～三下）

○雍正元年（癸卯）三月辛卯（1723.4.16）

升四川化林副将周瑛为四川松潘总兵官，带兵驻扎叉木多地方。

（世宗朝卷五·页一〇下）

○雍正元年（癸卯）七月乙未（1723.8.18）

加四川松潘总兵官周瑛为都督佥事。

（世宗朝卷九·页二二上）

○雍正五年（丁未）六月甲午（1727.7.27）

户部议复："署理云南巡抚杨名时疏言：'滇省驻防乂［叉］木多官兵撤回，所有存贮米面，请交乂［叉］木多胡土克图看守。'查无成例。况存贮日久，必致浥烂，应令再议具题。"

得旨："朕思番民素不食米，若令供支中甸官兵，则路远难于运送。著将炒面二百石赏给胡土克图，并将存剩米一千九百余石交伊收管。嗣后凡有西藏往来差遣之人应给口粮者，即于此项内动支。"

（世宗朝卷五八·页一五下～一六上）

○雍正六年（戊申）八月己亥（1728.9.24）

谕王大臣等："从前降旨，令留兵三千名驻藏，今闻藏地收成歉薄，若多驻兵丁，未免粮谷不敷。著将川陕兵丁各留一千名驻藏，共成二千之数，令正蓝旗满洲副都统迈禄、銮仪使周瑛总统管领，并令永昌协副将马纪师一同驻藏料理。"

（世宗朝卷七二·页一八上～下）

○雍正六年（戊申）十一月己巳（1728.12.23）

办理藏务吏部尚书查郎阿等遵旨复奏："查陕西省进藏兵丁共八千名，此内除留于木鲁乌苏之东蒿沁察罕哈达兵二千名，坐站兵一千八十名，现至藏兵四千九百二十名；四川进藏兵共四千名，此内除留于黎乌齐兵二千名，坐站兵五百名，现至藏兵一千五百名；云南进藏兵三千名，于罗隆宗留兵二千名，叉木多留兵一千名。臣等谨遵谕旨，拣选陕西兵一千名、四川兵一千名，交与驻扎西藏之大臣迈禄、周瑛、副将马纪师，并酌量派出陕西、四川游击、守备、千、把等官，令其驻扎，以备差遣。达赖喇嘛于二十三日自藏起程。所撤兵丁，分作五队：第一队，副将惠延祖带领宁夏兵一千五十名；第二队，臣查郎阿、马喇带领西安满洲兵四百名、固原兵五百名、四川兵一百名，副将周起凤将达赖喇嘛在臣队内防护，令副将杨大力带领四川兵四百名前行；第三队，参将王有循带领督标兵四百九十名、凉州兵二百三十名；第四队，守备戴义雄、潘世喜带领固原兵七百五十名；第五队，总兵官周开捷带领西宁兵八百名殿后，以次起程。其云南总兵官南天祥，原率领兵一千名驻扎叉木多，今西藏事方平定，且将达赖喇嘛移往里塘，请将叉木多兵丁于藏兵未撤之先，暂令驻扎，以便应援。"奏入，报闻。

(世宗朝卷七五·页一八上～一九上)

○雍正七年（己酉）六月辛巳（1729.7.3）

谕兵部："湖广九溪协副将包进忠著补授西宁总兵官。周瑛现今领兵驻藏，著将周瑛撤回，命包进忠前往西藏，代周瑛管理。马喇仍著往藏。其藏内事务，著马喇、僧格总理，迈禄、包进忠协理。"

(世宗朝卷八二·页四下)

○雍正七年（己酉）六月癸未（1729.7.5）

命赏总理西藏事务副都统马喇银二千两，协理西藏事务西宁总兵官包进忠银一千两，以办行装盘费。

(世宗朝卷八二·页七上～下)

○雍正七年（己酉）闰七月庚辰（1729.8.31）

谕兵部："驻藏兵丁其家口在家，著照出征兵丁之例，给与坐粮，以为养赡之资。若家有喜丧事件，亦照出征兵丁例，赏给银两。"

(世宗朝卷八四·页六上)

○雍正九年（辛亥）二月乙巳（1731.3.19）

谕大学士等："驻藏之官弁兵丁等已经数年未曾更换，朕心深为轸念。查从前派往之兵，系陕西一千名、四川一千名，今陕西兵丁，现有征剿准噶尔之事，难以派往西藏。四川新募充伍之兵甚多，著提督黄廷桂、巡抚宪德酌量于新旧兵丁内拣选二千名，前往西藏，将从前驻藏之兵换回。其弁员等，自总兵以至千、把亦应更换。若大员内一时不得职衔相当之人，可拣选干员，加衔委署前往。"

（世宗朝卷一〇三·页八上~下）

○ 雍正九年（辛亥）十一月庚申（1731.11.29）

办理西藏事务护军统领马喇、额外内阁学士僧格折奏："班禅额尔得尼、贝勒颇罗鼐遣人赍送官兵酥油、炒面、牛、羊、干粮等物。臣等累经发还，伊等坚不领回，是以收留分给官兵。"

得旨："马喇、僧格可将班禅额尔得尼、颇罗鼐所送之物核算价值，充裕给与银两。并传谕伊等：朕遣兵在藏驻扎，特为众唐古特防守地方，使之宁谧，岂有丝毫贻累之理！今所送诸物势必在伊属下众人摊派，未免滋扰，且我兵粮饷并不缺乏，无须帮助，此番给还银两并非外视尔等也。可传谕唐古特，咸悉朕意。"

（世宗朝卷一一二·页二下~三上）

○ 雍正十年（壬子）四月辛卯（1732.4.28）

升湖广宝庆副将周起凤为陕西西宁总兵官，统领四川兵丁驻扎西藏。赏银五百两。

（世宗朝卷一一七·页五下）

○ 雍正十一年（癸丑）三月壬午（1733.4.14）

谕办理军机大臣等："西藏驻扎弁兵，本为保护唐古特人等，以防准噶尔贼夷侵犯而设。比来贼夷大败，徒步奔逃，力蹙势穷，不能远涉藏地，则其无力进兵可知。且颇罗鼐输诚效力，唐古特之兵为较前气壮。现今藏地无事，兵丁多集，则米谷钱粮一切费用等项虽给自内地，而唐古特人等不免解送之劳。朕意量其足以防守藏地，留兵数百名，余者尽行撤回。其留藏之兵，著总兵官周起凤带领驻扎。青保、马喇、苗寿著总理藏务。至此项兵应撤若干，应否将驻扎乂[叉]木多之云南兵丁一并撤回，著详议具奏。"

寻议："西藏居住之四川二千兵内应留兵五百名，以为该地守护之用，余俱撤回原处。所留之兵，俟三年后，仍于四川官兵内派换。其叉木多居住之云南兵一千名，原为救援藏兵而设，今驻藏之兵既已酌减，则此项兵亦应撤回五百名。照四川兵丁之例，三年更换。"从之。

（世宗朝卷一二九·页一上～二上）

南坪坝民变

○ 雍正三年（乙巳）三月戊申（1725.4.22）

谕大学士等："前闻南坪坝番人聚众梗化，朕料其必有起衅之由，曾降谕旨。今据提督岳钟琪折奏，叛番惧罪逃散，拿获起事首恶喇嘛番子拔那等九名，其余胁从逃匿者现在陆续投诚，数日可以安辑。此事实因石泉营守备孟继先鱼肉番人，纵兵骚扰，茂州知州边鸿烈擅作威福，因修城苛虐番人，以致伊等愤激，杀伤兵民等语。番人敢行悖逆，自有宪典。至守备、知州等既有苛刻激成之由，必须审出实情，分别治罪，以伸国家之法，以服番众之心。著刑部侍郎黄炳前往审理。"

（世宗朝卷三〇·页一四上～一五上）

○ 雍正三年（乙巳）三月癸亥（1725.5.7）

又谕（大学士等）："览年羹尧奏称，委赴南坪筑城之知州边鸿烈、守备孟继先，不恤番民，欲令寒冬入山砍木，且出言恐吓，以致各寨番民惊惶生事。曾经一面缮折奏明，一面调兵剿抚等语。伊前奏折内止称彼处原无城郭，今欲筑城驻兵，喇嘛、众番等不能任意行事，是以聚众离叛，并未将边鸿烈等情由声明。朕降旨察问，伊将从前奏折内全无之事竟称已于折内奏明，含糊具题。或是年羹尧从前有心隐匿具题，抑或被属员欺瞒，遂尔朦混具题之处，著年羹尧明白回奏。"

（世宗朝卷三〇·页三三上～下）

驻藏大臣的设立

○ 雍正五年（丁未）正月丁巳（1727.2.20）

议政王大臣等议复："副都统宗室鄂齐奏称：'臣至西藏，审视情形。首领办事之人，互相不睦，每每见于辞色。达赖喇嘛虽甚聪敏，但年纪尚幼，未免有偏向伊父索诺木达尔扎之处。康济鼐为人甚好，但恃伊勋绩，轻视众噶隆，为众所恨。阿尔布巴赋性阴险，行事异于康济鼐，而索诺木达尔扎因娶隆布奈二女，三人合为一党。若调唆达赖喇嘛与康济鼐不睦，必至争竞生事。再，噶隆甚多，反增繁扰，隆布奈行止妄乱，扎尔鼐庸懦无能，应将此二人以噶隆原衔解任，则阿尔布巴无人协助，自然势孤，无作乱之人矣。请降训旨，晓谕达赖喇嘛、康济鼐、阿尔布巴等和衷办事。'均应如所请。遣大臣一员赍旨前往晓谕，令伊等和好办事。再，达赖喇嘛母舅衮都阿喇木巴既诚心守护，应给与达尔汉之号，赏缎六匹。"

得旨："著内阁学士僧格、副都统马喇差往达赖喇嘛处，各赏银一千两。"

（世宗朝卷五二·页二九下～三〇下）

阿尔布巴之乱,清廷派兵进藏;颇罗鼐获胜,奉旨统管前后藏事务

○雍正五年(丁未)七月癸酉(1727.9.4)

西藏噶隆扎萨克台吉颇罗鼐等奏报:"康济鼐与准噶尔构兵,所办诸事,洵有裨益。乃阿尔布巴、隆布奈、扎尔鼐等,会同前藏头目,于六月十八日将康济鼐杀害。臣即收聚后藏军兵防守驻扎,阿尔布巴等复发兵来侵,被臣杀伤无算。今臣带领兵众剿捕阿尔布巴等,伏祈皇上速遣官兵进藏,剿灭逆魁,以安西藏。"奏入,报闻。

(世宗朝卷五九·页二二上~下)

○雍正五年(丁未)九月己未(1727.10.20)

谕议政王大臣等:"康济鼐属下厄鲁特等原系青海之人,曾降旨与达赖喇嘛,令将此等人交副都统马喇、内阁学士僧格移于青海地方居住。尔等行文与岳钟琪,将四川布政司库银动用一万两,酌派官兵送往西藏,交与马喇、僧格备办口粮,赏移居之厄鲁特等。"

(世宗朝卷六一·页五下~六上)

○雍正五年(丁未)九月庚申(1727.10.21)

谕议政王大臣等:"前因达鼐报称康济鼐被擒之信,恐策妄阿喇布坦有窥伺西藏之意,是以降旨令陕西各路及四川、云南各派兵马预备,以候调遣。今康济鼐被害情由,系西藏噶隆等彼此不睦、自相残害之小事,不须用兵,著将各路兵马停止,不必预备。"

(世宗朝卷六一·页六上~下)

○雍正五年（丁未）十月己亥（1727.11.29）

谕议政王大臣等："阿尔布巴差兵至阿里，欲害颇罗鼐，被颇罗鼐将伊所发之兵尽行截杀，已领兵往招征剿阿尔布巴。此举若能事成，于西藏有益。但今现有钦差马喇、僧格在藏，恐伊等或为阿尔布巴所惑，从中讲和，或被阿尔布巴等诓诱，以至颇罗鼐受害，则大有关系。著岳钟琪于川陕标下官员内选择熟习番情、通晓番语可以差遣往藏者，速令其前往，将一应情节密述与马喇、僧格，俾伊等心中明白，则诸事无阻。此谕著学士班第送去。其详悉之处，班第口传。"

（世宗朝卷六二·页二一下～二二下）

○雍正五年（丁未）十一月癸丑（1727.12.13）

谕议政王大臣等："现今西藏颇罗鼐带兵报康济鼐之仇，与阿尔布巴战斗相持，应特派大臣领兵料理，曾经缮写谕旨颁给达赖喇嘛。其来年，大臣前往应带领兵丁，目今预备，俟青草发萌时前去。此所派兵丁，著议政王大臣等议奏。从前派兵时，除官赏置办预备恩赐银两外，其稍有不足者多指伊等俸饷支借。今次所派官兵应停其借给，著从优赏赉。其料理藏内军机事务，著左都御史查郎阿、副都统迈禄前去，选派西安满洲兵四百名随往。四川绿旗兵丁，著散秩大臣品级銮仪使周瑛带领。陕西绿旗兵丁，著西宁总兵官周开捷带领。云南绿旗兵丁，交与鄂尔泰，酌量选派总兵官一员、副将一员，著留一员在义〔叉〕木多驻扎，一员领兵进藏。周瑛赏银四千两；周开捷并所派云南之总兵每人各赏银三千两；副将各赏银一千两；参将各赏银五百两。至赏给游击以下等官，尔等酌议具奏。"

寻议："大臣进藏料理，不可不带兵前往。所带西安满洲兵四百名，应派协领一员、佐领二员、防御二员、骁骑校四员管辖进藏。再派陕西绿旗兵八千名、四川绿旗兵四千名、云南绿旗兵三千名，每兵丁二千名派副将一员，一千名或派参将、游击一员管辖。守备、千、把等官，令该督、抚、提、镇等配合派出。其银两，各遵旨从优赏赉：游击四百两，守备三百两，千总二百两，把总一百六十两，马兵二十两，步兵十六两，俱预为备办，俟明年青草发萌时起程。令左都御史查郎阿于明年正月内自京由西安、西宁同周开捷出口进藏。应带部院衙门贤能司官四员、笔帖式四员、理藩院领催二名，各赏给俸禄钱粮，置办前往。"从之。

（世宗朝卷六三·页一上～三上）

○雍正六年（戊申）七月辛酉（1728.8.17）

川陕总督岳钟琪奏报："据西藏驻扎之参将颜清如呈称，五月二十五日，颇罗鼐率所部兵由潘玉口至喀巴地方。先遣兵一千余名冲战喀木卡伦，与隆布奈之兵相敌。是夜，西藏斥堠兵丁俱随从颇罗鼐。二十六日，颇罗鼐率兵直抵西藏，驻藏大臣马腊、僧格即往布达拉地方守护达赖喇嘛。颇罗鼐一面安抚西藏，一面派兵将布达拉地方围困。二十七日，马腊、僧格回至西藏。二十八日，各庙喇嘛将阿尔布巴、隆布奈、扎尔鼐等擒献。颇罗鼐将伊等拘禁，遂来见马腊、僧格，告称：今率阿里及后藏兵共九千余名前来西藏，既获仇人，即欲回后藏，防守隘口兵丁等，乞奏闻皇上加恩赏赐等语。臣查颇罗鼐于大兵未到之前，奋勉报仇，擒获渠魁，此皆圣主恩威远布之所致。但渠魁虽已就擒，阿尔布巴之子衮布现在江达率兵驻扎，臣行令銮仪使周瑛严加防范，俟大兵到藏，协力攻剿。至颇罗鼐之兵九千余名，请加赏赐，以示鼓励。"

得旨："颇罗鼐兵丁殊为效力，著查郎阿等将预备军需钱粮内动支三万两，给与颇罗鼐，令其酌量赏兵。"

（世宗朝卷七一·页一七上～一八下）

○雍正六年（戊申）七月乙丑（1728.8.21）

诸王大臣等疏奏："西藏阿尔布巴等杀害驻扎西藏之贝子康济鼐，罪难宽宥。今颇罗鼐仰仗天威，率兵直抵藏地，将渠魁阿尔布巴、隆布奈、扎尔鼐三人悉行擒获，西藏平定，合词奏贺。"

得旨："阿尔布巴等背理妄行，藐视国法。朕为绥靖边陲之计，特命大臣领兵前往，察究情由，就近申讨。今据奏报颇罗鼐率所部兵马先抵藏地，其各寺喇嘛将首恶之阿尔布巴等三人献出拘禁。渠魁既已就擒，藏地可以宁谧。在大兵不发一矢，在西藏未伤一人，此等大事而成功之易若此,是皆仰赖上帝之垂慈、皇考之默佑,实非朕凉德之所及也。因诸王大臣等陈奏,将此宣谕知之。"

（世宗朝卷七一·页一九下～二〇下）

○雍正六年（戊申）九月丁丑（1728.11.1）

差往西藏吏部尚书查郎阿等奏:"臣等遵旨统领大兵,自五月初六日由西宁出口,于八月初一日至西藏。即会同在藏驻扎之副都统马喇、学士僧格将阿尔布巴、隆布奈、扎尔鼐等审讯。据阿尔布巴等供称,谋杀康济鼐是实。查阿尔布巴等身受国恩,不思报效,乃心存叛逆,大干法纪,应分别情罪,将阿尔布巴、隆布奈俱拟凌迟。其阿尔布巴之子噶尔丹盆楚克、衮楚克拉贾布、鄂达尔汉噶尔藏吹达尔、隆布奈之子席木本吹扎特俱拟斩。将扎尔鼐拟斩,其妻及子喇克桑扎木巴并二逆之妻女及同胞兄弟俱离本处发遣。并将协助阿尔布巴等之喇嘛人众亦分别治罪。番人素性凶恶,阿尔布巴等须令番众目睹正法,以示惩戒。臣等一面奏闻,一面将阿尔布巴等及事内应斩人犯,即行正法。其应行发遣之人,由撤回兵丁内酌量派出,解送至江宁、杭州、荆州将军处,赏给兵丁为奴。"奏入,报闻。

（世宗朝卷七三·页二六上～二七上）

○雍正六年（戊申）十二月丁亥（1729.1.10）

议政王大臣等遵旨议复:"办理西藏事务吏部尚书查郎阿等奏称:'颇罗鼐原在后藏,与唐古特相居日久,众皆信服,应遵旨令颇罗鼐总管后藏事务。自后藏至冈底斯、阿里等处俱令其管理。其前藏事务,访问素为土伯特信服之人二名,授为噶隆。据颇罗鼐保选二人,一名色朱特色布腾、一名策凌旺扎尔,俱系大员之子,素为人所敬重。臣等见二人诚实明白,即令管理前藏,授为噶隆。但招地初定,新放二噶隆办理恐不能妥协。颇罗鼐办理噶隆事务,为人心服。查前藏、后藏相离不远,事可兼办。臣等暂令颇罗鼐统管前藏、后藏,俟达赖喇嘛迁移完毕,招地撤兵,再令颇罗鼐专管后藏。'均应如所请。"从之。

（世宗朝卷七六·页四上～下）

○ 雍正六年（戊申）十二月丁酉（1729.1.20）

谕内阁："从前西藏用兵之时，颇罗鼐甚为效力，蒙圣祖仁皇帝授为扎萨克台吉。上年西藏噶隆等因嫉妒争权，彼此不睦。阿尔布巴、隆布奈、扎尔鼐暗结匪类，公然肆恶，将朝廷敕封贝子总理事务之康济鼐擅行杀害，并欲害及颇罗鼐。颇罗鼐受其逼迫，领兵为康济鼐复仇，将逆党罪状奏闻，是以朕特遣大臣等领兵前往，究问情由，以便分别治罪。颇罗鼐闻大兵将至，率众奋勇前驱，直抵藏地。阿尔布巴等力屈势穷，被各寺喇嘛等拘执献出。钦差大臣到彼，一一究问，尽得其悖逆妄乱之情。已将阿尔布巴等及逆党正法西藏。歼此渠魁，黄教可兴，番众可辑。颇罗鼐深知大义，讨逆锄奸，俾无辜受害者得雪沉冤，背旨肆行者早正刑辟，甚属可嘉。著封为贝子，以奖义勇，以昭国宪。"

（世宗朝卷七六·页一三上～一四上）

○ 雍正八年（庚戌）七月戊寅（1730.8.24）

议政王大臣等议奏："学士僧格、贝子颇罗鼐所领巡防兵，应令于降雪后撤回，俟明岁进兵时，仍往腾格里脑儿驻扎。"

得旨："今年大兵既停进发，著行文与僧格等，令伊等酌量于未降雪之前撤回，明年著僧格仍旧带往。其绿旗官兵照今年赏给之例赏给。再发银一万两，著颇罗鼐明年酌量赏给唐古特等之兵。"

（世宗朝卷九六·页一一上～下）

○ 雍正九年（辛亥）十一月丁丑（1731.12.16）

大学士等议奏："据办理西藏事务护军统领马喇等奏言，颇罗鼐蒙恩授为贝勒，又令办理前藏、后藏噶隆事务。今具禀恳求印信，以便行文该管地方与军机调发事务。应如所请，令礼部铸给办理危藏噶隆事务多罗贝勒银印一颗，交于颇罗鼐掌管。"从之。

（世宗朝卷一一二·页二六下～二七上）

防范准噶尔扰害藏地，七世达赖移驻里塘、泰宁及谕准回藏

○雍正五年（丁未）十二月甲午（1728.1.23）

准噶尔台吉噶尔丹策零遣使臣特磊来朝，颁敕谕一道，令使臣赍回。

谕曰："据奏，知尔父病故，不胜惋惜！尔父在时，将一切事务未得裁处妥协，台吉知尔父负朕之恩为非，遣使远来，朕甚嘉之。方今西藏地方噶隆阿尔布巴等与颇罗鼐等彼此结仇，举兵相拒，朕正在踌躇。尔奏称欲在西域煎茶设供，广行释教以安众生，似属非分。准噶尔乃西北隅一小部落耳，释教之广行与否，岂关尔之煎茶设供耶？朕即位元年，尔父奏称宽宥伊罪，言词恭顺，朕以为出于至诚，故欲清理疆界，乃命使二次，尔父反生嫌疑，不能遵奉朕旨。再，罗卜藏丹津乃青海和硕特扎什巴图尔之子，伊骨肉中无故弄兵，互相残害，朕差大臣前往，命各息兵，而罗卜藏丹津乃敢悖我皇考圣祖养育之恩，负朕之德，侵犯内境，被守边轻兵击败，远行逃窜。尔父应即为擒献，始见和好之谊，乃于本地隐匿窝留，是何意耶？由此观之，从前所奏，无一诚实之处可知矣！前者，罗卜藏丹津乃一愚戾不忠不孝之人，尔父年高历练，力能将伊酌量裁处，可以生之，亦可以制之，必不被伊愚弄，是以不曾勒追。今尔年少，与彼相等，以罗卜藏丹津之志气高傲，不顾恩义，断不肯屈于尔下，守分安居，必将离间尔等，于尔大有不便。尔务须将罗卜藏丹津送来。朕念伊父扎什巴图尔从前劳绩，断不将伊诛戮，仍施恩豢养。尔其祇遵朕命。尔台吉应将利害轻重尽心筹画，自立主见，特兹敕谕。"

（世宗朝卷六四·页一六上～一七下）

○ 雍正六年（戊申）十二月辛卯（1729.1.14）

谕兵部："达赖喇嘛来居里塘，已派副都统鼐格前往迎接，驻扎照看。鼐格缺，著派都统巴尔米忒前往。"

（世宗朝卷七六·页六下）

○ 雍正六年（戊申）十二月壬辰（1729.1.15）

谕兵部："达赖喇嘛自藏起程，明年二月初可至里塘。此地原有喇嘛寺院可以居住。著四川重庆总兵官任国荣带领进藏兵丁二千名，前赴里塘暂住防护。弁兵等天寒路远，效力勤劳，应加赏赉，以示轸念。达赖喇嘛初至里塘，其应支供给预为办理。重庆总兵印务，著岳钟琪委员署理。"

（世宗朝卷七六·页七下～八上）

○ 雍正七年（己酉）二月癸巳（1729.3.17）

谕诸王、内阁、九卿、八旗大臣等："准噶尔一部落原系元朝之臣仆。其始祖曰额森，额森之子托浑渐至大员，因扰乱元之宗族，离间蒙古，恐获重罪，遂背负元朝之恩，逃匿于西北边远之处。元末，又煽诱匪类，结成党与，遂自称准噶尔，肆行劫掳。迨至我朝，有噶尔丹、策妄阿喇布坦二人，世济其恶，扰害生灵，灭弃释教，造孽多端，不可枚举！当我朝定鼎之初，各处蒙古倾心归顺，共输诚悃，请安纳贡，求为属国，安享太平乐利之福八十余年。惟准噶尔一部落，遁居西北五千里之外，扰乱离间众蒙古，肆行劫夺。噶尔丹身为喇嘛，不守清规，不遵佛教，破戒还俗，娶青海鄂齐儿图车臣汗之女为妻。后又潜往青海，贼害伊之妻父鄂齐儿图车臣汗，掳其属下人众。续因喀尔喀七旗内彼此稍有嫌隙，奏恳圣祖仁皇帝为之和解，因遣大臣同达赖喇嘛使者前往。噶尔丹遣人暗探消息，遂以喀尔喀等卑视达赖喇嘛使人为辞，遣伊族内微末台吉多尔济查布，将喀尔喀汗、台吉等肆行陵辱。喀尔喀汗等怒彼狂悖无礼，会众将彼杀害。噶尔丹遂称杀害伊弟多尔济查布，与喀尔喀构隙，掩其不备，发兵猝击。喀尔喀众溃，纷纷来投，圣祖仁皇帝深为轸念，施恩育养。遣使往噶尔丹处，谕以兵为凶器，令其与喀尔喀和好，多方开导。讵噶尔丹冥顽不灵，借追袭喀尔喀之名，入犯边汛。彼时即行剿灭，复有何难？我圣祖仁皇帝好生为德，遣使责问，噶尔丹惶愧恐惧，设誓撤兵。乃并不归伊住牧之所，仍潜居克尔伦图拉地方，暗行窥伺。圣祖仁皇帝复遣使降旨，谕以应回原住牧地方。噶尔丹佯称遵奉谕旨，仍乘隙潜掠沿边蒙古之畜牧，众蒙古不获安居。我皇考遂上告天地，亲统大兵，声罪致讨。噶尔丹辄敢逆天与我西路大兵接战，伊军大败，妻子被擒，噶尔丹窘迫自杀。彼时大兵即应直捣巢穴，收其部落。我圣祖仁皇帝恐天下后世有穷兵黩武之议，因而中止。策妄阿喇布坦者，噶尔丹之侄也，与伊叔噶尔丹不相和睦，带领七人潜逃至吐鲁番地方居住。圣祖仁皇帝以策妄阿喇布坦向与伊叔不睦，惧其诛害，遁迹逃生，加以恩泽，伊当感戴归诚。且圣心仁慈，不忍遣兵将噶尔丹余剩部落悉行剿灭，恩加格外，遣使赏给策妄阿喇布坦。彼时策妄阿喇布坦力弱势微，甚为恭顺。其后离间伊之妻父图尔古特之阿玉气汗与其子三济扎布，诱三济扎布携带万余户至伊住牧之处，因而强占入己。从此遂不安分，肆意妄行，窥伺青海，扰害生灵，率领贼兵前进，被哈密驻防轻兵击败遁回。策妄阿喇布坦又假黄教为名，潜兵入藏，无故害伊妻弟拉藏汗，毁坏寺庙，杀害喇嘛，抢掠供器，是以特遣大臣前往询问。乃伊憨不畏死，阻兵抗命。使臣率师甚少，兵力单弱，伊得以愈肆猖狂。圣祖仁皇帝仍赐包容，谕令边外两路大兵缓进，屡次遣使，示以圣意，谓策妄阿喇布坦果能悔过恳恩具奏，其时另降谕旨，若仍怙恶不悛，然后将此部落人众悉行剿灭。此我圣祖仁皇帝之本意也。朕绍登大宝，策妄阿喇布坦虽遣使求和，朕知非伊本怀，谕伊来使云：'尔归，告知尔台吉，朕缵承我皇考大统，尔台吉若欲受我皇考天恩，须尽改前非，遵朕谕旨，定界安居。若欲犯我皇考天威，任尔备兵前来，定当加以天讨。'如此降旨，分晰利害，遣使前去。又恐策妄阿喇布坦心怀疑贰，将两路大兵尽行撤回。乃伊因此愈生骄傲，于定界一事，妄欲侵占界地。朕又向伊来使降旨云：'尔告知策妄阿喇布坦，定界一事，实于伊身有益。如遵奉谕旨，即遣使具奏；若不遵谕旨，亦必遣使前来。'乃伊并不回奏。此际策妄阿喇布坦身故，伊之长子噶尔丹策零遣使前来，奏闻伊父身故之事，称伊父已经成佛。又称欲使众生乐业、黄教振兴等语。噶尔丹策零不过边远部落一微末台吉耳，使众生乐业、黄教振兴，岂伊应出之语耶？况伊果欲求和，应代伊父谢罪恳恩，送回青海叛逆潜逃之罗卜藏丹津，以赎前愆。乃并不输诚向化，敢以如许妄诞之词，见之陈奏，此特欲仿傚伊父之故辙耳！闻噶尔丹策零甚属凶暴，且西藏阿尔布巴、隆布奈、扎尔鼐等济恶同谋，将实心为国效力之贝子康济鼐杀害。此等叛逆罪状，皆因准噶尔与伊处相近，而逃去之罗卜藏丹津原系伊等姻戚，彼此相依，是以敢于悖逆。迨其窘迫仓猝之时，则必投奔准噶尔，亦属显然。因颇罗鼐奋勇直前，截其去路，阿尔布巴等未得前进，即被擒获。准噶尔性好抢掠，若留在众蒙古游牧地方，将来必受其害。今朕已将来使遣回，若伊诸事俱遵旨陈奏，临时朕另行裁夺降旨；倘仍前推诿，矜张肆恣，负朕屡次遣使开导指示之仁恩，抗玩不恭，将来噶尔丹策零断非安分守法之人，必至生事妄为。况西北两三路大兵尽已撤回，此际伊等如或生事，则我朝如许安享太平之喀尔喀等及办理安插妥贴之青海、西藏必至被其扰害，甚属可虑！且此事乃圣祖皇考注意未完之事，仰赖上天眷佑、圣祖皇考福泽，国帑充裕，官员弁兵同心奋勇，愿为国家效力，实系可以举行之会。若迟疑不决，定贻后悔。夫用兵者，国家不得已之事也。穷兵黩武，为圣帝明王之所深戒；而以大加小，以强陵弱，又仁人君子之所耻而不为者。况准噶尔弹丸之地，又在极北之区，得其土不足以耕耘，得其民不足以驱使，即使灭此朝食，亦不足以夸耀武功，此皆朕所熟思而详审者也。但留此余孽，不行剪除，实为众蒙古之巨害，且恐为国家之隐忧。今天时人事，机缘辐辏，时不可迟，机不可缓，天与不取，古训昭然。且我圣祖皇考为此筹画多年，未竟其事；兹当可为之时，朕不敢推诿，亦不忍推诿，此朕一人之见也。用兵大事，所关甚重，不可轻率，著诸王、议政大臣、九卿、八旗大臣各抒己见，公同详确，密议具奏。"

寻议："准噶尔部落自噶尔丹逞凶悖逆，策妄阿喇布坦复肆骄悍，俱已伏冥诛。今噶尔丹策零凶顽踵恶，若留此余孽，则喀尔喀、青海、西藏等处必被其扰乱。伏乞皇上命将兴师，大彰天讨，以除蒙古人民之害。"

得旨："诸王、满汉文武大臣等众议佥同，一切应行事宜，著即办理。"

（世宗朝卷七八·页一四下～二二上）

○雍正七年（己酉）二月壬寅（1729.3.26）

谕兵部："副都统马喇著留驻里塘，同鼐格照看达赖喇嘛。"

（世宗朝卷七八·页三四下）

○雍正七年（己酉）六月辛丑（1729.7.23）

议政王大臣等议复："川陕总督岳钟琪奏称：'噶达建造庙宇，移驻达赖喇嘛，守护之兵，殊关紧要。查化林协额兵现有一千名，请以三百名留驻化林坪，另设都司一员，带领千总一员、把总二员，以资弹压。以二百名移驻打箭炉，令化林守备带领把总一员分防。以五百名移驻噶达，令化林副将带领把总二员，再添设中军都司一员、千总一员、前往防护。至噶达之外，雅笼江上中下三渡俱属要隘。请设千总二员，各带兵一百名，分守上下二渡；设守备一员，带兵二百名，防守中渡。又，噶达之西吹音堡，亦系雅笼江渡口，设千总一员，带兵一百名分防。化林所属原有黎雅、峨边二营，今既移驻噶达，将黎雅营就近改归建昌镇管辖，峨边营就近改归永宁协统辖。嗣后凡有藏内人来噶达者，令西藏噶隆给发图书路引，以便稽查。'均应如所请。"从之。

（世宗朝卷八二·页三一上～下）

○雍正七年（己酉）十一月甲戌（1729.12.23）

议政王大臣等遵旨议复："噶斯地方为准噶尔通青海、西藏之要口，理应拨兵驻守。其办理军需，已奉旨派张廷栋、葛森、鼐满岱、傅宁等。今酌定军营事宜，恭候钦定。

一、派拨官兵。京城八旗挑选兵二百名，派前锋参领、护军参领、前锋侍卫、副护军参领、护军校等共二十四员管领。归化城挑选兵三百名，派参领、佐领、护军校、骁骑校等共十员管领。科尔沁等四十三旗挑选兵一千名，派台吉都统、副都统、参领、佐领、骁骑校等管领。青海等三十旗挑选兵一千五百名，派台吉官员等管领。其分别支给跟役口粮、马匹、器械、赏赉、粮饷等项，悉照北路大兵之例。

一、官兵起程日期。京城八旗兵明年正月起程。归化城兵三月起程。科尔沁、青海等旗兵酌量明年青草发生时沿途游牧前往。

一、柴旦木至嘉峪关，中间应设台站，以便递送文书。

一、噶斯地方狭小，可驻兵百名，余俱在柴旦木驻牧。柴旦木之西为得布特里，应驻兵六百名。又西为察罕乌苏，应驻兵四百名。二处皆有水草牧放，更觉声援联络矣。"从之。

（世宗朝卷八八·页六下～七下）

○雍正八年（庚戌）三月甲戌（1730.4.22）

命西藏办事内阁学士僧格统兵一千五百名，至腾格里脑儿驻防。

（世宗朝卷九二·页六下）

○雍正八年（庚戌）四月戊申（1730.5.26）

工部议复："四川巡抚宪德疏言：'官兵移驻打箭炉，凡噶达与三渡、吹音堡各处设有营伍，自应安塘置铺，以便递送公文，盘诘奸宄，计共五十五塘。并请修理塘房、烟墩、哨楼等项。'应如所请。"从之。

（世宗朝卷九三·页一三上）

○雍正九年（辛亥）七月庚辰（1731.8.21）

谕青海王、贝勒、贝子、公、台吉等："尔等俱系顾实汗之子孙，自祖宗以来，依附内地边疆，恪顺供职。我圣祖仁皇帝视尔等如子孙，抚育六十余年，宠遇之隆，至优极渥！且念尔等尊崇黄教，是以我朝于达赖喇嘛、班禅额尔得尼备极恩眷。若准噶尔者，暗遣贼兵，侵犯西地，杀害喇嘛，毁灭供器，实为黄教之罪人。尔等倘违弃先人崇祀之教，辜负国家历沛之恩，一家之内兴起兵戎，以启贼人侥幸之端，虽愚昧之人亦不出此！前者，罗卜藏丹津听信流言，敢行背叛，我朝发兵征剿，逃窜在准噶尔处，困苦辱耻，尔等无不闻知。今尔等若到彼处，路途如许遥远，马畜必至疲毙，彼岂能为尔等置立产业，分与游牧地方，令尔等各统所属，依然保聚乎？况准噶尔四面皆成仇敌，终岁争战不休。几［凡］用兵之处，必置尔等于前，虐使任意，岂若各守祖父基业，永享太平之为得乎？尔等若不熟计利害，听伊诳诱之词，依附贼人，妄思蠢动，将来兴师问罪，必先及尔等。彼时即欲悔祸，国法不尔贷也。朕所以频降谕旨，反复开导，令尔等会集兵丁，小心防守，将属下人早行移入者，实冀保全尔等，非欲调遣尔等为进剿之用也。尔等当思朕爱护安全之至意，详细晓谕属下人等，合力防范。果能遵旨奉行，朕自大沛恩膏，尔等游牧妻子，既无吞并之忧，而中外安居，亦永享无穷之福矣。"

（世宗朝卷一〇八·页二四下～二六上）

○雍正九年（辛亥）八月乙卯（1731.9.25）

谕大学士等："叉木多驻扎之云南兵一千名，令其前往西藏备用，尔等已行文与总督鄂尔泰及西藏办事大臣等。但云南省城转行叉木多，路途纡远，可行文与驻扎叉木多之大员，此旨到日，该员即将兵丁应用之马匹、衣装等项料理齐备，将弁等统领即速起身，按程前进，不必候云南文书。其一应马匹、衣装、口粮，俱著宽裕应付，毋得迟误。"

（世宗朝卷一〇九·页二四上～下）

○雍正九年（辛亥）十月甲辰（1731.11.13）

大学士等议复："四川总督黄廷桂等奏称：'达赖喇嘛移座泰宁，故泰宁协原驻兵五百名，以为防护。查泰宁至打箭炉道路险阻，请再拨兵五百名，添防泰宁协，则军威震叠，与里塘、巴塘、西藏声势联络。'应如所请。"从之。

（世宗朝卷一一一·页一一下～一二上）

○雍正十一年（癸丑）十一月壬寅（1733.12.30）

谕理藩院："照看达赖喇嘛之都统鼐格在彼居住有年，年亦老迈。一等侍卫福寿，著赏给副都统职衔，同理藩院郎中拉布坦前往更换。福寿著赏银一千两，拉布坦著赏银五百两，制办行装。"

（世宗朝卷一三七·页一一下～一二上）

○雍正十二年（甲寅）七月癸巳（1734.8.18）

又谕："从前令达赖喇嘛移驻泰宁，原因彼时藏中有阿尔布巴等事，恐准噶尔逆贼乘间来犯，是以令其移至近边地方，以便照看。其随来之弟子人等久离乡土，未免怀归。今贝勒颇罗鼐实心效力，将唐古特、厄鲁特之兵操练精熟，各处紧要隘口，俱已严固防守，藏中晏然无事。班禅额尔得尼年迈有疾，应令达赖喇嘛回藏。著果亲王允礼前往泰宁，与达赖喇嘛相见，张家胡土克图亦令同去。并著都统鼐格前往料理伊等起身，副都统福寿等沿途照看。"

（世宗朝卷一四五·页八下～九上）

○ 雍正十三年（乙卯）闰四月庚午（1735.5.22）

果亲王允礼奉差泰宁回京，折奏："臣于去年十二月二十三日，行至泰宁，达赖喇嘛居住惠远庙，亲至山门，迎接谕旨，恭请圣安。随宣读谕旨，颁给赏赐。达赖喇嘛奏称，自幼荷蒙圣祖皇帝洪慈，差遣将军统兵送至藏内，安坐达赖喇嘛之床；复蒙皇上施恩，浩荡无际。后闻有令瞻仰天颜之谕旨，即欲星驰前来，因尚未出痘，不能亲叩金阙。今恭闻训旨，复受隆恩，惟有竭力衍教，敬祝圣躬万年遐福等语。为此谨奏。"报闻。

（世宗朝卷一五五·页一上～二上）

○ 雍正十三年（乙卯）闰四月甲戌（1735.5.26）

兵部议复："四川总督黄廷桂疏言：'四川泰宁、宁安、德靖三营，原为防护达赖喇嘛而设，今已奉旨回藏，请将三营弁兵俱行裁撤。令泰宁副将带兵七百名，与化林协原设之兵三百名一同驻扎化林，分为左、右二营，酌设都司二员、千总二员、把总四员。除化林原设都司、千、把外，即以三营议撤之弁员拨补。其黎雅、峨边二营，仍归化林管辖。再于议撤弁兵内拨千总一员、兵一百名增隶阜和营，并于该营内轮派把总一员、兵三十名驻防惠远庙。'均应如所请。"从之。

（世宗朝卷一五五·页三上～下）

罗隆宗等地赏给达赖喇嘛，巴塘、里塘、中甸等处内属，天全改土归流

○雍正三年（乙巳）十一月乙未（1725.12.5）

议政王大臣等议复："川陕总督岳钟琪奏称：'打箭炉界外之里塘、巴塘、乍丫、叉木多，云南之中甸，叉木多之外罗隆宗嚓哇、坐尔刚、桑噶、吹宗、衮卓等部落，虽非达赖喇嘛所管地方，但罗隆宗离打箭炉甚远，若归并内地，难以遥制。应将原系内地土司所属之中甸、里塘、巴塘，再沿近之得尔格特、瓦舒霍耳地方，俱归内地，择其头目。给与土司官衔，令其管辖；其罗隆宗等部落，请赏给达赖喇嘛管理，特遣大臣前往西藏，将赏给各部落之处，晓谕达赖喇嘛知悉。再，康济鼐、阿尔布巴既封为贝子，管理西藏事务，请令康济鼐总理、阿尔布巴协理，颁给敕谕，晓谕唐古特人等，尽令遵奉二人约束，庶免扰乱之患。至从前年羹尧奏请噶达地方设立总兵官驻扎，今若将罗隆宗等处赏给达赖喇嘛，则噶达地方设立总兵官之处请行停止。'俱应如所请。"

得旨："画定内地疆界、给与达赖喇嘛地方晓谕番人之事，著遣副都统宗室鄂齐、学士班第、扎萨克大喇嘛格勒克绰尔济前往，会同提督周瑛，详细办理。"

（世宗朝卷三八·页二上～三下）

○雍正四年（丙午）四月癸亥（1726.5.2）

议政王大臣等议复："据川陕总督岳钟琪奏称：'巴塘系打箭炉之门户，久入川省版图，至中甸贴近滇省，久入滇省版图。附近中甸之奔杂拉、祁宗、喇普、维西等处，虽系巴塘所属之地，向归四川，而其界紧接滇省汛防，总通于阿墩子，阿墩子乃中甸之门户。请改归滇省管辖，设官

防汛，与川省之里塘、打箭炉彼此犄角，足以各收臂指，控制番民矣．'应如所请。"从之。

（世宗朝卷四三·页一下～二上）

○ 雍正七年（己酉）四月辛巳（1729.5.4）

吏部议复："四川巡抚宪德遵旨复奏天全土司改设流官事宜：

一、天全地方请改置一州。设知州一员、吏目一员，驻扎碉门；州同一员，分驻始阳。

一、天全地方既改为州，应隶府辖。请升雅州为府，设知府一员、经历一员。增置附郭一县，设知县一员、典史一员。以新设之一州一县及名山、荣经、芦山等三县，并归府辖。

一、雅州既改为府，请以州学为府学，改设教授一员，州训导改为府训导。其府、州、县三学取进生童并廪增出贡额数，统俟人文日盛，再议增置。

均应如所请。"从之。

寻定天全新改州曰天全州，雅州新升府曰雅州府，雅州府附郭县曰雅安县。

（世宗朝卷八〇·页八下～九上）

○ 雍正七年（己酉）四月丙戌（1729.5.9）

议政王大臣等议复："川陕总督岳钟琪奏：'四川巴塘、里塘等处，请授宣抚司三员、安抚司九员、长官司十二员，给与印结号纸。副土官四员、千户三员、百户二十四员，给以职衔，以分职守。内巴塘、里塘正副土官，原无世代头目承袭，请照流官例，如有事故，开缺题补。至各番钱粮，正项之外，又有供给喇嘛衣单、土官、蛮兵头目口粮、杂粮等项，未便仍令将弁等私自征纳，请统作正赋收催．'均应如所请。"从之。

（世宗朝卷八〇·页一三上～下）

○ 乾隆三年（戊午）五月庚午（1738.7.5）

大学士仍管川陕总督查郎阿遵旨议复："章嘉呼图克图奏请将里塘、

巴塘、佳塘等处地方仍给达赖喇嘛管辖，无论各番人众果否乐从，即伊等情愿，竟令赴藏纳差，此后内地差役必致呼应不灵。且官兵撤后，倘有番夷叵测，声息不能即通。而打箭炉、松潘以外，沿途不无阻梗，恐非所以柔远之道。想因喇嘛日用不敷起见，并非恳请地土、番民。查里塘、巴塘、佳塘，每年所纳不及万金。若于打箭炉商税内按数赏给，则伊等日用既敷，而里塘等处地方仍属内地，可以联大昭之声息，杜远人之觊觎。已密咨云督，俟妥议到日，另行具奏。"

得旨："允行。"

谕曰："闻西藏地方大小寺庙千有余所，其各寺庙养赡喇嘛及往来喇嘛布施人等所需之费，俱于达赖喇嘛公项内支给，是以用度繁多，不敷支给。从前皇祖、皇考俱优恤达赖喇嘛，不时加恩赏赍。今达赖喇嘛用度不敷，著于打箭炉所征税银内每年给银五千两。俟达赖喇嘛差人赴打箭炉取茶叶之便，令将此项赏银一并带回。"

（高宗朝卷六九·页一〇上～一一上）

○乾隆三年（戊午）十一月戊寅（1739.1.9）

大学士仍管川陕总督查郎阿遵旨复奏："章嘉胡图克图奏请将里塘、巴塘、佳塘等处地方赏给达赖喇嘛。经议政大臣会同部臣密议可否给还，或有无不便情节，令臣悉心筹画，并咨商云南总督庆复妥议具奏。本年五月，谨就微臣意见，将不便之处具奏。蒙颁谕旨，达赖喇嘛用度不敷，著于打箭炉所征税银内每年给银五千两在案。兹据庆复议复，滇省所属中甸与川省里塘、巴塘、佳塘等处情势相同。从前未归内地之时颇多不便；归滇以后，设弁管辖，迄今宁谧。应将里塘、巴塘、佳塘并中甸等处照旧各归川滇，未便仍给达赖喇嘛管理。与臣前奏意见相符。"

得旨："所议是。知道了。"

（高宗朝卷八一·页三六下～三七下）

调处三齐寨控告瓦寺和明正土司内争与杂谷、梭磨、沃日、大小金川等土司、头人相互构衅

○ 雍正三年（乙巳）六月庚午（1725.7.13）

　　署川陕总督岳钟琪疏言："遵旨察勘杂谷、大小金川、沃日等处土司构衅缘由。差员到杂谷地方，照旧立界，倾心悦服。又，金川土司处有美同等寨，本为金川咽喉，被前巡抚年羹尧强断与沃日，所以仇杀多年。今断归金川，以龙堡三歌退给沃日，两家永无争夺。又，土司承袭，地方官勒索陋规，多致迟延岁月，请立严限具题，不许勒掯。"

　　得旨："本朝各省土司，俱畏威怀德，甚为恭顺，间有一二梗化者，皆由地方文武大吏调剂失宜之故。今春年羹尧奏称，四川杂谷及大小金川等土司颇有不法情状，朕即知此必年羹尧希冀其多事，欲借此名色，得以久操大将军之权，固留川陕总督之任耳！年羹尧若不速离川陕，则川陕必至多事。是以将年羹尧调往杭州。未几，南坪坝之事果已安帖。兹据岳钟琪所奏，杂谷、金川、沃日等土司又已悦服，彼此和辑矣！此诸土司向日皆因年羹尧办理不公，以致互相仇杀。今岳钟琪遵朕谕旨，办理有方，宁番息事，殊属可嘉，著交与该部议叙。其条奏土司袭职之处，著内阁九卿会议具奏。"

（世宗朝卷三三·页五下～六下）

○ 雍正十三年（乙卯）十一月乙丑（1736.1.12）

　　四川总督黄廷桂奏川省边务夷情。得旨："览奏，知道了。安抚番苗，使之乐业向化，此汝等封疆大臣之专责也。若果如折中所奏情形，朕可无虑。后当与杨馝时时留心，务令永远宁谧。若前后不符，则汝两人不能辞其咎矣。"

（高宗朝卷七·页四四上～下）

○乾隆元年（丙辰）十月己丑（1736.12.1）

四川巡抚杨馝奏："三齐寨番民控告瓦寺，已谕令回巢。"

得旨："知道了。处置此等事务，宜持重得体。汝不过寻常供职抚臣而已，非有干济才也，有不能料理处，可商之督臣查郎阿，不可逞己见而致误地方。慎之！"

（高宗朝卷二九·页一七下）

○乾隆二年（丁巳）七月丙辰（1737.8.25）

四川提督王进昌奏：明正土司现护宣慰印务土妇喇章，任用伊父小金川土司汤鹏遣来随侍之人，以致恣扰无忌。伊夫参坚达结在日，原系一身两官，尚有所遗董卜韩胡宣慰印务委妾王氏护理。因王氏生有二子，将来及岁应袭，喇章愤己无出，故欲蓄聚金川番众，布党积威，挟制炉民，据为后计。应及早酌办，以杜勾结启衅。现委道将前往开谕，晓以利害，令其悔悟自新等语。

得旨："知道了。汝已遣人前往，方行具奏，何益耶？但嘱令相机合宜，毋致滋事可耳。"

（高宗朝卷四七·页三一下～三二上）

○乾隆四年（己未）三月丙子（1739.5.7）

四川松潘镇总兵潘绍周奏镇抚番民安贴情形。得旨："松潘为番民杂处之地，此等事最宜先事预筹，不可因小故而酿大患。因马义不胜此任，故调用汝，汝其勉之莫怠。"

（高宗朝卷八九·页二二下）

○乾隆四年（己未）七月甲戌（1739.9.2）

（川陕总督鄂弥达）又密奏："川省杂谷土司苍旺及梭磨土司勒儿恪等，意欲纠众攻击大小金川二土司。又据护理木坪土司王氏禀称，金川从来不遵约束，各土司愿自备土兵糇粮，征服报效。飞饬各官前往化诲解散，一面相机办理。"

得旨："此际提臣尚未到，一切事宜，汝其详酌为之。应与督臣妥商者，即便速行商议。务以持重为要，切不可忽也。"

（高宗朝卷九七·页二七下）

○乾隆四年（己未）九月癸酉（1739.10.31）

川陕总督鄂弥达奏报："四川保县所属杂谷、梭磨、沃日等土司，于七月十四、十七、十九等日，发兵攻劫小金川土司。又，大金川土司色勒奔，亦于七月十四、十七、十八等日，三次发兵与革布什咱土司丹津罗尔布格斗。现在飞饬道员王奕鸿、副将马化正星往解散。查土司性嗜报复，若不慑以兵威，愈无忌惮。可否委附近总兵一员统领汉兵二千名，并调邻近土兵二千名，前往勒兵化诲？倘敢抗拒，容会同抚提相机料理。"

得旨："卿其相机料理。总之待此等人，不可不使之畏天朝兵威，亦不可但以兵威压服，而不修德化也。"

四川松潘镇总兵官潘绍周奏："松潘额兵二千名，除驻防郭罗克及各塘汛外，实存止一千二百有余。松潘为蜀西藩篱，统辖土司一百一十六处、一千九百二十七寨，反复无常，不得不为之长虑。节经前镇臣路振扬、张元佐奏请添兵，未蒙准行。仰惟皇上加意边防，不拘成例，应请添兵一千名，庶要地得宜，而边防永固。"

得旨："督臣意见若同，具题可也。"

（高宗朝卷一〇一·页二五上～二七上）

○乾隆四年（己未）十月癸卯（1739.11.30）

署四川巡抚布政使方显奏："瓦寺土司容忠，于九月二十四日，因忿三齐寨头人汪太擅发土兵一千三百余名，欲渡河攻击该寨。飞饬该管文武并委提标游击前往饬止。该土司凛畏，撤兵回巢，听候剖断，出具不敢滋事印结呈送。"奏入，报闻。

（高宗朝卷一〇三·页二九上～下）

○乾隆五年（庚申）三月庚午（1740.4.25）

四川松潘镇总兵官潘绍周奏："臣查委差文武各官会剖杂谷、梭磨、沃日、雅南多、革布什咱各土司构衅四案，番性反复无常，深难绳以礼法。似应俯顺夷情，宽限完结。"

得旨："所奏俱悉。办理此等事，虽当俯顺夷情，亦不可以安静为能，久而久之酿成事故也。"

（高宗朝卷一一三·页二二下）

○乾隆六年（辛酉）四月癸亥（1741.6.12）

四川巡抚硕色奏报："三齐寨番民，因土司桑朗容（忠）抚驭失宜，欲背瓦寺而归茂州，聚众二千余人赴省具控。请调集宣慰司桑朗容（忠）与番目人等对质，务令两造输服，边境敉宁。"

得旨："这所奏情节颇有隐饰。若以此意办理，则将来酿成大案，恐汝担不起。慎之，戒之！"

（高宗朝卷一四一·页二二下～二三上）

○乾隆六年（辛酉）六月壬戌（1741.8.10）

四川提督郑文焕奏："瓦寺土官桑朗容忠因遣头人催粮，与番民构衅，致番众聚省控告，积怨日深，必滋事端。该土司素称恭顺，著有劳绩，所当仰体怀柔保护之心，不忍其激变部番，罹之重谴，现与抚臣硕色秉公查剖，务俾两造输服，以宁边境。"

得旨："是。与硕色和衷妥办可也。"

（高宗朝卷一四五·页二八上）

○乾隆九年（甲子）六月乙亥（1744.8.7）

四川提督郑文焕奏报："泰宁协属护理巴底安抚司喇嘛纳旺住巴旺地方，其叔土舍汪扎住巴底。纳旺系大金川之婿，而汪扎系革布什咱之甥。今年巴旺民多灾疫，大金川遣发人夫运送各物，将为其婿赏赉百姓。汪扎虑金川乘机占夺，遂调兵堵御。纳旺又疑汪扎要截馈饷，亦派人抵敌，并告金川借兵。革布什咱闻之，恐不利于其甥，即带兵来援汪扎，互相争杀。臣于五月初四日据报，飞檄泰宁、威茂两协，速饬解散分剖去后。乃金、革二酋挟有积愤，不听解释。缘乾隆二年内，大金川故酋色勒奔霸占革布什咱丹津罗尔布盖古交地方，久经断令退还，迄今未交。丹津罗尔布遂借此番举兵，乘隙报复。始则各袒其亲，继则别怀异见，相持穴斗，竟不由纳旺、汪扎主持，恣意攻围。是金、革二酋私怨相寻，徒令巴底、巴旺人民困于锋镝也。臣与抚臣纪山会饬强干文武员弁，分往川西、川南，务令查明起衅根由，一并分晰公平剖结，饬令罢兵回巢。"

得旨："知道了。妥协为之，不可存省事之心也。一并告纪山知之。"

（高宗朝卷二一九·页二〇上～二一上）

○乾隆九年（甲子）八月甲戌（1744.10.5）

川陕总督公庆复、四川巡抚纪山奏："瓦寺土司属之余保泰、周起龙等诬控土司桑朗容忠克扣恩赏土兵银两及私开硫厂、暗造军器、欲通准噶尔各款，本应按律问拟，但系外番，难以拘执常法。因将余保泰等枷号发落，均遣川东极边地方安插，以靖衅端。"

得旨："即如此办理可也。"

又奏："川省泰宁协属巴底土司与打箭炉地方相近，现巴底安抚司纳旺与伊叔汪扎积有猜嫌，而纳旺系大金川土司之亲，汪扎系革布什咱土司之甥。从前革布什咱被大金川抢占地方，今各借护亲为名，构兵相斗。虽不敢扰及内地，惟是相近西炉，宜加防范。现札商抚臣纪山、提臣郑文焕，明白颁谕，俾各知畏惮。"

得旨："此等虽属细事，亦不可忽视之。诸凡妥协办理，据实奏闻可也。"

（高宗朝卷二二三·页三〇上～三一下）

○乾隆九年（甲子）九月乙亥（1744.10.6）

四川巡抚纪山奏："游棍何如章因巴底土司与革布什咱、大金川构衅，捏造谕旨。耸令瓦寺土司发兵拒守，被该土司桑朗容忠察知其妄，即行押交汶川县收禁，讯明捏哄情由。"

得旨："何如章著即在该地方立时处斩，并将罪恶宣播军民、番众等知之。桑朗容忠窥破何如章奸妄情节，即行押交收禁，将造谋捏哄等处一一究出，甚属可嘉！著赏给指挥使职衔。该抚传旨奖谕，并赏赐缎二匹、绸二匹，以示鼓励。该部知道。"

（高宗朝卷二二四·页五上～下）

○乾隆十年（乙丑）三月丙戌（1745.4.15）

议政大臣议复："川陕总督公庆复奏，三齐等寨苗民仍请归籍茂州。查三齐等寨本系生苗，自前抚臣年羹尧批隶瓦寺土司以来，连年构衅。应如所请，准归茂州管辖，每年纳粮充赋。"从之。

（高宗朝卷二三六·页一八上～下）

○乾隆十一年（丙寅）四月庚午（1746.5.24）

户部等部议复："大学士川陕总督公庆复等奏称，川省三齐等三十六寨番民归隶茂州管辖，筹酌管束事宜：

一、查明番地四至，立碑定界，俾民番各安疆土。

一、三十六寨每寨择老成谨慎者，设正、副头人各一名，将所管户口造册送州稽查。其户婚、钱债细事，令头人秉公排解，不服，赴州控断。并将头人功过立簿查核，年底分别赏罚。

一、番民每岁纳麦粮六十石，编入赋役全书，责令各头人督催完纳，就近兑支威茂协营兵米。

一、番寨山头地角旷土尽多，饬地方官令各头人按户分段给垦，免其升科。

一、番民既入版图，即与编氓无异。应于该寨适中之地设立讲约所，该州暨儒学等官朔望轮往，传集番民，宣讲圣谕广训及整饬地方利弊文告，并于律例中择其易犯之条翻译讲解，晓谕化导。其子弟秀异可读书者，送州义学肄业。果能渐通文理，照土司苗猺子弟应试之例，准其考试。

一、新附生番未便骤绳以法，或犯命盗等事，暂照夷例归结，十年后照内地一体办理。

均应如所奏行。"从之。

（高宗朝卷二六四·页四下～六上）

○乾隆十一年（丙寅）十一月辛酉（1747.1.10）

大学士管川陕总督公庆复奏："川西地少山多，番蛮杂处。就中顽梗者，杂谷、金川为最。杂谷土司苍旺贪狡殊常，然外极恭顺，调遣从无迟误。大金川土司色勒奔细性更凶悍，前年与巴底相争，又屡与革布什咱土司争地。近更欺压小金川，去年竟有将小金川土司拿去之信。经臣差弁严查，直至臣出口外，瞻对已破，方遣土目具禀军前，当即严加申饬。细看情形，实为强横。因地势极险，运粮无路，且伊自在土司内相扰，并非干犯内地。要在该管文武，务得大体，令其彼此钤制，以保无事。倘不遵剖断，亦惟有以番御番之法，用众力以收功。"

得旨："以卿所见，纪山能办此乎？"

又批："瞻对甫完功，佳兵不祥，卿所见极是。然既有此事，不可不留心也。"

（高宗朝卷二七九·页二〇下~二一下）

增添西藏、川滇藏区驻兵，稽查复置塘站等

○雍正十三年（乙卯）十二月辛巳（1736.1.28）

以副都统公元为泰宁镇总兵官。

（高宗朝卷九·页二下）

○乾隆元年（丙辰）二月辛卯（1736.4.7）

户部议复："署陕西总督刘于义疏称：'临洮等属新归番民应输粮石，前据管理夷情事务德龄以驮负维艰奏请改征折色。查番民多居口外，卖粮交银，仍须驮负内地，转有未便，请照旧例以本色征收。'应如所请。"从之。

兵部议复："四川巡抚杨馝疏称：'里塘、巴塘等处久经向化，请裁打箭炉至雅龙江前设陆站马六十四。'应如所请。"从之。

（高宗朝卷一三·页二四下～二五上）

○乾隆元年（丙辰）十月戊寅（1736.11.20）

大学士管川陕总督查郎阿等疏言："西宁驻扎兵丁，前经西安将军沁布奏称，西宁地近青海，而卓紫山、琦紫山、国隆、国明寺等处转为内地，脱有不靖，西宁、庄浪内外不能相顾，请将西宁之兵，更驻庄浪等语。应如所奏移驻。"下总理事务王大臣议行。

（高宗朝卷二九·页四上～下）

○乾隆元年（丙辰）十月己丑（1736.12.1）

松潘镇总兵官马义奏："每岁秋间，量带兵役前往番部，宣谕德威。"

得旨："知道了。此等化导，最宜顺其习俗而晓以礼义。若拂其性而

滋事，则好事不如无也。"

（高宗朝卷二九·页一八上～下）

○乾隆二年（丁巳）闰九月丙辰（1737.10.24）

副都统纳苏泰奏："前工部左侍郎杭奕禄请撤驻藏兵丁，奉谕旨：'观杭奕禄所奏，贝勒颇罗鼐等深以内地之兵在藏驻扎，于伊等有益。前皇考特悯念唐古忒人众，恐内地之兵久经驻藏，或有累伊等，思欲撤回。若果有益，数百兵丁所费粮饷几何！著将此驻防与台站兵丁暂停撤回，照旧轮班驻扎，俟过一二年后再定。副都统纳苏泰在彼年久，令其回京。著杭奕禄留藏，与总兵官周起凤一同驻扎办事。其应换部院章京、笔帖式等，著该部派遣更替。'谨遵旨交代印信，即日起程。"报闻。

（高宗朝卷五二·页三上～下）

○乾隆三年（戊午）十二月乙未（1739.1.26）

户部议复："云南巡抚张允随疏言：'中甸地届边远，驻防兵粮紧要。现仅存税秋等米一千五百二十九石有奇，请于鹤庆仓额征米内拨运一千石贮备。'应如所请。"从之。

（高宗朝卷八三·页五上）

○乾隆四年（己未）九月癸酉（1739.10.31）

四川松潘镇总兵官潘绍周奏："松潘额兵二千名，除驻防郭罗克及各塘汛外，实存止一千二百有余。松潘为蜀西藩篱，统辖土司一百一十六处、一千九百二十七寨，反复无常，不得不为之长虑。节经前镇臣路振扬、张元佐奏请添兵，未蒙准行。仰惟皇上加意边防，不拘成例，应请添兵一千名，庶要地得宜，而边防永固。"

得旨："督臣意见若同，具题可也。"

（高宗朝卷一〇一·页二六下～二七上）

○乾隆八年（癸亥）十一月甲午（1743.12.30）

兵部等部议复："川陕总督庆复疏称：'遵旨详议四川提督郑文焕请

于阜和营改设游击等员。……郑文焕所请阜和营添兵三百名，部议令于事简兵多营内调拨。应即将嘉、怀二营新减二百名拨给，合阜和营原额共五百名，已足防守。尚少百名，毋庸再募。至阜和营原设都司，应改为游击，添设中军守备一员、千总一员、把总三员。查巫山营营汛甚少，旧设游击，体制不称。应将巫山营游击、守备各一员移设阜和营，即以阜和都司移设巫山。其应添千、把酌量抽拨，以符经制。又，雅州府属清溪县地方，当建昌、打箭炉两路之冲，苗猓出入要区，且新将大田改流，尤宜专营弹压。向令黎雅营中军带兵防守，往来未便。阜和营既请添兵，则炉地门户严密，相距泰宁声援密通，其中间之泸定桥不必多兵防守。请将原驻泸定桥之协标右营都司带领该营千总一员、把总二员、额兵二百名，再于泰宁存城兵内拨兵一百名，移驻清溪，将所属之富林、泥头、万工堰、汉源街一带塘汛分布防范。所遗泸定桥汛，拨归协标左营都司管辖，止须派千、把总一员，带兵五十名看守。其清溪原驻弁兵，撤回黎、雅营，酌拨添防要汛，官署兵房照例添建。'均应如所请。"从之。

（高宗朝卷二〇四·页二二上～二三下）

○乾隆九年（甲子）九月甲申（1744.10.15）

谕军机大臣等："自打箭炉至蓝墩安设塘站，递送文书、奏章，原议于里塘、巴塘各设千、把总一员，带兵稽查管束，但塘务所关紧要，千、把皆系微员，若无总理稽查之员，恐于塘务不无遗误。应于大员内酌派一员，每年前往稽查一二次，始为有益。可传谕纪山，令其办理奏闻。"

（高宗朝卷二二四·页一八上～下）

○乾隆十年（乙丑）二月乙巳（1745.3.5）

（军机大臣）又议复："四川巡抚纪山奏：'打箭炉至蓝墩一带塘站，令打箭炉同知、阜和营游击每年春、秋二季轮流稽察。'查川省文武大员各有职守，未便远离，自应就近责成该同知、游击。但定以春、秋二季轮流稽察，亦虑旷时废事。今酌令初次照依所请，嗣后每年秋季轮流稽察一次。"从之。

（高宗朝卷二三四·页二上）

○乾隆十年（乙丑）五月丁丑（1745.6.5）

大学士等议复："川陕总督公庆复等会奏打箭炉稽查民人出入一折。查打箭炉原设三门，东门大卡系进省通衢，南门公出卡系赴藏大道，北门雅纳沟系通各处苗蛮小路。因炉城设有茶市，苗蛮汇集贸易，汉民遂亦繁多，向无稽查之例。先经打箭炉监督伊尔哈布奏，炉城三门锁钥应交地方官掌管，拨兵守口，盘查一应内地出口之人，俱令在地方官处起票，守口人查验放行。经臣等议，以地方官处起票该口验票放行有无滋扰勒索弊端，请交川陕督、抚妥议具奏在案。今该督等既称向无稽查之例，原未严密。应如该监督所请，将炉城三门锁钥令阜和营都司掌管。南、北二门应各派兵八名稽查。汉民出口者，令其呈请各该地方官印票；自炉置货出口者，令其呈请炉同知印票查验放行；其寻常汉民赴乡买卖及苗蛮来炉买茶者，应免请票，以省繁累等语。应如庆复所奏办理。又称：'南、北二门口外，汉民在彼贸易者不能即归，若不稽查，恐不无勾引苗蛮滋事之处。应通行各该汛弁土司土目，查明生理、年貌、籍贯造册备案。欲归者，照册注销；病故者，详报开除；无力还乡者，酌给路费。'亦应照所请办理。至称炉地监督今既不与地方事务，其关防应改给管理课税，删去事务二字。应俟照例具题到日，该部换给。"从之。

（高宗朝卷二四〇·页六下～七下）

○乾隆十年（乙丑）十一月庚辰（1745.12.5）

谕大学士等："现在驻藏官员，经军机处于议复傅清折内令换班官兵，于丁卯年九月自成都起程，前往更换，朕已降旨准行。可寄信询问纪山：换班官兵，据彼地情形，应于何时自成都起程，沿途行走有益？令其具折奏闻。"

寻奏："换班官兵自成都起程，约计两月余方能到藏。从前每于四月前往，正值暑雨，沿途高山峻岭，泥泞难行。若于九月起程，塞外早寒，霜雪颇大，且乌拉牛只时值疲瘦，难于跋涉。应于七月内自成都起程，约九月内抵藏，沿途行走，较为有益。"报闻。

（高宗朝卷二五二·页三三上～下）

○乾隆十年（乙丑）十二月己酉（1746.1.3）

　　户部议准："四川巡抚纪山疏称，乾隆六年，驻防西藏撤回官兵六格等从前借支制备行装银一千三百两，请照乾隆三年贾成林等之例免追。"从之。

（高宗朝卷二五四·页一八下）

○乾隆十一年（丙寅）二月壬子（1746.3.7）

　　军机大臣等议奏："驻藏副都统傅清奏称，西藏自撤台站官兵后，抢劫杀伤，各案累累，而里塘一带，夹坝更甚于昔。西藏既隶内地，驻有官兵，岂无往来人员，焉能逐起护送！汉夷商贩岂可尽使隔绝！数月内往来公文遗误擦损之事甚多。仍请照旧安设官兵等语。应如所奏。自藏至炉一带台站，照旧设兵，总在一千数内酌量派拨。至所请将巴塘守备移驻乍丫、江达千总移驻拉里、拉里外委移驻江达、乍丫粮务移驻拉里并沿途塘汛官兵与藏内官兵折色口粮等项，不敷者酌增，浮多者量减等语。查从前驻扎员弁，原酌地方情形安设。今若移驻，其营房、衙署等项俱须重新建葺，且兵丁月支折色、口粮等银，均属当日酌给。今所议应增之数，浮于应减数目，事关营制，应详慎举行。请交总督庆复就近详察情形，所有应行事宜，会同巡抚纪山妥议请旨。"从之。

（高宗朝卷二五九·页二下～三下）

○乾隆十一年（丙寅）九月丁酉（1746.10.18）

　　大学士等议复："川陕总督庆复等奏：'西藏复设台站官兵案内，除里塘业经酌设土兵三百名毋庸更添外，其巴塘向驻守备一员，今既移驻乍丫，即请以乍丫之把总移驻巴塘。至从前赏给蛮兵牛羊滋生银两，今蛮塘既撤，自应将前项追缴。但蛮兵安设二年，颇为出力，恳请宽免。'均应如所请。"

　　得旨："从前赏给蛮兵牛羊滋生银两，著免其追缴。馀依议。"

（高宗朝卷二七四·页六下～七上）

西、河、庄、洮、甘、天全诸茶司引茶壅积，减价变卖与官茶改征折色

○乾隆三年（戊午）十二月壬辰（1739.1.23）

（户部）又议："甘肃巡抚元展成疏言：'甘肃库茶积至二百六十万封有奇，虽经题明减价变卖，销售仍属无几，请再行分别酌减价值。'应如所请。将雍正十一年至乾隆二年库贮茶封，西、河二司，照现减价值，每封再减二钱，庄、洮、甘三司，每封再减一钱。雍正六年至十年贮茶，西、河二司，每封定价四钱五分，或四钱四分，庄、洮、甘三司，每封定价四钱，或四钱七分。雍正五年以前至康熙六十年，各司每封定价三钱。惟改征折色，据称每篦折银五钱，查商茶五斤为一封，二封为一篦，现在变卖陈茶，屡经酌减，最陈每封亦定价三钱，一篦折银五钱。是每封止折银二钱五分。新茶价值较陈茶转少，应令统以三钱折征。俟西司陈茶销至二十万封，河、庄、洮、甘四司销至十余万封，再征本色。"从之。

（高宗朝卷八二·页三四上～下）

○乾隆六年（辛酉）五月乙亥（1741.6.24）

（户部）又议复："四川巡抚硕色奏称：'川省天全州茶引壅滞，经前任抚臣杨馝题请改拨成都、彭县、灌县。该商等认引之时，正松潘修城之后，挑壕修路，番民聚集，尚可行销。迨领引之后，番民陆续回巢，引茶壅积，官商受累。请将成都等三县积引四千四十九张，课银二千四百一十余两，一并开除。'应如所请。"从之。

（高宗朝卷一四二·页一四下～一五上）

○ 乾隆八年（癸亥）十二月戊午（1744.1.23）

谕："前因川省松潘引多茶壅，故将天全州之积引改拨成都、彭、灌等县行销。每年空缴引张，赔纳税课，官商交累。乾隆六年，朕降旨开除成都、彭、灌三县积引四千四十九张，并课税银二千四百一十七两二钱。从乾隆七年为始，官商均受其益。惟是乾隆七年以前之羡余截角，尚属拖欠，成都有未完银五百六十五两二钱，彭县有未完银四百三十两九钱六分零，灌县有未完银一千二百九十七两九钱二分零。川省茶商资本微薄，无力复完旧项，朕心轸念！著将所有三县旧欠悉行豁免，以示朕优恤商民之意。该部即遵谕行。"

（高宗朝卷二〇六·页一〇下～一一下）

准噶尔奏请派人进藏朝佛熬茶、延聘喇嘛，清廷对其防范、限制

○乾隆三年（戊午）十二月戊戌（1739.1.29）

准噶尔台吉噶尔丹策零遣哈柳等随侍郎阿克敦等至京进表。表曰："准噶尔台吉噶尔丹策零具奏，恭进大皇帝圣明。去年令达什等以阿尔台游牧事具奏，奉大皇帝谕旨：'尔请喀尔喀与额鲁特以阿尔台山为界，俱照现在驻牧，无相掣肘，言辞恭谨，朕甚嘉之，故复遣使前往。'幸蒙圣恩鉴允，不胜欢忻。……再，车臣汗告我使人，班禅额尔德尼已经圆寂，询来使云是实。我额鲁特经典中载班禅额尔德尼乃掌教大喇嘛也，如果圆寂，当建塔讽经。意欲遣我人赴藏布施，以广黄教，以福群生。"奏入，报闻。

（高宗朝卷八三·页一一下～一三下）

○乾隆四年（己未）二月庚子（1739.4.1）

敕谕准噶尔台吉噶尔丹策零："……尔又奏称：'班禅额尔德尼圆寂，欲遣人往藏讽经布施，伏祈鉴允。'朕为大君，有能奉教之人，岂忍阻抑？但从前尔部人潜往西藏残害土伯特，今若经行彼地，土伯特怀愤生事，亦未可定。尔诚心布施，须俟遵旨定议后，准用百人赴藏，朕当特遣官弁护送。随敕赐各色缎十端。"

（高宗朝卷八七·页七上～九上）

○乾隆四年（己未）九月庚戌（1739.10.8）

（正红旗满洲副都统吉三等）又奏："奉军机密寄议复川陕总督鄂弥达奏：'准噶尔噶尔丹策零遣人往西藏熬茶，到藏未免生事，应无庸议。密寄驻扎西宁、西藏大臣等严饬守卡人员，不时小心侦探。倘有贼人消息，

迅速禀报，即调兵防范堵截，不可稍有疏懈。又行文贝勒颇罗鼐，言今虽得雪，路迳难行，而防范自不可疏。遇有贼人信息，速行禀报。'臣查颇罗鼐感恩图报，出于至诚，所领兵不时训练，十分精锐。现在西藏诸处防备甚固，毫无可虞。万一贼来窥伺，臣等与颇罗鼐会议，即酌量调兵，仰凭圣主威福，以期痛剿贼众。目今各处卡防并无消息，甚属稳妥。"奏入，报闻。

（高宗朝卷一〇〇·页一一下～一二下）

○乾隆四年（己未）十二月辛巳（1740.1.7）

谕军机大臣等："噶尔丹策零奏请进藏熬茶，其事著尹继善办理。"

（高宗朝卷一〇六·页二〇下）

○乾隆五年（庚申）正月辛未（1740.2.26）

军机大臣等奏言："此次准噶尔夷使哈柳等至京，一切并遵旨定议。惟进藏熬茶，以百人不敷，奏请用三百人，蒙恩允行。其来时，请令理藩院拨章京等二员前赴哈密军营，令提督李绳武拨兵五百名，遣官率领，与章京等协同办理。令由扁都口边界前至东科尔贸易。事毕，即由彼处护送至藏。沿途有司，亦令照管。至入藏之人，非奏事使臣可比，无庸换给马匹。其经过青海等处，一应蒙古游牧及各台站预令移置妥协。俟使臣还，安设如故。其应拨满洲兵护送，请就近于庄浪、凉州酌拨五百名，与李绳武处所拨官兵，以大臣一员总领。至藏时，有应办一切，令驻藏副都统与郡王颇罗鼐公同核议，妥协办理。"

得旨："依议。著将军乌赫图、副都统巴灵阿领兵护理，各赏银五百两。凉州将军印务，令副都统黑色暂行署理。巴灵阿所遗员缺，著莽鹄赉驰驿前往西宁办理。"

（高宗朝卷一〇九·页一一下～一二下）

○乾隆五年（庚申）二月己卯（1740.3.5）

赐准噶尔台吉噶尔丹策零敕书，曰："谕准噶尔台吉噶尔丹策零：……尔又奏称：'前请往藏熬茶，实为敬信喇嘛之故，岂敢生事。但带往什物甚多，百人难以运致，故此次不能与哈柳同来，伏乞许用三百人。'尔前以班禅额尔德尼圆寂之故，欲使人入藏熬茶，诚心奏请，朕已谕行，止令人数毋过百。今尔又以运物百人未敷，请增至三百人，朕更加恩允准。尔须选择晓事之人。其赴东科尔，朕当遣人护送。……此次台吉一一恪遵朕旨，实心恭顺，朕甚嘉之。用从前和好之礼，随敕赏各色缎十六端。"

（高宗朝卷一一〇·页九下～一二上）

○乾隆五年（庚申）三月丁未（1740.4.2）

军机大臣等议准："办理青海事务副都统巴灵阿奏称：'据总督鄂弥达等转咨，令于青海等处陆续采买驼马，以备夷使、官兵牲畜疲乏更换之用。青海山高气冷，五六月间青草萌生，牲畜始肥。今夷使于三四月抵东科尔，贸易事毕，即行进藏。倘所采买不免疲瘦，恐有遗误。'查西宁镇标现有预备驼一千余只、马一千六百匹。请先以此项驼、马应用，再按价给发营弁，令其自购。一转移间，两有裨益。"从之。

（高宗朝卷一一二·页六下～七上）

○乾隆五年（庚申）四月甲戌（1740.4.29）

大学士等议复："原任川陕总督鄂弥达条奏办理夷使进藏事宜：

一、夷人自东科尔起身进藏及回时经过青海地方，应赏给菜牛、菜羊并米面各一次。

一、牛行迟缓，请停止采买。以两牛改换一驼，于镇标营驼内摘拨。

一、护送夷人之满兵，原议每名给马三匹，本身乘骑，以及驮载行李。远涉长途，恐有疲缺，应请加一匹，共给马四匹。又，每兵二名，再请给驼一只，以资驮载什物。

一、自东科尔至藏及自藏回，请酌给八个月盐菜、口粮，以资沿途日用。

一、驮载口粮、盐菜均应用驼只，及派往章京等需用马匹，均应于凉州、西宁两镇给拨。

一、原议拨银二万两，交与伴送大臣等带往接济。今又添派运送口粮、文武官及兵役，应请再拨银一万两带往，庶得通融接济。

均应如所请。"从之。

（高宗朝卷一一四·页一一上～一二上）

○乾隆五年（庚申）四月己亥（1740.5.24）

（甘肃布政使徐杞）又奏："护送准噶尔遣人赴藏熬茶事宜，有宜因时度地、酌量办理之处：一、酌拨西安镇标拴养马、驼，预备更换；一、沿途驮载口粮等项宜于轻便，倘驼只不敷，添雇客牛；一、东科尔至藏往返约需六月，口外道远，官兵之盐菜、口粮俱宜宽裕估计；一、沿途备带银三万两，以资接济。"

得旨："所奏俱悉。此虽系初次，然亦不可过滥，以致后难为继也。"

（高宗朝卷一一五·页三九下～四〇上）

○乾隆五年（庚申）六月戊戌（1740.7.22）

川陕总督尹继善奏："准噶尔夷人进藏熬茶，虽不至遽生事端，但夷性无常，或因此探听青海消息，窥伺藏里情形，俱未可定。臣已密嘱将军乌合图等密探夷人进藏系何心事，如何举动，务须朝夕留心，切勿忽略。"

得旨："办理甚妥。"

（高宗朝卷一一九·页三〇上～下）

○乾隆五年（庚申）闰六月甲子（1740.8.17）

准噶尔台吉噶尔丹策零遣使莽鼐进表，奏称："哈柳归，奉大皇帝敕书，谕令厄鲁特在阿尔台山阴游牧，不得过山梁，喀尔喀亦不得过扎布堪等处。其科布多所在，各令巡视。又许我进藏熬茶之人数至三百，不胜欢忭！……至进藏之事，候莽鼐信到，即计日起程，于八月二十日左右定到哈密，由哈密即赴东科尔。但必取道肃州，则来人俱未出痘，恐途中患病，且道远或遇无水草处，无以接济。请一切生畜路费俱自行备办，由库克、沙什、西喇、喀勒占至东科尔贸易后前往。至进藏时，或马匹疲乏，尚需接济，伏乞加恩。"奏入，报闻。

（高宗朝卷一二一·页一七上～一八上）

○乾隆五年（庚申）七月乙亥（1740.8.28）

赐准噶尔台吉噶尔丹策零敕。谕噶尔丹策零："尔使莽鼐赍至奏章，……又称：'进藏之人若由肃州赴东科尔，其人悉未出痘，又道远，恐乏水草。请自备牲畜路费，由库克、沙什、西喇、喀勒占前进。至进藏时，或马匹瘦乏，尚恳加恩接济。'尔前请进藏熬茶百人不敷，乞用三百人，朕已允行。至一切所需，尔本以尊崇佛教、修行善事之故，致诚前往，此事固未便朕为资助，亦于台吉声名有关。但既经奏请，倘由东科尔进藏，及由藏回时，途间果有匮乏，量为接济，在朕固所不吝也。至请路由库克、沙什等处，朕边境大臣已详询习知道路者，俱言此路既多戈壁，又缺水草，行走甚难。但尔来人未出痘者道经内地，诚属可虞。朕已饬令边境大臣，择戈壁少、水草好，有益于尔人畜者，详悉勘明，导引尔之人赴东科尔。到时，朕大臣当已预为之备矣。随敕赐各色缎十端，加赏玻璃磁器四十事、大缎六端。"

（高宗朝卷一二二·页一〇上～一二下）

○乾隆五年（庚申）七月戊戌（1740.9.20）

是月，军机大臣等议复："副都统巴凌阿奏：'夷使进藏，预备更换马、驼。现在草枯之时，牲畜未能膘壮，恐新买马、驼皆属疲瘦。请将西宁镇标备战驮载驼只并现在收槽喂养马匹内，先行如数摘拨，按照定价，给发营员，采买补额。'应如所请。"

得旨："依议速行。"

（高宗朝卷一二三·页二七下～二八上）

○乾隆五年（庚申）八月己亥（1740.9.21）

（户部）又议复："前署四川巡抚方显奏：'夷使进藏，并护送满洲官兵，应给盐菜、口粮银两，请于司库酌留项内借银八万两备用。又，川省军需用项繁多，请再借银二万两，以备急需。统俟协济军需银到日，一并还款。'应如所请。"从之。

（高宗朝卷一二四·页二下～三上）

○乾隆五年（庚申）十一月壬申（1740.12.23）

（大学士等）又议复："驻藏副都统纪山奏，准噶尔进藏之人若于八月间到哈密，由边外至东科尔，时届冬寒，其护送官兵，或马匹牲畜，不无瘦乏，应行换给。今纳克舒番子百户等请于官兵过时，所有四千九百八十六户，五户公出马一匹、牛二头，又每户出羊一二只，以备应用等语。查护送官兵自宜预筹接济。纳克舒番子既经备办，请移知乌赫图、巴灵阿，若沿途取用纳克舒牲畜，可于携带银两内如数给价。"从之。

（高宗朝卷一三〇·页一一上～下）

○乾隆六年（辛酉）正月乙未（1741.3.16）

甘肃提督李绳武奏报准噶尔熬茶夷人三百名，并带领送还西藏番子三名，由哈密起程日期及出售牲畜、留牧驼马各情形。

得旨："所奏俱悉。其留牧夷人驼马，若有倒毙，须照数补还。将朕恩谕彼知之。"

（高宗朝卷一三五·页一九上）

○乾隆六年（辛酉）四月壬戌（1741.6.11）

川陕总督尹继善奏："熬茶准夷三百人至东科尔，赏给米面、羊只，皆感激祗领。交牧驼一千六百余只、马一千一百余匹，深以马、驼疲乏难于涉远为忧。查此次夷人，原非进贡可比，应听其自备资斧。因噶尔丹策零词语恭顺，蒙恩预备驼四百只、马八百匹，现在东科尔放牧。倘尚不敷，请于西宁附近各营，再行酌量拨给，令其作速赴藏。并已移知副都统巴灵阿、抚臣元展成熟筹妥办。"

得旨："所奏俱悉。虽云示恩，亦不可启其无厌之心也。既已如此办理，可令伊等知系殊恩，后不可援以为例。"

（高宗朝卷一四一·页一三上～下）

○乾隆六年（辛酉）四月癸亥（1741.6.12）

凉州将军乌赫图等奏："本年赴藏熬茶之准噶尔喇嘛多约特禅机、斋桑齐默特、巴雅斯呼朗等，噶尔丹策零亲信人多尔济、吉尔噶朗来告称：

欲赴塔拉寺暨扎什车里寺种善熬茶。再三阻止，陈请不已，势难中止。因思扎什车里寺在黄河以南，道路遥远，且沿途俱系蒙古游牧地方，决不可往。塔拉寺距西宁四五十里，由东科尔行走，朝发夕至，是以允其所请。令巴灵阿带满洲兵弁一百名同往。预先知会蒙古喇嘛暂行回避，俟熬茶事毕，即带回东科尔。又，准噶尔喇嘛等将起程赴藏日期，遣人报知噶尔丹策零。若由原路遣回，则此一路之游牧蒙古又费迁移。业交与西宁总兵周岐丰派拨弁兵护送，由边都口、嘉峪关、赤金一路前至哈密，交提督李绳武送出边卡。"

得旨："所办好，知道了。"

（高宗朝卷一四一·页二七下～二八下）

○乾隆六年（辛酉）七月壬辰（1741.9.9）

安西提督永常等奏："洮赖川拿获脱出回子二名，一捏杂儿，系叶尔根人，一拜木喇特，系哈萨克人，皆因为奴受苦，思沐天朝厚恩，相伴而来。所有讯取供词，缮折奏闻。"

得旨："知道了。目今往藏熬茶之人又称不得贸易，欲中路而回。此事虽在未定，彼若执意欲返，亦无留彼之理，当听其归耳。若至哈密，汝等当以失信大义责之，约束出境，毋令生事，不必似来时之款待。而彼出境之后，更宜小心防守，须过今冬再请旨可也。仍将夷使情形，备细奏闻。"

（高宗朝卷一四七·页三一上～下）

○乾隆六年（辛酉）八月丙申（1741.9.13）

护送夷使凉州将军乌赫图奏："准噶尔使人齐默特等于四月初一日到东科尔。原议五月进藏，因与商人贸易，讲价不定，托言炎暑，改期七月。今于七月二十日齐默特等忽复来言：'我等本拟此月起程，近闻西藏地气早寒，又携来驼只俱不堪用，难以前进，拟贸易事毕，即欲还部。既经和好，熬茶之事，不论何年，俱可前进。'臣等按准噶尔生性奸诡，前后言词反复，明系希图贸易昂价，要请增给马驼。应否仍令赴藏，或听其还部？"

得旨："前因噶尔丹策零尊崇黄教，奏请为其父赴藏熬茶，施行善事，朕特加恩允其所请，赏给牲畜、口粮，派大臣、官兵照看。今伊使臣因贸易价值不定，不欲进藏，即求还部。贸易之事，当听商人自便，讵可官为派勒！今伊等不遂所欲，便欲言归，或其来时，噶尔丹策零本嘱令如此，或系伊等私意。若出噶尔丹策零之意，则亦系一无信行之流，朕甚鄙之！伊等去后，倘再请进藏，亦断难允行。若噶尔丹策零并未出此，伊等自立主张，任意妄行，更属诡谲。嗣后再来，亦断不遣往西藏。伊等果能担承，即听其还。朕为内外共主，既经降旨，断无改悔之理。著将此旨给发乌赫图，晓谕伊等。若伊等知愧，仍照原议办理；若必欲还部，亦竟听之可也。"

　　寻据乌赫图复奏："臣等于八月十八日将准噶尔使臣齐默特等唤至，恭照谕旨传谕毕，伊等默然良久，旋称：'我等来时，噶尔丹策零并未知此指授。我等不能进藏缘由，前已禀过。'臣等观其情形，理屈词穷，万难置辩，但其人贪心无厌，所望不遂，仍欲回巢。"

　　得旨："朕所降谕旨甚明，伊等如欲回去，尔等即将朕所降谕旨，再行晓谕伊等，护送至哈密，交与李绳武等。尔等即可回也。"

（高宗朝卷一四八·页七下～九下）

○乾隆七年（壬戌）正月庚寅（1742.3.6）

　　安西提督永常奏报准噶尔夷使入贡。得旨："朕已料彼定为熬茶而来。知道了。"

　　又奏夷使赴京带售之货物、马驼，暂留哈密。得旨："知道了。其留牧马驼若倒毙，少则可，若多，量为补赐，亦无不可。至期奏闻可也。"

（高宗朝卷一五九·页一五下）

○乾隆七年（壬戌）二月丙申（1742.3.12）

　　驻防哈密安西提督李绳武奏："准噶尔使臣吹纳木喀于正月十八日入境，二十二日到哈密。据云：'赴京进贡，并去岁蒙恩许熬茶，齐默特等去藏不远，中道而返，恐天朝见责，故遣使谢罪，并恳仍许熬茶。'"

　　得旨："朕已料彼必为熬茶之事再来陈请也。"

（高宗朝卷一六〇·页四上）

○乾隆七年（壬戌）二月己未（1742.4.4）

川陕总督尹继善奏："准噶尔以无用之产易中国之财，实欲时通往来，探内地虚实。积年货易，官赔商累，臣略为裁制，并非苦刻，致启猜嫌。其前假内地入藏，事原不顺，因防范甚严，不能饱欲，中道而回。此番使臣乃复诡词问故，言虽卑抑，心更难知。总之，夷人贪而无耻，狡而多疑，其恭顺固不足喜，即诡诈亦不足虑。惟有修明边备，慎固封守，在我无隙可乘，在彼自无所施其伎。至于近理之事，示以宽仁，非分之欲，即加裁抑。倘以所求不遂，交易渐疏，既省嫌衅，复除胶葛，于边境更为有益。"

得旨："所见甚正，即如此办理可也。"

（高宗朝卷一六一·页二一上～下）

○乾隆七年（壬戌）三月辛巳（1742.4.26）

准噶尔台吉噶尔丹策零遣使臣吹纳木喀等奏："进表，并贡方物。请赴藏熬茶者，由噶斯；至京贸易者，由归化城；往多巴、西宁贸易者，走噶斯之南。乞勿限定年分。至巡视科布多，请如前降旨，每年遣人前往。"奏入，报闻。

（高宗朝卷一六三·页八下）

○乾隆七年（壬戌）四月庚寅（1742.5.5）

准噶尔使臣吹纳木喀等入觐。谕曰："尔台吉噶尔丹策零奏章，朕已入览。令尔口奏之语，朕之大臣亦悉以闻。前噶尔丹策零以其父故，屡恳赴藏熬茶，朕廷臣议应勿许，朕特施恩，念其为父讽经，尊崇黄教，本属善事，降旨允之。复遣大臣官兵护送，助以牲畜口粮。乃尔使齐默特等既至东科尔，惟以贸易为事，迁延数月，并不进藏，遽欲还部，朕之大臣屡谕不听，始以奏闻。朕时在木兰降旨，此系噶尔丹策零奏恳之事，若等何得擅还！或其来时，噶尔丹策零本如此授意，则嗣后复欲遣人进藏，决不允行。令朕之大臣再三开示，若等执意起程，想此意定出自噶尔丹策零。不然，虽弹丸小部落，必无使臣不遵主命之理。即如尔等此来，除噶尔丹策零所嘱外，可任意增一词乎？汝至肃州即返，可乎？既乞往藏，半途而

209

还，更造为种种不根之语，欲变易成规，非故滋事乎？汝谓奏疏中并无傲慢，朕大臣等悉能通汝等语言，汝岂能隐匿乎？朕为天下共主，已许尔息兵，断不因此遽复兴兵，汝等若有妄举，亦听之而已。此次噶尔丹策零所奏，与汝口奏互异，朕实不解，诸事难以定夺。汝明记朕旨，详谕噶尔丹策零可也。"

旋据吹纳木喀奏称：噶尔丹策零竭诚输恳，奏章所载，乃中外言语不同之故，实非傲慢。至齐默特进藏熬茶，据云以奉旨巡视科卜多，为守卡人拦阻，半道空还；噶尔丹策零疑惑不信，令使臣等前来剖晰等语。又谕曰："汝称噶尔丹策零不信齐默特，故来具奏，今奏中何无此语？进藏熬茶，本噶尔丹策零最切要事，当遣可信之人，奈何委之齐默特？伊等还时，降旨甚明。今汝等纵仍欲进藏，亦应候朕再降旨允行，然后得往，岂容竟自主张，但以道由噶斯为词乎？噶斯岂汝等境内乎？抑闻朕前谕难以再请，姑以此含糊尝试乎？原议巡视科卜多，并无许入卡伦内巡视之语。去年尔人不言巡视科卜多，直入布延图卡伦，至喀勒占和硕卡伦，朕之大臣始禁止之。朕所遣略地之人，有越阿尔台巡视尔卡伦以内之地者乎？此事已明示蟒鼐矣，尔等岂不知之？至来京贸易者，不得由绥远城，亦与哈柳定议，尚未经行一次，遽欲更张可乎？噶尔丹策零此次所奏，言词不伦，左右支吾，殊非和好之道。朕业已降旨息兵，汝又称实无傲慢之意，朕亦不介怀。如果诚心恳乞，俟再遣使来，此次姑无庸议。朕另有敕书，付汝赍去。"

吹纳木喀又奏称："前齐默特还，并不以大皇帝谕旨告知噶尔丹策零，是以众心怀疑，此来何敢妄奏。进藏一事，在噶尔丹策零最为切要，伏祈恩允。"

又谕曰："此事不得允行之故，噶尔丹策零亦所明知，况人数、日期俱未议定，朕即欲加恩，岂可令我护送官兵先劳守候乎？天时近暑，汝等可作速起程，朕已谕我大臣为汝等办理矣。"

（高宗朝卷一六四·页四下～七下）

○乾隆七年（壬戌）四月甲辰（1742.5.19）

赐准噶尔台吉噶尔丹策零敕。谕曰："尔奏中谓前此兴戎，衅非由尔。

又谓使臣傅鼐前来,事非得已,追论旧事,为此非分大言。又谓奉大皇帝谕遣人巡视科卜多,为守卡人拦阻,遣使往藏熬茶,留数月不遣,半道空还。……朕允尔赴藏熬茶者,亦鉴尔至诚,故遣官护送,预备牲畜。尔人至东科尔数月,惟图贸易,不思进藏,竟自还部,谁为阻止乎?始欲阻止,何如不允尔奏之为愈也。且齐默特欲还,朕降旨询问:'或来时噶尔丹策零嘱尔,或出尔等之意?倘出噶尔丹策零,则彼亦一绝无信行之人,嗣后岂容复请乎?今即复欲进藏,亦必恳朕降旨,始可遵行,如何遽作前去之计,惟以道出噶斯为请?况人数、日期俱在未定,岂有令朕之大臣、官弁虚糜廪饩,先劳守候乎?'以此问吹纳木喀,据称:'噶尔丹策零实不知始末如此,因不信齐默特语,始令我等前来问明,并输诚意,乞大皇帝施恩。'一切朕已明谕吹纳大喀。至贸易之事,本与尔使哈柳定议,并未遵行一次,如何又欲更张,请取道噶斯乎?此次尔所陈奏,不合事理,念尔亦未深知,将奏请之事,暂行停止。令吹纳木喀传谕于尔,敕书亦令赍往。随敕赏各色缎十端、磁器十件、大缎六端。"

(高宗朝卷一六四·页三七下～三九下)

○ 乾隆八年(癸亥)二月丙午(1743.3.17)

大学士鄂尔泰等议复:"甘肃巡抚黄廷桂奏准噶尔夷使进藏熬茶事宜:

一、夷使进藏熬茶,各官兵沿途护送,请照上次之例,酌运四个月本色口粮、八个月盐菜银两。逮到藏驻扎,请令川抚饬驻藏管粮员弁会同该副都统及郡王等,照进藏数目办给四个月口粮。如事竣不至东科尔贸易,即由卡回巢,有不敷口粮、盐菜,听领兵之将军、侍郎等酌议加增,在藏办给。

一、选派西宁镇绿旗兵丁,前往哈济尔边卡等候夷使,日期难以悬定。请令裹带六个月口粮,俾往返充足。

一、侍郎玉保带领章京官员,自京前往西宁,候夷使护送进藏,事毕护送回巢,然后还京。请照例按品级支给衣服银两。至驻扎东科尔等候,即请照驻宁之例支给。

一、进藏满洲官兵俸赏应量加宽裕。请于官员赏给一年俸银外,加借一年,兵丁各赏银三十两外,再各借半年饷银,回营后陆续扣还。

一、西宁镇标派往哈济尔等候夷使之马兵三百名，路途遥远，往返需时。请每名赏银四两，以整行装。

一、夷使如不至东科尔贸易，其照管留藏之夷使官兵，必俟熬茶事竣撤回。所需口粮、盐菜及夷使留人应给口食等项，请照噶斯案内供支坐台、放卡之例，动支脚价，运送备供。

一、夷使如不至东科尔，其应赏赉各项，请将口粮米面顺便运送哈济尔，并就近购买牛羊，先赏一次。如赏过仍至东科尔，再于起程时赏一次。俟熬茶回日，又于青海附近处所赏一次。

俱应如所请。查侍郎玉保已蒙恩赏银二千五百两，无庸再给。如玉保等自西宁至噶斯等候夷使回东科尔地方，亦应照例料理。"

得旨："依议速行。"

（高宗朝卷一八五·页一三下～一五上）

○乾隆八年（癸亥）二月甲寅（1743.3.25）

（署川陕总督马尔泰）又奏："准噶尔夷使由噶斯一路至东科尔贸易，进藏熬茶。其经过地方，应严加防范。沙州外境防卡之推莫尔图地方，为所过紧要之处，请将彼处应撤防冬官兵，俟夷使过后，再行撤回，口粮如例支给。"

得旨："好，知道了。"

又奏："夷使熬茶，如径由边卡进藏，则长途跋涉，马、驼必致疲乏。应将东科尔预备之马、驼，令护送夷使之侍郎玉保即带赴边卡，以备更换。如不由边卡进藏，仍至东科尔贸易，则东科尔仍应预备马、驼。查满洲官兵甫经出口，马、驼尚属肥壮，止须于就近各镇内，照拨往边卡之数，摘拨一半，以备易换。"

得旨："所办甚妥，知道了。"

（高宗朝卷一八五·页三一上～下）

○乾隆八年（癸亥）三月戊辰（1743.4.8）

谕军机大臣等："闻得前年准噶尔遣使赴藏熬茶时，将军乌赫图照料，所办所言俱未甚当，不合机宜，来使殊有讥诮之意。玉保奉使二次，深悉准噶尔情形。此次护送来使，应遵奉将军乌赫图之处，仍著照常遵奉外，其余诸事，玉保务须悉心妥协办理，毋以乌赫图为将军而存观望之意也。著详悉札寄玉保知之。"

（高宗朝卷一八六·页一六下～一七上）

○乾隆八年（癸亥）三月乙亥（1743.4.15）

（户部）又议拨河东盐课银二十万两，解往甘肃，为准噶尔夷使进藏熬茶等项之用，从甘肃巡抚黄廷桂请也。

（高宗朝卷一八七·页一〇下）

○乾隆八年（癸亥）四月乙巳（1743.5.15）

兵部等部议准："署川陕总督马尔泰奏，准噶尔夷使复请进藏熬茶，由郭罗克附近地方行走，应行防范。酌派熟练守备一员，带马兵一百二十名、各部番兵五十名，于四月内前往驻防郭罗克之包利军营，会同该驻防守备，将夷使往回必由贼番平昔出没之道，查明切紧隘口，相度情形，先行屯驻。禁阻顽番，不许出外。俟夷使有信，即带领番兵严密巡逻。并咨明管理青海夷情副都统莽古赉，转饬彼处蒙古番兵，协力查堵。再，泰宁协属革赉土司与郭罗克比邻，亦密迩蒙古地方，并檄令阜和营再派把总一员、马步兵三十名，并饬明正土司拣派头目劳丁，随往革赉，督率附近土司派土兵三十名，于相通径路加谨巡查，不得徇纵顽番出口。均俟夷使熬茶事竣撤回。其行装、银两、驮载马匹、口粮、盐菜等项，照例支给。"从之。

（高宗朝卷一八九·页一〇下～一一下）

○乾隆八年（癸亥）闰四月壬戌（1743.6.1）

驻防哈密提督永常奏："噶尔丹策零令巴布等至境，报称进藏熬茶，仍遣吹纳木喀等于四月初旬起程前来。巴布等带有马、羊求货。臣谕以今非贸易之年，与定例不符。该夷甚为悔惧，哀恳再三，求将疲乏不能驱回者变卖。臣查马虽疲乏，尚可行走；羊则擦掌乏弱者甚多，实难驱回。除将马匹仍留卡外，准其将羊二千余只与兵民交易。仍谕以嗣后非贸易之年，羊亦不许携带。巴布等欣喜叩谢，即日起身回巢。"奏入，报闻。

（高宗朝卷一九〇·页一三上～下）

○乾隆八年（癸亥）闰四月壬午（1743.6.21）

署川陕总督马尔泰奏："驻防哈密兵丁设卡，原以侦探声息，保护回民，本非战兵可比，宜令撤回。查现在驻防兵共四千五百名，内二千五百名于乾隆五年更换到防，上年已届撤换之期，应即撤回。其六年到防之二千名，虽未满二年，为日较浅，然现据准噶尔夷使进藏熬茶，于二月内起身，约计闰四月内可抵哈济儿地方，将来即由东科尔贸易赴藏，亦不过再迟两三月之事，俟夷使过后，再行撤回。……"

得旨："所奏俱悉。"

（高宗朝卷一九一·页一六上～一七上）

○乾隆八年（癸亥）五月癸卯（1743.7.12）

侍郎玉保奏报熬茶夷使吹纳木喀、巴雅斯瑚朗等入境。

（高宗朝卷一九三·页七下～八上）

○乾隆八年（癸亥）六月甲戌（1743.8.12）

谕："据侍郎玉保所奏，噶尔丹策零此次遣使进藏熬茶，其词貌俱极恭顺，且请将所携货物，先在东科尔贸易。朕之恩准夷使入藏者，因噶尔丹策零恳请为伊父修善事，故特允之。前次来使因贸易羁留，遂至过时不能前进，半道空回。此次所携货物，并无从前羚羊角、绿葡萄等项，止系皮张，尚易于变易。著行文甘肃巡抚黄廷桂，令其即往西宁，将夷使交易之事，速行料理，俾得即日起程。若复迁延过时，不能入藏，将来又须另为办理。此次一切俱令宽裕施恩，筹办妥协，速竟其事。著玉保将朕加恩接济并令即行进藏之故，晓谕夷使等知之。"

（高宗朝卷一九五·页一四下～一五下）

○乾隆八年（癸亥）九月壬午（1743.10.19）

夷使吹纳木喀等自哈丹和硕起程进藏。侍郎玉保等传旨加赏口粮，换给驼马。

（高宗朝卷二〇〇·页三上）

○乾隆八年（癸亥）十二月癸亥（1744.1.28）

凉州将军乌赫图等奏："夷使吹纳木喀带回藏地之喇嘛罗卜藏丹怎，经臣等询问，系从前策妄阿喇布坦留下未经遣回之人，居住二十六年。今因熬茶之便，恳求回藏。请照上年喇嘛噶津林沁之例，留于罗伦布庙居住，交郡王颇罗鼐善为防范。"

得旨："罗卜藏丹怎系在准噶尔久居之人，不可深信。若令在藏居住，恐有私行送信之事。著索拜将罗卜藏丹怎及从前回藏之噶津林沁等俱送至京师寺庙安置。"

（高宗朝卷二〇六·页二三上～下）

○乾隆八年（癸亥）十二月甲子（1744.1.29）

准噶尔进藏夷使吹纳木喀遣图尔都等至京谢恩，表贡方物。

（高宗朝卷二〇六·页二七上）

○乾隆八年（癸亥）十二月丁丑（1744.2.11）

召见夷使图尔都等，谕曰："朕本欲明年召见尔等，赐予筵宴，因尔等求观步踏，故今日即令瞻仰。噶尔丹策零疏内称：前往西藏之人，准由噶斯路赐助牲畜，每年准派二三十人巡阅托尔辉等处，故遣尔谢恩请安，朕深为欣慰。一应进藏所加恩典，吹纳木喀回巢时，自然详悉告知尔台吉。……朕此等筹画皆与尔等有益，尔明告噶尔丹策零知之。"……图尔都奏称："一切事宜，大皇帝皆已降旨，敬谨记忆，回时详告噶尔丹策零知之。"

（高宗朝卷二〇七·页二〇下～二三上）

○乾隆九年（甲子）正月庚寅（1744.2.24）

驻藏副都统索拜奏："近日据郡王颇罗鼐告称，上年十月初四日，夷使喇嘛尚卓特巴、宰桑吹纳木喀至大小庙拜佛，谓颇罗鼐曰：'我噶尔丹策零闻拉达克人言，土伯特黄教盛兴，民生亦日安乐。此皆大皇帝广兴黄教、抚辑群生所致。'十月二十二日，尚卓特巴、吹纳木喀又谓颇罗鼐曰：'噶勒招穆伦河边之策地方，原是温都逊喇嘛等坐禅之庙。闻此庙破坏，我噶尔丹策零令我等携带银两而来，欲烦王子代为修庙，令温都逊众喇嘛照常坐禅。'颇罗鼐答曰：'我仰赖大皇帝洪恩，岂不能修一庙宇？但喇嘛坐禅，常在山上盖房，所以策地方不必重修。况汝台吉噶尔丹策零并未奏请在彼处修庙，我未奉大皇帝谕旨，何敢擅行？'十一月二十六日，第巴喇嘛与宰桑巴雅斯瑚朗谓颇罗鼐曰：'我等到大小各寺庙熬茶，留心细看，宗喀巴佛之黄教实属比前兴旺，众喇嘛亦觉齐整。甘珠尔经、丹珠尔经甚是灵应。乞王子将汝诚心扶助黄教所行一切事体，写明付我等携归与噶尔丹策零观看。'颇罗鼐答曰：'我本土伯特地方一微小台吉，蒙大皇帝隆恩，拔至郡王，振兴黄教，成就甘珠尔、丹珠尔经，以安土伯特之人。此皆仰赖大皇帝之恩，非我力所能成就。若将我如何振兴黄教之处寄与噶尔丹策零，我自愧无能，不敢矜夸。此事亦不可行。'第巴喇嘛、宰桑巴雅斯瑚朗又曰：'我准噶尔地方，并无好额木齐。噶尔丹策零吩咐我等熬茶事毕，将好额木齐与通经好大喇嘛延请一位带回，乞王子即为给发前去。'颇罗鼐答曰：'汝等欲请好额木齐与通经好大喇嘛，并未奏请大皇帝。既未奉大皇帝谕旨，此事我何敢专主？'自夷使至藏后言语情形，理合奏明。"

奏入，得旨："颇罗鼐所办一切事务俱极得体，甚属可嘉，著传旨奖谕。"

（高宗朝卷二〇八·页一一下～一三下）

○乾隆九年（甲子）正月辛丑（1744.3.6）

又谕："此次准噶尔之人入藏熬茶，所有赏给路费、口粮，虽系动用帑项预备，而郡王颇罗鼐实心效力，凡来使所用之物，一切俱办理妥协，甚属可嘉。著加恩赏蟒缎二端、大缎四端。即交与来使赍往。"

（高宗朝卷二〇九·页六下～七上）

○乾隆九年（甲子）正月壬寅（1744.3.7）

赐准噶尔台吉噶尔丹策零敕谕："尔奏疏内称：'据使者吹纳木喀归，

奉到谕旨，我属前赴西藏之人，准由噶斯路行走，赐助牲畜盘费。托尔辉地方，每年遣派二三十人前往查阅。是以遣使者图尔都具奏，恭请圣安。'朕欣悦嘉纳。……今特颁诏旨，付尔使者赍回。随敕赐佛二尊，并赏各色缎十端，锦缎、妆缎各八端，玻璃磁器十五事。"

（高宗朝卷二〇九·页九上～一〇下）

○乾隆九年（甲子）二月庚戌（1744.3.15）

驻藏副都统索拜奏："郡王颇罗鼐告臣等云，准噶尔来使第巴喇嘛、吹纳木喀等于起行前一日过我辞别。据吹纳木喀云：'自今以往，我台吉噶尔丹策零于大皇帝前永矢恭顺，阐扬黄教，不但兵戈永息，群生亦皆乐业。不知何能得结信于大皇帝，可以永久不渝？'我答以：'大皇帝包容四海，以天地为心，与日月并明，中外并无歧视。诸部之人悉皆一体同仁。即如尔等至藏熬茶，大皇帝格外加恩赏给马驼、路费，俾极充裕。尔等将还，又加恩赐。尔熬茶之事得以完善者，悉由尔台吉于大皇帝前恭顺有加、诚心恳请之所致也。闻尔台吉素奉黄教，自今以后，惟有恭敬释迦佛，常如临之在上，虔心供奉；事大皇帝恭谨弥笃，一切悉遵谕旨训诲，必得厚福。我土伯特虽为黄教藏地，前此初无如此蕃盛，唐古忒人亦从无此安乐。后因大皇帝广阐黄教，休养众生，是以自五世达赖喇嘛、班禅额尔德尼至我颇罗鼐，悉予印授封，叠荷隆恩，有加无已，人物愈加庶富。此蒙古、唐古忒人所共知者。尔归，将我言告知尔台吉噶尔丹策零，是否任其自择。'吹纳木喀等皆以为然。彼又云：'前闻入藏人言，此地唐古忒人不能乘马，兵械亦不完备。今我至喀喇乌苏时，尔子扎萨克台吉珠密纳木扎尔率兵迎接将军侍郎，观尔地之人乘骑兵械，亦甚可观。'我答以此乃兴黄教之地，素不以武备为事。因尔前台吉起兵袭藏，我唐古忒始重武备，悉加意练习。且大皇帝加恩，令我统辖藏事，我悉力简阅甲兵，缮治器械，他部即有以兵犯我边圉者，亦久已有备。蒙古、唐古忒兵借大皇帝天威，足资抵御等语。吹纳木喀等唯唯而退。"

奏入，得旨："颇罗鼐与夷使答应言语，极为得体。此皆伊平日感朕厚恩，实心报效，是以所言皆合朕意，实属可嘉。著传谕颇罗鼐知之。"

（高宗朝卷二一〇·页二上～四上）

○乾隆九年（甲子）三月丙戌（1744.4.20）

谕军机大臣等："此次准夷进藏熬茶，郡王颇罗鼐之子公珠尔默特策布登等感戴朕恩，管辖兵丁，暗中防范各处卡哨，出力报效，殊属可嘉！应加特恩，赏给颇罗鼐长子公珠尔默特策布登、次子扎萨克头等台吉珠密纳木扎尔、办理噶布伦事务公班第达蟒缎各二端、大缎各二端。赏给噶布伦扎萨克头等台吉策凌旺扎尔、布隆灿、色玉特塞布腾、扎萨克头等台吉齐旺多尔济大缎各一端、官用缎各二端。再赏给岱绷罗布藏达尔扎、章鲁占巴、达颜、台吉巴扎尔鼐大缎、官用缎各一端，以示鼓励。"

（高宗朝卷二一二·页八上～九上）

○乾隆九年（甲子）五月戊戌（1744.7.1）

驻藏副都统索拜奏："据兵部咨称：'郡王颇罗鼐欲令伊唐古忒兵丁在哈济尔得卜特尔地方安设卡座，是欲预得准噶尔信息，以为保固之计。应如颇罗鼐所请，令索拜会同驻扎西宁副都统莽古赉公同商酌，应于何处安置防范，并何时应设、应撤之处，定议奏闻。'臣随知会颇罗鼐，续据呈称：'穆鲁乌苏河之前有哈喇哈达地方，为哈济尔得卜特尔通衢。准噶尔来藏必经此路。于此置设卡座，不时瞭望，可无疏虞。然必会同驻扎西宁大臣商议，簿书往返，动需时日，今岁将不及置设。准噶尔赋性狡猾，近由藏还巢，当亟防范。请遣我所信第巴巴克都率兵十五名，于五月间前赴哈喇哈达，瞭望贼迹，侦探防范。俟十月雪降后，人不能行时，斟量调还。'臣因设置卡座为地方紧要之事，不及会商西宁副都统，即令颇罗鼐严谕所遣第巴巴克都至哈喇哈达时遣人赴哈济尔得卜特尔侦探，一有贼人消息即时呈报。并移文驻扎西宁副都统，如彼地于哈喇哈达置设卡座已为合宜，即无庸置议；倘或更有应置卡座接应之地，即行定议，奏闻请旨。"奏入，报闻。

（高宗朝卷二一七·页一〇上～一一下）

○乾隆九年（甲子）三月辛丑（1744.5.5）

又谕："头等侍卫达赖、护军参领马进泰护送熬茶之准噶尔使臣等，至藏病故，甚属可悯。著加恩赏给伊等家属银各二百两，料理丧事。"

（高宗朝卷二一三·页一三下）

○乾隆九年（甲子）八月甲戌（1744.10.5）

庆复又奏："据西安布政使帅念祖呈称，陕省各标镇营兵丁，于乾隆五年派拨护送准噶尔熬茶夷使至东科尔地方，无力制办行装，每名于肃州道库借银三两，共五百八十五两。原议回营日月饷内扣还。可否照西宁镇标派往哈济尔卡路等候夷使之马兵每名赏银四两之例，一体免扣。"

得旨："著照所议行。该部知道。"

（高宗朝卷二二三·页三〇下～三一上）

○乾隆十年（乙丑）正月己亥（1745.2.27）

准噶尔台吉噶尔丹策零遣使臣哈柳赍表奏曰："前奉旨接济我等前往西藏念经之人牲畜、路费，念经之时，又俯准所请办理，不胜欣喜感激。但准噶尔现在新立法性教，所有西藏请来好喇嘛大半亡故，存者年皆衰迈。若由土伯特地方拣选通于经咒者赏发前来，立法可期永久，为此奏请。馀言令使臣口奏。附进玉碗、木碗各一件，貂皮三十张，犬马各二。"

奏入，上命尚书海望传询哈柳曰："表内令来使口奏何语？"哈柳奏称："噶尔丹策零令将请发喇嘛事口奏。又我等熬茶之人由藏回来，颇罗鼐办给牲畜、路费，不甚妥协。颇罗鼐原系拉藏汗属下书写之人，大抵仍念旧仇，所以如此。乞谕颇罗鼐照前例办理。"报闻。

（高宗朝卷二三三·页一一上～一二上）

○乾隆十年（乙丑）正月庚子（1745.2.28）

命尚书海望等传谕夷使哈柳曰："尔噶尔丹策零本章，朕已观览；尔等口奏之言，大臣等亦经奏闻。观噶尔丹策零所奏，为尊佛法，立法性教，欲请藏内喇嘛，实属善事。其词意诚笃，朕甚嘉之。但尔等到藏熬茶即欲邀请喇嘛，颇罗鼐未曾给发。尔等回后，颇罗鼐奏到：'准噶尔来使欲请喇嘛，未奉大皇帝谕旨，未曾给发。伊等回去，或又奏请给发，亦未可定。但从前准噶尔人等扰乱藏地，拆毁寺庙，有侵害土伯特之仇，俱不愿前往。乞大皇帝睿鉴。'尔等又称熬茶之人，颇罗鼐办给诸物，不甚妥协，想因尚念拉藏汗之仇，是以如此。朕为天下共主，不分内外远近，一视同仁。因从前尔等有乱藏之事，彼此猜疑，至今未息。众喇嘛皆佛门弟子，伊等不愿前去，朕岂可迫遣？此事不便降旨，理应停止。"

（高宗朝卷二三三·页一二上～一三上）

○乾隆十年（乙丑）二月乙巳（1745.3.5）

谕军机大臣："据此次夷使哈柳口奏有进藏熬茶之人由藏回巢，颇罗鼐办给牲畜、路费不甚妥协。大概是仍念拉藏汗旧仇，是以如此等语。又，噶尔丹策零奏请贤能喇嘛一事，朕已降旨，西藏之人皆不愿去。此事颇罗鼐亦曾奏及。喇嘛皆不愿去，朕难以强派。准噶尔人等与颇罗鼐不睦之处，业已显露。今虽无事，不可不预为之备。著传谕驻藏副都统傅清，令其密饬颇罗鼐，务使留心。有应如何防范预备之处，详慎办理。"

（高宗朝卷二三四·页一下～二上）

○乾隆十年（乙丑）二月甲寅（1745.3.14）

御正大光明殿赐准噶尔夷使哈柳等食。谕曰："朕明日起程谒陵，俟回銮令汝等朝见，恐误汝等行期，故于今日召见汝等。今天时渐暖，汝等整装完备，即可起程归国，不必候朕回銮也。汝台吉奏请之事，可行则准行，无例不可行者，则不准行。朕惟准情酌理，初无成见。汝等谨记朕谕旨，归告噶尔丹策零。在途谨慎行走。"随赐银两、缎布有差。

敕谕准噶尔台吉噶尔丹策零："尔奏称，前往西藏诵经人等蒙恩赏给牲畜、口粮，成全诵经之事，不胜欢欣。并请于土伯特赏给善于经咒喇嘛数人，令经咒之教可垂久远，推广不绝等语。尔尊崇佛道，因立法性教，欲请西藏喇嘛，实一善事。朕观奏内辞意敬顺恳切，甚属可嘉。但去年尔使臣进藏熬茶，已向郡王颇罗鼐求请喇嘛，彼地喇嘛因念尔等曾在藏内骚扰，不愿前往，故颇罗鼐托言无大皇帝旨意，并未发往，亦曾经颇罗鼐具奏。今尔使臣哈柳口奏，颇罗鼐仍念拉藏汗之仇，于尔等进藏熬茶人牲畜、路费并未支给妥协。由此观之，尔等两地相疑，未忘旧事。朕为大君，不分内外，视群生如一体，抚恤仁爱，即佛道亦以安抚众生为要。众喇嘛皆系佛门弟子，伊第既不情愿，朕勒令前往可乎？即使降旨，令发给尔等喇嘛，伊等亦未必肯发给贤能者。此后尔等又不免借为口实，反生怨望。颇罗鼐系僻处远地之人，准噶尔亦系僻处远地之人，尔等彼此互有违言，朕岂可偏听，遽罪颇罗鼐乎？尔等地方亦有喇嘛，岂无一善于经咒者？且敬佛广教只在于心，亦不必专凭经咒，何必求诸他人？此事朕不必降旨。今特敕付使臣哈柳赍回，尔其善体朕意。随敕赐各色缎十端，蟒缎、妆缎各八端，玻璃磁器各八事。"

（高宗朝卷二三四·页一二下～一四上）

○乾隆十一年（丙寅）三月乙亥（1746.3.30）

夷使哈柳至京进表请安，并贡方物。准噶尔台吉策妄多尔济那木扎勒表称："蒙大皇帝加恩我父，内外和好。我父因仰体大皇帝宣扬黄教奠定苍生之意，恭顺遵循。今我父已故，窃欲勉继父志，照旧行事，以承恩典。现拟遣人往西藏念经，为我父修行善事。循例先遣数人，轻骑前往，忏悔献茶而回。继令念大经人众进藏，以宣黄教伏祈大皇帝睿鉴。谨遣使臣，恭请万安，并贡貂皮四十一张。"报闻。

（高宗朝卷二六〇·页一三下～一四上）

○乾隆十一年（丙寅）三月壬午（1746.4.6）

御紫光阁大幄次，赐准噶尔使臣哈柳等宴。上召见哈柳，谕曰："朕览尔新台吉奏章，欲效法伊父，体朕宣扬黄教，奠定苍生之意，冀承恩典，朕甚嘉悦。尔老台吉比年以来，甚属恭顺，遵循朕旨，是以屡加恩眷。今已病故，深为轸惜。尔新台吉又为伊父恳请遣人往西藏念经行善事，乃理所应为，朕自当准其所请。但作为两次前往，事觉繁琐。且尔等进藏之人，艰于跋涉，当已深悉。不若作一次前往为妥。朕仍加恩，照前赏给牲畜、口粮、中途资助。且为尔老台吉作布施礼及施恩赏赉之处，现交大臣等查办预备，俟尔回时赍往。"

哈柳跪奏："大皇帝之旨，大人等先经晓谕，今又面聆圣训，俟回时，当告知我台吉敬谨遵行。"

上特赐玉如意一枝，谓哈柳曰："此名如意，乃克遂心愿之谓，特赐与尔新台吉者，尔可赍往。"并命赏哈柳玉如意一枝。哈柳叩头祗领。上亲赐酒三爵，哈柳跪饮而退。

（高宗朝卷二六一·页一下～二下）

○乾隆十一年（丙寅）三月甲申（1746.4.8）

赐准噶尔台吉策妄多尔济那木扎尔敕书曰："朕总理天下，无分内外，一视同仁，惟期普天生灵各得其所。台吉尔奏称遵照尔父仰体朕广教安生之意，朕甚嘉悦。前尔父仰知朕意，定界以来，敬谨遵奉谕旨，朕屡次加恩体恤。今闻溘逝，深为轸惜。尔奏称遣人往西藏讽经，先轻骑减从前往忏悔熬茶，回时令讽大经人等续往讽经等语。为尔父忏悔讽经，理所当行，岂有不准！但分作二次，徒觉繁琐。尔之人行走艰难，尔亦知之，当一次全往为妥。朕仍照前施恩，派人照看，赏赐牲畜、路费，又为尔父作布施礼，特恩赏银满达、茶桶、察喇各一，红黄香一百束，交与使臣哈柳带往。又，大手帕百条、小手帕千条、茶叶千包，令尔讽经之人往藏时，由边界支取。应往人数，何时起程，何日可至边界，先期预行报明。又，尔使臣哈柳口奏延请西藏喇嘛及今年例应来京贸易之人，祈就近在肃州贸易二事。延请西藏喇嘛，前据尔父奏请时，朕即以不便准行，明白降旨矣。至今岁货物，欲于肃州随便贸易，此可行之事，准尔所请，交与该地方官照看贸易。台吉尔一切事务，惟当遵照尔父仰体朕广教安生之意，敬慎奉行，互相和好，愈敦信实，俾边氓永享安乐，特敕交使臣哈柳赍回。随敕赐尔各色缎十端、蟒缎、妆缎各八端、玻璃磁器、珐琅器皿十八事，尔其祗领。"

（高宗朝卷二六一·页五上～六下）

○乾隆十一年（丙寅）十二月癸未（1747.2.1）

准噶尔台吉策妄多尔济那木扎尔遣使玛木特等至京，进表请安，并贡方物。上命尚书海望等询问来使，据玛木特禀称："我等前往西藏，一切举行善事念经之人，其施恩照管及赏助牲畜之处，伏乞怜念。再，念经之事需银甚多，我等前往东科尔贸易之人交易时，乞饬令内地商人以银收买。伏祈转奏。"海望等言："我大国交易之例，听商自便，难用官法抑勒，从前已经晓谕尔等。今尔台吉以念经之事需银甚多，复行恳求，俟转奏候旨。"奏入，报闻。

（高宗朝卷二八一·页一二上～下）

○乾隆十一年（丙寅）十二月乙酉（1747.2.3）

召夷使玛木特等，赐见于大和斋。谕曰："尔台吉奏疏，朕已览阅。一切事宜，皆遵奉朕谕旨办理，看来如此恭顺，必能安伊属人，裨益部落，朕甚嘉悦。再，尔求照看尔等念经之人，资助牲畜盘费，自应照前次赏赐之例，加恩赏给。至恳求贸易时用银收买尔等货物，止可随商贾之便，朕不便降旨于商人。现派侍郎玉保前往照看尔等，尔等与玉保商议酌量，凡事属可行者，会议具奏。"玛木特瞻仰行礼，赐茶跪领，祗聆训谕毕，退出。

寻命尚书海望等宣谕玛木特等曰："尔等意欲颇罗鼐资助念经人等，颇罗鼐虽系承受朕封号之人，究系别部落，不比内地臣民。彼资助与否，朕不便降旨，应听伊自主，故特谕尔等知之。"

（高宗朝卷二八一·页一三下～一四上）

土尔扈特奏请差人赴藏熬茶，清廷禁其派俄籍子弟往藏内居住念经

○乾隆四年（己未）九月壬子（1739.10.10）

理藩院议："土尔扈特呈请欲往西藏煎茶设供，差幼童十人前往学习经典。应不允所请，并代土谢图汗作书给送鄂罗斯楚库拜桑。"

谕："从前土尔扈特汗曾奏请往西藏煎茶行走。今土尔扈特虽为鄂罗斯属下，犹然敬奉佛教，远道前来呈请，恳令伊等往藏内煎茶等语。若竟不许其前往，不但有碍于中国与鄂罗斯定界以来和好之道，而其情亦属可悯。但土尔扈特系鄂罗斯所属，异国之人，欲令十数幼童往藏内居住习经，且鄂罗斯之人，其教本异，从前并未往藏内行走，此二节则断不可行。若鄂罗斯哈屯汗止令土尔扈特遣人往藏煎茶，彼处之萨纳特衙门亦必有咨文呈请理藩院，则土尔扈特虽系鄂罗斯属下，朕因和好之故，亦必允其所请矣。现今鄂罗斯萨纳特衙门虽给与土尔扈特使臣路引文凭，并未咨行理藩院。俟行文到日，另议具奏。其土谢图汗敦丹多尔济给送楚库拜桑之书，著另行缮写呈览。"

（高宗朝卷一〇〇·页一四上～一五上）

和解怒族和古宗的构难称兵

○乾隆五年（庚申）十月丁未（1740.11.28）

大学士等议复："云南总督公庆复奏，擦哇陇头人桑阿到汛，口称三艾营官欲点三路土兵，往攻怒子，与阿墩子汛官借路等语。查怒子与三艾土番仇杀，乃属外夷常事。今桑阿口称三艾营官写信报与藏王，藏王回信教三路出兵往攻怒子。窃思该土番等，皆隶西藏管辖。如果报与藏王，则颇罗鼐自应奏闻。且土目三路点兵三千余名，其势甚张，即驻藏副都统纪山亦应闻知。而至今未具奏者，或系土番等诈谩之语，亦未可定。今该督以事属有因，派拨官兵五百名，带同土练人添防沿边内地紧要卡隘，分别堵御。并令副参大员亲赴督率，办理俱属妥协。总之，内地所属边境应防各隘，均宜不时侦探，毋得容伊透越，不独阿墩子一汛因曾经借路为当防范也。臣等并行文郡王颇罗鼐等，令将实在情节，确探奏闻。"从之。

（高宗朝卷一二八·页七下～八下）

○乾隆五年（庚申）十二月己未（1741.2.8）

（大学士等会议）又议复："云南总督公庆复奏，滇省维西边外，怒子野夷与猓猔野人构难称兵。业饬令维西文武开谕化诲，已照夷例和解完结。至怒子所居贴近西藏界址，请咨明西藏，管束猓猔，毋令越境滋事等语。查夷性靡常，若不重加管束，虽现在和解，恐后来复启争端。应如所请，移咨该藏王颇罗鼐，将所辖之夷猓猔、傈僳野人并擦哇陇、擦哇冈土番等严加约束，务使各安本境，毋得侵害邻封，构衅滋事。再，怒子原属番夷，虽附近羁縻，亦令维西沿边文武转饬该管土酋，严切开谕，加意管理，毋令擅行仇杀，以靖边徼。"从之。

（高宗朝卷一三三·页一四上～下）

罗卜藏丹怎之逃亡及拿获

○乾隆九年（甲子）三月庚寅（1744.4.24）

驻藏副都统索拜奏："上年十二月奉旨于准夷熬茶事竣，将自准噶尔回藏之喇嘛罗卜藏丹怎及噶津林沁等一并送至京师寺庙安置，臣当即传谕郡王颇罗鼐。据云：喇嘛罗卜藏丹怎、噶津林沁俱在准噶尔久居，人不可信。但噶津林沁乃拉达克人，幼为班禅额尔德尼弟子，居扎什伦布庙，我犹及见。今自准噶尔回藏后，我留意访察，不惟无侦探消息、行间构衅之事，于班禅额尔德尼实亦诚信敬奉。今若移送京师，拉达克人必得闻知。若失其意，后此探报准噶尔消息，恐致阻碍。且噶津林沁年已七十余，病肿衰残，余生无几。我令可信人，时严防范，必不致有启衅之事。我意噶津林沁不必赴京，止将罗卜藏丹怎解送京师，似为妥协等语。臣思噶津林沁为拉达克人，未入版图，而年老病废，移送京师，彼或以老病为辞。请将罗卜藏丹怎遣员解送京师，噶津林沁候旨定夺。"

得旨："著照颇罗鼐所请行。惟防范之事，颇罗鼐宜益加勤勉为善。"

（高宗朝卷二一二・页一四上～一五上）

○乾隆九年（甲子）九月戊子（1744.10.19）

谕："据副都统索拜奏称，将挑取娴于经卷之喇嘛及由准噶尔回藏之喇嘛罗卜藏丹怎等解送京师，于七月初七日至察木多所属之郭郊地方，喇嘛罗卜藏丹怎带伊仆役萨木都卜、达什等骑马逃亡等语。喇嘛罗卜藏丹怎乃朕特旨令解送京师之人，所关甚要。把总马雄于途次怠玩，致令逃亡，情甚可恶。著拿送京师，交刑部从重治罪。索拜于送此紧要之人，仅派一陋劣把总与十五名兵解送，亦属疏忽，著交部严行察议具奏。其逃亡之喇嘛罗卜藏丹怎等，速交郡王颇罗鼐、四川巡抚纪山、提督郑文焕等务严行捕获，锁解京师。如有隐匿容留、济助行粮之人，亦即拿获严审治罪。再，罗卜藏丹怎之逃亡，必怀异志，此去寻西路小道逃往，俱未可定。并速行文驻西宁之副都统莽古赉、安西提督永常，于一切塘汛地方及各处隘口，俱令用心防御，务期弋获。"

（高宗朝卷二二四·页二七上～二八上）

○ 乾隆九年（甲子）九月己丑（1744.10.20）

谕内阁："驻藏办事副都统索拜于解送朕特旨令送京师之喇嘛罗卜藏丹怎一事，并不选派强干之人，饬令严加防范，致使中途脱逃，已将索拜交部议处。今既派出副都统傅清前往更替，索拜此际若已经拿获则已，如未经拿获，傅清虽已抵藏，索拜亦不得即行回京，著解任仍留彼处，俟拿获罗卜藏丹怎时再行回京。并降旨郡王颇罗鼐，伊向来诸事奋勉，诚心报效，于查拿此等逃亡之犯必能努力。然罗卜藏丹怎原系察木多之人，观其行至原处逃亡，其中必有容留藏匿、济助牲口、行粮之人。伊所到之处，凡属下之唐古忒等念系喇嘛，瞻顾不行擒拿，亦未可定。著颇罗鼐留心严饬各处，实力查拿，务期弋获。再，似此由准噶尔回藏之喇嘛噶津林沁等，前经颇罗鼐奏请，停其解送京师，安置于扎什伦布庙内。但以此次解送之罗卜藏丹怎中路脱逃而论，则伊等必怀异志。若将噶津林沁仍留藏内，颇罗鼐能保其断然无事，即无庸解送；若不能保，仍遵前旨，饬强干人员，用心防范，解送京师。察木多之纪瓦、帕克巴喇胡土克图亦是荷蒙国恩之大喇嘛，于伊所属一切地方通行严饬，务令必获罗卜藏丹怎，断不得稍有疏忽，以致漏网。可即行文晓谕知之。"

（高宗朝卷二二四·页二九上～三〇上）

○ 乾隆九年（甲子）十月庚午（1744.11.30）

谕："前曾降旨，令索拜留藏，协同傅清等缉捕罗卜藏丹怎，不必即行回京。今据四川巡抚纪山奏称，将派出随同傅清之绿旗弁兵，俟抵藏后，令于索拜回京时，沿途随回等语。若不能即获罗卜藏丹怎，必至弁兵久待。索拜既交该部察议治罪，一俟傅清到藏，无庸留藏，仍著来京。将查拿罗卜藏丹怎之事，交颇罗鼐、傅清等遵朕前旨办理。"

（高宗朝卷二二七·页一一上～下）

○乾隆九年（甲子）十二月辛未（1745.1.30）

又谕："据莽古赉奏称，脱逃喇嘛罗卜藏丹怎已经拿获解川等语。此等凶恶之犯，身获重罪，恐情急又生别想。可即传谕巡抚纪山于解京时，务须选派干员，加意防范，无使再行兔脱，更不可疏忽，或至畏罪自尽。"

（高宗朝卷二三一·页一二上）

○乾隆九年（甲子）十二月壬申（1745.1.31）

青海副都统宗室莽古赉奏："遵旨查拿在路脱逃之准噶尔喇嘛罗卜藏丹怎，现已拿获，解送四川，讯究办理。"

得旨："好。知道了。在事人等略加赏赉，以示鼓励。"

（高宗朝卷二三一·页二一下～二二上）

○乾隆十年（乙丑）正月壬寅（1745.3.2）

（川陕总督公庆复）又奏："逃走喇嘛罗卜藏丹怎等，业于口外拿获。查西宁距京路近，而该处把总系川省拨防之员，必欲由川转解，既涉迂远，恐致疏失。当饬西宁镇道，如该把总尚未起身，即由西宁就近起解；如已起身，务饬沿途员弁加谨防护。"

得旨："所见是。知道了。"

（高宗朝卷二三三·页一七上）

○乾隆十年（乙丑）三月壬寅（1745.5.1）

军机大臣议复："四川巡抚纪山奏称：'瞻对蛮苗屡经抢劫不法，自宜大加惩创。而臣所尤虑者，准噶尔所留喇嘛罗卜藏丹怎三人无故潜逃，正在卷撤官兵之候，保无报信准噶尔，使其乘机窥伺。又，熬茶夷使回巢未久，即有西藏所属之罗藏、七立工布、朋错三人欲逃往青海，其情皆有可疑。请复设自藏至炉台站官兵，以为思患预防之计。'查台站官兵一千余名，不过递送公文。从前杭奕禄、硕色、纪山、索拜先后请撤，俱已准行。但边防最宜慎重，准噶尔素性嗜利，现在赴藏熬茶，不惜重费，终未给与喇嘛，或萌觊觎西藏之意，亦未可定。所请添设台站之处，应密交傅清查看现在安设台站情形，会商该督、抚妥议具奏。"从之。

（高宗朝卷二三七·页一六上～下）

用兵瞻对，剿讨班滚，议订善后事宜

○雍正九年（辛亥）七月己巳（1731.8.10）

四川总督黄廷桂疏报："西炉口外瞻对等处贼番纠党抢掠，寻经调遣官兵次第剿抚。"

得旨："进剿瞻对汉、土官兵奋勇力战，直捣巢穴，番众率先输诚，已将贼首擒献。此次出征效力有功之弁兵等，著酌量议叙赏赉，所有伤亡汉、土官兵，著照例赏恤。"

（世宗朝卷一〇八·页七上～下）

○雍正十一年（癸丑）十二月壬戌（1734.1.19）

议叙进剿四川瞻对等贼番功，在事汉、土官兵暨阵亡受伤者，加级赏恤有差。

（世宗朝卷一三八·页一〇下～一一上）

○乾隆九年（甲子）十月癸酉（1744.12.3）

（川陕总督公庆复）又奏："江卡汛撤回把总张凤带领兵丁三十六名，行至海子塘地方，遇夹坝二三百人，抢去驼马、军器、行李、银粮等物。现饬严缉务获外，查官兵猝遇野贼，自当奋勇前敌，苟枪毙一二，众自惊散。讵该把总怯懦不堪，束手被劫。川省界杂番夷，弁兵积弱，向为悍番玩视。若不大加惩创，即摆设塘汛，俱属具文。一面将该把总饬革拿问，再札致抚、提二臣，将大海子地方辽阔、塘汛隔绝之处，作何严密防查，以杜后来窃劫。"

得旨："所见甚是，应如是办理者。"

四川巡抚纪山奏："江卡撤回把总张凤行至海子塘被劫。现在饬拿务获。"

得旨:"郭罗克之事甫完,而复有此,则去年汝等所办不过苟且了事可知。况此事庆复早已奏闻,意见亦甚正,而汝所奏迟缓,且意若非甚要务者,大失封疆大吏之体。此案必期示之以威而革其心,首犯务获,以警刁顽。不然,将来川省无宁岁矣!与郑文焕看,尔等善为之。"

(高宗朝卷二二七·页二三上～二四下)

○乾隆九年(甲子)十二月壬申(1745.1.31)

四川巡抚纪山复奏:"江卡撤回官兵被夹坝抢劫一事。查打箭炉至西藏,番蛮种类甚多,而剽悍尤甚者,莫如瞻对等部落,每以劫夺为生。此次抢夺官兵行李,理应奏请惩以大法,缘雍正八年征剿瞻对大费兵力,总因该番恃险,攻击匪易。惟恐不筹画于事前,未免周章于日后,是以此案檄饬里塘土司追拿赃盗,原欲以蛮制蛮,相机酌办,断不敢视为非要,稍萌轻忽之念。但前折中未将通局筹算缘由声明,且具奏迟缓,罪实难逭。现据番人等交出赃物,扎商督臣庆复,如瞻对即将夹坝首犯献出,另行请旨完结。倘或刁顽不悛,其作何示之以威,并善后之法,以及派委何员前往专办之处,容与督、提二臣公同酌筹会奏。"

得旨:"所奏俱悉。"

(高宗朝卷二三一·页二二上～下)

○乾隆十年(乙丑)正月壬寅(1745.3.2)

四川巡抚纪山奏:"瞻对贼番抢劫撤回兵丁行李,正在严缉。该土司不将首犯擒献,赃物全交,随即檄饬谙练夷性弁目人等前往晓谕。将来示威与否,虽难悬定,而军粮必须预为密筹。"

得旨:"是。先事绸缪,甚合机宜,兵贵神速,不可不知。"

又奏:"据里塘所属渣吗隆黑帐房民报称,上年十二月间,有夹坝四十余人,抢去帐房、牛只。又据额哇奔松塘番兵报称,有夹坝三十余人,各带枪箭,拆毁房舍,抢去文书。查节次所报夹坝人数多寡不一,是否同伙,系何部落?而失事又在里塘地方,现咨督、提二臣,如即系瞻对贼番,当归前案严缉。"

得旨:"以此观之,竟有不得不示以兵威者。然须实力为之,莫复如郑文焕之前辙也。"

（高宗朝卷二三三·页一八下～一九下）

○ 乾隆十年（乙丑）二月壬申（1745.4.1）

川陕总督公庆复奏："上、下瞻对番民惯为夹坝，前因劫夺沿塘撤站官兵行李，勒献赃贼，抗拒不遵，自宜大加惩创。上、下瞻对在鸦笼江东西，夹江而居，各二十余寨。东有大路二条，西、南、北共有大路三条，俱属要隘。界连四瓦述等土司，凡瞻对之出入内地者，俱由四瓦述地界经过。从前曾以万余兵攻彼，犹难一时慑服，今若兵力稍弱，不足示威。应选委镇、将各一员，为正、副总统，以建昌道为监纪，酌调提标各邻近镇协之汉兵四千名，杂谷、瓦寺、木坪等之土兵四千名，俱由打箭炉出口，向该土酋等近巢驻扎，并派拨该管之明正土司及附近之里塘土司等，于各隘口堵御。其四瓦述土司，向惧瞻对侵犯，不无暗相结纳，实非出于本心。应开导使弗党恶，则瞻对势孤。然后指定各夹坝姓名、寨分，令该土酋等擒献。如上瞻对悔悟，即奖令并攻下瞻对。并令杂谷、瓦寺等土司奋力前驱，大军随后进剿。"

得旨："看来有不得不如此之势，然须详妥为之，以期一劳永逸。若复如郑文焕前年之举，何益之有？此意于李质粹请训时，亦曾谕及。"

（高宗朝卷二三五·页一八下～二〇上）

○ 乾隆十年（乙丑）三月己卯（1745.4.8）

户部议复："四川布政使李如兰奏预筹边地仓储。查雅州府属为西藏孔道，现有瞻对夷人滋事，应将楚省解贮谷价一万两，分发雅安、荣经二县，买补缺额之谷，仍各增买五千石。清溪一县溢额无多，亦准买三千石。如价银不敷，于盐茶耗羡内垫支。又，川西之茂州、川南之会理州、盐源、冕宁二县、越嶲一卫番苗相率就食，兼开采铜矿，商民需米孔殷，亦应将楚省借拨谷价内，除归还雅安、荣经、清溪三县所支库项外，先尽该州、县、卫酌量买贮。"

得旨："依议速行。"

（高宗朝卷二三六·页七上～下）

○乾隆十年（乙丑）四月戊午（1745.5.17）

署四川提督李质粹奏："本年正月十七日请训时仰蒙谕云：'朕因郑文焕曾有军功，是以擢用提督。今闻伊身有病，不能见人，且上年办理郭罗克事不善，而番蛮人等见有官兵在彼，不过一时畏惧，旋仍多事。再，由藏撤回兵丁又被夹坝抢劫，前著傅清往藏更换索拜，尚须拨兵护送，甚不成体统。汝见庆复、纪山时，可传旨务须办理妥协。'臣至陕西、四川，节经传谕。及到任后，即查访瞻对果否必须加兵。今访知上、中、下郭罗克番众向放夹坝，上年惩创后，稍为敛迹。惟瞻对在打箭炉口外，上瞻对离炉十四站，下瞻对离炉十八站，四面环山，地方险阻。雍正六年曾经啸聚抗官，雍正八年用兵征讨，虽暂慑服，而野性未除。今又故智复萌，肆无忌惮。且西藏现驻官兵，岂容丑类滋扰，实有非用兵不可者。诚恐临时迫促，是以已密派官兵整备装械，一俟需用有期，庶几诸事齐备。"

得旨："好。知道了。"

又奏："瞻对贼番滋事，示威惩创，一切总统官兵，虽总兵一员，足资料理。将来善后事宜，必亲阅地理情形，始有定见。请准带兵前往。"

得旨："与督、抚商酌而行。或汝出口据要害以为接应，令总兵前进亦可耳。"

（高宗朝卷二三九·页三上～四下）

○乾隆十年（乙丑）四月甲子（1745.5.23）

大学士等议奏："据四川巡抚纪山奏称：'雍正八年进剿瞻对，派汉、土兵一万二千名，支给米面、军需等项为数浩繁。今兵数视昔有加，粮饷宜多预备。查雅、炉二仓现贮米七千六百余石，附近雅郡各州县约贮谷尚多。应先碾运五千石至炉，即酌发军需银买补。所需炒面在打箭炉、里、巴二塘筹办。又查司库存贮军需银现有一十八万余两，又，炉、雅二库合计五万八千余两，未便全用。应请先于司库封贮、备贮二项银三十九万三千两内，暂时借动，一面题请酌拨邻省协饷归项。所有军粮、军需，令干练道员驻炉总理，并酌设正协粮务分办。除应支月费、口粮、骑驮等项照例支给外，其将备弁兵借支制备军装，土兵按名给发安家坐粮及加赏银两，并汉、土各兵之盐菜、口粮、茶叶、羊折，官兵、跟役、通事、译字、斗级仓夫人等应支口粮工食等项，雍正八年有例可循者，俱遵照办理。其阃外土兵从前止给口粮，不支盐菜，但同一效力疆场，应请一体支给盐菜。至差委土目番蛮，赏需难以预定，应听总统及总理道员酌办。'又称：'雅仓现存米，应先运赴炉仓。嘉、眉等府州酌拨米，应水运至雅。从雅赴炉运费，除陆运照采买军需之例支给，其水运，因军粮不容刻缓，所需水脚与平常运送不同，应请照雍正九年报销之例。其自打箭炉以外，应令明正、里、巴二塘土司，各派头目、土兵押运，蛮夫乌拉运送各粮务交收。更于臣标派熟练官兵四百名沿途押运，脚价照例支给，运耗照例报销。其各粮务处，催运支放需用兵，亦于臣标派百名听用。所有押运听差官兵支给各项，均请照派拨进剿官兵办理。押运土目、番兵，应令总理道员酌赏鼓励。其军需银先运赴炉地交收，转运各粮务支放，均请照例给发运价。至一应粮饷俱须防护，若移营分路进剿，粮务处应听总统酌留官兵护守。并查自打箭炉至蓝墩番塘，人少不敷差使，应请增汉兵马匹以速文报，安设随营军台以通信息，造船以便来往，建桥以济行人，雇募水手、匠人以备驱策，酌派守护官兵以利御寇。'均应如所奏，斟酌妥办。事竣后，将用过钱粮数目，造册报明户部查核。"

得旨："依议速行。"

（高宗朝卷二三九·页二三下～二六上）

○ 乾隆十年（乙丑）四月己巳（1745.5.28）

川陕总督公庆复、四川巡抚纪山、提督李质粹奏："瞻对贼番屡肆抢劫，虽经动兵征讨，而顽心终未尽革。必须增益官兵，慑其心胆，方可一劳永逸。"

得旨："议政王大臣议奏。"

寻议复："据川陕总督公庆复等奏称，瞻对为通行西藏大道，该土酋恃其险阻屡为夹坝，扰害地方，并抢劫驻防台站撤回兵丁行李、银两等物差查赃贼抗不擒献，顽梗已极。应如该督等所请，以建昌镇总兵袁士弼为总统，于川省提标各营及杂谷、瓦寺各土司内共派出汉、土官兵一万二千名，遴选干练之员带领进剿。并拨附近瞻对之西宁镇汉、土官兵一千，西藏郡王颇罗鼐所属江卡番兵、德尔格土兵各一千，联络声援，巡逻侦探。"从之。

（高宗朝卷二三九·页三二下～三三下）

○乾隆十年（乙丑）五月丙子（1745.6.4）

谕军机大臣等："向来瞻对土番肆行不法，扰害地方。雍正八年，用兵征讨，只因办理未妥，草率完结，今又故智复萌，劫掠无忌，不知法纪，是以允督、抚等奏发兵征剿乃出于不得已，非朕本意也。夫用兵原非美事，即所费钱粮亦复不少。尔等可密寄信与庆复、纪山、李质粹务期殚心筹画，调度得宜，以靖边境。李质粹初到地方，恐诸事尚未熟谙，庆复、纪山当悉心赞助之。倘此番料理不善，或至有损军威，或仍似雍正八年草率完结，复留后患，朕当于庆复、纪山、李质粹是问。"

（高宗朝卷二四〇·页四下～五上）

○乾隆十年（乙丑）五月己卯（1745.6.7）

大学士等议复："四川巡抚纪山征剿瞻对请加赏土兵一折。查雍正八年进剿瞻对土兵，奉世宗宪皇帝恩旨加赏，经黄廷桂等议于赏银三两外，再加二两，并每百名给牛一，每二十名给羊一。今进剿瞻对事同一例，应如所奏，以示鼓励。至赏给牛、羊之处，系从前黄廷桂等推广恩旨，并非著为成例，应毋庸议给。至土兵赏给安家银、米之处，查雍正八年十月奉上谕：'嗣后土兵之出征者，除恩赏外，其父母妻子照守兵坐粮之例，每名月给银九钱、米三斗。'此次出征之川省、西宁土兵，自应遵照折银给发，于奉文之日起，回巢之日止。至添派江卡、德尔格土兵二千名，系属阃外之土兵就近效力，与阃内土兵远涉戎行者不同，其安家银、米应毋庸议给。"

得旨："照从前例赏给。"

谕户部："向来各省土兵派拨征剿者，止于起程时赏银三两，并无养赡家口之例。雍正八年进剿瞻对，蒙皇考恩旨，于常例赏银三两之外，加赏银二两，并令其家口，照守兵坐粮之例，每月给银九钱、米三斗，所以示优恤也。此次进剿瞻对，所派土兵，著照雍正八年之例，一体赏给。再，从前进剿瞻对，汉、土兵丁有赏给牛、羊之处，此次亦著照例赏给。务令均沾实惠，以副朕鼓励戎行之意。该部即行文该督、抚、提、镇等知之。"

（高宗朝卷二四〇·页九上～一〇下）

○乾隆十年（乙丑）六月己酉（1745.7.7）

　　四川巡抚纪山奏："瞻对顽番不法，前委千总向朝选前往晓谕，乃下瞻对班滚已发兵二百余名在西纳山下插营阻挡。该千总随令瞻对头人将公文发去，令其回复，而班滚仍复支吾。及至上瞻对七林坪土寨照前晓谕，又借称土司已故，家内不知，并未放夹坝等语。彼此推诿，始终不献赃贼。自宜示以兵威。师出粮随，现已起运雅郡仓米四千八百八十余石，并接运所需青稞，已在炉地购定三千石，里、巴二塘共预购一千五百石。其军需银亦俱运炉接济。"

　　得旨："知道了。兵贵神速，今汝等尚无进师之期，而彼已有兵阻挡矣！善用兵者如是乎？亦谕李质粹知之。"

（高宗朝卷二四二·页一八上～下）

○乾隆十年（乙丑）六月丙辰（1745.7.14）

　　谕军机大臣等："瞻对土番不法，扰害地方，朕不得已允督、抚等所奏，发兵征剿，以惩凶恶。目前所请钱粮已至五十万之多矣。夫用兵贵于神速，始克成功。乃川督办理此事，甚属迟缓。李质粹等奏称，昨差千总前往晓谕，勒献赃贼。彼发兵二百余名，在西纳山下插营阻挡。是我兵遣发太迟，贼人早已闻风预备，所谓兵贵神速者何在？看此情形，是伊等办理游移拘泥，业已不合机宜，恐将来进剿亦未必悉能尽善，永除后患。尔等可密寄信传谕该督、抚、提臣等，务须尽心筹画，犁庭扫穴，不至复留余孽，使地方长享安静之福。倘仍如雍正八年之草率完结，复为今日之害，则庆复、纪山、李质粹不得辞其咎也。"

　　又谕军机大臣等："据四川提督李质粹奏称，征剿瞻对统领官兵，原派夔州协副将马良柱、泰宁协副将宋宗璋二员。今宋宗璋虽已升任总兵，若伊果能熟习边情、谙练军务，即多一总兵大员亦可，且伊亦曾经奏请束装前往。尔等可寄信询问庆复等，如宋宗璋前往于军务有益，即著伊一面领兵前去，一面具折奏闻。"

　　署四川提督李质粹奏："瞻对顽抗不法，请彰天讨，候旨调兵。茂威协副将何启贤系曾保总兵、奉旨引见之员，请留川带兵进剿。"

　　得旨："兵贵神速，岂有贼已发兵阻挡，而汝等尚无出师之期之理！

若但云候旨而行，则所谓便宜行事者何在？且将在外而受制于朝者，多不成功，朕不为也。此虽小丑，汝等亦宜存大将风也。勉之。"又批："一切机宜，熟筹妥酌为之。兵者不得已而用之，固不可姑息了事，以贻后患，亦不可玉石俱焚，而无所甄别。至夫杀降冒功，则尤所当戒也。勉之，慎之！"

（高宗朝卷二四二·页二七上～三〇上）

○乾隆十年（乙丑）六月己巳（1745.7.27）

川陕总督公庆复奏："臣等原奏邻近瞻对之西宁镇派拨汉、土兵一千名。今闻该土兵率皆怯懦，且于路径亦不深悉，未敢因已奏准即为迁就。已与西宁镇臣面商，全用汉兵协应，西宁土兵概行免调。再，瞻对所居碉楼最为坚固，川陕各营威远等炮俱不若滇黔靖逆炮之便利，现已差弁前往借领八位。如果施放合宜，即可照式制造。至各路官兵约七月内俱可到齐，臣于七月杪亦可赴川。并拟于陕、甘二省副、参、游、守内酌选曾在川出师、勇敢有为者，随带四五员备用。至交臣阅看直隶提臣保祝密陈征剿瞻对一折，查郭罗克新经归化，贪利好胜，咸以有事为荣，今邻近土兵俱各派调而独遗其类，未免向隅疑惧，臣酌派百名，所以遏其疑贰之心，坚其向化之志。大率所调土兵以瓦寺、杂谷等为多，亦未专借郭罗克之力取胜。今折内称，一旦驱之使战，非但未必即为我用，且恐疑贰终存等语，缘所派数目并酌派缘由前折未经渎陈，而直隶提臣未悉所以之故。至川省土司止有瓦寺，并无瓦斯。所称杂谷、瓦寺最称强盛，因去松潘已远，兼有瓦斯、金川等番间隔，其四境俱仇，未敢远出，边地以此得戢等语。或亦传闻之误。瓦寺、杂谷之兵，从前川黔虽得其力，然办理军务，宁过于慎重，业札商抚臣确查，俟复到酌议会奏。"

得旨："所奏俱悉。"

（高宗朝卷二四三·页二〇下～二二上）

○乾隆十年（乙丑）六月庚午（1745.7.28）

四川巡抚纪山奏："瞻对顽番不法，派拨汉、土官兵分路进剿。现在贼番闻风畏惧，悔罪投诚。乘此克期前进，计日可奏肤功。"

得旨:"彼如果诚心悔罪投命,自不可逞我兵势,玉石俱焚。但不可听其延挨,反堕彼计。应为一劳永逸之谋耳!可告之督、提等。"

(高宗朝卷二四三·页二八下~二九上)

○乾隆十年(乙丑)七月己亥(1745.8.26)

川陕总督公庆复遵旨复奏:"臣前派泰宁协副将宋宗璋统领松潘一路官兵进剿瞻对,嗣因宋宗璋升任松潘总兵,改委威茂协副将何启贤。但查瞻对本系宋宗璋旧辖地方,情形熟悉,且以本镇大员统领所属之兵,更为妥协。现在四川提臣李质粹议往打箭炉口外东俄洛地方驻扎接应,宋宗璋领兵前进正可就近调度。再,陕、甘一带边疆要地,臣于巡边之际,已饬文武诸臣加意防范。瞻对与西宁所属接壤,现已拨兵堵截。其打箭炉附近之巴塘、里塘,亦移咨云贵督臣防御。"

得旨:"所奏俱悉。此事宜妥协周详料理,毋少致疏忽也。"

又奏:"下瞻对班滚闻兵进剿,现称出结效顺。恐系秋禾将熟,希图延缓收获,亦未可定。又,上瞻对头目骚达邦等情愿献出三寨,效力引路,并攻下瞻对,亦不可遽信。容臣到川时确查虚实,与抚、提诸臣密商办理。"

得旨:"览。须慎重为之,不可堕其术中。"

(高宗朝卷二四五·页二八上~二九上)

○乾隆十年(乙丑)八月己巳(1745.9.25)

川陕总督公庆复奏:"臣于八月行至川省,与抚、提诸臣筹办瞻对军务。查上、下瞻对,其始虽同纵属为盗,但上瞻对应袭肯朱,年未及岁,闻兵进剿,亲自缴印投诚,并泣诉伊叔四朗谋夺土职,愿为官兵引路进攻。即其属下不为实心出力,应止诛其属下之顽梗者,而肯朱可从宽宥。至下瞻对班滚与上瞻对贼首四朗,勾通交接,不献赃贼,情罪较重。然果亲出投诚,亦可暂缓其死。先令献出各案赃贼,有应正法者,即在军前正法。再令缴出各寨军器,然后酌议安置。倘敢抗违如故,尽行剿灭。"

得旨:"所奏俱悉。献赃彼盖不难,设诡指数人以为首犯,即使在军前正法,将来撤兵之后,保其不再生事耶?朕以为即使彼诚心悔过,纵赦其死，宜趁此兵力迁之他处，使土地不为伊有，方为永逸之计。卿等以为何如？"

署四川提督李质粹奏："臣于七月初八日，自川省起程进剿瞻对，二十六日行抵东俄洛地方。总统建昌镇总兵袁士弼及各路汉、土官兵亦先后齐集。随议分作三路前进。南路由里塘以抵边多等处，系夔州协副将马良柱统领；北路由甘孜以抵阿斯等处，系松潘镇总兵宋宗璋统领；中路由沙普隆以抵日里等处，系总统建昌镇总兵袁士弼统领。臣驻扎东俄洛，在里塘、沙普隆两路适中之地，离甘孜亦不甚远，均可调度策应。"

得旨："瞻对若铤而走险，舍准噶尔无可投，此处宜加意防之。并告之庆复、纪山及李绳武等。"

（高宗朝卷二四七·页一九下～二二上）

○乾隆十年（乙丑）九月戊戌（1745.10.24）

川陕总督公庆复奏："上瞻对应袭肯朱于官兵甫出口时，亲赴建昌镇总兵袁士弼营投诚，其所属头目骚达邦等亦各带土兵献寨效用。经该镇察无虚伪，当即收抚。并约北路官兵，攻剿四朗。其办理甚为妥协。至四朗，本系上瞻对贼首，即亲出投顺，亦无可宽。从前提臣并总统等原议先攻四朗，然后会合官兵直捣下瞻对。今松潘镇总兵宋宗璋因四朗母兄赴营投首，即为抚赏，令伊亲出，欲图草率完结，与提臣等原议办理互异，有误机宜。但既经招抚，止仍将四朗收管，俟下瞻对平复后，再行严审定罪。其宋宗璋即令随同中、南两路官兵，并攻下瞻对。如再不遵调度，即行揭参。"

得旨："所见甚是。此乃伊等向日习惯了事之智也。但既有此芥蒂，恐诸将不合，非用兵之道，宜亟留心。"

又奏："下瞻对贼番，因官兵进剿，于江东设卡隘数处。最关紧要者系加社丫卡，欲过江攻寨，必先克取此卡。随经建昌镇总兵袁士弼分遣中路官兵进攻，大败贼番，得加社丫卡大小三处，拨汉、土官兵一百余名防守。仍乘胜力攻，逼贼番碉楼之木鲁工地方，复得正卡一处，并木鲁工左右卡二处。夔州协副将马良柱统领南路官兵，由直达地方进攻蛮寨三处，前抵擦马所，复连破蛮寨十五处。其各寨贼番逃窜山箐，派兵追捕，毁贼寨九处。又分兵前攻热泥，毁贼寨二十三处，现拟往攻擦牙所。数日内两路官兵连获要卡六处，共破五十余寨。总兵袁士弼、副将马良柱督率将弁兵丁等，俱能奋勇出力。"

得旨："览奏曷胜欣慰。但始之非难，终之惟难。行间奋勇诸将士已可嘉矣。至于经理其后，成一劳永逸之谋，斯卿等之责也。勉之！恃胜轻敌，兵家所忌。亦令行间将士知之。"

又奏："中路官兵，在木鲁工之右面沟内，攻击贼巢，毁碉楼五座。又探知泥咱卡隆半坡箐林之中，有贼番二百余人奔上山梁，进兵攻捕，贼番退避碉楼，我兵三面夹攻，贼番逃入箐林，复毁碉五座。又分遣官兵，由右山梁搜捕，进攻茹色、甲纳溪两处贼巢。而下瞻对班滚竟敢领兵迎敌，官兵奋力夹攻，贼众散逃深箐，现在相机进剿。其南路官兵，前往擦牙所，相度险隘，分兵进攻贼番中、左、右三寨，毁右寨八处、左寨十三处。至松潘镇总兵宋宗璋统领北路官兵已至阿赛地方，在下瞻对交界处所，现在作何进攻。尚未报到。"

得旨："览奏，欣慰。但焚杀者多，阵斩者少，尚未可谓全胜也。"

云南总督兼管巡抚事张允随奏："四川瞻对顽番现经发兵攻剿，臣因滇省维西所属之奔子栏、阿墩子等汛与川省之巴塘、里塘接壤，里塘之外即系瞻对地方，恐贼番急而奔窜，臣饬沿边汛弁董率目兵、土弁、头人等加谨巡防。"

得旨："是。知道了。"

（高宗朝卷二四九·页二八下～三三下）

○乾隆十年（乙丑）十月丁卯（1745.11.22）

（川陕总督公庆复等）又会同巡抚纪山奏报进剿上、下瞻对，中、北、南三路官兵连捷情形。内称："北路官兵，攻破喇嘛甲尔温布所据灵达卡隘，余贼逃入林箐，复会同西宁官兵，攻木鲁大山，夺占山梁，攻破贼卡碉楼，歼贼甚众。中路官兵，攻破底朱战碉二座，歼贼十余名，余贼潜逃入箐。攻若色寨，歼贼十余名，复攻底朱，歼贼数十名。其东面山梁贼番亦经打死数十名，并烧毁碉楼二十一座，又攻楚坝哇寨，伤贼五名，余贼逃遁。南路官兵，攻擦牙所，先克二十一寨，今复攻毁四十六寨，歼贼无数,间有逃入山林者。余寨设法攻打,并咨催各路官兵,速为进攻,俱于中路会合,攻殄班滚巢穴。"

得旨:"欣慰览之。"

(高宗朝卷二五一·页二二下~二三下)

○乾隆十年(乙丑)十一月丁丑(1745.12.2)

户部议准:"四川巡抚纪山疏称进剿瞻对应行筹备各事宜:

一、官兵借支行装并驮马鞍屉银。总兵,照雍正九年西征例支给;副、参、游、守、都司、千、把、外委、马步兵等,均照雍正八年,进剿瞻对例支给。惟驮炮马匹,此次应每炮一位,添马二匹。弁员跟役,照乾隆八年出师郭罗克例,跟役三名,合给驮马一匹、鞍屉一副。

一、奉派瓦寺、木坪等处土兵,每名赏银五两,月给家口坐粮银九钱、米三斗。每斗折银八分五厘。其远在瞻对以西之冷宗鼐、德尔格土兵,移令领兵总统汇具总领,即于粮务处就近支给。汉土兵丁,百名赏牛一只,折银三两,二十名赏羊一只,折银五钱。官兵盐菜、口粮,照雍正八年例支给。

一、粮饷宜筹备。查雅、炉二仓现贮米七千八百余石,需米孔急,即于雅属就近办运。可稍缓者,于通水次之嘉、眉二府州属,或动碾仓谷,或发银采买六七千石,转运接济。炒面,于上下木鸦、渣坝、鲁密等处采买。司库存银不敷,即借用贮备司库银。俟安庆、江西、湖广等三省协川军需银解到日归还。

一、办运军米,宜按程准销折耗,给发脚价。分南、北二路,先各运米二千石。南路交中渡收贮,北路交子龙收贮。并令总统于粮运要道,酌留官兵护守。

一、打箭炉为出口总汇,请添委佐杂一员,听差外委兵十五名、运粮解饷兵三十名、通译二名、斗级仓夫二名。里塘、巴塘、章谷、甘孜各设正粮务官一员。里塘添拨协办杂职一员。德格地方设正粮务官一员。子龙设办粮外委二名,总理粮务。派委干练大员,驻炉督办,并拨给弁兵十五名,以备差遣。

一、打箭炉至德格,应按道途远近,酌设随营军台。每台安马六匹、蛮夫四名。自炉之折多塘至巴塘，添设汉塘。每塘安马四匹、蛮夫二名。自里塘至擦马所，安设蛮塘。每塘安马五匹，共拨土兵二百名。

一、章谷、甘孜、春科、德格四渡，每渡造渡船二只，设管船外委一名、兵丁四名、通事一名、水手四名。龙察坝，建立桥梁，设管桥外委一名、兵丁四名。中渡，原设渡船四只，自换用蛮水手后，撑驾未熟，请仍调内地水手四名帮渡，拨外委二名、兵丁八名管理，并设护运粮饷兵三十名。"

得旨："依议速行。"

（高宗朝卷二五二·页二四下～二七上）

○乾隆十年（乙丑）十一月丁酉（1745.12.22）

川陕总督公庆复等奏报："现办瞻对军务事宜并续攻各寨情形。北路领兵官宋宗璋，进攻灵达，先后歼贼数十名。缘碉坚道险，未能前进，暗分兵另由然多一路，会合现攻楚坝哇官兵，进攻班滚巢穴。中路总统袁士弼，九月二十五日分遣官兵复攻底朱战碉，杀伤贼二十余名；二十七日进攻木鲁山，攻克山左蜡盖地方战碉四座，毁碉三座，在碉男妇尽毙，在外拒敌者歼百余人；十月初十、十一日连攻底朱，先后歼贼二十余名，伤逃者不可数计。现分兵轮番攻打，务期必克，直攻班滚巢穴。南路领兵官马良柱，先后攻克直达、热泥、擦吗、擦牙等处百十余寨。余贼胆落，投出喇嘛二名、土目五名、生番头目二名，佥称并非夹坝，其做夹坝数人多被官兵烧毙，余者逃散，情愿擒贼献赃。内投出边多土目丹批随擒献夹坝二名。嗣班滚亦屡恳德尔格土司等作保投诚。因不敢草率了事，务擒首恶，为一劳永逸之计，仍催官兵进攻。李质粹前月已自东俄洛移驻章谷，就近与中路总统商筹进剿。"

得旨："所奏俱悉。不可恃胜以轻敌，更不可草率以了事。观其投诚者，皆云作夹坝止数人，又且已被烧毁，所擒献者实不过二三人而已，此即其投诚之不可信矣。将此谕令李质粹等共知之。一切熟筹详酌，毋贻后悔也。"

又奏："进剿瞻对，除将攻克各寨番众分别良奸，妥为办理外，并饬行间将士毋恃胜轻敌，亦不得借持重为名，游移观望。南路领兵马良柱勇敢且饶智略，近里塘一带要口，将次荡平、现饬进攻班滚巢穴。中路总统袁士弼因抵拒班滚，隔江难进，需俟南、北两路兵到夹攻，乘机前进。北路领兵宋宗璋与总统等不睦，有欲见长之意，节次严饬，业已改悔。现经李质粹改令赴然多一路进攻，或再推诿观望，即当参奏。至四朗所属各寨，先惟阿斯、羊雀二处未经投诚，现俱招抚。"

得旨："览奏俱悉。"

甘肃安西提督李绳武奏报："分遣弁兵，堵御隘口，以防瞻对逆番穷窜准噶尔地方。"

得旨："知道了。诸事留意。"

署四川提督李质粹奏："进剿瞻对，前月亲自东俄洛进抵章谷所属仁达地方驻扎。就近与总统筹酌，令各路官兵相机攻剿，早藏军务。官兵俱各平安强壮，土司番目悉皆恭顺。番民运送军粮及供给乌拉差遣，并无贻误。"

得旨："大捷尚未奏，元恶尚未获，何能慰朕南望之念耶！然又不可姑息了事，以贻后患。汝其慎之，勉之！"

（高宗朝卷二五三·页二二上～二五下）

○乾隆十年（乙丑）十二月壬子（1746.1.6）

谕军机大臣等："瞻对用兵一事，十一月二十四日接到庆复十一月初六日奏折，略悉彼地情形。此后便未见庆复再奏。且伊奏内称，中路班滚贼巢隔江难进，惟俟南、北两路兵到夹攻，使班滚反顾，方可进兵。而北路又复险阻难进，现议于寨后再为加兵夹攻等语。即奏报克捷，亦只焚毁碉楼数座，杀伤贼徒数人，其余大率逃入箐中，未见有覆巢压卵之势。今贼势颇众，素性狡猾异常，天兵压境，尚敢负险拒敌，看此情形，似难克期剿灭。此番进兵原期歼灭根株，为一劳永逸之计，若草率结局，不但国体有关，且将来又费周章矣！尔等可密寄信与庆复等，令其酌量情形，若果难于制胜，李质粹似当领兵前进，以壮声援。其李质粹所驻之处，即令庆复前往驻扎，就近调度。若需添兵前去，即将满兵带数百名去亦可。朕意如此，令伊等即速妥议，总以万全妥速、克奏肤功为要。一面办理，一面奏闻，并将近日情形详悉速行具奏。"

（高宗朝卷二五四·页二五下～二六下）

○乾隆十年（乙丑）十二月丁卯（1746.1.21）

川陕总督公庆复奏："前于十月十四日会同川抚臣纪山具奏三路官兵连克瞻对一折，荷蒙朱批：'戒勿姑息了事，务成一劳永逸之计。'伏查贼酋班滚虽负固抗敌，但抗拒日久，其势亦蹙。现在乞降虽非实心，臣前经差弁，由其巢穴经过，查探情形，懈于守备，似因粮食并铅药短少之故。我兵奋力前进，自能攻克。贼酋授首，余孽虽众，亦易擒制。惟在善后料理得宜，不敢姑息了事，以期一劳永逸。又奉朱批：'以贼入箐者多，将来作何了局。'查瞻对番人虽称凶顽，然其始未必尽为夹坝，良顽亦当有别。伊等既为班滚所属，大兵压境，班滚敢于抗拒，势不得不荷戈相从，得计则咸各鸱张，失计则滚箐藏避。首逆一除，伊等自俱解体。然后于办理善后之际，查其向为夹坝而有案者，按律究拟。其余另设土目，责令稽查管束，似可化顽为良，不致有人众难制之虞。"

得旨："览奏俱悉。"

又奏："攻剿瞻对之北路领兵官宋宗璋报称，自十一月十七日至十九日复连克阿斯，夺取山梁碉座，剿杀贼番，大获全胜。复据中路总统袁士弼报称，十月十一日夜复攻克底朱，占获要口大路一处。十二日又遣官兵往攻碉楼，自寅至酉，连毙多贼，仍俟陆续再为轮攻。其南路领兵官马良柱已于十月二十八日起营，进攻班滚巢穴。但先议南、北两路夹攻，今北路既不由然多前进，复回灵达，而马良柱前攻破之松多热赛、擦吗所、擦牙所等处，又留兵防守，军势少分，难以轻入，在途缓行，等候新调德尔格兵五百名到日，再行前进。至班滚乞降，虽已擒献赃贼，呈缴盔甲，但终怀疑惧，尚未亲出投见。适准提臣李质粹札商，宜乘其畏惧乞命之时，暂准投诚。擒献夹坝供出一名，再令擒献一名，供出十名，再令擒献十名。稍有支吾，即为攻击，庶夹坝可以尽得，意在以逸待劳。然未进兵之先，当以除夹坝为事；既进兵以后，班滚敢于屡为抗拒，则当先治其标。班滚一经授首，群贼自即解体。若令班滚身处其地，则群贼有所倚恃，更不能尽除。况仅令擒献赃贼，彼不难诡指数人以应，仍属草率了事。且班滚果系畏威乞降，总统先既许以不死，后又有德尔格土司作保，尚何不敢诣营叩求，明系借词观望。协力进攻，彼或畏威而出，否则仍负固抗拒，以缓时日，岂可因此即懈！臣现派将弁到彼，酌看情形，知会南路。或俟岁底乘懈协攻，或另作何设法剿办，务期必克，以靖地方。如须臣亲往，俟差往将弁等具禀到日，即一面具奏，一面起程。"

得旨："览奏俱悉。"

又批："甚好。昨为此事谕卿，今卿此奏与朕不约而同。嘉是之外，无可批谕。卿其照前谕酌量为之。总之此番当期一劳永逸之谋，不可遗患日后也。"

又奏三路官兵自十一月二十日至十二月初一日复攻克阿斯、羊雀并腊盖下寨及下密卡伦各情形。得旨："所奏亦不过小小抢获耳，贼未大破，安得谓之武功耶！其督令将士奋勇前进，务擒班滚，明正典刑，以靖地方。"

（高宗朝卷二五五·页三二上～三五上）

○乾隆十一年（丙寅）正月癸未（1746.2.6）

谕军机大臣等："进剿瞻对一事，据庆复奏报现在情形，伊等尚属尽心。事平之后，班滚抗拒首恶及伊妻孥自应照例治罪，其余番众，固无尽行歼灭，即其地方亦无设立郡县之理，只可仿照苗疆之例，选择头目管束，以番治番而已。但其风土、形势及番众之强弱、奸良俱须熟悉，方可办理合宜，一劳永逸。李质粹不能办理此事，必得庆复前进，相度机宜，庶几料理有益。至于进剿军务，已阅数月之久，尚未捣其巢穴。现在李质粹已经进至章谷，若庆复再为前进，俾得声势联络，相机调遣，于军务自可速竣。可寄信与庆复，令其酌量前进，既可以壮目前声势，日后平定，又得就近往彼察看情形，妥酌办理。"

（高宗朝卷二五七·页一下～二上）

○乾隆十一年（丙寅）正月丙申（1746.2.19）

川陕总督公庆复奏："臣节准提臣李质粹咨称：前因驻扎仁达，凡三路攻击机宜，与总统往返会商，稽延时日，现移驻木鲁工军营。查北路汉、土官兵进攻灵达，连日夺山梁五道、贼卡十二，毁战碉六、碉楼二。贼番出碉投诚，随令其擒贼献赃，拆毁各碉。现已确查户口办理。中路官兵于攻克腊盖下寨后，又进攻底朱，毁石砌三层战碉二，随会同总统建昌镇袁士弼酌看形势。查木鲁工地处河东，逼近河西班滚贼巢。而河东又有甲纳溪、底朱、腊盖、纳洪多、茹色等寨救援，是以班滚弟兄得以并力拒守。若俟剿平河东，再行进攻河西，有旷时日。现今北路灵达既已投诚，其前途又阻雪难进，因咨移松潘镇宋宗璋酌留官兵二千名防守北路之木鲁工军营，余兵带至中路，协力并攻。分为四路：一攻上腊盖，一攻中腊盖，一攻底朱，一攻纳洪多。共毁碉五十五座。贼酋班滚乞命河西，并令伊母赴营叩求。但该酋狡黠多端，不可遽信，现在相机进剿。南路夔州协副将马良柱，自攻克下密卡伦等处后，因雪阻粮运维艰，而西藏台吉冷宗鼐又因病回江卡，所带各土兵亦各散归，其应添官兵若干，亦令酌量派调等语。查灵达既经投顺，应暂准安抚。其北路官兵，分半归于中路，协攻各寨，办理亦属妥协。但班滚既于河西乞命，伊母又亲出叩求，自当乘势直捣如郎，立擒班滚，何得仍令伊母回巢？现咨抚臣严饬总统等速行攻剿。至南路官兵深入重地，冷宗鼐所领兵已撤回，亦咨提臣饬调德尔格及附近等处土兵，前往接应。"

得旨："观此，则李质粹全无调遣，即如班滚之母已至军营，何以令其复回？此皆失机宜之处，可传旨申饬。以此观之，卿不可不亲身前往，以善其后也。总之不可存姑息了事之念为要务耳。"

又复奏："北路灵达，因兵进剿，现已投诚。其官兵大半撤赴中路协攻。南路虽因兵单，未能直入，然边多等处亦经投顺。中路现有提臣李质粹前往，与总统建昌镇袁士弼、北路松潘镇宋宗璋会合夹攻，连克河东各碉，自可渡江直捣如郎。第臣远隔军营，与提镇等商办稽迟。查章谷地方，为中、北两路粮运要道，提臣前驻东俄洛时尚可就近应援，今已往赴军营，臣拟亲至东俄洛驻扎，不特保护粮运，并可与提臣等就近督催各路相机攻剿。至添派官兵，已酌定满兵一百名、提标兵二百名、抚标兵一百名，泰宁协、阜和营各调兵五十名，并臣陕标随带兵数十名，一同出口，统委四川城守营参将李中楷管领。"

得旨："览奏俱悉。一经卿往，此事必当速奏肤功也。"

又奏："西藏台吉冷宗鼐带领江卡土兵协攻贼番，甚为出力。嗣因冷宗鼐回卡养病，而土兵等亦各散归，殊违功令。现咨驻藏都统饬知郡王颇罗鼐将为首倡回之土兵惩治。又闻冷宗鼐回至江卡，因各土兵已回，随另派兵前往更换。如果前赴军营，未便阻其悔过报效之心，应听在营效用。"

得旨："知道了，有旨谕颇罗鼐。"

（高宗朝卷二五七·页一八下～二二上）

○乾隆十一年（丙寅）二月甲寅（1746.3.9）

又谕（军机大臣等）："据驻藏办事之副都统傅清奏称：郡王颇罗鼐详报，前因总督咨称冷宗鼐在彼纵酒妄为，理宜严行训饬。曾将冷宗鼐所领兵丁著宰桑纳亲等管理，令伊回藏。兹据纳亲等报称，冷宗鼐不肯交付兵丁，自己回去，兵丁亦皆跟随回去等情。冷宗鼐为人糊涂，恐于事无益，前已禀明，今闻伊所领兵丁回来，不胜惶恐之至。颇罗鼐原系微末之人，蒙主上加恩封为郡王，凡事敢不奋勉！今冷宗鼐丧心病狂，带领兵丁回来，倘该大臣等具奏系因吾言致冷宗鼐带兵回去，颇罗鼐实无生路，不胜惶恐。冷宗鼐又系奏派之人，恳请奏闻将冷宗鼐正法等语。近据总督庆复等奏闻郡王颇罗鼐将冷宗鼐调回，伊所领兵丁亦皆相继回去一折。朕以颇罗鼐诸事甚属谨慎，即此次除派往瞻对兵丁外，复派伊素所信任曾经行阵之宰桑等前往，无非感戴朕恩，输诚效力。今将冷宗鼐调回，必系酌量于事有益。兵丁等皆系冷宗鼐带往之人，边地番兵不知法纪，因伊首领回去，亦一同随往耳。是以朕未特降旨，只谕令大臣等将总督等所奏晓谕使臣，令伊回去告知颇罗鼐，所有兵丁回去，并非伊之指使，朕早已洞鉴矣。今观颇罗鼐所云，若具奏江卡兵丁因伊言回去，伊竟无生路，不胜惶恐之语，朕心愈加轸念。著将朕从前办理缘由，扎寄副都统傅清，传旨明白晓谕。再，据颇罗鼐所奏，冷宗鼐为人甚属糊涂，现犯军法，著交大臣等议罪，候朕降旨。将此一并晓谕颇罗鼐知之。"

（高宗朝卷二五九·页八下～一〇上）

○乾隆十一年（丙寅）二月丁巳（1746.3.12）

户部议复："四川巡抚纪山续奏筹办进剿瞻对贼番事宜：

一、西安督标副将张元佐前奉调带兵出口，在途患病。今病痊仍饬赴营，添拨千把、外委各一员。应如所议，给口粮、行装银并驮马鞍屉如例。

一、进剿瞻对北路官兵，现在攻克阿斯羊角等寨，清理户口，又进攻灵达。恐领兵之员不敷，复委永宁协副将王曜祖前往北路，协同松潘镇办理军需。其兵役、行装等项，应如所议，照例支给。

一、派管土兵二员，一系原任漳腊营都司张怀远，一系原任陕西黑城营游击纪勇，各暂予守备职衔。其官役、行装等项，势所必需。又，里、巴二塘土司及西藏地方，各带土兵协剿，应给口粮、盐菜。均应如所议，各如例动支。

一、官兵攻剿灵达，逼临大江，必须密防后路。今添调孔撒、麻书土兵四百，随师进剿。应如所议，照放哨土兵之例，于抵营进征之日支给茶、面、羊折。

一、德尔格土司愿于奉派土兵一千外，添兵五百，随营调遣，只求给予坐粮及军营口粮、盐菜。又，驻扎东俄洛提标兵一千，除调征中、南、北三路外，留营兵不敷分布，于阜和营、泰宁协各调马二步八，兵一百。均应如所议，口粮、盐菜，各如例支给。

一、陕甘派赴军营参、游、守官五员，各于跟役外，多带兵丁数名，行抵军营。该兵等告请出征。应如所议，其口粮、盐菜，即照征兵例支给。

一、此次进剿三路，奖励兵勇，抚恤伤亡，需赏甚多。应如所议，于原拨赏功银三千两外，另添拨银交提督总统备用。

一、奉委建昌道石杰，随营监纪功过并奖劝土司，赏项势不可少。应如所议，于道库军需银内，动支五百两备用。

一、炮架、车轮、火药、铅弹等项，需用驮载马骡及乌拉、鞍屉之费。应如所议，于粮务军需银内，尽数支给。

一、攻击瞻对，必需地雷、大炮。原带火药、铅弹不敷，陆续添运甚多，自省至炉，自炉出口，并分送各路军营，所费不赀。应如所议，均照例支给。"

得旨："依议速行。"

（高宗朝卷二五九·页一六上～一八上）

○乾隆十一年（丙寅）二月庚申（1746.3.15）

大学士公讷亲等议奏："副都统傅清请将冷宗鼐正法一折。查冷宗鼐原系派出率领江卡兵丁，扼据瞻对近要地方堵御之人。曾经该王颇罗鼐闻伊在军前，酒后任意妄为，恐其误事，令将所属兵丁、交付宰桑纳亲等，回归本处。冷宗𩆜并不遵谕交明，竟敢委之而去。应将冷宗𩆜照该王颇罗𩆜所请，即行处斩，以为违犯军令者戒。至冷宗𩆜所属兵丁，见伊回程，即一同随去，亦属有干法纪。其起意倡行之人，理宜查出惩治。请咨行驻藏副都统傅清饬交郡王颇罗𩆜严查究办。"

得旨："前经总督庆复奏称，冷宗𩆜初到军前，尚属效力。今据颇罗𩆜奏伊糊涂，酒后妄为，恐在军前于事无济，令伊换回，伊并不遵颇罗𩆜所谕交付纳亲兵丁，即行回程。盖因愚鲁无知，以致获罪。其情尚属可矜。著施恩免其处斩，交颇罗𩆜酌加惩处。馀依议。"

（高宗朝卷二五九·页一九下～二〇上）

○乾隆十一年（丙寅）二月丙寅（1746.3.21）

川陕总督大学士公庆复奏："瞻对军营，自提臣李质粹移驻中路木鲁工之后，节据咨报松潘镇宋宗璋、建昌镇袁士弼分攻底朱等寨，虽称烧毁碉楼多座，并称土酋班滚自烧碉房乞降，并无作何攻敌情形。及臣咨催进攻，又复两请添兵，不思克期奏捷。其松潘镇等前赴纳洪多等寨攻击之处，亦第虚张声势，具报不实。并因官兵乏水，不能久驻，暂回腊盖大营。至南路夔州协副将马良柱，自进攻下曲工之后，因道险雪阻，粮运维艰，并冷宗𩆜土兵私回，兵力愈单，亦未即前进。查南路兵威素震，惟因中、北两路不能进攻，而众番并拒南路，兼以冷宗𩆜之兵私回，兵势单弱，遂为贼番窥伺。现在提臣已调巴塘土兵前往，冷宗𩆜亦派土兵千名协攻。如两路兵已到营，则南路无须添兵。臣即拨建昌镇、泰宁协二属兵，星赴中路，奋力协攻。"

得旨："览奏俱悉。李质粹等全无调遣奋勇之志，甚辜朕恩也。"

又奏："前奉谕旨，李质粹似当领兵前进，以壮声援。其李质粹所驻之处，即令臣前往驻扎，就近调度。因于本月初四日至打箭炉，即拟出口，缘闻军营办理不实，粮饷亦需预筹，拟调该管道员询问，暂驻数日。据明正土司禀称，自上年提臣兵驻东俄洛，已及五月，就近柴草俱已用完。今若驻彼，一切柴草，须至炉地购觅。而冰雪盖地，驼运实艰，应请就炉驻扎。嗣据炉同知查复属实，随于口外四马塘暂驻，与东俄洛相距百余里，诸事自可相机调度。请俟雪消草生，再为酌量前进。"

得旨："此事应速为定局，况出师已逾七月，而军饷用至百万，不知李质粹等所为何事耶！宜传旨申饬之。卿其益殚嘉谋，鼓励士气，庶肤功早奏，边境永宁，方不负朕委任之意。若夫苟且了事，以顾目前，朕知卿断不出此。而李质粹等若有此意，卿不可不督责之。"

又奏："瞻对军务，久未告竣，皆由军营提镇因循捏报所致。经臣参奏，并请添调官兵接应，区区小丑，自当立殄。但贼酋负固死守，以老我师。须得一熟悉贼营形势之人向导，庶擒灭更易。臣抵西炉，访有监犯革松结原系瞻对之喇滚副土官，与班滚有仇，愿出死力。务擒班滚，以为报效。再有班滚之异母弟二班滚者，前被班滚谋害，其同母弟俄木丁现居贼巢，亦怀怨图报。当传明正土守备汪结询问，汪结亦愿保革松结前往旧巢，暗会伊家属并俄木丁纠合土兵内应，一鼓可擒。臣因军机严密，恐致泄露，即冒昧密交汪结具领保出，前往办理。倘有疏失，臣咎难辞，恳敕部严加议处。"

得旨："此系卿权宜办理之事，何罪之有。知道了。"

（高宗朝卷二五九·页三八下～四一上）

○乾隆十一年（丙寅）三月丙子（1746.3.31）

谕："据大学士庆复奏称，瞻对用兵，中路总统建昌镇总兵袁士弼以招降为事。虽屡经据报攻克多寨，而逆酋班滚尚未授首。经臣亲行出口，始知其所报之处俱不著实。请将袁士弼革职留任，并革去总统，仍带原领官兵，实力效用等语。总统为领兵之大员，须同心共济，奋勇当先，方称任使。袁士弼既观望于前，复又捏饰于后，著革职，并革去总统。姑从所请，仍留总兵之任，效力赎罪。至北路总统松潘镇总兵宋宗璋，始虽意在招降，后能听从调遣，姑免处分，令其协力进攻，以观后效。若再因循推诿，即行参奏。提督李质粹，三路总统俱其管辖，乃随声附和，漫无可否，实负任使之意。著传旨严行申饬，即令其统领各路官兵，会合擒剿，速奏肤功。如仍有瞻顾怠玩之处，朕不姑贷也。"

又谕军机大臣等："瞻对用兵一事，庆复、纪山等初办理时，并未将彼处地势、番子情形详悉筹画，视为极易。旋经陆续奏报招降数人、烧毁楼房数间并搜获军器，朕仍批谕以此等小捷不足言功，务期拿获贼首，迅奏肤功，使地方安堵。今览庆复所奏，从前奏报此等小捷，尚有李质粹捏报之辞，至庆复身临其境，方知此等情弊。李质粹、袁士弼等即应治罪，但庆复请令伊等效力赎罪，著照所请，暂行宽免，以观后效。伊等皆系弃瑕录用，著庆复留心察看。倘仍不知奋勉，于事无济，将伊等即交塔尔玛善、弩三管辖约束。不过剿捕一么么小丑，致调兵万余，动帑百万，而班滚尚抗拒我兵！今事已如此，务将首匪拿获，平定该处地土方可。庆复虽竭力奋勉办理，但用兵以深悉敌情、迅速进取为要，固不可轻举妄动，然亦不可老师不战也。今我军进攻七月有余，尚未能破其巢穴，此皆由伊等从前未曾详悉筹画之故。著密谕庆复，看此情形，伊等盖以为巢穴难破，倘仍前因循办理，不但非伊等办理初心，且于国家威名亦大有关系。伊务须加意，遵奉此旨，筹画迅速藏事，率兵进剿，竭力扫除余孽，肃清地方。将此旨亦密谕纪山知之。"

（高宗朝卷二六○·页一四上～一六下）

○乾隆十一年（丙寅）三月戊寅（1746.4.2）

军机大臣等议复："川陕总督大学士公庆复密陈瞻对情形并续调官兵一折。据称：上、下瞻对在打箭炉口外，地既险阻，人复凶顽。上年初剿，提臣李质粹调遣尚属合宜，将士亦各奋勇。是以上瞻对应袭肯朱即交印投诚，下瞻对贼酋班滚虽言词不逊，而心胆怯懦，亦属乞降。邻近各土司俱畏威不敢附和。不料军营提镇，始而玩忽，继而捏报，号令不一，赏罚多不严明。兵丁病孱者，不知裁退；器械锈坏者，不知更换。将弁气沮，士卒离心。现在贼势益张，夹坝四出。而我兵因循株守，或言待其枪药已尽，自必困穷，或言阻其春耕，自必缺乏。细访该地原产硝黄，贼番多用原根等草为食，且邻近附和土司及野番等亦有暗相遗赠。要皆揣度之词，岂可执为困贼之计！提臣亦自知其误，始连请添兵，另行妥办。臣今既出口，访悉前情，急为筹办。所有各将士查核向来功过，分别奖斥，有患病孱弱者，查验发回调养，以前功绩，仍行备录。原调时有老弱充数并未立功绩者，即行发回。器械锈钝废坏者，即于撤回兵丁内挑换，其无可挑换者，即于邻近营分选拨。但揆厥形势，即班滚就擒，办理善后，亦属不易。而现兵不无劳疲，自宜酌添，以备更换差遣。况今班滚后路，虽有防兵，尚属单薄，须遥为接应。而西宁等处，为其后路接壤，自应即调西兵协济。惟是添兵又须筹饷。查现在军粮，仅可支至三月间，续议筹办宁使有余。除先后所调汉、土各兵外，今拟就近密调川省松潘、川北、重庆三镇所属共兵一千名，先赴军营进攻。并调甘省提标兵一千名、西宁镇标兵一千名作为后劲。约计三月杪，俱可到齐。总期五六月间，剿办藏事等语。应照所请调拨兵丁，酌办粮饷。"

得旨："依议速行。"

（高宗朝卷二六〇·页一六下～一八下）

○乾隆十一年（丙寅）三月丙戌（1746.4.10）

谕军机大臣等："瞻对一事，前因庆复、纪山奏请用兵，以为一劳永逸之计，朕是以允行。今遣发兵丁已陆续增至二万有余，兵饷已拨至百余万两，自去年七月进剿，至今春已历九月。兵众粮多，旷日持久，尚未奏厥肤功。先次奏报焚毁碉楼，杀伤贼徒，及庆复出口密加体察，知李质粹等所报之处并不著实，多系捏饰。庆复不为隐讳，据实参奏，此处可嘉。但现据庆复又以添兵为请，并奏称五六月间务期必克，不知庆复果有真知灼见否？近有人奏称贼番所居碉楼，或在山顶，或居山腰，地势险恶，墙垣坚固！借此抗拒官兵，我兵难施技勇。不知现在彼地情形果如此否？朕思瞻对不过一隅小丑耳，即尽得其地，亦无改为郡县之理。可密传谕与庆复，彼地现在情形果能如伊所奏五六月间全竣军务否？如若不能克期奏功，又将如何布置？著伊通盘筹画，悉心计议，一一具奏。不可勉强一时，亦不可回护前说也。"

寻庆复奏："查瞻对恃其碉楼、礧石，肆无忌惮。前此官兵初到，未谙攻法。近日仰仗天威，攻克兆乌石、甲纳沟等处，势如破竹。俟纳洪多沟口碉寨一克，即可直趋如郎。逆酋班滚势已穷蹙，其异母弟俄木丁并从前投诚之上瞻对头人骚达邦、喇嘛甲尔温布俱愿效用，暗为向导。臣已密令土守备汪结，由茹色过江，接应大兵，捣其巢穴。五六月间必能克取。再，臣出口以来，留心访查，番类不一，地方辽阔，事平后，驻兵设营亦属无益。臣当仰遵训谕，尽心筹画，以期久远宁谧。"

得旨:"卿所见自有成竹,足慰朕怀。然善后之事,不可不预筹也。"

（高宗朝卷二六一·页七下～九下）

○乾隆十一年（丙寅）三月丁亥（1746.4.11）

军机大臣等议复:"四川巡抚纪山具奏军营粮运事宜:

一、据称军营粮务,已飞饬地近雅郡之州、县赶碾军米一万五千石,飞运打箭炉接济。至口外炒面去秋采买几尽,倘有不敷,势必暂给全米。需米又多一倍,尚须碾米二万石,赶运备支等语。应如所议速行。

一、奏称各路乌拉缺少,若内地采买骡马运粮,势必不及。内地民夫出口挽运,亦恐纷扰。请将运粮蛮夫,按照部落大小,均派人夫,摆列台站,改长途为转运。或在炉地稍远之各土司及各喇嘛寺内,发银买备乌拉,交现在之运夫,管押驮运。现饬粮道妥议,详到酌办等语。应令于详到时,斟酌地方情形,务使便于挽运,军食可以接济,人夫不至苦累。即行酌定,作速攒办。"

得旨:"依议速行。"

（高宗朝卷二六一·页一〇下～一一下）

○乾隆十一年（丙寅）三月丙申（1746.4.20）

大学士管川陕总督公庆复奏:"臣自二月中出口,因东俄洛柴草未便,先于四马塘暂驻。今奉旨令臣前进,查有灵雀地方,离木鲁工大营二百里,拟就驻扎。至军营将弁,因前议招降,各图将就了事,而贼酋班滚,又因从前诱降,窥透底里,益肆鸱张。若臣率为前进,不足慑其心胆,必须振兴将士,计筹万全,方可一鼓成擒。又,粮运为行军要务,今续办军粮俱已到炉,必须将本月、下月之粮运出西炉,赶赴军营。第西炉乌拉无多,臣起身前往,凡驮载军装等项俱须雇用。及臣到彼,乌拉回转,而续调官兵又已到炉,更须乌拉应用,粮运势难兼顾。现应先尽赶运军粮,约闰三月初可毕,臣即于闰三月初前往灵雀。此时续调各路兵俱可到齐,当就近度机乘势,严饬各路官兵直捣贼巢。约五六月间,即可告竣。"

得旨:"朕日夜望卿奏折,览奏始略悉梗概矣。卿所云五六月间必成功者,想卿胸中自有成竹乎?抑亦约略言之乎?瞻对之役,朕本无兴兵之志，皆汝等守土之臣以为必当为一劳永逸之图。今永逸尚未可必，而一劳已太劳矣！若果如此奏，则尚可谓收之桑榆。若复尾大不掉，朕与卿等皆不能免嘉兵勤远之讥矣！奈何！慎之，勉之！"

（高宗朝卷二六一·页三五上～三六上）

○乾隆十一年（丙寅）闰三月戊戌（1746.4.22）

军机大臣等议复："四川巡抚纪山奏：酌办粮运，据司道等议得摆站转运之法，未便行于蛮地。惟有以两蛮抵一乌拉，于所定脚价外给以炒面、茶、油，尚可权宜办理。至发银购买蛮地别部乌拉一事，实有不得不然之势。查明正土司为粮运总汇，分运北路至子龙计七站一月转回，南路至里塘计十一站四十五日转回，每月共应运米三千余石。又有解运火药、军装杂差，且现调兵日增，止存疲乏乌拉二千五百头，蛮夫一千名抵乌拉五百头，不敷运送。应发价与明正土司买乌拉一千五百头添运。再，子龙粮务，每月应转运米一千八百余石，中、北两路官兵将来有增无减，止存乌拉五百头，每月三运，仅可一千五百石。应请发价与孔撒、麻书二土司，买乌拉三百头添运。其里塘、章谷等处，各按乌拉不敷之数，酌核买用。如将来口外炒面不接，加运全米，倍增乌拉，亦照此购办。惟是现在办运各土司部下，所有乌拉既经倒毙过半，又向别部购买，势必昂贵。且运粮乌拉，日夜奔驰，较驿递尤疲倦。请照驿马之例，每乌拉一头，无论马、骡、牛，给价八两，准十分倒三。再，查驿马例以年计，今运粮乌拉久暂难定，应以月计，每月准报倒二厘五毫。又，买备乌拉既系官物，应请每一头照例日支草干银八分等情到臣。臣因军粮紧急，已照议饬办等语。均应如所奏办理。但蛮夫于额外给以炒面、茶油等项保无侵溢？乌拉一头果否应给价八两？再，驼运乌拉似应牧放，何须喂养？今复议给草干银或有浮开多给之弊，俱应令该抚查核。"

得旨："依议速行。"

（高宗朝卷二六二·页五下～七上）

○乾隆十一年（丙寅）闰三月己亥（1746.4.23）

谕军机大臣等："进剿瞻对一事，前此未及详筹，劳师费饷，旷日持久，未奏肤功。已降旨传谕庆复，令其通盘计议矣。但庆复自二月十七日具奏以后，已及一月有余，并未将军情奏报。从来行军之道贵乎神速，况进剿之兵非守防之兵可比。其相度机宜，督率前进，如何调遣，如何攻剿之处，必须随时奏报。今迟久不奏，何由备悉？尔等可传谕庆复，令其将现在情形作速陈奏，嗣后务须随时奏闻，毋得迟缓。并将何以速了此事，以善其后，令其速议奏闻。"

（高宗朝卷二六二·页九上～下）

○乾隆十一年（丙寅）闰三月乙丑（1746.5.19）

大学士公仍管川陕总督庆复奏报攻克兆乌石、甲纳沟等寨情形。得旨："尚无全胜之音，不过稍振兵威耳，安得易视耶？"

（高宗朝卷二六三·页二三上～下）

○乾隆十一年（丙寅）四月乙未（1746.6.18）

大学士川陕总督公庆复等奏："督率汉、土官兵连克脉陇冈、曲工山梁、上谷细等处贼寨，扑毁险要碉楼前后一百五十余座。并据上甲纳曲个等十余寨头人畏威投诚，各将子弟献出作质，并缴马匹、枪刀等物。又据逆酋班滚之异母弟俄木丁并北路灵达已投喇嘛尔温布并上瞻对应袭肯朱头人骚达邦俱愿出力，暗为向导，臣已密差游击王世泰、罗于朝督令土守备汪结等由北路茹色一带，暗约渡江。并派甘西之兵，夹攻然多后路。仍移咨提臣李质粹督催官兵，进攻纳洪多沟口，务期必克，以取全胜。"

得旨："览奏俱悉。虽兵威稍振，尚当督催迅速成功，以慰朕念。至贼番之敢于抗我师颜者皆恃碉楼，此番既经费力攻克，则后此不宜复听其建造。于善后案中，卿其留心妥议。"

又奏："官兵攻克纳洪多沟口，由茹色会合渡江，已破如郎大寨，逆酋班滚携家逃遁。飞饬各路镇将并各土司，分布要隘严密擒捕。钦差大臣班第等即于是日到营，招抚遗番，乞降甚众。"

得旨："览奏曷胜欣慰。但班滚未获，究未可谓成全功。卿其督令务获正犯，慎防假冒之弊。其一切善后事宜，卿其详酌，悉心妥议具奏。"

又议复:"布政使李如兰奏称,川省西南一带土司,每因细事,同类残杀。虽各土司野性不驯,实系汉奸主文播弄。请嗣后如杂谷等土司需用主文,令禀明管辖州、县,于考职典吏内选择诚实者,具结遣往。倘该土司仍前不法,查系主文唆使,与土司一并严办。如六年内毫无过误,给与议叙即用等语。查典吏贤否不一,在本管州、县尚须稽查约束。若纵入蛮寨,或恃有职衔,欺压土民,或熟识衙门,勾通滋事。且主文原系该土司延请帮助之人,非差遣化导可比,以有职人员为土司效用议叙,亦于铨法有碍。所奏应毋庸议。臣庆复前在云南时,曾刊木榜示谕土司,凡所延主文及在署办事书识,将姓名开送管辖衙门。遇有更换,随时申报。如敢簸弄土司,滋扰地方者,立即严拿,照书役舞文作弊例,从重治罪。其有能秉公安静者,酌量奖励。川陕事同一体,请照此办理。"

得旨:"著照所议行。"

（高宗朝卷二六五·页三五下～三七下）

○ 乾隆十一年（丙寅）五月丙午（1746.6.29）

谕:"据大学士管川陕总督事庆复等奏报,四月十四日,官兵进剿瞻对,连获大胜,已克如郎,尽毁贼人巢穴。首逆班滚先分家口远藏,本身乘暗潜逃。提臣李质粹即驻如郎大寨,查追班滚下落,发兵擒拿,并饬各路镇兵并各土司严密查捕。不过如釜底游魂,自必计日就擒等语。凶番班滚穷凶肆恶,扰害地方,及遣官兵申讨,辄敢抗拒王师,罪无可赦。今据大学士庆复奏报,官兵进剿已直捣巢穴,渠魁班滚暂时逃匿,计日授首,从此边地可以宁谧。庆复调度有方,纪山筹画转运,甚属可嘉！著交部从优议叙。其提、镇诸臣并官弁兵丁等,现在奋勇,不避险阻,直抵贼巢,亦属可嘉,著交部亦从优议叙。其如何分别功过、核定等次之处,著庆复查明具奏。善后事宜亦令庆复酌看本地情形,详悉妥议,一并奏闻请旨。"

寻经兵部议:"大学士公庆复、巡抚纪山应照例各加三级。"

得旨:"庆复著加太子太保,仍加三级。纪山著加三级。"

谕军机大臣等:"进剿瞻对一事,自庆复到彼以来,实心整顿,克振军威。今已直抵贼巢,首逆逃窜,计日可擒,甚属可嘉。朕已降旨,将庆复并在事官弁、兵丁等从优议叙。其善后之计尤为紧要,必须加意筹画万全。朕思土番之地荒僻险远，不但不可改为郡县，即改设流官亦恐非其所宜。但目前平定之后，若漫无查察，任其复建碉楼，互相勾结，私放夹坝，抢夺行旅，为进藏兵民之害，则此番经理似觉徒劳。或于要隘之处，暂拨官兵，严加弹压。其险峻之地，不许建造碉楼，而官兵又可深入其地，不时稽查，使番众无险可恃，庶故智不敢复萌。再，照四川、西宁各番之例，给以扎付号纸，设立头目，使之管束众番，不致滋事之处，可否如此办理，大学士庆复现驻军前，去如郎不远，可亲至彼地，详察情形，周详筹算。务期布置万全，为一劳永逸之计。可详悉定议，速奏请旨。并将现在交部议叙在事官弁之旨，一并寄与知之。"

（高宗朝卷二六六·页一七上～一九下）

○乾隆十一年（丙寅）五月丙辰（1746.7.9）

谕军机大臣等："前据庆复奏报，四月十三日，攻克如郎，现在飞饬将弁，搜擒班滚等语。迄今已越旬余，未见奏报，不知此时曾否擒获？现在军营情形若何？今驻藏副都统傅清奏，据达赖喇嘛、班禅额尔德尼、颇罗鼐等呈请遣使人等前往晓谕班滚，令其擒献夹坝贼番，许以自新，撤回大兵等语。朕已批谕，不准所请。可将傅清原折并朕批示，一并抄录，寄与庆复阅看。班滚系瞻对首逆，罪无可逭。今看达赖喇嘛代为恳请宽宥情形，班滚与西藏自兵兴以来竟属声息相通。至事穷势迫，计无所出，达赖喇嘛等是以为之恳恩宽免。其素日暗相勾结之处，从前已失防范，伊等情意既相联属，则班滚势穷，无路可逃，或竟潜窜入彼，私行藏匿，亦属事之所有。可将此种情形，速行传谕庆复，令其竭力堵拿，勿使兔脱。若此番稍有疏虞，或致班滚漏网，朕惟于庆复是问。再，将来善后事宜，已屡谕庆复矣。今既有此情形，又不仅如向之所办，即可谓了事。可并谕庆复，务须加意筹画，详慎办理。"

寻奏："查西南一带土司崇奉藏喇嘛，熬茶供献。达赖喇嘛代班滚求情，尚无足怪，颇罗鼐亦为转恳，殊属愚妄。去腊江卡兵从南路马良柱进攻下曲工，路险雪深，冷宗鼐带兵逃归。追续派江卡兵前来，借端迁延，直至如郎既破，始报到营。兹颇罗鼐又代求情，前后情意显然。惟念西藏界距准夷，事体重大，皇上如天之量，自可优容。瞻对距藏四千余里，班滚势穷，前往藏匿，亦不可不预防。巴塘，里塘为通藏要路，欲通声息，舍此不能飞越。臣条议善后，请专设土兵三百名，以联站兵声势。今奉指示，尤当竭力妥办，为久远防范之计。"

得旨："览奏俱悉。"

又谕："据驻藏办事副都统傅清转递达赖喇嘛、颇罗鼐等奏请宽宥瞻对逆匪班滚之罪一折。逆贼班滚玩法，显肆攘夺，抗拒官兵，悖逆之罪，国法难逭，为中外所共知，今贼势大败，班滚只身逃避，巢穴俱毁，早晚即当就擒。达赖喇嘛、颇罗鼐等必平日彼此通信，始为班滚乞恩具奏。似此代叛国贼匪奏请之事，傅清理宜不接。伊等如再三求告，谓恐压搁其事，始可据情转为陈奏。乃傅清率尔接折代奏，甚属糊涂，不知大体。况令伊驻藏，原于照料之中，寓以防守之意。今逆贼班滚与藏人彼此关通信息，伊岂不知之！伊既明知，又代为转奏，罪即不赦。若云竟不知晓，又奚用伊在彼驻扎为耶？今班滚势穷，往求于藏，达赖喇嘛等容留潜匿，事所必有。傅清既有兵五百名，务须留心，详细查拿。倘有疏忽，使贼赴藏，复致远扬，即将傅清在彼正法，断不宽贷。著迅速发往，将傅清严行申饬。"

又谕户部侍郎傅恒："札寄汝兄傅清知悉，所以令伊驻藏办事者，一则为照料地方，再则为欲知彼处情形消息。伊陛辞时，朕曾如何训谕？自伊到彼以来，于应奏之事并未具奏，不应奏之事妄行具奏。如达赖喇嘛、颇罗鼐等为瞻对逆贼班滚乞恩一事，伊原不应接受。即或接折，亦应据情奏明请旨。伊乃如此冒昧具奏，朕已降旨申饬矣。再，伊陛辞时，朕曾降旨训谕，以朕屡年加恩于藏人者甚重，不知伊等情景如何。再，准噶尔熬茶人等到彼，皆给众喇嘛布施，伊等抑或欣悦，抑或企望，众论如何，逐一详悉访询，据实奏闻。迄今二载，未据陈奏。朕所谕之事，并未留心办理。现在领兵在彼驻扎，倘或贼匪班滚潜逃赴藏，伊若不能督兵拿获，将伊即在该处正法。将此寄谕知之。"

（高宗朝卷二六七·页七下～一一下）

○乾隆十一年（丙寅）五月甲子（1746.7.17）

四川布政使李如兰奏："军务告竣在即，节次动用军粮计碾运各属仓谷七万石，为数颇多。川省本年收成丰稔，捐监民人亦甚踊跃。请将前项谷仍收捐监谷补额，毋庸动项买补。"

得旨："所见亦是。与抚臣议行。"

（高宗朝卷二六七·页二九下～三〇上）

○乾隆十一年（丙寅）六月丙寅（1746.7.19）

大学士川陕总督公庆复奏报："会同钦差大臣班第、努三、提臣李质粹等进攻丫鲁泥日寨，生擒贼番塔巴四交，讯明班滚现藏匿寨内。漏夜催兵攻扑，施放地雷，连烧大小战碉五十余座，烧毙贼番男妇七八百人，逆酋班滚并泥日寨头目姜错太等俱经烧毙碉内。随传讯各寨番人，佥称班滚实系烧毙，并未逃出。现仍饬各镇将弁并附近土司，严密访拿。其沙加邦、丹批等，向为恶党，亦宜设法剿捕，不使稍留余孽。此外，番众俱各畏威投诚，不日即可蒇事。"

得旨："此贼甚狡猾，尚应留心踪迹。语云：适百里者，半九十里。言收局之应慎重者也。今如此，亦可谓之成功。但彼既与藏中暗通信息，保其不设计逃往乎？卿其速行留心，访查办理。若将来班滚复出，此局何以了之？"

钦差大臣兵部尚书班第等奏："臣等于四月十四日至军营，遂赴班滚所居如郎寨。彼时，班滚与伊弟恶木劳丁携妻子逃脱。臣等询土守备汪结并新降之班滚弟俄木丁等班滚逃往何处，有无潜身处所。据称，班滚母舅沙加邦并伊妻兄姜错太俱在丫鲁地方居住，今班滚势必逃往彼处，此外断无可逃之处等语。臣即同提督李质粹带领官兵于二十日追至丫鲁地方，将大小碉楼四十余座，全行烧毁。碉内所居男妇老幼俱被火烧，一人未能逃脱。臣等诚恐逆酋班滚诡诈多端，乘贪夜雨雾之便又复逃脱，当遣官兵四处诘询。土人俱云班滚实系烧死，再四访查无异。此皆仰赖天威，将贼首等全行扑灭。军务蒇竣，臣等带领官兵，即日回京。"报闻。

（高宗朝卷二六八·页二下～四下）

○乾隆十一年（丙寅）六月丁卯（1746.7.20）

谕："此番征剿瞻对，四川各土司率领番众承办军粮，催雇乌拉，莫不踊跃从事。将及一载，急公趋义，甚属可嘉。该土司等本年应纳贡赋，已经普免。今军务告竣，著再加恩，将打箭炉口内、口外效力之各部番众应纳贡赋，再行蠲免二年，以示优恤勤劳之意。该部即遵谕行。"

谕军机大臣等："前经降旨，瞻对首逆班滚倘逃窜赴藏，著副都统傅清缉拿务获。兹据总督庆复奏报，官兵进逼贼巢，不分昼夜，奋勇攻击，将贼匪巢穴全行攻克等语。但念贼匪班滚素与藏内人等彼此交通，有往返致信情事。今穷蹙窜奔该处，或隐匿容留，均未可定。著迅速札寄傅清，于贼匪通藏一带道路，分遣妥干人员，各处详加访查。倘有确信，即一面擒拿解京，一面奏闻。不可轻忽。"

又谕："据大学士庆复奏称，四月二十日，官兵到丫鲁，围攻泥日寨。至二十三日夜一更时分，齐扑碉下，直冲碉门，劈开挖孔，施放地雷，连烧碉楼。贼番尽行烧毙，鸡犬无存。班滚及伊家口并恶木劳丁、姜错太等一齐烧毙等语。看此奏，瞻对一事业已成功矣。虽未拿获班滚明正典刑，若果系烧毙，亦与正法无异。但据报烧死情形，尚有可疑之处。班滚系众酋头目，危急之际，未必即坐以待毙。其潜逃藏匿，自必有之事。即使烧毙，想其形迹亦必与众人不同，断无俱成灰烬，不可辨识之理。又据俄木丁等回禀：'访闻班滚于四月十四日逃赴沙加邦家，住过三天。姜错太以沙加邦寨小，难以久匿，暗为接赴伊寨藏匿。大兵围困，四面攻打，班滚实在烧死，我等情愿出结。'又称，沙加邦与丹批等向为恶党，亦经檄饬速为设法查捕，务尽根株，不使稍留余孽等语。奏内止称设法查捕恶党余孽，并未查及班滚实在曾到沙加邦寨与否，又系何日逃至泥日寨，此种亦未根究。又据奏，投诚各番咸供班滚逃住姜错太家，官兵围攻，并未逃出，事属可信。惟是班滚家口不止数人，岂能概为携带，自必另有潜匿，现饬各镇严拿等语。班滚家口既可以潜逃，而班滚狡猾异常，反不为逃生之计乎！以上种种可疑情节，庆复不应遽信为确然。现在瞻对业已剿抚，官兵自应陆续减撤，惟班滚渠魁断不可容其漏网。倘稍有疏虞，游魂未尽，则此番用兵，何能免收功不慎之讥耶！可密传谕与庆复，务必留心踪迹，毋留遗孽，毋堕狯计。至于善后事宜，最关紧要。众番总恃碉楼为负嵎之计，此次我兵攻打亦甚费力。其未经剿焚之各寨，自不便令其拆毁。

若既毁之碉楼，任其复行建造，则将来伊等故智复萌，未必不又恃此为三窟也。从前业已降旨，令庆复亲至彼地，筹画定议。今可速行再寄谕与庆复，如何布置不使复建碉楼，而众番又得栖身安业，详看彼地情形，妥协办理，以期万全。"

寻奏："臣初闻班滚烧毙，并无确据，不敢遽信。是以迟至半月，尚未奏报。迨各降番等细向各寨躧探无踪，而汉、土官兵暨远近番众万口一辞，歌呼称庆。臣见此光景，班滚烧毙，似属实情。且山箐崎岖，捕空穷追，势有所难。是时各路轻赍之粮不及十余日，不得不乘势卷撤，以收大局，留兵四千，办理善后。恐事竣留兵全撤，魑魅露形，亦事理所或有，故但声言查拿家口，而密令汪结阴为察访。汪结与瞻对仇雠，誓以必杀班滚为事。又令各土目分布瞻地，复使邻近土司分其地势，即使班滚复出，臣可保汪结等必能擒杀。是以专属汪结，以备意外。至班滚危急，必无坐以待毙之理，缘是时四路兵力齐集，班滚猝不及逃，以致围困烧毙。并据俄木丁等认出班滚随身鸟枪、铜碗等物件。但以数千人围烧碉寨，大火数日，贼众俱成灰烬，实难辨识。其碉楼一节，臣已列入善后条内，不敢草率了事。"

得旨："览奏俱悉。"

（高宗朝卷二六八·页四下～八下）

○乾隆十一年（丙寅）六月戊子（1746.8.10）

大学士川陕总督公庆复奏："瞻对已平，贼首歼灭。现在清除余党，招抚逃散，次第就理。大局既定，善后为急。恪遵节次谕旨，详查地势，熟察番情，筹画善后事宜数条：

一、分地以绝盘踞。瞻对地方辽阔，而班滚所居，负山带江，尤属险阻。今既犁巢扫穴，自应遵照原议，剖散其土宇，割裂其形势，拨给效力之土司，并分赏投诚有功之土目，分隶管辖。

一、设官以资管束。瞻对接壤效力之土司原有职衔，其投诚有功之土目，若不借朝廷名分，则体统不尊。请将前项土目分别酌授长官司、千、百户等职衔，给以号纸。果能抚驭有方，所属三年无过，该管官考核保题，准与承袭。

一、统辖以专责成。贼酋既灭，画界分疆，另设土职，势已涣散。其贡赋承袭，一切查剖事件，愈分愈繁，应于就近土司内择其循谨干练、夷众素所信服者，酌派一员统辖。

一、纳贡以昭恭顺。蛮疆贡赋无几，然非此则无以示羁縻而觇顺逆。从前班滚不去，不纳贡赋，恣意妄为，而内地竟无由向彼查察，此其明验。应请查照蛮例，随其地利，或青稞，或马匹，或皮张，酌折银两，交统辖之土司完纳。

一、巡察以警愚番。新分土目众多，既不设兵弹压，又无文员稽查，恐岁久积玩生奸。应于每年秋末，令该管文武大员前往，随带茶封、赏号，于适中之地，传集大小土司，土目，公同考核，有无夹坝并一切案件，随与剖结。安静者赏，违犯者罚。均照松潘巡察之例办理。

一、定禁以防负固。班滚所恃者战碉坚固，高至七八层，重重枪眼，借为战守之资。今俱檄饬拆毁，惟留住碉栖止。嗣后新定地方，均不许建筑战碉，即修砌碉房，亦不得高过三丈，违者拆毁治罪。其邻近良善土司，旧有高大碉楼，原以防外寇而严守御，相沿已久，不必一例禁遏。

一、立法以清夹坝。班滚积恶，多在夹坝。今恶党歼灭殆尽，终恐不无一二犯法之人，应请斟酌夷例，严立赏罚。如番人夹坝抢劫财物者，为首，以三九罚服，为从，以一九罚服，追赔失主。致伤人命者，另议抵偿。牵线窝藏者同罚。该管土司、土目纵容失察者，分别记过降革，仍照讳盗例议罪。刊刻番汉字木榜，置立各口，通行晓示。"

得旨："议政王大臣议奏。"

寻议："均应如该督所请办理。其禁止建造战碉一条，巡查之员，每年前往一次，地方辽阔，周遍为难，保无有私行建筑之处。其余土司，现有高大碉楼，若至倾圮，亦不便复准建造。应如何巡查禁止之处，仍令该督详议奏办。至筹画经理之方，总在相其地土形势，顺其夷情风俗，措施得宜，乃为久远安全之计。应令该督会同川抚纪山，详筹妥办。此外再有应行酌办之处，另行具奏。"

得旨："依议速行。"

（高宗朝卷二六九·页一七下～二〇下）

○乾隆十一年（丙寅）七月丁巳（1746.9.8）

谕军机大臣等："从前庆复以官兵进克如郎具奏，朕曾降旨将庆复、纪山交部从优议叙，其提、镇诸臣并官弁兵丁亦行议叙。彼时正当攻克如郎之际，是以加恩鼓励，以作士气而振军声。然谕旨内已将提、镇以至兵丁功过之处，著庆复分别核定具奏。诚以赏罚贵于分明，而功绩不可以冒滥也。此次征剿瞻对，兵丁等不甚奋往直前，皆由统领之提、镇等逡巡畏缩以致旷日持久，将及一年，甫克底定。今当军务告竣，正当使功过分明，然后官兵知所惩劝。李质粹从前随声附和，漫无可否，负朕任使之意，曾经降旨申饬。今伊折内尚有'克获如郎'之语，而据班第奏称，攻克如郎之时，班滚已经脱逃，仅得空寨，则知李质粹全系虚辞欺饰，且总兵以下官兵临事皆不能奋勇争先，则伊等平日之废弛营伍可知。尔等可传谕庆复，提、镇大员为弁兵之表率，尤当加意。此次征剿瞻对，自提督以至兵丁，一切功过，务须秉公核实具报，不可丝毫瞻徇。庶使人人知所惩劝，将来或有用兵之处，官弁兵丁等咸有所警惕矣。"

（高宗朝卷二七一·页一二下～一三下）

○乾隆十一年（丙寅）七月戊午（1746.9.9）

兵部议复："大学士川陕总督公庆复参奏参将满仓、游击孙鎕捏冒战功，游击杨之祺被贼劫营，守备郭九皋遗失炮位。应照谎报溺职例革职。"

得旨："大学士庆复参奏参将满仓等捏饰战功、遗失炮位一案，该部比照谎报溺职等例，俱议以革职。盖以瞻对不过小丑，行军纪律可以从宽，不知国家承平之时，焉有大兴军旅之事。且小丑与大敌纵殊，而军法原无区别。如炮位明系被贼抢夺，捏称遗失，营垒防范不严，被贼攻劫等事，正当进剿之际，按之军律，即应于本地正法，始为用兵之道。不然，何以使之奋勇争先，效折冲御侮之用乎？夫兵可百年不用，不可一日不备，此古今不易之理。近观征剿瞻对一事，似此小丑，不能迅速成功，以致旷日持久，而且有种种捏报之弊，是平日将弁无精锐之气，临时又无敌忾之心。若再将应得之罪草率议结，则戎行玩纵之习自必更甚于前，何能望其振作耶？该督仅请交部议处，已属姑息，而兵部又止议以革职，尤失之过宽。其定议此案之兵部堂官，著饬行。满仓等，著交刑部定拟具奏。"

（高宗朝卷二七一·页一七上～一八上）

○乾隆十一年（丙寅）八月己巳（1746.9.20）

谕曰："署四川提督李质粹统兵进剿瞻对，并不勇往向前，但知观望，且始终欺饰，难胜通省提督之任，著解任来京候旨。其四川提督员缺，著广东潮州镇总兵武绳谟补授。其潮州镇总兵员缺，著史载贤补授。"

（高宗朝卷二七二·页一○上～下）

○乾隆十一年（丙寅）十二月癸酉（1747.1.22）

刑部奏："原参总兵袁士弼在川省领兵效力，不能与提督李质粹和衷共事。其移驻兆乌石时，又复奉调违期不至，听任土守备樊福保冒昧轻进。种种获罪，应从重照军临敌境托故违期不至律，斩监候秋后处决。"从之。

（高宗朝卷二八○·页二一下～二二上）

○乾隆十一年（丙寅）十二月丙子（1747.1.25）

兵部等部议复："大学士管川陕总督公庆复疏陈瞻对善后事宜：

一、瞻对夹居鸦笼江东西，前接里塘，后距德尔格，中与明正所属各土司界连，自应割裂险要，绝其外屏。请将擦马所、熟泥、熟寨三处及日腻等六寨给里塘土司，阿斯羊雀给德尔格土司，加社丫卡至腊盖等处给明正司头人姜错邦，阿喜朱窝给原土司安蚌之子柱麻住牧，子托给明正司土把总康平，上瞻对仍令应袭康朱住牧，撒墩仍令四郎住牧，下瞻对茹色等处仍令土舍恶木丁住牧，如郎寨经堂一座给明正司之喇嘛德昌住持，灵达给土目徒坝，底朱、兆乌石等寨给土目侧冷工，底囊等寨给土目阿札，上甲纳给土目沙加丹尽，卜坝茹隆给革松结，丫鲁空七给土目阿囊，丫鲁窝坝给土目泥吗宗，丫鲁之卜甬、卜里、边多等处给土目曲中工，擦牙所给土目骚达邦。分定地界管辖。

一、瞻对各地分赏管辖，须授职衔，方资弹压。请将上瞻对应袭康朱准其承袭长官司，下瞻对土舍恶木丁给长官司职衔，上瞻对土舍四郎、土目骚达邦、曲中工、沙加丹尽、革松结、土把总康平均给土千户职衔，土司之子柱麻、土目姜错邦、阿札、侧冷工、阿囊、泥吗宗、徒坝、协办土目阿中、阿果均给土百户职衔。分给号纸、印信。效用三年无过，方准承袭。

一、夷地势若瓜分，必得土司专辖，事权始一。请将里塘宣抚司统辖一切贡赋、承袭事件，责成查核转报。

一、瞻对迤北多资畜牧，迤南稍事耕种。今既将各地分隶，自应定额输贡。今上瞻对康朱、茹色恶木丁均认纳马一匹，狐皮四张；土千户四郎、骚达邦、革松结、康平、曲中工、沙加丹尽六名各认纳狐皮二张；德尔格代阿斯羊雀，纳狐皮二张；土百户柱麻、姜错邦、阿札、徒坝、泥吗宗、阿囊、侧冷工、阿中、阿果九名各认纳狐皮一张；擦马所及日腻等寨认纳青稞九石零。

一、瞻对系泰宁协所辖，距建昌镇稍远。请于每年秋末，委泰宁协会同打箭炉同知多带兵前往，于扩域顶、擦马所适中之地督率统辖土司，秉公查核。仍照巡查台站例，支给盐菜、口粮、通译工食。其松潘赏需均以一千两为率，事竣报销。

一、西北垒石为房，其高大仅堪栖止者，曰住碉，其重重枪眼高至七八层者，曰战碉。各土司类然，而瞻对战碉为甚。请每年令统辖土司差土目分段稽查，酌量拆毁。嗣后新建碉楼毋得过三层以上。仍令年终出具印结存案。

一、番性素为顽直，遇有劫夺之案，商人嗜利，捏少报多，追赔滋衅。请嗣后除番民互相抢劫照常办理外，如遇汉人被劫者，应确查原赃，照数估还。其余分赏首告及缉捕目兵，以示鼓励。

以上各条均应如所请。"从之。

（高宗朝卷二八〇·页二二下～二五下）

剿抚果洛克等部

岳升龙、岳钟琪征剿生番罗都、果洛克

○康熙五十年（辛卯）四月甲子（1711.5.22）

四川提督岳升龙疏报："臣率官兵征剿瓦尾、白宿等处生番，斩杀七十余人，擒获男妇子女一百四十余名。诸蛮情愿投降。"下部知之。

（圣祖朝卷二四六·页二上）

○康熙五十年（辛卯）四月戊寅（1711.6.5）

吏部议复："四川巡抚年羹尧奉旨剿抚番人，并未前往。今回奏疏称：'因提臣岳升龙将生番之首恶罗都等三人已经拿获，臣故中道回署，自行认罪。'应将年羹尧照规避例革职。"

得旨："年羹尧著革职，从宽留任。"

（圣祖朝卷二四六·页四上～下）

○康熙五十年（辛卯）六月乙亥（1711.8.1）

刑部等衙门议复："四川巡抚年羹尧疏言：'生番罗都等抢劫宁番卫居民，杀伤官兵，应将为首之罗都等俱拟斩立决。'应如所奏。"

得旨："番人杀死内地官兵，情罪可恶。此案著刑部右侍郎艾芳曾前往会同该督、抚，详明确审具奏。"

（圣祖朝卷二四六·页一五下）

○康熙六十年（辛丑）九月丁巳（1721.11.18）

议政大臣等议奏："据驻扎西藏额驸阿宝移称：'青海索罗木地方之西

有郭罗克部落唐古特等,肆行劫掠往来行人,曾将驻扎索罗木兵马匹盗窃而去。查郭罗克地方与归附我朝之多隆汗地方相近,应行令多隆汗晓谕伊等,嗣后宜遵守法度,不得仍前肆行。倘伊等不遵训谕,请即发兵前往将首恶之人惩治。令多隆汗于伊属下之人拣选有才干者,使为郭罗克部落之首,则西宁、青海等处往来使人及商贩之人,俱获安静。'应如所请。"

得旨:"额驸阿宝请将郭罗克部落惩治,所言甚当。郭罗克地方近四川松潘一路,与多隆汗接壤。立行文总督年羹尧、提督岳钟琪等,著向多隆汗处详询郭罗克地方形势若何,发兵进剿,用力几何。如易于攻取,即令岳钟琪带领松潘兵进剿。倘地险势众,应酌量派遣满洲、蒙古兵丁,及附近之察罕丹津处亦令派兵协助前往进剿。著大将军允禵、侍郎常授、总督年羹尧、提督岳钟琪会同定议而行。"

(圣祖朝卷二九四·页一五下~一六下)

○ 康熙六十年(辛丑)十月癸亥(1721.11.24)

议政大臣议复:"四川陕西总督年羹尧疏言:'郭罗克各寨有隘口三处,俱属险峻,利用步卒,不宜骑兵。若多调官兵,恐口外传闻,使贼得潜为准备,不如以番攻番,量遣官兵带领,较为便易。臣向知郭罗克附近之地如杂谷等处土司土目,亦皆恨其肆恶,愿出兵助剿。臣自陛辞回任,即与提臣岳钟琪商议,遣官约会杂谷土司等。据称宜及时进剿,恐冬天雨雪冻阻难行。适据额驸阿宝移文,奉旨命臣与岳钟琪酌量进剿机宜,臣遵即移咨提臣,令速赴松潘,选领镇兵出口,并督率土兵前进。其西宁满洲兵及青海蒙古等兵,不必再行调遣。'应如所奏。"从之。

(圣祖朝卷二九五·页三上~下)

○ 康熙六十年(辛丑)十二月壬申(1722.2.1)

四川提督岳钟琪疏报:"剿抚郭罗克番人,俱已平定。"

得旨:"据岳钟琪奏:贼番伏兵千余突出对敌,被我土兵连败数阵,逃奔过河。复攻取下郭罗克之吉宜卡等二十一寨,杀死贼番甚多。连夜进兵,直抵中郭罗克之纳务等寨。贼番犹敢对敌,我兵奋不顾身,自卯至酉连克一十九寨,斩杀三百余级,擒获贼首酸他尔蚌、索布六戈。复亲督官兵抵上郭罗克之押六等寨，正欲攻取，该寨头目旦增等将首恶假磕并为从格罗等二十二名绑缚献出，率领阖寨男妇老幼叩头求饶。只将为从贼番尽行正法，首恶酸他尔蚌、索布六戈、假磕解送等语。殊属可嘉，在事官兵著议叙具奏。"

（圣祖朝卷二九五·页一三上～下）

○雍正元年（癸卯）十月甲寅（1723.11.5）

叙平郭罗克贼番功，封川陕总督年羹尧为二等公。给四川提督岳钟琪拜他喇布勒哈番世职。游击姚文玉、周瑛以下十五员及外委官马万仓等九十七员，各功加二等。馀俱赏赉有差。

（世宗朝卷一二·页九上）

查郎阿、郑文焕等剿抚果洛克

○乾隆三年（戊午）四月癸卯（1738.6.8）

先是，川省南称族番民谷禄、旺素克等交纳贡马银两被郭罗克贼番劫杀。刑部议令川督转饬松潘镇臣遴员往捕。至是，大学士仍管川陕总督查郎阿疏称："本年十二月内，获伙盗坎架及独各拆卜二名。独各拆卜于取供后病故，尚有厄零奇素等二十一人，俱系生番，远遁无踪。盖因口外与内地不同，且番人性情反复靡常，劫杀事所恒有。若照内地律例绳之以法，不惟彼此怀仇，辗转报复，且恐各生疑惧，致滋事端。今此案盗犯虽止获二名，而所劫银两、马牛等物，业经照数追赔给主。应请嗣后有犯悉照夷例罚服完结。"部议："如所请。嗣后郭罗克番人与汉人争斗、抢夺等事，仍照例科断。其番人与番人有命盗等案，俱照番例完结。"从之。

（高宗朝卷六七·页一二上～下）

○乾隆三年（戊午）七月庚辰（1738.9.13）

四川提督王进昌奏："蜀西番族环居，查松潘所辖口外上、中、下郭罗克番频年集众行劫。现令副将马化正出口，传集番目，谕其约束部众，并令察勘情势，将如何弹压堵截之处妥为酌量。"

得旨："知道了。此等事最宜详慎筹度，务出万全，不可因小事而贻大害也。"

（高宗朝卷七三·页二〇下～二一上）

○乾隆四年（己未）四月乙巳（1739.6.5）

（川陕总督鄂弥达）又奏："川省命盗多案，郭罗克一部凶悍尤甚，抢夺行旅，请酌派官兵勒献首恶，分别惩治。"

得旨："自应如此办理者，但须计出万全，毋致偾事可耳。"

（高宗朝卷九一·页二三上～下）

○乾隆四年（己未）六月甲辰（1739.8.3）

四川巡抚硕色奏："守备冶成福带兵驻防郭罗克地方，缉获积年劫夺贼匪，分别劝惩。"

得旨："知道了。此事颇有关系，汝既离此地，当告之方显、潘绍周等，令其妥办。"

（高宗朝卷九五·页二〇下～二一上）

○乾隆四年（己未）八月乙亥（1739.9.3）

户部等部议复："调任四川巡抚硕色条奏遴员驻防郭罗克地方事宜：

一、盐菜、口粮，照例支给。应如所请。至称全给米石，不必兼支炒面，与例不符。

一、运送军糈，每夫一名背米五斗，每站脚价一钱。牛马驮运，每站每石脚价银二钱。再，自松潘至郭罗克，中隔大河，冰销水涨，难以驮运。若按年运送，又无仓囷积。应檄行松潘厅，将全年口粮按季运交营员收明，自行支放。

一、押运军糈，应委千把一员押送。其骡头脚价，亦酌量支给。

一、官兵出口，宜给驮载。派防兵丁二百名，并子母炮四位、火药、铅绳，共需马一百八匹。每匹折给银八两。

一、官兵出口，置备行装：守备一员，借给银一百两；千、把总二员，每员借给银四十两；外委千、把总二员，每员借给银十二两。共官弁兵丁借银一千三十二两。俟回营日，在各俸饷内分季扣除归款。

均应如所请。"从之。

（高宗朝卷九八·页二上～三上）

○乾隆四年（己未）八月甲辰（1739.10.2）

署四川巡抚布政使方显奏："郭罗克贼番插什六架他等潜藏色利沟，差兵围捉，副土目蒙柯庇护，以致逃遁，仅献出贼番宁官儿之子，年甫十三。现已密札松潘镇总兵潘绍周，相机办理。"

得旨："所奏俱悉。此等事，汝固应就近相机料理。至总督乃通省大员，亦应与彼熟商。彼谙练封疆之人，自有处分也。"

（高宗朝卷九九·页三四下～三五上）

○乾隆五年（庚申）三月庚午（1740.4.25）

（四川提督郑文焕）又奏："准松潘镇臣潘绍周咨报：'郭罗克丹增所管番子甲噶等，在西宁各地方，抢夺蒙古帐房、马匹。'正值更换防兵之时，随密致该镇臣谆谕守备段闻诗，换驻到彼。惟应照例督率土目，擒献赃贼，相机妥办。"

得旨："知道了。与督抚等和衷共理，方显于夷情为熟，何无一言道及耶？"

（高宗朝卷一一三·页二二上～下）

○乾隆五年（庚申）六月戊戌（1740.7.22）

四川提督郑文焕奏："河南巡抚雅尔图奏请提、镇所辖各营亦照满兵打围，量择山林，开设围场等因。川省情形不同，……至若川西紧要，首重松潘，内则杂谷羌番夹居山岭，沿江架栈，路号羊肠，外则十三部落归服方新，郭罗狡夷，抢夺时有。是皆宜以镇静处之，若轻举行围，必多滋衅。"

得旨："此原应因地制宜，而不可概论者也。"

（高宗朝卷一一九·页三一下～三二上）

○乾隆五年（庚申）八月戊辰（1740.10.20）

四川提督郑文焕奏："准噶尔夷人进藏熬茶经过西藏所管纳克书一带，该处与松潘所属之郭罗克番接壤。番族剽劫为生，诚恐有抢夺等事，已密札松潘总兵潘绍周，令调集郭罗克番目，严切驾驭，俾约束番众，不许生事。仍派员临时防范。"

得旨："如此留心办理，甚属可嘉也。"

（高宗朝卷一二五·页二二上～下）

○乾隆五年（庚申）九月丁酉（1740.11.18）

四川松潘镇总兵潘绍周奏："郭罗克上、中二寨土目不能约束番众，且指示部落专以抢夺为生，似应量派官兵分别惩创。"

得旨："是。与督、提二臣熟商而行，毋致冒昧偾事，亦不可姑息示弱。将此旨并令伊继善、郑文焕知之。"

（高宗朝卷一二七·页三四上～下）

○乾隆五年（庚申）十二月丙寅（1741.2.15）

四川巡抚硕色奏："川省边备夷情最关紧要，查大、小金川仇夺等事业皆遵断罢兵，其西南一带番蛮亦无滋扰。惟上、中郭罗克部落素性凶悍，每肆抢夺。先经总督查郎阿等奏拨弁兵弹压，其初颇知畏惧，近复公然藐视，纷纷抢劫。该管土目尚多分肥，而官兵深居贼巢，势难追捕。但此时不加惩创，无以奠安边陲。臣与提督郑文焕酌议，一面宣布恩威，饬令该土目献贼交赃，一面将惩创堵御各事宜，咨商总督尹继善定议具奏。"

得旨："所奏俱悉。与督、提二臣和衷妥议行之。"

（高宗朝卷一三三·页二二下～二三上）

○乾隆六年（辛酉）十一月辛卯（1742.1.6）

川陕总督尹继善奏："遵旨商办郭罗克土司事宜。查郭罗克土番远处边外，苗性凶悍。每于口外旷僻路径伺候番夷行旅，抢劫牲畜，名为夹坝，然实无犯顺侵扰之事。臣委熟谙夷情之漳腊营游击马良柱、松潘同知章廷瑎先往番巢，传集土官番目人等，宣布德威，反复开导，许以自新。

番众颇知畏惧，遵将素为夹坝者陆续擒献，出具嗣后不敢为匪甘结。数月来已为帖服，应宽其锄剿。谨与抚臣、提臣商酌善后之计：

一、分设各寨土目，以资弹压。上郭罗克土百户甲喀蚌庸懦无能。中郭罗克土千户丹增素行奸狡。上郭罗克向有上寨、下寨之分，下寨设副土目蒙柯一名。中郭罗克所属奎苏之噶多等寨向设副土目噶杜他、索布六戈二名。酌给外委土百户委牌，使之各管各寨，易于钳束。并于番民内择诚心向化、擒贼有功者，拔用副土目数人协理。

一、颁给打牲号片，以便稽查。番民不务耕作，向出口外打牲以为生计。查其地原有可耕之土，一面劝谕，令其开垦，又案番寨之大小酌给号片，上书系郭罗克打牲良番字样，用印钤盖，发给土目承领。凡有出外打牲者，查其实非夹坝，则人给一纸。如无号片，立时擒拿。土目徇庇，严行处分。至从前抢劫各案，均应免问罪追赃。每年派拨驻防官兵二百余名，既无弹压之实，徒启玩狎之心，应请撤回，以蓄威重。"

得旨："所办甚妥，仍宜因时制宜为之。"

（高宗朝卷一五五·页二八上～二九下）

○乾隆七年（壬戌）十一月乙酉（1742.12.26）

四川巡抚硕色、提督郑文焕奏："郭罗克番民恃居险远，屡于口外抢夺夷商，自多方化诲以来，各番住牧较前颇似安静。但现在复有劫案，或系该番阳奉阴违，怙恶不悛，亦未可定。今乘有官兵在彼驻扎，可以严查勒献，不致朦混欺饰。俟劫案查勘后，原驻官兵应否撤回，臣等与新任督臣另行会议奏闻。"

得旨："此事汝所奏颇迟，已有旨令汝前往料理。汝其勉之，毋偾事，毋畏事，于以示国威而安行旅可也。"

（高宗朝卷一七九·页三四下～三五上）

○乾隆七年（壬戌）十二月乙卯（1743.1.25）

署川陕总督马尔泰奏："前甘肃巡抚黄廷桂奏请预防郭罗克贼番肆夺，奉旨交郑文焕，前往松潘，相度机宜，与该督、抚商办。臣思该贼番屡次劫夺，肆无忌惮，似应少加惩创，追赔赃物，勒献头人，使之畏威守法。

已咨商提臣郑文焕妥协办理。至噶尔丹策凌夷使，现请进藏熬茶，亦应预为防范，俾得安然就道，不致疏虞。"

得旨："是。此事似难过为姑息矣！"

（高宗朝卷一八一·页三七上）

○ **乾隆八年（癸亥）二月甲寅（1743.3.25）**

署川陕总督马尔泰奏："郭罗克贼番肆劫，四川提督郑文焕遵旨前往松潘妥办。应派出口驻营示威官兵八百名、土兵一千余名，驼马、炮位一并檄调，口粮照例备办。"

得旨："所奏俱悉。"

四川提督郑文焕奏："臣奉命赴松潘筹办郭罗克肆劫一案，该番通达各处隘口，今一面知会管理青海夷情副都统莽古赉，并行威茂、泰宁两协，严饬防范，一面檄调郭罗克正、副各土目齐集黄胜关外，亲往宣谕查问。如俯首知罪，当取具永远遵守番结，并郭罗克邻近土目互结，请旨分别究治。否则，即斟酌临巢剿捕。一切调兵筹饷事宜，已次第咨商抚臣料理。"

得旨："慎重妥协为之。"

（高宗朝卷一八五·页三〇下～三二下）

○ **乾隆八年（癸亥）四月丁未（1743.5.17）**

大学士等议奏："臣等遵旨询问岳钟璜，据称郭罗克住居之地，长亘一沟，部番千有余户，其强健上马执鸟枪者约千余人。虽野性难驯，亦因地皆不毛，惟借打牲度日，生计日窘，遇有行旅，屡行抢劫。现在郑文焕带兵出口，相机进剿，虽易于平定，但贼番无以为业，惩创之后，必予以谋生之路，方可永远宁帖。查有郭罗克相近之柏木桥地方，可以屯种，将来事定之后，安插此处，令其务农力作，庶可资生等语。应请交该省督、抚、提督等，会同妥酌于平定之日将如何安插，可否耕种之处，于善后事宜内详议请旨。"从之。

（高宗朝卷一八九·页一三下～一四下）

○乾隆八年（癸亥）闰四月壬午（1743.6.21）

四川提督郑文焕奏："四月二十日，带领官兵行抵出皂驻营。臣未出口之先，檄调郭罗克正、副土目，齐集黄胜关外，听候宣谕。该酋等闻风知畏，随有正土目丹增、副土目索布六戈、噶杜他、折旺蚌等来松，禀诉所属部番恣为夹坝，黑人多，白人少，我等力弱，不听约束。情愿请兵仗威，将抢劫西宁各案贼赃，指名擒献，以分黑白，不致再坏朝廷地方。经臣反复究诘，俱各俯首知罪，矢口输心，请以子侄为质，愿图自效。乃谕以朝廷宽大，姑缓锄剿，准与发兵临巢，俾其效力赎死。随派员带领汉、土官兵一千五百余员名，先后齐赴郭罗克地方，督率该土目等自相举报，擒贼献赃。其为质子侄，即令就近送交阿坝土千户墨丹仲收管照应，释其疑畏。"

得旨："看此光景，似易办，但不可易视之，仍应慎重妥算为是，而尤以令其革面革心，永保无事为要也。"

（高宗朝卷一九一·页一八上～一九上）

○乾隆八年（癸亥）七月庚戌（1743.9.17）

总理青海夷情事务副都统宗室莽古赉奏遵旨派拨堵截郭罗克贼番之蒙古官兵，并派绿旗官兵各数目缘由。

得旨："所办甚妥。郑文焕若用汝处官兵，汝须亲率前往，相机成事可也。"

四川提督郑文焕奏："郭罗克顽番不法，只缘准噶尔夷使进藏，暂缓锄剿。夷使一过，未便再为宽容。俟新督、抚庆复、纪山到任，再咨商定议会奏，即一面饬办料理。"

得旨："是。夷使一过，即应速办，不可苟且了事也。"

又奏："松茂所属内、外土司，惟杂谷最大，附省亦近，幅员千余里，前通瓦寺，后与郭罗克番接壤。该土司苍旺部目狡悍。近闻有下阿树土百户郎架扎什之子戒布甲及下郭罗克之擦喀寨副土目林蚌他、拆戎架等，俱称投归杂谷，或抗不请袭，或妄不奉调，并令所属番民按户与杂谷上纳酥油，杂谷亦给与各土目执照。凡遣派兵马，俱听杂谷提调，不许别有应付。又，中郭罗克之喀赖洞个寨副土目六尔务纵放夹坝，知干罪戾，亦投附杂谷。其他邻近部落多被招纳，领有杂谷头人红图记番文可凭。臣思杂谷为阃内土司，而于口外地方诱致番目，恐将来内外勾通。现密谕副将宋宗璋，令将归附杂谷之各土目，逐一查明。俟郭罗克办理完竣，即可乘借兵威，晓示利害。务令口外土目恪守旧章，各归管辖。并严饬杂谷苍旺约束头人，安分住牧。"

得旨："好。慎重为之。"

又奏："派定防范郭罗克出没隘口官兵，俟夷使有信，即侦探远近，严密巡逻，禁止顽番不许出外打牲缘由。"奏入，报闻。

（高宗朝卷一九七·页二七下~二九下）

○乾隆八年（癸亥）十一月己酉（1744.1.14）

（四川巡抚纪山）又奏："郭罗克顽番不法，已委汉、土弁目持檄前赴各寨明切晓谕，令其擒贼献赃。嗣据各酋目等环跪稽颡，恳请缴令回营，愿将赃物赔缴，又追出鸟枪、牛马等项。惟奎苏共架寨之副土目林噶架父子怙恶如故，应行剿办。"

得旨："知道了。"

（高宗朝卷二○五·页二五上~下）

○乾隆八年（癸亥）十二月甲戌（1744.2.8）

又谕（军机大臣等）："据郑文焕奏称，郭罗克番民输诚服罪，认赔抢劫物件，永远遵守约束等语。郑文焕所奏，此时只得酌量完结，但善后之计，非郑文焕所能办。庆复可仍于明年前往四川，会同纪山悉心料理，期于永远宁帖。尔等可寄信与之。"

（高宗朝卷二○七·页一九上）

○乾隆九年（甲子）正月戊申（1744.3.13）

川陕总督公庆复奏报："郭罗克番民习于为匪，扰害行旅，前经天兵问罪，俱已输诚畏服，认赔抢劫物件。今现在咨谕在事文武，布以诚信，明白告谕，使愚番知儆，永断夹坝恶风。"

得旨："所奏俱悉。彼既悔罪，岂可穷兵，亦不能必其终不为恶。其何以令其终不致为恶，则在我之措置得宜。卿到彼，因时制宜可耳。"

（高宗朝卷二〇九·页一七下～一八上）

○乾隆九年（甲子）三月丁未（1744.5.11）

川陕总督公庆复奏："前奉旨令将郭罗克善后之计，赴四川会同纪山料理。今据提臣咨称，郭罗克土酋林噶架等前肆抢夺，旋以大兵临巢，投献赃物，悔罪乞命，总以畏罪为辞，不肯亲自投出。经游击买国良锁拿该酋等八名，斩讫号令，威震帖服。至军营先后获犯四十余名，另委大员审讯，准情酌理，分别定罪。其余亲加训导，夷民知感向化。"

得旨："所办殊合机宜，欣悦览之。其买国良颇属可嘉，可送部引见。"

（高宗朝卷二一三·页二二下～二三上）

○乾隆九年（甲子）四月丁丑（1744.6.10）

川陕总督公庆复奏："郭罗克番除首恶林噶架、酸架已于军前正法及首恶谭蚌借先经拒捕被杀，忙撒革藏、蚌甲素二名于获禁后病故不议外，所有续获为首聚众杀人之蒙借等七名，委员当郭罗克各土目面正法，并传首各寨。从犯二十五名各杖责，同家口解赴成都，分发川东、川南窎远土司安插。又传集三郭罗克土酋丹增等目番共二十六人，明切开导，宣扬三次宥过不杀之恩，并分别赏给银牌、缎绸、烟、布等物。臣事竣，即兼程回川。至撤回官兵，驻扎远近不同，其起程各日期，应俟提臣陆续咨报。"

得旨："不动声色，而处此难处之事，足见卿干济有方，嘉悦之外，无可批谕。"

又奏："三月初十日自成都起程，道经郫县、崇宁、灌县、汶川、保县、茂州等境，出叠溪、平番等堡，于十九日行至松潘。自灌县之东，麦荍茂盛，自灌口而西，直溯岷源，万山重叠，鸟道盘空。行数十里，山岩起伏处，地稍开拓，始有汉民数十家。两崖陡峻之区，重峦叠嶂，俱系羌蛮窟穴，山顶建筑碉房，就石垦荒，撒种青稞，生计艰苦。自汶川以西，雪山耸峙，半系瓦寺、金川、杂谷、沃日等强大土司所辖，各有隘口守御。自茂州以西，俱系西番，尊奉喇嘛。其熟番土司微弱，生番不服管辖，言语不通，形状狞恶。臣宿平番堡时，沿途土司迎送极其恭顺。比至郭罗克，土千户丹增率领子侄及上、中、下各土目，伏道迎谒，顶戴国家好生之恩。又，附近之邻寨土千户墨丹住均在军前出力，擒恶化诲之人一同迎接。臣即分别激赏。自古氐羌野性难驯，今之保县即唐之维州，我朝休养百年，羌番顺则革面革心，不胜欣幸。"

得旨："所奏俱悉。道路跋涉，卿体佳否？"

又遵旨复奏："前署督臣马尔泰准兵部咨称：'据岳钟璜所称郭罗克生计甚窘，查有相近之柏木桥地方可以屯种。事定后，请敕交该督妥酌。'臣查该地计荒土七十余顷，四十余里，狭长一条。河西必留大路，以通阶、文官道。河东又系民羌住牧之地。气候阴冷，上年试垦无收。与郭罗克离远，且与内地营汛逼近，不便迁移安插。除郭罗克已就本境劝令开荒，于善后事宜另折请旨外，所有岳钟璜所奏无庸议。"奏入，报闻。

（高宗朝卷二一五·页二九下～三二上）

○乾隆九年（甲子）五月丙午（1744.7.9）

大学士鄂尔泰等议奏："川陕总督公庆复奏郭罗克善后各事宜：

一、各寨有荒地可垦，而水草可以孳生羊、马，责成土酋，分别勤惰，定其赏罚。

一、各寨穷番三百一十九户，其中有牛籽无资者，酌量借给。

一、打牲立以限期，岁五六月许打牲一次，九月至十二月在本境近地打牲。其打牲之人，按寨分班，每起多者不得过十名，于驻汛官处挂号给票，定限回巢。

一、大兵虽撤，而要口俱应稽查。请岁遣老成千、把总带兵二十名，轮住郭罗克。并派兵十五名，于小阿树、中阿坝、郎惰、鹊个、甲凹五处安设塘递，以通声息。再于阜和营派千、把一员，带兵二十名，于上革贲、写达及霍耳、甘孜分防巡驻。

一、越境抢夺，已照盗一赔二，立结在案。但黄河沿游牧蒙古亦与毗连，并咨明青海副都统饬弁至黄河北面，传集阿里克各部头目，令郭罗克土目前往会议，定界立誓，不许偷窃。再，西宁属之蒙古城、永豹沙及邻境与郭罗克有婚姻往来者，均令于防弁请票稽查。

一、番民争竞之事，随时剖晰，而开垦畜牧以及有无远出打牲，责成松潘镇岁加查察。如土目管束有方，加以奖赏。

一、上、中、下三郭罗克事务，请将输诚悔过、擒贼自效之土目丹增、甲喀蚌、革亚主持办理。又，邻寨之阿弥坝土千户墨丹住老成向上，亦令互相稽察。均给与土职部颁号纸，子孙世守。至各寨外委土目，均有管束之责，亦请给与顶带，俾知向化之荣。

一、土目宗族子侄若有为匪犯法，而土目知情故纵，一体坐罪。

均应如所请。"从之。

（高宗朝卷二一七·页二九下～三一上）

○ 乾隆九年（甲子）八月甲戌（1744.10.5）

四川提督郑文焕奏："前郭罗克与阿里克各酋目相仇，业与督抚公同酌定善后事宜，拣留汉、土官兵四百余员名，驻扎经理。颁示禁约，各酋番革面革心，恪遵宪法。请撤所留官兵，各回营伍。"得旨："所奏俱悉。不可谓已经了事，置之度外，尚宜时刻留心。"

（高宗朝卷二二三·页三二上～下）

藏族僧俗官员的罢黜、惩处

○乾隆元年（丙辰）五月乙卯（1736.6.30）

兵部题请："原任四川巡抚杨馝疏称：'雅州府属大乘司徒，专理乌思藏各土番进贡事宜，世代替袭。康熙年间，给与土司野什藏大乘司徒印信一颗，现今承袭无人，凡遇进贡事，俱隶文职经管。'请将员缺裁汰。"从之。

（高宗朝卷一九·页一二上～下）

○乾隆四年（己未）八月甲辰（1739.10.2）

兵部、刑部会议复："……又（甘肃按察使）包括奏称：'原署陕督刘于义奏将甘属南北山一带番民仇杀等案，宽限五年，暂停律拟，姑照番例完结，仰蒙俞允。今甘省番目、喇嘛所管者，归化虽坚，而薰陶未久，五载之期，转瞬将届，若按律断拟，转谓不顺民情，请五年限满之后，番民互相盗杀，仍照番例完结。'查刘于义奏准宽限以来，已逾三载，番民有无渐次革心，可否绳以法律，应令该省督、抚悉心酌议会题。"从之。

（高宗朝卷九九·页二八下～二九下）

○乾隆四年（己未）九月庚戌（1739.10.8）

正红旗满洲副都统吉三等奏："驻扎泰宁地方惠远庙达赖喇嘛之徒帕绷喀呼图克图，因不守清规，达赖喇嘛奏将多呢尔喇嘛呢玛简灿遣赴泰宁惠远庙，将帕绷喀呼图克图更换，奉朱批著照达赖喇嘛所奏施行。臣等接奉谕旨，晓谕达赖喇嘛。达赖喇嘛以手加额，口称：'大皇帝临御以来，屡施恩泽，不可胜数。凡奏事俱照所请，实系高厚之恩。恳将谢恩之处缮写于后，代为转奏。'谨将达赖喇嘛谢恩唐古忒本及所进吉祥手帕奏进。"

疏入，报闻。

（高宗朝卷一〇〇·页一一上～下）

○乾隆九年（甲子）十二月壬申（1745.1.31）

川陕总督公庆复奏："甘省洮岷土司，地方辽阔，番目众多，该土司杨冲霄不善抚恤，父子兄弟并肆苛暴。本年五月间，并不由地方官详报，突以逆番聚众等事远控到臣。即檄该镇臣周仪，会同洮岷道赫赫确查起衅情由。并谕土司以抚下之方，示土民以奉上之分，革除苛虐，勒立规条，经详议批结定案。访得洮岷副将何荣伊子与杨冲霄之子系武举同年相好，武弁既与土司往还，安能复加弹压？但该协才具可用，尚无劣迹，若调置他镇，犹堪驱策。查有定边协史宏蕴，干练有为，足资控驭，请以何荣对调。"

得旨："著照所请行。"

（高宗朝卷二三一·页二一上～下）

○乾隆十一年（丙寅）二月甲寅（1746.3.9）

又谕："据驻藏办事之副都统傅清奏称，郡王颇罗鼐详报，前因总督咨称冷宗鼐在彼纵酒妄为，理宜严行训饬。曾将冷宗鼐所领兵丁著宰桑纳亲等管理，令伊回藏。兹据纳亲等报称，冷宗鼐不肯交付兵丁，自己回去，兵丁亦皆跟随回去等情。冷宗鼐为人糊涂，恐于事无益，前已禀明，今闻伊所领兵丁回来，不胜惶恐之至。颇罗鼐原系微末之人，蒙主上加恩封为郡王，凡事敢不奋勉！今冷宗鼐丧心病狂，带领兵丁回来，倘该大臣等具奏系因吾言致冷宗鼐带兵回去，颇罗鼐实无生路，不胜惶恐。冷宗鼐又系奏派之人，恳请奏闻将冷宗鼐正法等语。近据总督庆复等奏闻郡王颇罗鼐将冷宗鼐调回，伊所领兵丁亦皆相继回去一折。朕以颇罗鼐诸事甚属谨慎，即此次除派往瞻对兵丁外，复派伊素所信任曾经行阵之宰桑等前往，无非感戴朕恩，输诚效力。今将冷宗鼐调回，必系酌量于事有益。兵丁等皆系冷宗鼐带往之人，边地番兵不知法纪，因伊首领回去，亦一同随往耳。是以朕未特降旨，只谕令大臣等将总督等所奏晓谕使臣，令伊回去告知颇罗鼐，所有兵丁回去，并非伊之指使，朕早已洞鉴矣。今观颇罗鼐所云,若具奏江卡兵丁因伊言回去,伊竟无生路,不胜惶恐之语,朕心愈加轸念。著将朕从前办理缘由,扎寄副都统傅清,传旨明白晓谕。再,据颇罗鼐所奏,冷宗鼐为人甚属糊涂,现犯军法,著交大臣等议罪,候朕降旨。将此一并晓谕颇罗鼐知之。"

(高宗朝卷二五九·页八下～一〇上)

驻藏大臣及其他进藏官员的任免、奖惩

○ 雍正元年（癸卯）三月己亥（1723.4.24）

擢理藩院郎中鄂赖为内阁学士兼礼部侍郎，前往西藏办事。

（世宗朝卷五·页一八下）

○ 雍正二年（甲辰）三月丁亥（1724.4.6）

命内阁学士鄂赖自藏至西宁，办理蒙古事务。

（世宗朝卷一七·页一五下）

○ 雍正七年（己酉）六月辛巳（1729.7.3）

谕兵部："湖广九溪协副将包进忠著补授西宁总兵官。周瑛现今领兵驻藏，著将周瑛撤回，命包进忠前往西藏，代周瑛管理。马喇仍著往藏。其藏内事务，著马喇、僧格总理，迈禄、包进忠协理。"

（世宗朝卷八二·页四下）

○ 雍正九年（辛亥）二月己酉（1731.3.23）

谕大学士等："西藏驻扎弁兵，已降谕旨更换。护军统领马喇、内阁学士僧格在藏年久，朕甚悯念。命正蓝旗蒙古副都统青保、大理寺卿苗寿前往替回。但二人一时回京，新任之人不能熟悉西藏事宜，著马喇先回，留僧格协同青保等再办事一年。马喇、僧格各赏银一千两。"

（世宗朝卷一○三·页一二上～下）

○ 雍正九年（辛亥）八月戊申（1731.9.18）

谕大学士等："从前降旨令马喇回京，今藏内见有僧格、包进忠、迈

禄、青保、苗寿等数人办理事务，马喇著遵前旨回京。一路防卫兵丁或四五十名，或百名，马喇酌量带回，谨慎行走。"

又谕："尔等行文与萧格，图尔古特之使臣若至彼处，暂且不必令往西藏，著在达赖喇嘛处居住。若已过去，亦著追回。伊等日用之费，著四川督、抚，宽裕给与。"

（世宗朝卷一〇九·页一五上～下）

○ **雍正十年（壬子）四月壬辰（1732.4.29）**

谕兵部："正蓝旗满洲副都统李柱，著前往西藏，更换迈禄回京。赏银一千两，整理行装。约计川兵赴藏换班之期，李柱自京驰驿赴川，与兵丁一同进藏。"

（世宗朝卷一一七·页六上～下）

○ **雍正十年（壬子）六月甲子（1732.7.30）**

予故协理西藏事务陕西宁夏总兵官包进忠祭葬如例。

（世宗朝卷一二〇·页六上）

○ **雍正十年（壬子）六月甲戌（1732.8.9）**

升左翼前锋统领青保为正蓝旗蒙古都统，仍留西藏。以镶白旗满洲都统莽鹄立兼理正蓝旗蒙古都统事务。

（世宗朝卷一二〇·页一三上）

○ **雍正十年（壬子）七月庚寅（1732.8.25）**

调镶白旗护军统领迈禄为左翼前锋统领，仍留西藏。以镶黄旗蒙古都统色尔璧仍署左翼前锋统领。

（世宗朝卷一二一·页六上）

○ **雍正十年（壬子）九月己酉（1732.11.12）**

升理藩院侍郎僧格为镶红旗蒙古都统，仍留西藏。以理藩院侍郎纳延泰署镶红旗蒙古都统。

（世宗朝卷一二三·页二一上～下）

○ 雍正十年（壬子）九月庚戌（1732.11.13）

　　调正蓝旗蒙古都统青保为镶黄旗满洲都统，仍留西藏。命大学士鄂尔泰署镶黄旗满洲都统。

（世宗朝卷一二三·页二二下～二三上）

○ 雍正十年（壬子）十二月壬戌（1733.1.24）

　　谕内阁："鄂齐以闲散宗室，朕加恩用为散秩大臣及都统等官，又因西藏微劳，命伊袭封公爵。乃怠忽因循，并不实心效力。雍正五年，西藏阿尔布巴背叛，伤害康济鼐，朕将西藏人等不合情由面问鄂齐，伊视为泛常，信口奏对。其在藏料理未协之处，全然不知愧惧，则居心之泄慢可知矣。复命管理天津水师，慢无约束，一任兵丁扰累地方，是以降旨革退公爵，在侍卫内行走。继又念伊在宗室中尚为通晓事务，不忍令其放废，仍命管理副都统及护军统领印务，冀其自新，以赎前愆。岂料伊贪利纳赂，于胡五赎身案内又私得银两，准其归宗，甚属卑鄙无耻。著将鄂齐革任，交与宗人府拘禁。照所得银数，十倍追出。"

（世宗朝卷一二六·页六下～七上）

○ 雍正十二年（甲寅）二月甲戌（1734.4.1）

　　驻扎西藏镶黄旗满洲都统青保、大理寺卿苗寿缘事革职，以散秩大臣伯阿尔逊、镶白旗蒙古副都统那苏泰前往西藏，办理事务。

（世宗朝卷一四〇·页一四下）

○ 乾隆元年（丙辰）四月丙戌（1736.6.1）

　　总理事务王大臣等奏："本月十七日奉旨：'前者军兴以来，令大臣官员往驻蒙古边疆，办理事务。今大兵既撤，仅留驻兵，一切防守事宜并已减省，其各处办理驻扎之大臣官员有应撤者，著总理事务王大臣等议奏。'臣等查……西藏向无大臣官员驻扎，前以康济鼐与颇罗鼐交恶相攻，因遣大臣率兵暂驻。今达赖喇嘛还藏，兵亦撤还，毋庸更驻大臣。现今侍郎杭奕禄有事赴藏，令其酌办。奏到日，再将马拉等定议进止。……"

得旨："西宁著留德龄。肃州著留阿兰泰。其通智承办之修城驻兵等事，著令完毕，再行具奏请旨。馀依议。"

（高宗朝卷一七·页九下～一一下）

○乾隆二年（丁巳）十二月壬寅（1738.2.7）

以换回驻藏大臣那素泰为热河副都统。

（高宗朝卷五九·页八下）

○乾隆三年（戊午）九月甲寅（1738.10.17）

命副都统纪山代侍郎杭奕禄驻藏。

（高宗朝卷七六·页六上）

○乾隆四年（己未）五月己巳（1739.6.29）

谕曰："总兵周起凤驻藏有年，著撤回。四川泰宁协副将宋宗璋著前往西藏，管辖绿旗弁兵。所有应得之项，令该抚照例料理给与。"

（高宗朝卷九三·页一五上）

○乾隆六年（辛酉）九月辛卯（1741.11.7）

召驻藏副都统纪山回京。以镶黄旗满洲副都统索拜为驻藏副都统。正黄旗蒙古副都统永乾为镶黄旗满洲副都统。正红旗蒙古副都统济昌为正黄旗蒙古副都统。

（高宗朝卷一五一·页一九上）

○乾隆六年（辛酉）十月丙申（1741.11.12）

命副都统索拜赴藏代纪山驻扎，赏银五百两。

（高宗朝卷一五二·页六下）

○乾隆七年（壬戌）九月庚辰（1742.10.22）

以驻藏副都统纪山为兵部右侍郎。

（高宗朝卷一七五·页一三下）

○乾隆八年（癸亥）三月戊辰（1743.4.8）

又谕（军机大臣等）："所以命大臣驻藏办事者，原为照看达赖喇嘛，镇抚土伯特人众。遇有应行办理及王颇罗鼐请示事件，自应按理裁处。副都统索拜，人虽勤慎，办事姑息，恐无决断，微露不能主持事务之形，以致颇罗鼐轻视，转非遣往驻藏办事之本意，甚有关系。且从前纪山等办理章程具在。著札寄索拜，于一切事务，照从前办理情形，酌量妥协，即行办理，勿得犹豫观望。"

（高宗朝卷一八六·页一七上～下）

○乾隆九年（甲子）六月癸丑（1744.7.16）

驻藏副都统索拜期满，以副都统傅清代之。

（高宗朝卷二一八·页七下）

○乾隆十年（乙丑）十一月己卯（1745.12.4）

军机大臣等议复："驻藏副都统傅清奏请更定驻藏办事大臣章京、笔帖式换班成例。查哈密、瓜州、西宁办事大臣章京、笔帖式均系三年一换。其驻西藏办事大臣章京、笔帖式等令错综更换者，原为新旧相参，易于办事起见。今该副都统既称藏内事务可随到随办，无庸交代娴习，且错综更换必须拨兵护送，转多劳费。应如所请。嗣后驻藏大臣章京、笔帖式等皆酌量于绿营换班之期，三年一换。更替之大臣等自成都带领换班官兵至藏，清查交代后，旧驻大臣等带领原驻官兵同回内地，不必错综更换。"从之。

（高宗朝卷二五二·页三一下～三二上）

○乾隆十一年（丙寅）四月辛未（1746.5.25）

军机大臣等议复："四川巡抚纪山疏称：'驻藏粮务同知并抚标在藏随粮兵丁，应同驻藏大臣一齐更换。但现在粮务同知于学谦及抚标在藏随粮兵丁限满之年，与各官兵更替日期不能恰合。请略为变通，令其于满限后，仍在藏多驻岁时，俟换班到日，一齐撤回。所支藏饷计三年，并预储银通计二十万两，途长难解，亦应俟换班之年，照例请拨，即交粮务同知随驻藏大臣及绿旗官兵等同行，以免零星单运。再，西藏办理粮务，原议于同知内拣选派往。今查川省同知十员中，除地方紧要者共有六缺，不便差派，其余四员不敷委用。请将通判十员一体拣派。'均应如所请办理。"从之。

（高宗朝卷二六四·页八下～九下）

○乾隆十一年（丙寅）二月丁酉（1746.2.20）

谕驻扎西宁办理青海番子事务之副都统莽古赉、驻藏办事之副都统傅清："尔等陈奏事件，莽古赉每次俱用汉折，傅清亦间用汉折。各省督、抚、提、镇内，有满洲大臣用汉折奏事者，原因办理地方民情及绿营事务。今莽古赉、傅清系满洲大臣，且系办理蒙古、唐古忒事务，所有事件，理应用清字奏折。伊等竟仿效外省大臣，用汉字奏折，殊属非是。著饬行，嗣后奏事，俱著缮写清字奏折。并寄谕众佛保知之。"

（高宗朝卷二五八·页一下～二上）

朝贡与封赐

顾实汗

○ 崇德七年（壬午）十月己亥（1642.10.25）

图白忒部落达赖喇嘛遣伊拉古克三胡土克图、戴青绰尔济等至盛京，上亲率诸王、贝勒、大臣出怀远门迎之。……伊拉古克三胡土克图及同来喇嘛等各献驼马、番菩提数珠、黑狐皮、羢单、羢褐、花毯、茶叶、狐腋裘、狼皮等物，酌纳之。

（太宗朝卷六三·页一下～二下）

○ 崇德八年（癸未）五月丁酉（1643.6.20）

先是，图白忒部落达赖喇嘛遣伊拉古克三胡土克图及厄鲁特部落戴青绰尔济等至，赐大宴于崇政殿。仍命八旗诸王、贝勒各具宴，每五日一宴之，凡八阅月。至是，遣还，赐伊拉古克三胡土克图喇嘛及偕来喇嘛等银器、缎朝衣等物有差。又赐厄鲁特部落和尼图巴克式……等朝衣、帽靴等物。……

又与顾实汗书曰："大清国宽温仁圣皇帝致书于顾实汗：朕闻有违道悖法而行者，尔已惩创之矣。朕思自古圣王致治，佛法未尝断绝。今欲于图白忒部落敦礼高僧，故遣使与伊拉古克三胡土克图偕行，不分服色红黄，随处咨访，以宏佛教，以护国祚，尔其知之。附具甲胄全副，特以侑缄。"

（太宗朝卷六四·页一九下～二三上）

○顺治二年（乙酉）十二月壬辰（1646.1.30）

　　厄鲁特部落顾实汗子多尔济达赖巴图鲁台吉来请安，贡马匹、氆氇，并奏："顷闻天使同伊拉古克三胡土克图已从释迦牟尼佛庙西行，与我国汗议和好礼。彼处议定，则臣等无不奉命。"

（世祖朝卷二二·页三上～下）

○顺治三年（丙戌）八月戊戌（1646.10.3）

　　前遣往达赖喇嘛之察罕喇嘛还。达赖喇嘛、厄鲁特顾实汗等遣班第达喇嘛、达尔汉喇嘛等同来，上表请安，献金佛、念珠、氆氇绒、甲胄、马匹等物。以甲胄、弓矢、撒袋、大刀、鞍辔、银器、缎匹、皮张等物赏答之。

（世祖朝卷二七·页一五下）

○顺治三年（丙戌）十月戊寅（1646.11.12）

　　达赖喇嘛及厄鲁特部落顾实汗遣使表贡方物。宴赉如例。

（世祖朝卷二八·页六下）

○顺治五年（戊子）三月乙巳（1648.4.2）

　　汤古忒国达赖喇嘛、厄鲁特部落顾实汗等遣使表贡方物。宴赉如例。

（世祖朝卷三七·页一一上）

○顺治五年（戊子）五月辛巳（1648.7.7）

　　厄鲁特部落顾实汗遣使贡方物。宴赉如例。

（世祖朝卷三八·页一〇下）

○顺治六年（己丑）三月己巳（1649.4.21）

　　伊喇古克三胡土克图下戴青温布达尔汉囊苏等暨厄鲁特部落顾实汗子下达赖吴巴什温布塔布囊等来朝贡。宴赉如例。

（世祖朝卷四三·页三上）

○顺治六年（己丑）十一月辛巳（1649.12.29）

达赖喇嘛遣噶布初西喇布、厄鲁特部落顾实汗遣墨尔根和硕齐等来朝贡。赐喇嘛银器、雕鞍、文革，顾实汗甲胄、腰刀、雕鞍、银器、彩币、文革、玛瑙尊爵；赏噶布初西喇布、墨尔根和硕齐等甲胄、弓矢、刀、鞍、银器、纻丝等物有差。

（世祖朝卷四六·页一六下）

○顺治八年（辛卯）正月乙丑（1651.2.6）

达赖喇嘛、班禅胡土克图、顾实汗各遣使上表问安。

（世祖朝卷五二·页一一下～一二上）

○顺治八年（辛卯）三月乙未（1651.5.7）

达赖喇嘛、顾实汗各遣使贡方物。宴赉如例。

（世祖朝卷五五·页一〇下）

○顺治九年（壬辰）七月戊戌（1652.9.1）

定赏赉达赖喇嘛使臣例。每头目二人、随从役卒二十八名，共赏二等玲珑鞍马一、银茶筒一、银盆一、缎三十、毛青梭布四百、豹皮五、虎皮三、海豹皮五。厄鲁特部落峨齐尔汗下正使赏羔皮蟒袍一、银茶筒一、银盆一、缎三、毛青梭布二十四；副使赏羔皮蟒袍一、银茶筒一、缎三、毛青梭布二十四；其同来八人赏羔民补袍各一、缎各三、毛青梭布各二十四；其随从役卒各赏缎一、毛青梭布八。

（世祖朝卷六六·页一三下）

○顺治九年（壬辰）十二月壬戌（1653.1.23）

厄鲁特部落顾实汗表贡方物，兼请达赖喇嘛还国。

（世祖朝卷七〇·页一七下～一八上）

○顺治十年（癸巳）三月壬午（1653.4.13）

厄鲁特部落顾实汗遣旦巴温布等贡马及方物。宴赉如例。

（世祖朝卷七三·页五上）

五世达赖

○崇德七年（壬午）十月己亥（1642.10.25）

图白忒部落达赖喇嘛遣伊拉古克三胡土克图、戴青绰尔济等至盛京，上亲率诸王、贝勒、大臣出怀远门迎之。……伊拉古克三胡土克图及同来喇嘛等各献驼马、番菩提数珠、黑狐皮、狨单、狨褐、花毯、茶叶、狐腋裘、狼皮等物，酌纳之。

（太宗朝卷六三·页一下～二下）

○崇德八年（癸未）五月丁酉（1643.6.20）

先是，图白忒部落达赖喇嘛遣伊拉古克三胡土克图及厄鲁特部落戴青绰尔济等至，赐大宴于崇政殿。仍命八旗诸王、贝勒各具宴，每五日一宴之，凡八阅月。至是，遣还，赐伊拉古克三胡土克图喇嘛及偕来喇嘛等银器、缎朝衣等物有差。……

与达赖喇嘛书曰："大清国宽温仁圣皇帝致书于大持金刚达赖喇嘛：今承喇嘛有拯济众生之念，欲兴扶佛法，遣使通书，朕心甚悦。兹特恭候安吉。凡所欲言，俱令察干格隆、巴喇衮噶尔格隆、喇克巴格隆、诺木齐格隆、诺莫干格隆、萨木谭格隆、衮格垂尔札尔格隆等口悉。外附奉金碗一、银盆二、银茶桶三、玛瑙杯一、水晶杯二、玉杯六、玉壶一、镀金甲二、玲珑撒袋二、雕鞍二、金镶玉带一、镀金银带一、玲珑刀二、锦缎四，特以侑缄。"

（太宗朝卷六四·页一九下～二一下）

○顺治三年（丙戌）八月戊戌（1646.10.3）

前遣往达赖喇嘛之察罕喇嘛还。达赖喇嘛、厄鲁特顾实汗等遣班第达喇嘛、达尔汉喇嘛等同来，上表请安，献金佛、念珠、氆氇绒、甲胄、马匹等物。以甲胄、弓矢、撒袋、大刀、鞍辔、银器、缎匹、皮张等物赏答之。

（世祖朝卷二七·页一五下）

○顺治三年（丙戌）十月戊寅（1646.11.12）

达赖喇嘛及厄鲁特部落顾实汗遣使表贡方物。宴赉如例。

（世祖朝卷二八·页六下）

○顺治四年（丁亥）二月丙戌（1647.3.20）

初，达赖喇嘛、班禅胡土克图、巴哈胡土克图、鲁克巴胡土克图、伊尔札尔萨布胡土克图、萨思夏喇嘛、额尔济东胡土克图、伊思达格隆胡土克图、诺门汗各上书请安，并献方物。至是，遣喇嘛、侍卫、格隆等存问，各赐金玉器皿、缎匹、雕鞍、甲冑等物。

（世祖朝卷三〇·页一五上）

○顺治四年（丁亥）三月己未（1647.4.22）

喀尔喀部落墨尔根绰尔济、额尔德尼绰尔济、苏尼特部落魏正台吉及汤古忒部落使臣来朝贡。宴赉如例。

（世祖朝卷三一·页四下）

○顺治四年（丁亥）三月庚午（1647.5.3）

达赖喇嘛及班禅胡土克图上表颂扬功德，并献方物。

（世祖朝卷三一·页七下）

○顺治五年（戊子）正月甲寅（1648.2.11）

唐古特国达赖喇嘛遣使表献方物。宴赉如例。

（世祖朝卷三六·页四上）

○顺治五年（戊子）三月乙巳（1648.4.2）

汤古忒国达赖喇嘛、厄鲁特部落顾实汗等遣使表贡方物。宴赉如例。

（世祖朝卷三七·页一一上）

○顺治六年（己丑）十一月辛巳（1649.12.29）

达赖喇嘛遣噶布初西喇布、厄鲁特部落顾实汗遣墨尔根和硕齐等来朝贡。赐喇嘛银器、雕鞍、文革，顾实汗甲冑、腰刀、雕鞍、银器、彩币、文革、玛瑙尊爵；赏噶布初西喇布、墨尔根和硕齐等甲冑、弓矢、刀、鞍、银器、纻丝等物有差。

（世祖朝卷四六·页一六下）

○顺治七年（庚寅）七月戊午（1650.8.3）

汤古忒国达赖喇嘛遣使表献舍利子。

（世祖朝卷四九·页九上）

○顺治八年（辛卯）正月乙丑（1651.2.6）

达赖喇嘛、班禅胡土克图、顾实汗各遣使上表问安。

（世祖朝卷五二·页一一下～一二上）

○顺治八年（辛卯）二月壬寅（1651.3.15）

赐达赖喇嘛使臣宴于礼部。

（世祖朝卷五三·页一八上）

○顺治八年（辛卯）三月乙未（1651.5.7）

达赖喇嘛、顾实汗各遣使贡方物。宴赉如例。

（世祖朝卷五五·页一〇下）

○顺治九年（壬辰）正月癸酉（1652.2.9）

汤古忒部落达赖喇嘛表奏来朝起行日期。

（世祖朝卷六二·页一上）

○顺治九年（壬辰）七月戊戌（1652.9.1）

定赏赉达赖喇嘛使臣例。每头目二人、随从役卒二十八名，共赏二等玲珑鞍马一、银茶筒一、银盆一、缎三十、毛青梭布四百、豹皮五、虎皮三、海豹皮五。厄鲁特部落峨齐尔汗下正使赏羔皮蟒袍一、银茶筒一、银盆一、缎三、毛青梭布二十四；副使赏羔皮蟒袍一、银茶筒一、缎三、毛青梭布二十四；其同来八人赏羔皮补袍各一、缎各三、毛青梭布各二十四；其随从役卒各赏缎一、毛青梭布八。

（世祖朝卷六六·页一三下）

○顺治十年（癸巳）六月丙午（1653.7.6）

达赖喇嘛表谢颁赐册印及封号，附献马匹、琥珀等物。

（世祖朝卷七六·页三下）

○顺治十一年（甲午）六月庚辰（1654.8.4）

汤古忒部落达赖喇嘛具表谢恩，贡方物。

（世祖朝卷八四·页一六下）

○顺治十一年（甲午）九月丁未（1654.10.30）

遣官存问达赖喇嘛、顾实汗、班禅胡土克图，赐以嵌绿松石、珊瑚金茶筒及玉瓶、缎匹等物。

（世祖朝卷八六·页七上）

○顺治十一年（甲午）十月壬戌（1654.11.14）

达赖喇嘛、厄鲁特部落顾实汗等遣使贡方物。宴赏如例。

（世祖朝卷八六·页一〇上）

○顺治十二年（乙未）十二月乙亥（1656.1.21）

达赖喇嘛请给其使照验印信，自西宁至京师支给驿马供应。下所司议。

（世祖朝卷九六·页八下）

○顺治十三年（丙申）二月戊午（1656.3.4）

赐达赖喇嘛贡使拉穆詹巴等宴。

（世祖朝卷九八·页四上）

○顺治十三年（丙申）二月戊寅（1656.3.24）

赐达赖喇嘛贡使拉穆詹巴等雕鞍、银器等物。

（世祖朝卷九八·页一四下）

○顺治十三年（丙申）三月丙戌（1656.4.1）

特遣厄木齐喇嘛等赍敕存问达赖喇嘛、班禅胡土克图，遗以珊瑚、绿松石嵌金茶筒、玉壶、杯等物。

（世祖朝卷九九·页四上）

○顺治十四年（丁酉）四月丁亥（1657.5.27）

　　内大臣伯索尼会同理藩院议复："班第大诺门汗所请每年北庙正月祈福诵经，上宜亲幸庙塔。每年汤古忒地方讽诵藏经应加恩赏。每年五台山喇嘛为皇上、皇太后诵经宜恩给香烛。……其汤古忒地方每年遣往诵经，相应停止。如奉旨令汤古忒地方诵经，彼时酌量遣官，达赖喇嘛、班禅胡土克图等各给银千两。……"奏入，报可。

（世祖朝卷一〇九·页五下～六下）

○顺治十四年（丁酉）五月壬子（1657.6.21）

　　达赖喇嘛、班禅胡土克图，以赐缎币等物，遣使上表谢恩，并贡方物。

（世祖朝卷一〇九·页一三上）

○顺治十四年（丁酉）五月辛酉（1657.6.30）

　　赐达赖喇嘛使臣卓礼克图俄穆布等宴。

（世祖朝卷一〇九·页一四上）

○顺治十四年（丁酉）六月甲午（1657.8.2）

　　赐达赖喇嘛、班禅胡土克图贡使卓礼克图俄穆布等银茶筒、蟒缎等物。复遣西喇布喇嘛、萨木坦格隆等存问达赖喇嘛、班禅胡土克图，赐以金茶筒、玉瓶等物。

（世祖朝卷一一〇·页四下）

○顺治十五年（戊戌）九月癸卯（1658.10.5）

　　达赖喇嘛等进贡。赐银器、鞍辔等物。

（世祖朝卷一二〇·页一〇上）

○顺治十五年（戊戌）十二月乙丑（1658.12.26）

　　以达赖喇嘛、瓦齐尔汗、班禅胡土克图等具表请安，遣喇木札木巴喇嘛、滚布格隆等赍敕存问，并赐雕鞍、玉壶、缎币等物。

（世祖朝卷一二二·页一下～二上）

○顺治十七年（庚子）四月壬子（1660.6.5）

　　厄鲁特部落鄂齐里汗、达赖喇嘛、班禅胡土克图，各遣使表贡方物。宴赉如例。

（世祖朝卷一三四·页一四下）

○顺治十七年（庚子）六月庚子（1660.7.23）

　　以达赖喇嘛、班禅胡土克图、瓦齐尔汗遣使奉表问安，命喇木扎木巴喇嘛等赍敕存问，并赐雕鞍、玉壶、缎匹等物。

（世祖朝卷一三七·页六上）

○顺治十八年（辛丑）八月甲寅（1661.9.30）

　　达赖喇嘛及干都台吉请于北胜州互市，以马易茶。允之。

（圣祖朝卷四·页九下～一〇上）

○康熙四年（乙巳）二月丁卯（1665.3.26）

　　达赖喇嘛、厄鲁特鄂齐尔汗遣使进贡。赏赉如例。

（圣祖朝卷一四·页一一上）

○康熙十年（辛亥）三月辛未（1671.4.28）

　　达赖喇嘛遣使表贡方物。赏赉如例。

（圣祖朝卷三五·页一五下）

○康熙十一年（壬子）闰七月丁丑（1672.8.26）

　　达赖喇嘛遣使进贡。赏赉如例。

（圣祖朝卷三九·页一七上）

○康熙十四年（乙卯）十一月乙未（1675.12.27）

　　达赖喇嘛遣使表贡方物。赏赉如例。

（圣祖朝卷五八·页六上）

○康熙十四年（乙卯）十二月戊午（1676.1.19）

上御太和殿视朝，文武升转各官谢恩，次喀尔喀、达赖喇嘛、厄鲁特进贡使臣等行礼。

（圣祖朝卷五八·页一五上）

○康熙十五年（丙辰）正月己酉（1676.3.10）

达赖喇嘛、班禅胡土克图遣使进贡。赏赉如例。

（圣祖朝卷五九·页一四下）

○康熙十六年（丁巳）十月甲辰（1677.10.26）

先是，康熙十四年遣使存问达赖喇嘛，赐以玺书。至是，达赖喇嘛遣使请安谢恩。疏曰："钦惟皇帝陛下，作天人之主宰，为亿兆所依归，不弃释迦后进法派，宠加遣使。欣逢各种隆重布施，亲手接受。敬献红素柔厮诸物，望明鉴而恤之。谨鞠躬合掌，洁心上奏。"

得旨："贡献礼物，著察收。"

（圣祖朝卷六九·页一三下～一四上）

○康熙十七年（戊午）正月甲申（1678.2.3）

达赖喇嘛、厄鲁特达赖汗等俱遣使进贡。赏赉如例。

（圣祖朝卷七一·页七上）

○康熙十八年（己未）九月戊戌（1679.10.10）

达赖喇嘛、厄鲁特达赖汗遣使进贡。赏赉如例。

理藩院题："噶尔丹称为博硕克图汗，遣使贡献锁子甲、鸟枪、马、驼、貂皮等物。来使云：'达赖喇嘛加噶尔丹台吉以博硕克图汗之号，是以奉贡入告。'从前厄鲁特、喀尔喀有奏请敕印来贡者，准其纳贡，授以敕印，并加恩赉，从无以擅称汗号者准其纳贡之例。但噶尔丹台吉敬贡方物，特遣使入告，应准其献纳。"从之。

（圣祖朝卷八四·页四下～五上）

○康熙十九年（庚申）十二月辛卯（1681.1.25）

达赖喇嘛、达赖汗等遣使进贡。赏赉如例。

（圣祖朝卷九三·页一四上）

○康熙二十年（辛酉）五月丙寅（1681.6.29）

达赖喇嘛、班禅胡土克图遣使进贡。赏赉如例。

（圣祖朝卷九六·页六下）

○康熙二十年（辛酉）五月丁卯（1681.6.30）

上御太和门视朝，文武升转各官谢恩，次厄鲁特、达赖喇嘛进贡使臣等行礼。

（圣祖朝卷九六·页六下）

四世班禅

○崇德八年（癸未）五月丁酉（1643.6.20）

先是，图白忒部落达赖喇嘛遣伊拉古克三胡土克图及厄鲁特部落戴青绰尔济等至，赐大宴于崇政殿。……

又与班禅胡土克图书一。书词与附送礼物同（达赖喇嘛）。

（太宗朝卷六四·页一九下～二一下）

○顺治四年（丁亥）二月丙戌（1647.3.20）

初，达赖喇嘛、班禅胡土克图、巴哈胡土克图、鲁克巴胡土克图、伊尔札尔萨布胡土克图、萨思夏喇嘛、额尔济东胡土克图、伊思达格隆胡土克图、诺门汗各上书请安，并献方物。至是，遣喇嘛、侍卫、格隆等存问，各赐金玉器皿、缎匹、雕鞍、甲胄等物。

（世祖朝卷三〇·页一五上）

○顺治四年（丁亥）三月庚午（1647.5.3）

达赖喇嘛及班禅胡土克图上表颂扬功德，并献方物。

（世祖朝卷三一·页七下）

○顺治八年（辛卯）正月乙丑（1651.2.6）

达赖喇嘛、班禅胡土克图、顾实汗各遣使上表问安。

（世祖朝卷五二·页一七下）

○顺治九年（壬辰）正月癸酉（1652.2.9）

班禅胡土克图、第巴、厄鲁特部落顾实汗等，以劝导达赖喇嘛来朝，奉表奏闻，并贡方物。

（世祖朝卷六二·页一上）

○顺治十一年（甲午）六月己卯（1654.8.3）

谛巴、班禅胡土克图等具表谢恩，并贡方物。

（世祖朝卷八四·页一一上）

○顺治十一年（甲午）九月丁未（1654.10.30）

遣官存问达赖喇嘛、顾实汗、班禅胡土克图，赐以嵌绿松石、珊瑚金茶筒及玉瓶、缎匹等物。

（世祖朝卷八六·页七上）

○顺治十二年（乙未）十二月乙亥（1656.1.21）

班禅胡土克图谢赐敕印恩，进贡方物。

（世祖朝卷九六·页八下）

○顺治十三年（丙申）三月丙戌（1656.4.1）

特遣厄木齐喇嘛等赍敕存问达赖喇嘛、班禅胡土克图，遗以珊瑚、绿松石嵌金茶筒、玉壶、杯等物。

（世祖朝卷九九·页四上）

○顺治十四年（丁酉）四月丁亥（1657.5.27）

内大臣伯索尼会同理藩院议复："班第大诺门汗所请每年北庙正月祈福诵经，上宜亲幸庙塔。每年汤古忒地方言讽诵藏经应加恩赏。每年五台山喇嘛为皇上、皇太后诵经宜恩给香烛。……其汤古忒地方每年遣往诵经，相应停止。如奉旨令汤古忒地方诵经，彼时酌量遣官，达赖喇嘛、班禅胡土克图等各给银千两。……"奏入，报可。

（世祖朝卷一〇九·页五下～六下）

○顺治十四年（丁酉）五月壬子（1657.6.21）

达赖喇嘛、班禅胡土克图，以赐缎币等物，遣使上表谢恩，并贡方物。

（世祖朝卷一〇九·页一三上）

○顺治十四年（丁酉）六月甲午（1657.8.2）

赐达赖喇嘛、班禅胡土克图贡使卓礼克图俄穆布等银茶筒、蟒缎等物。复遣西喇布喇嘛、萨木坦格隆等存问达赖喇嘛、班禅胡土克图，赐以金茶筒、玉瓶等物。

（世祖朝卷一一〇·页四下）

○顺治十五年（戊戌）十二月乙丑（1658.12.26）

以达赖喇嘛、瓦齐尔汗、班禅胡土克图等具表请安，遣喇木札木巴喇嘛、滚布格隆等赍敕存问，并赐雕鞍、玉壶、缎币等物。

（世祖朝卷一二二·页一下～二上）

○顺治十七年（庚子）四月壬子（1660.6.5）

厄鲁特部落鄂齐里汗、达赖喇嘛、班禅胡土克图，各遣使表贡方物。宴赉如例。

（世祖朝卷一三四·页一四下）

○康熙二年（癸卯）八月丙申（1663.9.2）

西藏班禅胡土克图故，遣官致祭。

（圣祖朝卷九·页二二下）

第巴索南绕登

○顺治十一年（甲午）六月己卯（1654.8.3）

谛巴、班禅胡土克图等具表谢恩，并贡方物。

（世祖朝卷八四·页一一上）

瓦齐尔汗

○顺治十五年（戊戌）十二月乙丑（1658.12.26）

以达赖喇嘛、瓦齐尔汗、班禅胡土克图等具表请安，遣喇木札木巴喇嘛、滚布格隆等赍敕存问，并赐雕鞍、玉壶、缎币等物。

（世祖朝卷一二二·页一下～二上）

○顺治十七年（庚子）四月壬子（1660.6.5）

厄鲁特部落鄂齐里汗、达赖喇嘛、班禅胡土克图，各遣使表贡方物。宴赉如例。

（世祖朝卷一三四·页一四下）

○顺治十七年（庚子）六月庚子（1660.7.23）

以达赖喇嘛、班禅胡土克图、瓦齐尔汗遣使奉表问安，命喇木扎木巴喇嘛等赍敕存问，并赐雕鞍、玉壶、缎匹等物。

（世祖朝卷一三七·页六上）

○康熙四年（乙巳）二月丁卯（1665.3.26）

达赖喇嘛、厄鲁特鄂齐尔汗遣使进贡。赏赉如例。

（圣祖朝卷一四·页一一上）

达赖汗

○康熙十一年（壬子）十月癸丑（1672.11.30）

厄鲁特达赖汗遣使进贡。赏赉如例。

（圣祖朝卷四〇·页一〇上）

○康熙十七年（戊午）正月甲申（1678.2.3）

达赖喇嘛、厄鲁特达赖汗等俱遣使进贡。赏赉如例。

（圣祖朝卷七一·页七上）

○康熙十八年（己未）九月戊戌（1679.10.10）

达赖喇嘛、厄鲁特达赖汗遣使进贡。赏赉如例。

（圣祖朝卷八四·页四下～五上）

○康熙十九年（庚申）十二月辛卯（1681.1.25）

达赖喇嘛、达赖汗等遣使进贡。赏赉如例。

（圣祖朝卷九三·页一四上）

○康熙二十八年（己巳）九月壬寅（1689.10.21）

（前略）达赖汗等遣使进贡。赏赉如例。

（圣祖朝卷一四二·页三下）

五世班禅

○康熙十五年（丙辰）正月己酉（1676.3.10）

达赖喇嘛、班禅胡土克图遣使进贡。赏赉如例。

（圣祖朝卷五九·页一四下）

○康熙二十年（辛酉）五月丙寅（1681.6.29）

达赖喇嘛、班禅胡土克图遣使进贡。赏赉如例。

（圣祖朝卷九六·页六下）

○康熙二十五年（丙寅）七月庚寅（1686.8.26）

达赖喇嘛、班禅胡土克图遣使进贡。赏赉如例。

（圣祖朝卷一二七·页三下）

○康熙二十七年（戊辰）二月戊申（1688.3.6）

　　达赖喇嘛、班禅胡土克图等遣使表贡方物。赏赉如例。

（圣祖朝卷一三三·页一六下）

○康熙二十八年（己巳）九月壬寅（1689.10.21）

　　达赖喇嘛、班禅胡土克图、达赖汗等遣使进贡。赏赉如例。

（圣祖朝卷一四二·页三下）

○康熙三十一年（壬申）三月戊寅（1692.5.14）

　　达赖喇嘛、班禅胡土克图遣使进贡。赏赉如例。

（圣祖朝卷一五四·页二〇下）

○康熙三十二年（癸酉）十月戊寅（1693.11.5）

　　达赖喇嘛、班禅胡土克图遣使表贡方物。赏赉如例。

（圣祖朝卷一六〇·页一四下）

○康熙三十三年（甲戌）十二月甲辰（1695.1.25）

　　达赖喇嘛、班禅胡土克图遣使进贡。赏赉如例。

（圣祖朝卷一六五·页一四上）

○康熙五十三年（甲午）三月丁卯（1714.5.9）

　　西藏班禅胡土克图遣使进贡。赏赉如例。

（圣祖朝卷二五八·页一一下）

○康熙五十五年（丙申）六月己酉（1716.8.8）

　　达赖喇嘛、班禅胡土克图、拉藏汗遣使进贡。赏赉如例。

（圣祖朝卷二六九·页三上）

○康熙六十年（辛丑）十月丁亥（1721.12.18）

　　西藏达赖喇嘛、班禅胡土克图遣使请安进贡。赏赉如例。

（圣祖朝卷二九五·页八上）

○雍正二年（甲辰）六月乙未（1724.8.12）

　　达赖喇嘛、班禅额尔得尼、喇达克汗等，遣使表贡方物。

（世宗朝卷二一·页一九下）

○雍正二年（甲辰）七月庚戌（1724.8.27）

　　班禅额尔得尼遣使来贺登极。上召见，赐茶。

（世宗朝卷二二·页八上）

○雍正二年（甲辰）十一月戊午（1725.1.2）

　　达赖喇嘛及班禅额尔得尼等遣使表贺万寿圣节，并贡方物。赏赉如例。

（世宗朝卷二六·页一九下）

○雍正七年（己酉）正月辛未（1729.2.23）

　　达赖喇嘛、班禅额尔得尼遣使来朝。赏赉如例。

（世宗朝卷七七·页一四上）

第巴桑结嘉错（假五世达赖之名）

○康熙二十五年（丙寅）七月庚寅（1686.8.26）

　　达赖喇嘛、班禅胡土克图遣使进贡。赏赉如例。

（圣祖朝卷一二七·页三下）

○康熙二十七年（戊辰）二月戊申（1688.3.6）

　　达赖喇嘛、班禅胡土克图等遣使表贡方物。赏赉如例。

（圣祖朝卷一三三·页一六下）

○康熙二十八年（己巳）九月壬寅（1689.10.21）

　　达赖喇嘛、班禅胡土克图、达赖汗等遣使进贡。赏赉如例。

（圣祖朝卷一四二·页三下）

○康熙三十一年（壬申）三月戊寅（1692.5.14）

达赖喇嘛、班禅胡土克图遣使进贡。赏赉如例。

（圣祖朝卷一五四·页二〇下）

○康熙三十二年（癸酉）十月戊寅（1693.11.5）

达赖喇嘛、班禅胡土克图遣使表贡方物。赏赉如例。

（圣祖朝卷一六〇·页一四下）

○康熙三十二年（癸酉）十二月辛未（1693.12.28）

达赖喇嘛疏言："为喀尔喀、厄鲁特事，奉到敕旨，并伊锡格隆所传口谕，闻之不胜欢忭。诸凡蒙古皆奉贡天朝之国，而厄鲁特不听训诫，近害敕使，又噶尔丹博硕克图汗以三事陈奏，其见责于圣明极当。但臣已年迈，国事大半第巴主之，已在睿照中。即第巴向亦仰体圣意，实心行事，目前现遵旨而行。倘臣意有所未及，力有所未到，伏祈时颁训谕。"又今伊锡格隆口奏云："吾国之事皆第巴为主，乞皇上给印封之，以为光宠。"又第巴令口奏云："愿缴玉印，乞给以金印。"

得旨："此事颇大，著议政王大臣等会议以闻。"

寻议："达赖喇嘛自颁给册印受封以来，恭顺职贡有年。今以其身已老，国事皆第巴主之，乞封第巴，授之印信，以光宠之，为之恳请，而第巴又戴皇上恩眷，诚心乞请金印，应如所请。又按此玉印乃明朝给阐化王之印，今第巴既已缴还，应付所司。"从之。

（圣祖朝卷一六一·页七上～下）

○康熙三十三年（甲戌）四月丙申（1694.5.22）

赐第巴金印。印文曰："掌瓦赤喇呾喇达赖喇嘛教弘宣佛法王布忒达阿白迪之印。"

（圣祖朝卷一六三·页五上）

○康熙三十三年（甲戌）十二月甲辰（1695.1.25）

达赖喇嘛、班禅胡土克图遣使进贡。赏赉如例。

（圣祖朝卷一六五·页一四上）

六世达赖仓央嘉措

○康熙三十六年（丁丑）三月辛未（1697.4.11）

谕领侍卫内大臣索额图、内大臣明珠、大学士伊桑阿："前者，朕以达赖喇嘛身故已久，第巴隐之，附和噶尔丹行事，故差保住严诘第巴。预料第巴必自陈达赖喇嘛已故，乞为彼隐讳，向亦曾与尔等言之。今彼差尼麻唐胡土克图至，果密奏：'达赖喇嘛身故已十六年，再生之小达赖喇嘛已十五岁，乞皇上暂隐之，勿闻于众。'与朕昔语尔等之言略无少异。"又谕曰："保住尚有未完之事，著与尼麻唐胡土克图同往。"

赐达赖喇嘛使人尼麻唐胡土克图等漆鞍、羊裘、蟒袍、布帛、白金等物有差。

（圣祖朝卷一八一·页一〇下～一一上）

拉藏汗

○康熙五十年（辛卯）正月壬子（1711.3.11）

达赖喇嘛、拉藏汗遣使进贡。赏赉如例。

（圣祖朝卷二四五·页三下～四上）

○康熙五十二年（癸巳）五月庚寅（1713.6.6）

西藏拉藏汗遣使进贡。赏赉如例。

（圣祖朝卷二五五·页五上）

○康熙五十三年（甲午）正月戊辰（1714.3.11）

西藏达赖喇嘛、拉藏汗遣使进贡。赏赉如例。

（圣祖朝卷二五八·页四上）

○康熙五十五年（丙申）六月己酉（1716.8.8）

达赖喇嘛、班禅胡土克图、拉藏汗遣使进贡。赏赉如例。

（圣祖朝卷二六九·页三上）

波克塔胡必尔汗

○ 康熙五十年（辛卯）正月壬子（1711.3.11）

　　达赖喇嘛、拉藏汗遣使进贡。赏赉如例。

　　　　　　　　　　　　　　（圣祖朝卷二四五·页三下～四上）

○ 康熙五十三年（甲午）正月戊辰（1714.3.11）

　　西藏达赖喇嘛、拉藏汗遣使进贡。赏赉如例。

　　　　　　　　　　　　　　（圣祖朝卷二五八·页四上）

○ 康熙五十五年（丙申）六月己酉（1716.8.8）

　　达赖喇嘛、班禅胡土克图、拉藏汗遣使进贡。赏赉如例。

　　　　　　　　　　　　　　（圣祖朝卷二六九·页三上）

七世达赖

○ 康熙六十年（辛丑）十月丁亥（1721.12.18）

　　西藏达赖喇嘛、班禅胡土克图遣使请安进贡。赏赉如例。

　　　　　　　　　　　　　　（圣祖朝卷二九五·页八上）

○ 康熙六十一年（壬寅）四月辛酉（1722.5.21）

　　达赖喇嘛及土伯特贝子阿尔布巴、公隆布奈等遣使进贡。赏赉如例。

　　　　　　　　　　　　　　（圣祖朝卷二九七·页五下）

○ 雍正元年（癸卯）三月丁酉（1723.4.22）

　　达赖喇嘛遣使达旺堪布等，表进方物。优赉之。

　　　　　　　　　　　　　　（世宗朝卷五·页一七下）

○ 雍正二年（甲辰）六月乙未（1724.8.12）

　　达赖喇嘛、班禅额尔得尼、喇达克汗等，遣使表贡方物。

　　　　　　　　　　　　　　（世宗朝卷二一·页一九下）

○雍正二年（甲辰）十一月戊午（1725.1.2）

　　达赖喇嘛及班禅额尔得尼等遣使表贺万寿圣节，并贡方物。赏赉如例。

（世宗朝卷二六·页一九下）

○雍正七年（己酉）正月辛未（1729.2.23）

　　达赖喇嘛、班禅额尔得尼遣使来朝。赏赉如例。

（世宗朝卷七七·页一四上）

○雍正十年（壬子）五月庚申（1732.5.27）

　　谕达赖喇嘛："朕抚驭寰区，惟期海宇苍生，安居乐业，宣扬佛法，同归于善。尔喇嘛特遣使问安献颂，抒诚具奏。荷蒙上天恩慈，朕躬甚安。尔喇嘛其副朕振兴黄教、宁谧苍生之至意，悉心梵典，阐扬化导，俾各向善。今来使西归，特赐敕谕一道，银器、彩缎、巾帕等项并寄来使。特谕。"

（世宗朝卷一一八·页三上～下）

○乾隆元年（丙辰）二月己丑（1736.4.5）

　　达赖喇嘛、贝勒颇罗鼐等遣使请世宗宪皇帝圣安，贡方物至京。赐敕，赏赉如例。

（高宗朝卷一三·页二二上）

○乾隆七年（壬戌）正月戊辰（1742.2.12）

　　驻藏副都统纪山奏："本年系达赖喇嘛、郡王颇罗鼐进贡班次，特遣堪布囊苏来京。班禅厄尔德呢非属年班，因感戴国恩，亦遣堪布赴京进贡，已奉旨准其来京。至来年系班禅厄尔德呢进贡正班，郡王颇罗鼐陪班。查从前准噶尔人等欲赴藏熬茶，数年来，颇罗鼐办具防备地方、护送官弁事宜，土伯特等处唐古忒人众办理官差，已属出力。若来年班禅厄尔德呢、颇罗鼐复遣使进京，则唐古忒人众又有办差之苦。请将来年进贡正、陪班加恩停止，俟次班仍照旧例。"

　　得旨："从前达赖喇嘛、班禅厄尔德呢每年轮班遣使进呈方物，郡王颇罗鼐俱遣副使同来。因班禅厄尔德呢涅槃，朕降旨达赖喇嘛、王颇罗鼐，每年遣使，未免劳苦，定以隔一年遣使一次。上年达赖喇嘛、王颇罗鼐使臣等年班来时，班禅厄尔德呢呼毕尔罕亦遣使呈进丹舒克。若仍照前例，今岁又系班禅厄尔德呢呼毕尔罕年班。连岁遣使，恐扰累唐古忒人众，班禅厄尔德呢呼毕尔罕今岁年班著停止，下次照例轮班。至王颇罗鼐向系每年遣使为副。嗣后遇达赖喇嘛年班，著仍遣副使同来。班禅厄尔德呢呼毕尔罕遣使年班，颇罗鼐不必遣使为副。"

（高宗朝卷一五八·页四下～五下）

康济鼐

○雍正三年（乙巳）三月辛丑（1725.4.15）

谕抚远大将军年羹尧："尔欲令康济鼐驻扎西藏，所议虽是，但康济鼐居住阿里地方，亦甚紧要。不知康济鼐情愿与否？且与阿尔布巴、隆布奈等彼此能和睦与否？今令康济鼐为总领，带领伊属下唐古特往居西藏，阿尔布巴等倘有不服，康济鼐孤身在彼，虽欲效忠势必不能。朕意康济鼐仍兼两处往来行走，似有裨益。若令康济鼐居住西藏，伊即欲往阿里地方照管，亦不可得。此事极宜斟酌。如以康济鼐两处行走为是，康济鼐往阿里地方去后，令何人居住西藏总领办事，著会同侍郎鄂赖详慎妥议办理。"

寻议："康济鼐应遵旨于招地方、阿里地方两处来往。若康济鼐往阿里地方，其招地方事务即著贝子阿尔布巴总领办理。"从之。

（世宗朝卷三○·页三上～下）

○雍正四年（丙午）十二月甲申（1727.1.18）

颁给总理西藏事务贝子康济鼐印。

（世宗朝卷五一·页三四上～下）

阿尔布巴、隆布奈等

○康熙六十年（辛丑）二月己未（1721.3.25）

抚远大将军允禵疏言："西藏虽已平定，驻防尤属紧要。见今留驻彼处者，扎萨克蒙古兵五百名、额驸阿宝兵五百名、察哈尔兵五百名、云南兵三百名、四川兵一千二百名，以公策旺诺尔布总统管辖。至空布地方之第巴阿尔布巴首先效顺，同大兵前进取藏，阿里地方之第巴康济鼐与准噶尔为仇，截夺准噶尔之人，又截准噶尔兵回路，第巴隆布奈亲身归附，应否授以职衔，伏候谕旨。"

得旨："第巴阿尔布巴、第巴康济鼐著俱授为贝子。第巴隆布奈著授为辅国公。"

（圣祖朝卷二九一·页八下）

○康熙六十年（辛丑）五月甲申（1721.6.18）

西藏达赖喇嘛、土伯特贝子阿尔布巴、公隆布奈遣使进贡。赏赉如例。

（圣祖朝卷二九二·页一四上）

○康熙六十一年（壬寅）四月辛酉（1722.5.21）

达赖喇嘛及土伯特贝子阿尔布巴、公隆布奈等遣使进贡。赏赉如例。

（圣祖朝卷二九七·页五下）

颇罗鼐

○雍正九年（辛亥）二月庚子（1731.3.14）

谕理藩院："布鲁克巴部落人等互相仇杀，贝子颇罗鼐遣使解和，宣朕威德，甚属可嘉，著封为贝勒。伊子一等台吉珠尔嘛特册登，屡次领兵效力边疆，著封为辅国公。"

（世宗朝卷一○三·页四下）

○雍正九年（辛亥）八月戊申（1731.9.18）

西藏贝勒颇罗鼐等奏报："准噶尔欲送回拉藏之子苏尔杂，立为西藏汗。"

得旨："准噶尔杀害拉藏，将其子苏尔杂掳去，今称送回西藏，我兵须严为防备。从前策妄阿喇布坦遣策零敦多卜袭西藏时，亦诳称噶尔丹丹津同其女来藏，乘其不备进兵袭取藏地。今送回苏尔杂之言，正噶尔丹策零施行奸计。若唐古特部落少为玩忽，即蹈从前策零敦多卜之故辙矣！准噶尔贼人既杀拉藏，岂有实心将苏尔杂送回西藏令代父职之理？著颇罗鼐将此情由晓谕众唐古特知之。准噶尔贼人扬言发兵五千护送苏尔杂，道途险阻，全军岂能齐到？目今西藏有内地兵丁二千名，换班兵丁五百名，又驻防乂［叉］木多兵一千名见催来藏。尔处亦有训练蒙古兵丁，应与驻扎西藏大臣会同商议，于阿里、者斯肯图鲁、克里野等处要隘远设卡伦，详加瞭望，协力防守。准噶尔贼众若以兵随苏尔杂，断不可容留，即迎战击退，贼败走时亦断不可追袭。苏尔杂父兄被人杀害，伊岂不忿恨？若果思报仇并感戴朕恩，带领数人恭顺来归，尔等收留，悉心安顿。至若立汗之事，当令达赖喇嘛、班禅额尔得尼奏闻于朕，方可建立，岂可令噶尔丹策零任意妄行！颇罗鼐原扶助拉藏，效力行走，后因拉藏被贼杀害，朕令尔料理西藏事务，尔约束唐古特实心效力，是以加恩封尔为贝勒。今苏尔杂若果率领数人来归，尔即行奏闻，候朕另颁敕旨。"

（世宗朝卷一〇九·页一五下～一七上）

○乾隆元年（丙辰）二月己丑（1736.4.5）

达赖喇嘛、贝勒颇罗鼐等遣使请世宗宪皇帝圣安，贡方物至京。赐敕，赏赉如例。

（高宗朝卷一三·页二二上）

○乾隆四年（己未）十二月乙酉（1740.1.11）

封贝勒颇罗鼐为郡王。谕曰："西藏贝勒颇罗鼐遵奉谕旨，敬信黄教，振兴经典，练兵防卡，甚属黾勉。著加恩晋封郡王。"

（高宗朝卷一〇六·页二八下）

○乾隆七年（壬戌）正月戊辰（1742.2.12）

驻藏副都统纪山奏："本年系达赖喇嘛、郡王颇罗鼐进贡班次，特遣堪布囊苏来京。……"

得旨："……至王颇罗鼐向系每年遣使为副。嗣后遇达赖喇嘛年班，著仍遣副使同来。班禅厄尔德呢呼毕尔罕遣使年班，颇罗鼐不必遣使为副。"

（高宗朝卷一五八·页四下～五下）

○乾隆十一年（丙寅）十二月乙丑（1747.1.14）

谕："达赖喇嘛看茶之绥绷喇嘛扎克巴达颜镇压颇罗鼐一事，傅清业交颇罗鼐即令完结，所办甚是。朕闻达赖喇嘛、郡王颇罗鼐伊二人素不相合，但伊二人皆系彼处大人，原不可轩轾异视。著扎寄傅清，令伊嗣后诸事，即照此办理。但酌量关系事体与否，务期地方宁谧，使颇罗鼐等不致滋事。持重妥协办理，尚其留意。"

手敕谕藏王颇罗鼐："达赖喇嘛看茶之绥绷喇嘛扎克巴达颜将尔镇压，经书写人桑寨拿获。尔从傅清之言，将此事如同无事，从轻完结，经傅清奏闻。扎克巴达颜系达赖喇嘛服役之人，惟恐关系达赖喇嘛，如此办理，甚合机宜。达赖喇嘛系执掌阐扬西方佛教之人，尔系约束管理藏内人众之人，尔二人同心协力，以安地方，使土伯特向化，一应事务皆赖尔等办理。朕视尔二人俱属一体，从无畸重畸轻之见。若尔二人稍有不合，以致地方不宁，甚负朕信任期望之恩。再，朕知镇压左道，断不能有损于人。即以近事而论，扎克巴达颜四五年前将尔镇压，此时朕先将尔子封为长子，又加恩封长子为镇国公，并施尔恩典甚重，岂非不能镇压之明效大验乎！观此，尔可以无疑矣。尔平日感激朕恩，勉力报效，克副委任，朕所深信，是以并未明降谕旨，特手书此敕，密谕开示，尔其知之。"

（高宗朝卷二八〇·页三下～五上）

○乾隆十一年（丙寅）十二月丙寅（1747.1.15）

谕军机大臣等："汝等扎寄傅清，朕手敕颁给颇罗鼐。初降手敕时，本欲加赏物件，因驿站遥远，是以只赏大荷包一对、小荷包一对。傅清接到时，可将此情节晓谕颇罗鼐。"

（高宗朝卷二八〇·页八上～下）

六世班禅

○ 乾隆七年（壬戌）正月戊辰（1742.2.12）

驻藏副都统纪山奏："本年系达赖喇嘛、郡王颇罗鼐进贡班次，特遣堪布囊苏来京。班禅厄尔德呢非属年班，因感戴国恩，亦遣堪布赴京进贡，已奉旨准其来京。……若来年班禅厄尔德呢、颇罗鼐复遣使进京，则唐古忒人众又有办差之苦。请将来年进贡正、陪班加恩停止，俟次班仍照旧例。"

得旨："从前达赖喇嘛、班禅厄尔德呢每年轮班遣使进呈方物，……若仍照前例，今岁又系班禅厄尔德呢呼毕尔罕年班。连岁遣使，恐扰累唐古忒人众，班禅厄尔德呢呼毕尔罕今岁年班著停止，下次照例轮班。……"

（高宗朝卷一五八·页四下～五下）

珠尔默特那木扎勒

○ 乾隆十一年（丙寅）正月甲戌（1746.1.28）

又谕（军机大臣等）曰："西藏郡王颇罗鼐素效忠诚，勤劳懋著。自朕御极以来，一心靖共，凡事俱竭力奋勉，办理妥协，殊属可嘉。著加特恩，将伊子内封一长子。长子系日后袭王爵总理彼处事务之人，关系紧要。著谕知驻藏办事之副都统傅清，将朕此旨晓谕颇罗鼐，在伊二子内择一才堪继续、悦服众心、裨益公务者保奏，候朕降旨。"

寻经驻藏大臣傅清等询明奏复，命封其次子珠尔默特那木扎勒为长子。谕曰："前以西藏郡王颇罗鼐，一心肫诚奋勉，特施恩于伊二子内封一长子，命伊指出具奏。今据颇罗鼐以伊长子珠尔玛特策卜登已属残疾，次子珠尔默特那木扎勒堪以奋勉出力。伊兄弟互相逊让，并无争竞，即彼处噶卜伦、第巴、大喇嘛等亦皆心服等因具奏。应如所请，将珠尔默特那木扎勒封为长子。珠尔玛特策卜登因从前带兵在边境出力，曾施恩封为辅国公，今虽有残疾不能效力，并著加恩封为镇国公。该部知道。"

（高宗朝卷二五六·页六下～七下）

西藏其他僧俗贵族

○崇德八年（癸未）五月丁酉（1643.6.20）

先是，图白忒部落达赖喇嘛遣伊拉古克三胡土克图及厄鲁特部落戴青绰尔济等至，赐大宴于崇政殿。仍命八旗诸王、贝勒各具宴，每五日一宴之，凡八阅月。至是，遣还，赐伊拉古克三胡土克图喇嘛及偕来喇嘛等银器、缎朝衣等物有差。又赐厄鲁特部落和尼图巴克式、阿巴赖达赖、都喇尔和硕齐下额尔德尼巴图鲁、奇尔三下土尔噶图、阿巴赖山津等朝衣、帽靴等物。上率诸王、贝勒等送至演武场，设大宴饯之。复以鞍马、银壶等物赐伊拉古克三胡土克图喇嘛。仍命和硕睿亲王多尔衮、多罗武英郡王阿济格、辅国公硕讬，满达海率梅勒章京参政以上各官送至永定桥，复设宴饯之。遣察干格隆、巴喇衮噶尔格隆、喇克巴格隆、诺木齐格隆、诺莫干格隆、萨木谭格隆、衮格垂尔扎尔格隆等同伊拉古克三胡土克图喇嘛前往达赖喇嘛、班禅胡土克图、红帽喇嘛噶尔马、昂邦萨斯下、济东胡土克图、鲁克巴胡土克图、达克龙胡土克图、臧霸汗、顾实汗处，致书各一函。

……

又与噶尔马书曰："大清国宽温仁圣皇帝致书于红帽喇嘛噶尔马：朕思自古帝王创业垂统，每令佛法流传，未尝断绝。今将敦礼高僧，以普济群生，故遣察干格隆、巴喇衮噶尔格隆、喇克巴格隆、诺木齐格隆、诺莫干格隆、萨木谭格隆、衮格垂尔扎尔格隆等前往。凡所欲言，俱令口悉。附奉银茶桶二、银盆二、玛瑙杯一、水晶杯二、玉杯五、玉壶一、镀金甲一、玲珑撒袋二、雕鞍二、金镶玉带一、镀金银带一、玲珑刀二、锦缎二，特以侑缄。"

又与昂邦萨斯下书曰："大清国宽温仁圣皇帝致书于昂邦萨斯下：朕思自古帝王创业垂统，每令佛法流传，未尝断绝。今将敦礼高僧，兴扶释教，以普济群生，故遣察干格隆、巴喇衮噶尔格隆、喇克巴格隆、诺木齐格隆、诺莫干格隆、萨木谭格隆、衮格垂尔扎尔格隆等前往。凡所欲言，俱令口悉。附奉银盆一、银茶桶一、玛瑙杯一、水晶杯一、玉杯三、玉壶一、镀金甲一、玲珑撒袋一、雕鞍一、金镶玉带一、玲珑刀一、锦缎一，特以侑缄。"

又与济东胡土克图书一，鲁克巴胡土克图书一，达克龙胡土克图书一。书词及附送礼物俱同。

又敕谕臧霸汗曰："大清国宽温仁圣皇帝谕臧霸汗：尔书云佛法裨益我国，遣使致书。近闻尔为厄鲁特部落顾实汗贝勒所败，未详其实，因遣[遗]一函相询。自此以后修好勿绝，凡尔应用之物，自当饷遗。今赐银一百两、锦缎三匹。"

（太宗朝卷六四·页一九上～二三上）

○崇德八年（癸未）十一月丁酉（1643.12.17）

喀尔喀部落土谢图汗、图白忒部落甸齐喇嘛等，各贡野骡、马匹等物。宴赉如例。

（世祖朝卷二·页一〇下）

○顺治二年（乙酉）四月丁卯（1645.5.10）

颁恩诏于陕西等处曰："……一、西番都指挥、宣慰、招讨等司万户、千户等官，旧例应于洮、河、西宁等处各茶马司通贸易者，准照旧贸易。原有官职者，许至京朝见授职。一切政治悉因其俗。一、乌思藏番僧应从陕西入贡者，该布政司察号，果赍有印信番本咨文，准照旧例入贡。……"

（世祖朝卷一五·页一一下～一五上）

○顺治四年（丁亥）二月丙戌（1647.3.20）

初，达赖喇嘛、班禅胡土克图、巴哈胡土克图、鲁克巴胡土克图、伊尔札尔萨布胡土克图、萨思夏喇嘛、额尔济东胡土克图、伊思达格隆胡土克图、诺门汗各上书请安，并献方物。至是，遣喇嘛、侍卫、格隆等存问，各赐金玉器皿、缎匹、雕鞍、甲胄等物。

（世祖朝卷三〇·页一五上）

○雍正七年（己酉）六月丁丑（1729.6.29）

理藩院奏："达赖喇嘛之父索诺木达尔扎，奉表进贡方物。"

得旨："索诺木达尔扎乃达赖喇嘛之父，指教达赖喇嘛学习经典，保护达赖喇嘛，勤劳多年，西藏之事毫不干预，甚属可嘉。著封为辅国公。"

（世宗朝卷八二·页四上）

○雍正九年（辛亥）十二月壬辰（1731.12.31）

谕理藩院："西藏一等台吉噶锡巴那穆扎尔色卜腾具奏谢恩，进献方物。从前因伊父噶锡鼐于阿里地方阵亡，经颇罗鼐奏请，将噶锡鼐赠为一等台吉，令伊子噶锡巴那穆扎尔色卜腾承袭。闻噶锡巴那穆扎尔色卜腾甚是勤劳效力，伊又系康济鼐之兄子。康济鼐诚心效力，始终不懈，并无子嗣。今将噶锡巴那穆扎尔色卜腾格外施恩，封为辅国公，世袭罔替。"

（世宗朝卷一一三·页二上～下）

○乾隆五年（庚申）三月甲寅（1740.4.9）

西藏辅国公噶布什巴那木扎勒色布腾故，遣官致祭如例。

（高宗朝卷一一二·页一四下）

○乾隆五年（庚申）四月辛卯（1740.5.16）

以故班禅额尔德尼之徒喇嘛色固鼐补尚卓特巴，办理西藏事务。

（高宗朝卷一一五·页一二下）

○乾隆五年（庚申）闰六月癸卯（1740.7.27）

以故辅国公噶布什巴那木扎勒色布腾之弟台吉班第袭爵。

（高宗朝卷一二〇·页一六上）

○乾隆九年（甲子）七月辛卯（1744.8.23）

谕曰："索诺木达尔扎之公爵，部议无庸承袭，固属按例办理。第念索诺木达尔扎系达赖喇嘛之父，皇考加恩达赖喇嘛，特予封爵，伊亦深感皇考之恩，行走谨慎，历有年所。今已溘逝，深为可悯。著加恩令伊子恭格丹津仍袭辅国公之职，以示优眷。"

（高宗朝卷二二一·页一上～下）

○乾隆十年（乙丑）十二月甲寅（1746.1.8）

谕曰："驻藏副都统傅清奏：'扎萨克头等台吉齐旺多尔济病故，据郡王颇罗鼐请将齐旺多尔济职衔赏给伊侄旺对。伊系合家受恩之人，令其管辖兵丁，办理诸务，实为有益。'朕前加恩将乌镇和硕齐作为扎萨克头等台吉，给伊弟承袭以来，所交诸务奋勉出力。今齐旺多尔济病故，请将伊兄讷颜和硕齐之子旺对承袭。著照所请，施恩令旺对承袭扎萨克头等台吉。"

（高宗朝卷二五五·页六下～七上）

○乾隆十一年（丙寅）十一月戊午（1747.1.7）

谕："理藩院具奏：'班禅额尔德尼之商卓特巴等向未有进献丹舒克之例，请将商卓特巴罗布藏策旺所递丹舒克不令进献。'该院虽系援例陈奏，但商卓特巴罗布藏策旺及喇嘛人众竭诚远备而来，应格外加恩，此次姑准举行。其所进丹舒克不应附入班禅额尔德尼丹舒克中同进。现于雍和宫熬茶，即令献于雍和宫佛前，仍准照例折价赏给。可谕彼使臣，商卓特巴进递丹舒克于例不符，嗣后停止。"

（高宗朝卷二七九·页一三上～下）

川陕诸处土司、喇嘛

○顺治八年（辛卯）闰二月己未（1651.4.1）

陕西河州弘化、显庆二寺僧旦巴查穆苏、诺尔卜查穆苏等贡方物。宴赉如例。仍敕以后喇嘛不许进贡佛像、铜塔及番犬。

（世祖朝卷五四·页六上）

○顺治十年（癸巳）三月乙卯（1653.4.10）

宴入贡兼换敕印陕西庄浪宝安寺住持喇嘛颜错巴零真等于礼部。

（世祖朝卷七三·页四上）

○顺治十年（癸巳）十月己巳（1653.11.26）

赐陕西瞿县等九寺番僧公葛丹净等表里衣物有差。

（世祖朝卷七八·页七下）

○康熙五年（丙午）五月壬寅（1666.6.24）

岷州卫法藏等六寺喇嘛桑节落旦等贡马。赏赉如例。

（圣祖朝卷一九·页五下）

○康熙九年（庚戌）三月乙丑（1670.4.27）

　　命洮岷鲁班等七寺番僧止进贡马匹、青木香，余物停止。

（圣祖朝卷三二·页一七下）

○康熙十三年（甲寅）七月癸未（1674.8.22）

　　理藩院会同吏部遵谕议复："奉使达赖喇嘛朱拉齐格隆中途病故，应追赠班第达尔汉卓礼克图名号，赏银二百两。丹巴德穆齐应赐扎萨克喇嘛品级，住持归化城庙宇。员外郎拉笃祜应以通政使司左通政、大理寺少卿升用。笔帖式鼓鲁应以理藩院主事升用。"从之。

（圣祖朝卷四八·页二五下）

○康熙二十年（辛酉）五月辛巳（1681.7.14）

　　陕西庄浪海德寺喇嘛噶布褚绰斯冏札木苏入贡。赏赉如例。

（圣祖朝卷九六·页一一上）

○康熙二十一年（壬戌）二月癸巳（1682.3.23）

　　陕西岷州卫圆觉等六寺番僧进贡。宴赉如例。

（圣祖朝卷一〇一·页一〇上）

○康熙二十一年（壬戌）三月己酉（1682.4.8）

　　礼部议："陕西岷州卫圆觉寺番僧厚只即丹子，当逆贼变乱之时，纠合土兵攻取城池，已封弘济光教大国师，再拨给陕西岷州卫属官地五顷，免其纳粮。"从之。

（圣祖朝卷一〇一·页一四下～一五上）

○康熙五十年（辛卯）二月丁卯（1711.3.26）

　　户部议复："四川陕西总督殷泰疏言：'打箭炉土司及暖尕土千户、马喇长官司等各愿纳马输粮。'请于康熙五十年起征。"从之。

（圣祖朝卷二四五·页六上）

○康熙五十七年（戊戌）七月己未（1718.8.8）

兵部等衙门议复："四川巡抚年羹尧等疏言：'喇嘛鄂穆布年扎卜向住墨里庙，系阿王滚住克之弟子。原任提督岳升龙剿抚打箭炉之时，阿王滚住克曾献墨里地方，岳升龙恐系拉藏所属，未准。今拉藏已被准噶尔之兵杀害，而鄂穆布年扎卜将所属墨里地方诚心投顺，应收纳给印，于建昌边境地方有益。'应如所请。"从之。

（圣祖朝卷二八〇·页二下）

○康熙五十七年（戊戌）七月辛未（1718.8.20）

兵部议复："四川巡抚年羹尧疏言：'河西宣慰司故土官蛇蜡喳吧之土妇工喀病故，并无应袭之人，请将蛇蜡喳吧嫡女桑结承袭。'应如所请。"从之。

（圣祖朝卷二八〇·页四下～五上）

○康熙六十年（辛丑）三月乙丑（1721.3.31）

岷州卫法藏等六寺番僧丁均的落旦等进贡方物。宴赉如例。

（圣祖朝卷二九一·页九下）

○雍正二年（甲辰）六月丁酉（1724.8.14）

陕西庄浪红山堡报恩寺都纲阎老藏哈板旦进贡。赏赉如例。

（世宗朝卷二一·页二〇下）

○雍正四年（丙午）十一月丁未（1726.12.12）

户部议复："四川总督岳钟琪疏报松潘口外毛革蛇湾各番寨贡纳粮、马数目，并分别年分起科。"从之。

（世宗朝卷五〇·页一三下）

○雍正十年（壬子）三月癸酉（1732.4.10）

谕内阁："工部尚书马喇从藏回京，朕询及沿路番子等生计景况。据奏称：番子等仰赖皇恩，俱得各安生理。此内得尔格特之部落番子，向来甚属恭顺安分，自隶内地之后，更加勤谨效力，于一应差使，行走无误。萧格等亦称伊等事达赖喇嘛，甚属恭敬等语。得尔格特人众，从前出兵藏内，曾经效力，今复于一应差使竭力行走，甚属可嘉，理应特沛恩泽，以示鼓励。得尔格特之为首土官，著给与宣慰司职衔。再赏缎十匹、银三千两，令伊酌量赏属下办事勤谨之头目等。"

（世宗朝卷一一六·页一〇上～下）

○ 雍正十一年（癸丑）三月戊戌（1733.4.30）

谕内阁："朕统御中外，一视同仁。凡番族人等，有遵奉法纪、抒诚效力者，无不厚加恩泽。如四川口外之叠尔格土目等，奉公趋事，上年已颁谕旨，从优赏赉，其打箭炉之明正、里塘等土司、土妇及头目人等，归诚内附，十数年来，谨守住牧，奉法急公。内地兵丁赴藏驻防，经行该地，番民等递运粮石，供应承办，虽按数给发脚价，不使扰累，而伊等效力奔走，于一切差使并无迟误，勤劳恭顺，甚属可嘉！应厚加恩赏，以示奖励。又闻土民中有生计艰难者，亦应加赏恤，俾得并沐恩施。其如何分别赏赉之处，著查议具奏。"

寻议："四川各番部中，明正一部最为恭顺，土司、土妇效力尤多，请各赏彩缎十匹，所属头目人等，赏银二千两。其里塘、巴塘、乍丫、叉木多四部宣抚司以下，应赏彩缎，自十匹至六匹以次酌给，所属头目人等，每部赏银一千两。黎乌齐、罗隆宗、说板多、冰坝四番部土司、大胡土克图以下，应赏彩缎，自八匹至四匹以次酌给，所属头目人等，每部赏银六百两。至各部番民内有生计艰难者，行令该督黄廷桂委员会同该土司等，查明动帑赏恤。"从之。

（世宗朝卷一二九·页九上～一〇下）

○ 乾隆元年（丙辰）十二月庚申（1737.1.1）

以故四川长宁安抚司苏文耀之孙苏永锡、松林土千户王德洽之子王国卿、阿坝土千户春皮之弟达格袭职。

（高宗朝卷三二·页二上）

○乾隆元年（丙辰）十二月甲戌（1737.1.15）

　　以故四川杂谷安抚司班第尔吉之子苍旺、中渣坝沱土百户扬玛齐立之子呷喀齐立袭职。

（高宗朝卷三二·页二七上）

○乾隆二年（丁巳）三月戊午（1737.4.29）

　　下瞻对土目班滚准承袭父策冷衮布职衔，换给号纸，将伊父原领号纸缴销。云多土目丹批、仪盖土目朗金、麻林土目工布、上临卞石土目工布拉登、下临卞石土目纳期、冈里土目布擢桑、隆石土目喇无绒、上苏阿土目达结、下苏阿土目栢玛朗结、郭布土目工布交等，俱准给与土百户职衔号纸。从四川巡抚杨馝请也。

（高宗朝卷三九·页一九下）

○乾隆二年（丁巳）四月庚申（1737.5.1）

　　又谕（总理事务王大臣等）："四川瓦寺土司世守恭顺，勉力输诚。每年以来，该土司桑朗容忠凡遇调遣，悉能统率所属奋勇向前，著有劳绩。著赏给宣慰司职衔，以示鼓励。"

（高宗朝卷四〇·页三上）

○乾隆二年（丁巳）八月丁巳（1737.8.26）

　　以故四川寒盼寨土千户丹巴札什之子增巴肖袭职。

（高宗朝卷四八·页一下）

○乾隆三年（戊午）十一月丙辰（1738.12.18）

　　以故四川白桑土百户雍中朗结之子乌金七立袭职。

（高宗朝卷八〇·页一四下）

○乾隆三年（戊午）十二月己卯（1739.1.10）

　　以四川故郎堕寨土百户班地孝之子扎舍亚袭职，故中岔寨土百户公革孝无子，以堂侄丹拓孝袭职。

（高宗朝卷八二·页二下）

○乾隆三年（戊午）十二月乙酉（1739.1.16）

以故四川松茂道属郭罗土百户六加布之子革亚、五亚寨土目点进孝之子六加孝袭职。

（高宗朝卷八二·页一六下）

○乾隆三年（戊午）十二月戊子（1739.1.19）

以故四川……梭磨副长官司囊沙加布之子勒尔悟、长结松归土百户雍中交之子膏枞袭职。

（高宗朝卷八二·页二四上～下）

○乾隆三年（戊午）十二月甲午（1739.1.25）

陕西岷州卫鲁班等七寺番僧临智坚阻等进乾隆二年分贡马七匹、青木香十四桶。赏赉如例。

（高宗朝卷八三·页四下）

○乾隆四年（己未）十二月壬辰（1740.1.18）

以……故四川明正司属德尔格忒宣慰司丹巴齐立次子喇嘛朋错丹巴袭职。

（高宗朝卷一〇七·页一六上～下）

○乾隆五年（庚申）二月乙酉（1740.3.11）

谕："朕闻里塘土司二员每年所得养廉不能敷用，生计未免艰窘。查里塘地方征收钱粮内，有应交打箭炉充饷者著将四百两加增赏给土司官二员，俾用度得以从容，示朕优恤之意。"

（高宗朝卷一一〇·页二〇下～二一上）

○乾隆五年（庚申）闰六月戊辰（1740.8.21）

（云南总督）庆复又奏："中甸喇嘛请增岁给口粮。查中甸松积林寺喇嘛旧数一千二百二十六名，每年每喇嘛与养廉口粮青稞中斗二十斗、糌粑二十四筒。前督臣高其倬于雍正二年大兵进剿罗卜藏丹津，驻兵中甸，番彝纳土归顺，原题善后事宜案内，议将现在喇嘛酌留四百名，给与度牒，余令还俗，并请裁减青稞口粮，旋准部议以中甸地方居民俱系番地唐古忒族类，以供佛崇僧为务，不便将喇嘛无故逼勒还俗。是以未经发给度牒，至今照旧一千二百余名，而青稞口粮实已裁定。该喇嘛等衣食不充，以致远赴滇省禀求，恳恩每年酌赏青稞二三百石。即于岁征中甸额数内支给，俾众喇嘛得资豢养之恩。"

得旨："所奏是。有旨谕部。"

（高宗朝卷一二一·页二三下～二四下）

○乾隆五年（庚申）七月甲申（1740.9.6）

又谕（军机大臣等）："闻云南中甸喇嘛每年所领青稞不敷食用，著加赏青稞三百石，即于岁征中甸额数内支给。其喇嘛等应给与度牒，以便查考。应定为若干名之处，著总督庆复等酌议具奏。"

（高宗朝卷一二三·页二下～三上）

○乾隆六年（辛酉）十月戊午（1741.12.4）

以故四川松茂道属包坐竹当寨土千户喇嘛肖之子伦布加袭职。

（高宗朝卷一五三·页二〇下）

○乾隆七年（壬戌）三月癸未（1742.4.28）

以故四川土百户白马朗结之子工却单、瓦述更平东撒土百户登朱之弟纳龙交……袭职。

（高宗朝卷一六三·页一〇上）

○乾隆七年（壬戌）十月乙未（1742.11.6）

兵部议准："四川巡抚硕色奏称，瓦述长坦长官司侧冷早故，无子承袭，故该处番民二百二十二户每年认纳之马牛，俱系邻境之德尔格忒宣慰司朋苏克丹巴经管输纳。伊久经兼摄，番民乐附，应即将瓦述长坦地方改归管理。其每年贡赋，责令征收汇解。"从之。

（高宗朝卷一七六·页一五下～一六上）

○乾隆七年（壬戌）十二月辛卯（1743.1.1）

以……四川革赍土百户江科子四朗林钦袭职。

（高宗朝卷一八〇·页八下）

○乾隆八年（癸亥）十月丁巳（1743.11.23）

以四川故姆朱土百户阿拉乌金之子阿革甲布、亚叠土百户骚大之子索朗袭职。

（高宗朝卷二〇二·页二六上～下）

○乾隆八年（癸亥）十一月己丑（1743.12.25）

以四川故大金川安抚司色勒奔之弟色勒奔细、结藏土百户蒙塔尔之子松正邦、沙卡土百户洛藏林琴之子纳处巴袭职。

（高宗朝卷二〇四·页一六上）

○乾隆八年（癸亥）十二月庚申（1744.1.25）

兵部议复："四川巡抚纪山疏称：'麻林土百户工布病故，无人承袭。请将遗缺注销，每年应输狐皮折银亦请开除。又，下瞻对、云多、仪盖等三处实无田地可耕，岁征赋额并请豁免。'应如所请。"从之。

（高宗朝卷二〇六·页一五上）

○乾隆八年（癸亥）十二月乙丑（1744.1.30）

以四川故霍耳咱安抚司阿旺初中之子阿旺劳丁、上八义土百户雍中多尔济之子扎什喃金袭职。

（高宗朝卷二〇七·页四上）

○乾隆八年（癸亥）十二月丁卯（1744.2.1）

以……四川故祈命寨土千户郎阿之子拔各肖袭职。

（高宗朝卷二〇七·页八上）

○乾隆九年（甲子）五月己卯（1744.6.12）

四川阿树郎达寨土百户郎加扎舍故，以其子酸布架袭职。

（高宗朝卷二一六·页三下～四上）

○乾隆十年（乙丑）十月戊申（1745.11.3）

以故四川中渣坝土百户唵中之子劳丁、拉哩土百户多结朋错之子曲仲扎什袭职。

（高宗朝卷二五〇·页一九下）

○乾隆十年（乙丑）十月丙辰（1745.11.11）

（总理青海夷务副都统莽古赉）又奏："西宁番族内百长，请照佐杂例，赏戴金顶。"得旨："著照所请行。该部知道。"

（高宗朝卷二五一·页四下）

○乾隆十年（乙丑）十一月丙子（1745.12.1）

以四川故金川寺土司汤鹏之子泽旺袭职。

（高宗朝卷二五二·页二二下～二三上）

○乾隆十年（乙丑）十二月丁巳（1746.1.11）

以四川故上阿坝土千户独赖林柯之子拆旺邦袭职。

（高宗朝卷二五五·页一六下）

○乾隆十一年（丙寅）四月壬申（1746.5.26）

四川八乌笼土百户罗藏丙朱故，无子，以其侄罗藏七立袭职。

（高宗朝卷二六四·页一一上）

○乾隆十一年（丙寅）十月甲戌（1746.11.24）

兵部议复："大学士仍管川陕总督事公庆复疏称，里塘宣抚司安本才具平庸，短于抚驭。近复失地容奸，本应照溺职例革职，姑念其办运粮务尚为黾勉，请从宽降为副土司。所遗宣抚司一缺，查明正司土守备汪结上年征瞻对时，于招谕攻夺诸事最为出力，应即以汪结升补等语。系为边地得人起见，除照例给发汪结号纸饬令任事外，安本准其降为副土司。又称里塘地方原有副土官一员管理喇嘛，其事务倍于巴塘，请多设副土官一员等语。亦应准其添设，或以安本降补，或另行拣员之处，令该督酌议具题。又，请设土兵三百名，每名日给口粮银五分。亦属以番治番之法，应令将土兵造册报部。俟三年后地方宁谧，题请撤回。"从之。

（高宗朝卷二七六·页一九下～二〇下）

拉达克汗

○ 雍正二年（甲辰）六月乙未（1724.8.12）

达赖喇嘛、班禅额尔得尼、喇达克汗等，遣使表贡方物。

（世宗朝卷二一·页一九下）

○ 雍正十年（壬子）三月己卯（1732.4.16）

谕喇达克汗德中纳木扎尔："朕统御寰区，内外视为一体。凡抚恤远人，奖励恭顺，惩治悖逆，皆朕分内事也。尔德中纳木扎尔遣使向办理藏务大臣等呈称：臣惟以办理国事，尊崇佛教，量力行走，探取叶尔启木准噶尔处信息，报知贝勒颇罗鼐转行奏达，乞早降恩谕等语。朕览之甚为嘉悦！从前因尔父尼玛纳木扎尔与贝子康济鼐同心报效，朕已沛恩膏。今尔亦效法尔父，与贝勒颇罗鼐一体效力，甚属勤劳。嗣后益加黾勉，以绍前徽，则永享朕恩于无既矣。兹特颁恩赐，赏给缎匹等物，尔其祗领。特谕。"

（世宗朝卷一一六·页一三下～一四下）

○ 乾隆三年（戊午）二月丙戌（1738.3.23）

驻藏侍郎杭奕禄等奏："贝勒颇罗鼐以额纳特珂克部落拉达克汗德忠那木扎尔所上表文及贡物交臣转奏。查拉达克汗德忠那木扎尔乃呢玛那木扎尔之子，父子并感国厚恩，凡得率准噶尔消息，辄附颇罗鼐以闻。自圣祖仁皇帝、世宗宪皇帝数加恩赉。今复进表贡物，若更颁予敕命，量施恩泽，当益劝勉，倾心内向。"

奏入，命赐德忠那木扎尔敕书一道，加赏缎匹、磁器有差。

（高宗朝卷六二·页四下～五上）

○乾隆八年（癸亥）五月己酉（1743.7.18）

谕军机大臣等："拉达克汗策卜登那木扎尔将自准噶尔脱出之马甲卓鼐，办给口粮、马匹，送至藏内。朕甚嘉予。著赏给各色缎八端、玻璃磁器八件。"

（高宗朝卷一九三·页一二下）

巴勒布汗

○雍正十年（壬子）八月庚午（1732.10.4）

办理军机大臣等议奏："据办理藏务侍郎僧格等奏：'巴尔布国雅木布、叶楞、库库穆三汗在西藏极边，远处万里之外，与中国从未相通。今仰慕皇仁，特遣使请安，进贡方物。'辞意诚恳，应令来使至京朝见，但天寒路远，往返务须二年。应行文僧格等，宣布皇上体惜远人之意，转谕来使，令其旋归，并加恩赏赉，给与马匹更换，俾得从容起程。"

得旨："依议。"

随敕谕巴尔布国雅木布、叶楞、库库穆三汗："据尔等奏称，从前不知内地礼仪，未遂观光之志。今遣使朝觐，恭请训谕。进贡之物不多，略尽恭敬之忱等语。朕为天下主，一视同仁。尔等汗越在边远，自古未通华夏，慕朕仁化，万里输诚，朕甚嘉悦。所进方物，悉已收纳。第念道路遥远，往返艰难，尔使臣即由西藏遣回。尔等汗但与西藏贝勒颇罗鼐协力和衷，维持黄教，以副朕普育群生之至意。特赐缎匹、玻璃、磁器各种，一并发往。"

（世宗朝卷一二二·页一二上～一三上）

○乾隆四年（己未）四月乙巳（1739.6.5）

驻藏侍郎杭奕禄奏："西藏西南三千里外巴勒布部有三汗：一名库库木，一名颜布，一名叶楞，雍正十二年曾遣使恭请圣安。近年三汗彼此交恶，数寻战攻。臣遣贝勒颇罗鼐宣谕皇上好生之德，中外一视，各宜息兵和好，仰报国恩。三汗欢欣听命，以三部落户口数目呈报，并各进方物。"奏闻。

部议："加恩赏赉。"从之。

（高宗朝卷九一·页一六下～一七上）

布鲁克巴喇嘛、头人

○雍正九年（辛亥）二月乙巳（1731.3.19）

谕贝勒颇罗鼐："朕为统一天下之主，凡四海生灵，一视同仁，无分中外。乃者附近帕尔城之布鲁克巴地方人等，起衅构兵，互相仇杀，朕闻之深为不忍，轸念于怀。尔能仰体朕意，遣使与班禅额尔得尼之使一同前往和说，又遣使宣谕朕之恩德。布鲁克巴地方人等遂感悟息争，输诚向化，各带部落敬顺无违，且请朕施恩训诲，朕甚嘉悦。布鲁克巴地方人等，自兹以往，宜各守疆界，共相和睦，永遵佛教，祗奉恩纶。如能黾勉力行，朕自益加优眷。布鲁克巴之诺颜林亲齐雷喇布集后身喇嘛渣色礼布鲁克古迹等，著加恩赏赐。噶碧东罗布喇嘛率众先归，尤为可嘉，著从优赏给，以示朕怀远嘉顺之至意。尔可将此谕旨宣谕布鲁克巴地方人等知之。"

（世宗朝卷一〇三·页八下～九下）

○雍正十三年（乙卯）十二月壬午（1736.1.29）

副都统玛拉疏报："安置阿旺布鲁克巴人等在达岭达木桑地方居住。每户赏给器具、牛只各二，籽种、青稞各五斗，麦子各五斗，滋生羊各十只。"

得旨："依议办理报部。"

（高宗朝卷九·页八上～下）

○乾隆元年（丙辰）四月壬辰（1736.6.7）

总理事务王大臣等奏言："布鲁克巴部诺颜林沁齐垒喇卜济感戴皇恩，亲至西藏，恭请圣安，献珊瑚数珠一串，所部织缎五匹。伏思布鲁克巴乃藏外极远部落，林沁齐垒喇卜济为其酋长，恭请圣安，奉献表文，请以所进物付部赏给如例外，加恩赐妆蟒各一匹、大缎三匹。"

得旨："依议。再酌赏玻璃器数事。"

（高宗朝卷一七·页二一下～二二上）

赈灾、免赋

○雍正十三年（乙卯）十月丙寅（1735.11.14）

又谕（总理事务王大臣）："四川口外里塘、巴塘等处土司番子及西宁所属番众部落人等，自归附内地以来甚属恭顺，其供应差使及押运护送一切军需糇粮等项，竭诚效力，殊为可悯。前蒙皇考俯念伊等诚谨，曾经奖谕施恩。今朕缵承大统，诸事俱遵皇考之心而行。著将此等番众之贡，豁免一年，以示朕抚绥边远小民之至意。"

（高宗朝卷四·页六下～七上）

○雍正十三年（乙卯）十二月壬午（1736.1.29）

又谕（总理事务王大臣）："川省口外番部输诚急公，良可嘉悯。朕已降旨，令巴、里二塘所纳一年贡赋，悉行蠲免，以昭抚恤至意。其明正土司所属等处并沈、冷二边，以及口外新附各处番众，恭顺效力，与巴、里二塘无异，所宜一体加恩普施惠泽。著将明正、沈、冷各土司所属一年杂粮折征银并贡马银及口外新附各处认纳折征银，该抚查明确数，通行蠲免。土目人等不得私收中饱，务使番夷得沾实惠。再，巴、里二塘正赋之外，尚有衣单、口粮等项银两，原以充支给喇嘛、土官之用。今正赋既蠲，而此项仍征，恐番夷蠢愚，不能分晰，土目人等或乘此牵混私收。著将衣单、口粮银两亦一并蠲免，其应支各项衣粮，著咨部拨补。以上应蠲各项，谅本年已经完纳，可于乾隆元年照数通蠲。"

（高宗朝卷九·页五下～六上）

○乾隆元年（丙辰）二月辛卯（1736.4.7）

户部议复："署陕西总督刘于义疏称：'临洮等属新归番民应输粮石，

前据管理夷情事务德龄以驮负维艰奏请改征折色。查番民多居口外，卖粮交银，仍须驮负内地，转有未便，请照旧例以本色征收。'应如所请。"从之。

兵部议复："四川巡抚杨馝疏称：'里塘、巴塘等处久经向化，请裁打箭炉至雅龙江前设陆站马六十匹。'应如所请。"从之。

（高宗朝卷一三·页二四下～二五上）

○乾隆元年（丙辰）三月戊申（1736.4.24）

谕："川省所属内附巴、里二塘及沈、冷二边各番，朕念其恭顺效力，曾降谕旨，将本年所纳供赋杂粮等项概予蠲免，以示优奖。其建昌、松潘所属凉山、会川、盐源、阿树、木坪各土番等处，俱倾心效顺，遇有征调，奋力奉公，毫无违误，所宜一体加恩，将本年米折条银以及本色杂粮、贡马等项，照巴里塘、沈冷边之例通行蠲免。再，普安、安阜、酉阳等处，现在建造城垣，皆资民力，所有本年应纳贡赋，亦照松潘之例，概赐豁免。该督、抚饬令该管官，实心奉行，勿致中饱滋弊，俾得均沾实惠，以昭朕怀恤远夷之意。"

（高宗朝卷一四·页二六上～下）

○乾隆元年（丙辰）六月丁亥（1736.8.1）

禁四川私派番民。谕总理事务王大臣："四川松潘镇各番输诚效力，恭顺多年。朕叠沛恩膏，俾各休养得所，已将口里、口外本年应纳正赋，通行豁免，示朕抚恤远番之意。兹闻从前各番额赋之外，镇将各衙门有私自派收之项，每年收谷六族、包子寺、元坝、寒盼七族等寨青稞四百余石，以为公务之用。又，该镇衙门收西路峨眉、七布二寨，热雾十二寨，红土坡、腊、白三寨小麦、青稞等项。又，收所属各寨折草价之青稞及红花、雄溪、云屯、望山等处关堡折租银两。又，漳腊营收羊峒、东败、王亚、寒盼等寨，叠溪营收梁贡、黄包喇等寨，大姓、葫芦、皮袋等寨小麦、青稞等项。又，遇刨挖贝母之年，该镇及镇标中营、平番营等衙门，令平番所属各寨交收贝母。似此额外私征，甚为番民苦累，亟宜概予蠲除，以苏番困。嗣后松潘镇属番寨除按年输纳正赋外，一切镇将衙门不得丝毫派敛。倘有仍沿陋习，暗中索取者，经朕访闻，必严加治罪。著该抚及提督遵朕谕旨，严行禁革，并通行晓谕各番寨地方知之。"

（高宗朝卷二一·页一七下～一八下）

○乾隆元年（丙辰）七月丁巳（1736.8.14）

赈陕甘陇西、伏羌、河州、碾伯、西宁等州县水灾、雹灾饥民。

（高宗朝卷二三·页一一上）

○乾隆元年（丙辰）十月癸亥（1736.11.5）

谕总理事务王大臣："据张广泗奏，川省瓦斯、木坪土兵共一千名，自本年二月内调赴黔省以来，不避艰险，深入搜剿，实为土兵之最。今因不服水土，染疫身故者共二百九十余名。又，云南沙练一千名来黔协剿亦甚为出力，今已撤回，沿途病故者三十余名。可否仰恳天恩，准照土兵阵亡例减半恤赏等语。此等土兵远调到黔省，奋勇宣力，因染疫病故多人，深为可悯。著照张广泗所请赏恤。"

（高宗朝卷二八·页五上～下）

○乾隆元年（丙辰）十月己丑（1736.12.1）

（四川巡抚杨馝）又奏："西藏口外乍丫、察木多所属地方被旱歉收，分别赏恤安抚。"报闻。

四川提督黄廷桂奏："汉、土兵卒调赴黔省病故者，查取本兵子弟拔补，无子弟者，恤其家室。瓦寺、木坪土兵病故者，遣员前往赏恤抚慰。"

得旨："此件办理甚是。交与新提臣即照如此料理。"

（高宗朝卷二九·页一七下～一八上）

○乾隆元年（丙辰）十一月丙申（1736.12.8）

减四川土司马价。谕曰："四川各土司向有贡马之例，其所贡本色，则添补各营倒毙之马，而折价之马，每匹纳银十二两。此旧例也。查通省营马，近已改照驿马例，每匹给银八两，而土司贡马折价仍是十二两之数，蛮民未免多费，朕心轸念。著从乾隆二年为始，土司交纳马价，每匹裁减四两，只收银八两，永著为例。该督、抚将朕此旨通行晓谕，咸使闻知。"

（高宗朝卷三〇·页八上～下）

○乾隆二年（丁巳）七月丙辰（1737.8.25）

（四川提督王进昌）又奏："松潘镇属黄胜关口外各番，每年镇臣出口宣谕化导，沿途派用乌拉、采买牛羊等项，不免苦累穷番。请俟镇臣马义陛见回任，从长酌定厘正。"

得旨："所奏是。马义若不遵从，即行参奏。"

（高宗朝卷四七·页三二上）

○乾隆三年（戊午）四月乙酉（1738.5.21）

是日，四川松潘口南坪营地方地震。嗣据巡抚硕色奏报查恤情形，得旨："知道了。竭力修省政事，抚恤之策不可少有未尽，以副朕望。"

又，据川陕总督查郎阿奏报，得旨："川陕遥远，非比近省，赈恤之事，惟应以速为贵，使人沾实惠。若必待奏报，然后赈恤之，殊属缓不及时也。"

（高宗朝卷六六·页六上～下）

○乾隆三年（戊午）六月癸未（1738.7.18）

除云南丽江府夷民丁银。谕："朕闻云南丽江府原系土府，于雍正二年间改设流官。比时清查田地、户口时，有土官庄奴、院奴等类共二千三百四十四名，伊等并无田粮，皆愿自纳丁银，以比于齐民。每名编为一丁，每年纳银六分六厘，共征丁银一百五十四两七钱零。迨滇省民丁改为随粮派纳，而此项夷丁不得与有粮之户一例摊派，至今照旧征收，其中不无贫乏之家艰于输纳者。著该督、抚查明，概予豁免，俾边地夷民永无催科之扰。该部即遵谕行。"

（高宗朝卷七〇·页六下～七上）

○乾隆三年（戊午）六月己酉（1738.8.13）

赈恤四川峨眉、夹江、雅安、洪雅四县及打箭炉地方被水灾民。

（高宗朝卷七一·页二〇下）

○乾隆三年（戊午）九月癸亥（1738.10.26）

免四川涪州、叙永、蓬溪、犍为、大邑、打箭炉等六厅、州、县乾隆二年分水冲石压田地并年久旱地无征额赋有差。

（高宗朝卷七六·页一九上）

○乾隆四年（己未）六月甲辰（1739.8.3）

川陕总督鄂尔达等奏："泰安、武威、永昌、古浪，被水，皋兰、渭源、河州、陇西、会宁、宁远、伏羌、阶州、秦州、西宁、平番被雹，请分别抚恤。"

得旨："所奏俱悉。甘省灾伤之余，复有此被雹、被水之时，朕实切惶悚，不知汝等督、抚作何虑也。"

（高宗朝卷九五·页二〇上～下）

○乾隆四年（己未）九月庚午（1739.10.28）

又谕："据鄂弥达、元展成奏称，西宁府属之碾伯县，宁夏府属之灵州、中卫县，俱续有被水、被雹之处。又，碾伯、平番、西宁三县，乾隆三年分额征并节年一切借项，前经奏明，缓至本年催征。今查各该县夏收，除被灾处所，其余俱有七八分收成。但上年已经被雹、被虫，收成仅在五分以上。平番现在采买供支驻庄满兵粮草。西、碾二邑亦因仓储缺少，正需采买积贮。今积年应完各项为数繁多，若一时并征，民力不无竭蹶。请将三县今年所借籽种口粮，于秋收后照数征收，其旧欠分年带征等语。朕因秦安等十五州县俱有水雹偏灾，业经降旨特加优恤，将本年应征银、粮、草束分别蠲免。今碾伯、灵州、中卫亦有被灾之处，而碾伯上年已属歉收，灵州、中卫又当宁夏灾伤之后，著将此三州县应征银、粮、草束，与秦安等州县一体加恩，分别宽免。其碾伯、平番、西宁三县所有三年分额征并节年借项，著于庚申年起分作三年带征，以纾民力。"

（高宗朝卷一〇一·页一三上～一四上）

○乾隆四年（己未）十月庚寅（1739.11.17）

增给出口化番乌拉脚价。谕："据四川松潘总兵潘绍周奏称，本年八月，出口化番，亲见众番感戴皇仁，渐知礼法，均安住牧。惟是臣等每年出口，应带弁兵前往，所需驮载乌拉马、牛一百五十之数，例由口内番子送出，口外番子送回。每一马、牛，每日给脚价茶叶一斤，按日给发。但众番贫寒，恐不敷往回盘费，可否恳恩每日赏给脚价银一钱，俾穷番往回敷用等语。著照该总兵所奏，嗣后每年出口化番应用之牛、马，按数每日赏脚价银一钱，以资路费。该部可行文该巡抚知之。"

（高宗朝卷一〇三·页六下～七上）

○乾隆六年（辛酉）二月己酉（1741.3.30）

免金川土司例贡折价。谕："打箭炉迤西瞻对、瓦述各部落番夷，例应每年纳贡马、狐皮折价银八十九两五钱。今朕闻得彼地年来积雪严寒，牛羊受冻，多有伤损，番夷困苦，纳贡艰难。著将乾隆五年、六年应纳折价银两豁免，以示轸恤。著该部即行文四川巡抚，出示晓谕番夷等知之。"

（高宗朝卷一三六·页二九下～三〇上）

○乾隆七年（壬戌）正月戊寅（1742.2.22）

谕："据副都统纪山奏称，前因准噶尔请进藏熬茶，派官兵护送，令那克素三十九部落番民等预备马匹牲畜接济应用。伊等率先集事，惟恐后时，甚属急公。且伊等头目入见，俱言蒙国家豢养之恩，从无扰累，各得安生，惟愿诚心报效等语。此次准噶尔人等未曾进藏，伊等所备之马匹牲畜，虽未经应用，但番民生长遥远，感戴国家之恩，黾勉报效，甚属可嘉，宜施特恩。著将伊等今年应输钱粮尽数宽免，以示鼓励。"

（高宗朝卷一五九·页一下～二上）

○乾隆七年（壬戌）十月乙卯（1742.11.26）

四川巡抚硕色奏："口外乍丫所属地方番民共一百八十六户，所种青稞俱被雪霜打坏。虽不能同内地编氓，一体优赈，然久经向化输诚，亦应就近酌动军需银两，分别赏恤。"

得旨："口外难夷随时酌赏，亦无不可，但郭罗克近经抢夺行旅而汝等不能讨，恩威并用之谓何？与松潘总兵等共留心料理，以靖地方，毋姑息以酿害，毋欲速以偾事。慎之！"

（高宗朝卷一七七·页三〇上～下）

○乾隆八年（癸亥）二月辛丑（1743.3.12）

停青海番民马贡。谕大学士等："据管理青海夷情副都统宗室莽古赉奏，玉树族百户楚瑚鲁台吉之子达什策令禀称所属番人米拉等二十五户，被郭罗克贼番抢夺马牛牲畜，糊口无资。所有应纳马贡求暂免二三年，俟元气稍复，照例输纳等语。番民寒苦，深可悯恻。所有每年应纳马贡，著宽免五年。"

（高宗朝卷一八五·页三下～四上）

○乾隆八年（癸亥）十一月辛巳（1743.12.17）

分别赈贷甘肃皋兰、狄道、金县、河州、靖远、宁远、通县、会宁、真宁、合水、平番、清水、秦安、西宁、安定、碾伯、阶州、灵州、中卫、宁夏、花马池、礼县、成县、高台等二十四厅州县水、虫、风、雹灾民，暂缓新旧额征。

（高宗朝卷二〇四·页八下）

○乾隆八年（癸亥）十一月丙申（1744.1.1）

谕："据副都统索拜奏称，那克素三十九部番民预备马匹牲畜，为接济护送夷使官弁之用。因官弁等其力尚堪自给，并未动用番民所备等语。此次虽未经应用，但伊等番民生长边末，感激国恩，黾勉急公，甚属可嘉。应施特恩，将伊等明年钱粮尽行宽免，以示鼓励。"

（高宗朝卷二〇五·页一下）

○乾隆九年（甲子）九月甲午（1744.10.25）

谕："凉州、西宁等处，远在边陲，民贫土瘠，朕所轸念。彼地旧欠钱粮，在乾隆二年以前民力不能输纳者，朕已陆续降旨蠲免。查西宁县尚有未完元年、二年马粮五百四十二石七斗七升。实欠在民均系散户零星，力量微薄，若照例催征，仍不免于追呼之扰。著即行蠲免，以示优恤。该部即遵谕行。"

（高宗朝卷二二五·页六下～七上）

○乾隆九年（甲子）十一月丁亥（1744.12.17）

赈贷甘肃河州、平凉、平番、岷州、西宁、宁夏、大通、灵台、华亭、狄道、西固、阶州、漳县、西和、隆德、盐茶、固原、靖远、崇信、安化、真宁、合水、环县、宁州、文县、古浪、镇番、灵川、花马池、碾伯、礼县、陇西、平罗、宁朔、中卫等三十五厅、州、县、卫被雹及水、风、霜、虫等灾民，并分别蠲缓新旧额征。

（高宗朝卷二二八·页一四下～一五上）

○乾隆十年（乙丑）十月己亥（1745.10.25）

谕："川省民番杂处，赋粮不一，有征收米、豆、杂粮者，有认纳贝母、青稞折征米石者。其各厅、营土司，又有番民认纳夷赋银两及按例完纳本折贡马等项，俱与应征地丁无异。朕思该省丙寅年地丁钱粮业已全数蠲免，而各民番土司所输，因非条粮不能普沾惠泽。著加恩将丙寅年分宁远、叙州二府所属州、县、卫所、建昌镇标各营应征米豆，龙安府茂州、松潘镇营所属番寨折征米石，雷波、黄螂苗民认纳本色杂粮，建昌镇标会川、会盐、南坪、打箭炉各厅、营新抚各土司番民认纳夷赋银两、各土司完纳本折贡马等项，一例蠲免，以示朕优恤边方之意。该部即遵谕行。"

（高宗朝卷二五〇·页三下～四上）

○乾隆十年（乙丑）十月丙辰（1745.11.11）

总理青海夷务副都统莽古赉奏："乾隆丙寅年川、陕、甘三省蠲免钱粮，所有西宁属之玉树等族并暂隶西藏管辖纳克书番众，应征马贡银两可否一体蠲免？"

得旨："著一体蠲免，该部知道。"

（高宗朝卷二五一·页四下）

335

○乾隆十一年（丙寅）闰三月癸卯（1746.4.27）

赈恤甘肃陇西、秦州、伏羌、华亭、静宁、金县、泾州、皋兰、平凉、西宁、碾伯、肃州十二州、县水、旱、雹、霜等灾民。

（高宗朝卷二六二·页一八下）

○乾隆十一年（丙寅）九月壬寅（1746.10.23）

蠲免甘肃陇西、秦州、伏羌、金县、泾州、皋兰、平凉、西宁、碾伯九州、县及九家窑屯，乾隆十年分水灾额赋银一千八百零四两、粮八百一十三石。

（高宗朝卷二七四·页二〇上～下）